■ Stephan Kaufmann

Mathematica als Werkzeug

Eine Einführung mit Anwendungsbeispielen

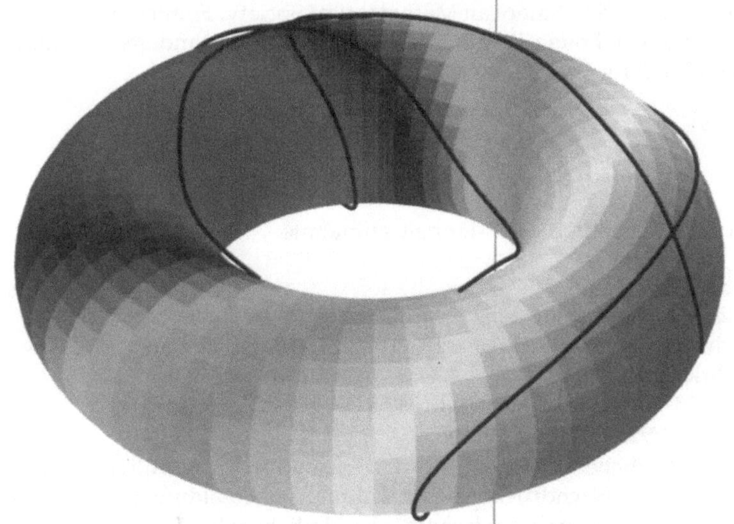

Springer Basel AG

Stephan Kaufmann
Institut für Mechanik
ETH-Zentrum
HG F38.4
8092 Zürich

Die Deutsche Bibliothek – CIP-Einheitsaufnahme

Kaufmann, Stephan:
Mathematica als Werkzeug: eine Einführung mit
Anwendungsbeispielen / Stephan Kaufmann. – Basel; Boston;
Berlin: Birkhäuser, 1992
  ISBN 978-3-7643-2832-0   ISBN 978-3-0348-8595-9 (eBook)
  DOI 10.1007/978-3-0348-8595-9

© 1992 Springer Basel AG
Originally published by Birkhäuser Verlag Basel in 1992
Umschlaggestaltung: Markus Etterich, Basel

ISBN 978-3-7643-2832-0

■ Vorwort

Vor ziemlich genau zehn Jahren stand ich (im Zusammenhang mit Stabilitätsuntersuchungen an Hamiltonschen Systemen) vor der Aufgabe, komplizierte Koordinatentransformationen bis zu höheren Ordnungen zu berechnen. Nach mehrmonatigen, fruchtlosen Versuchen von Hand – und Blöcken voll Formeln – war ich dabei, die Flinte ins Korn zu werfen. Durch einen Zufall wurde ich aber von Stan Lomecki (im Militärdienst!) auf das *Computer-Algebra*-Programm *Reduce* aufmerksam gemacht. Unter Ausnutzung vieler Tricks gelang mir damit tatsächlich, die Transformationen und die Stabilitätsdiskussion symbolisch zu Ende zu führen.

Schon damals fragte ich mich, weshalb derartige Programme bei Ingenieuren und Wissenschaftlern bzw. Wissenschaftlerinnen so wenig bekannt sind. Viele Problemstellungen dieser Disziplinen führen auf Rechnungen, die sich von Hand höchstens mühevoll und mit großem Zeitaufwand bewältigen lassen. Mit Hilfe eines *Computer-Algebra*-Programms können sie oft rasch symbolisch gelöst werden. Falls dies nicht möglich ist, so resultiert mindestens eine Vereinfachung, bevor eventuell mit dem gröberen Werkzeug der Numerik weitergearbeitet wird.

In der Folge wandte ich mich anderen Arbeiten zu und die Computer-Algebra wurde in meinen Hinterkopf verbannt. Als aber 1988 das Programm *Mathematica* erschien, bestach es mich sofort durch seine Attraktivität und die einmalige Kombination von Computer-Algebra, Graphik, Animation, Programmiersprache sowie numerischen Fähigkeiten. Ich stellte mir die Aufgabe, es den Studierenden der Abteilungen für Maschineningenieurwesen, Bauingenieurwesen sowie Mathematik und Physik der ETH Zürich, im Rahmen einer Vertiefungsvorlesung, als Werkzeug für die tägliche Arbeit näherzubringen. Im Verlauf von drei Vorlesungszyklen entstand dabei ein umfangreiches Skriptum. Es lehnte sich ursprünglich stark an das Dokumentations-Buch von Stephen Wolfram "*Mathematica*, A System for Doing Mathematics by Computer" ([Wol88], siehe Literaturverzeichnis) an. Diese Verwandtschaft ist in der dreiteiligen Gliederung und der Organisation des zweiten Teils heute noch erkennbar.

Als Herr Dr. Hintermann vom Birkhäuser Verlag mit dem Vorschlag an mich gelangte, das Skriptum in ein Buch umzuarbeiten, ergriff ich gerne die Gelegenheit. Im Verlaufe meiner Arbeit mit *Mathematica*-Benutzerinnen und -Benutzern war mir nämlich aufgefallen, wie wenige von ihnen das hervorragende Buch von Stephen Wolfram ernsthaft durcharbeiten. Diese Tatsache hat einen positiven und einen negativen Aspekt. Einerseits zeigt sie nämlich, wie intuitiv *Mathematica* aufgebaut ist. Andererseits aber läßt sich das Werkzeug so nur bedingt in seiner vollen Stärke einsetzen; viele Aufgaben können mit kleinen *Mathematica*-Programmen vereinfacht werden, andere verlangen ein vertieftes Verständnis. Deshalb erscheint mir – selbst in

Anbetracht der heutigen Publikationsflut – eine deutsche, mit Anwendungsbeispielen versehene Einführung in *Mathematica* ihre Berechtigung zu besitzen.

Ohne vielseitige Unterstützung hätte dieses Buch nicht entstehen können. Allen Beteiligten gilt mein herzlicher Dank!

- Zuoberst steht meine Frau Brigitta. Sie war mir bei der Endredaktion und der Durchsicht des Manuskripts eine hervorragende Hilfe. Ihr Verständnis für die vielen Stunden Freizeit, welche unserer Partnerschaft durch die Schreibarbeit verlorengehen mußten, war eine unabdingbare Voraussetzung für das Gelingen.

- Markus Staudenmann und Andreas Hochuli haben viele Fehler ausgebügelt und wertvolle Verbesserungsvorschäge beigetragen.

- Prof. Mahir Sayir hat mich beim Aufbau der Vorlesung unterstützt.

- Der Abschnitt 3.3.1 basiert auf Ideen von Dr. Stefan Messmer. Als (sehr fortgeschrittener) Hörer hat er im ersten Vorlesungszyklus in befruchtenden Diskussionen viele Anregungen eingebracht.

- Die geduldigen Studentinnen und Studenten meiner Vorlesung lieferten den Anstoß und die Motivation für viele Verbesserungen. Sie mußten sich z.B. ursprünglich mit viel zu schwierigen Aufgaben abmühen; diese konnten nun zum Teil als Anwendungsbeispiele einfließen.

- Alle Kolleginnen und Kollegen am Institut für Mechanik der ETH waren in irgendeiner Form beteiligt – mindestens dadurch, daß sie sich während des letzten halben Jahres mit sehr knappen Beratungen meinerseits begnügten.

- Ohne die unkomplizierte, motivierende und sehr zügige Zusammenarbeit mit dem Birkhäuser Verlag wäre mir vielleicht der Mut vergangen.

Den Abschluß bildet eine Bemerkung an alle *Leserinnen*: Ich habe mich bemüht, das weibliche Publikum sprachlich nicht zu diskriminieren. Daraus ergeben sich oft etwas schwerfällige Satzbildungen. Um diese zu erleichtern, ist manchmal die weibliche Form in Klammern nach die männliche gesetzt. Mit der Klammer und der Anordnung ist keine Wertung verbunden; sie haben ihren Ursprung in einer Annahme über die Anzahl der Leserinnen im Vergleich zu den Lesern. Durch eine entsprechende Zahl von weiblichen Reaktionen lasse ich mich gerne vom Gegenteil dieser Hypothese überzeugen. In einer eventuellen nächsten Auflage würden dann die Klammern anders gesetzt.

Zürich, im September 1992   Stephan Kaufmann

Inhaltsverzeichnis

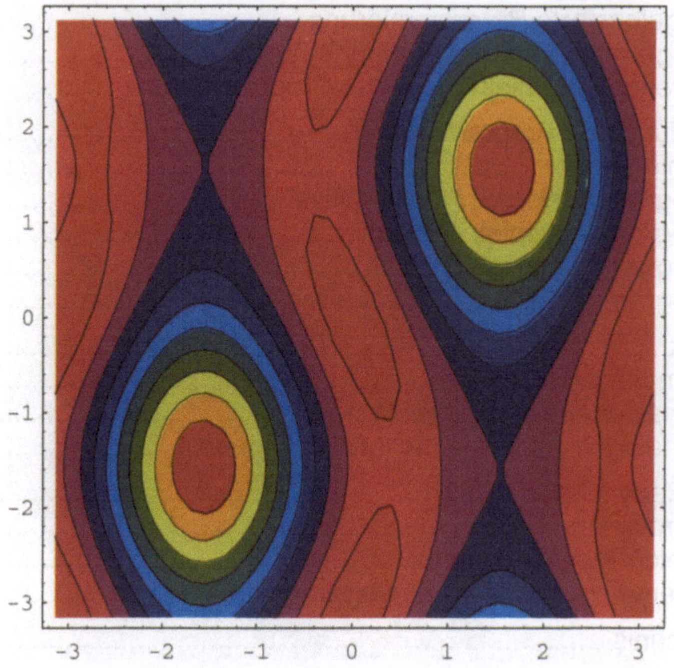

Farbbild 1: Potential des rotierenden Doppelpendels (Seite 106)

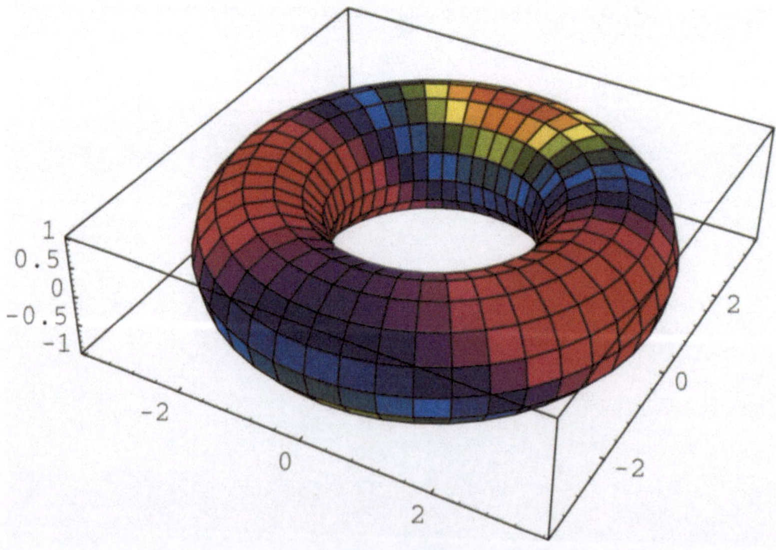

Farbbild 2: Potential des rotierenden Doppelpendels, dargestellt im
Konfigurationsraum (Seite 116)

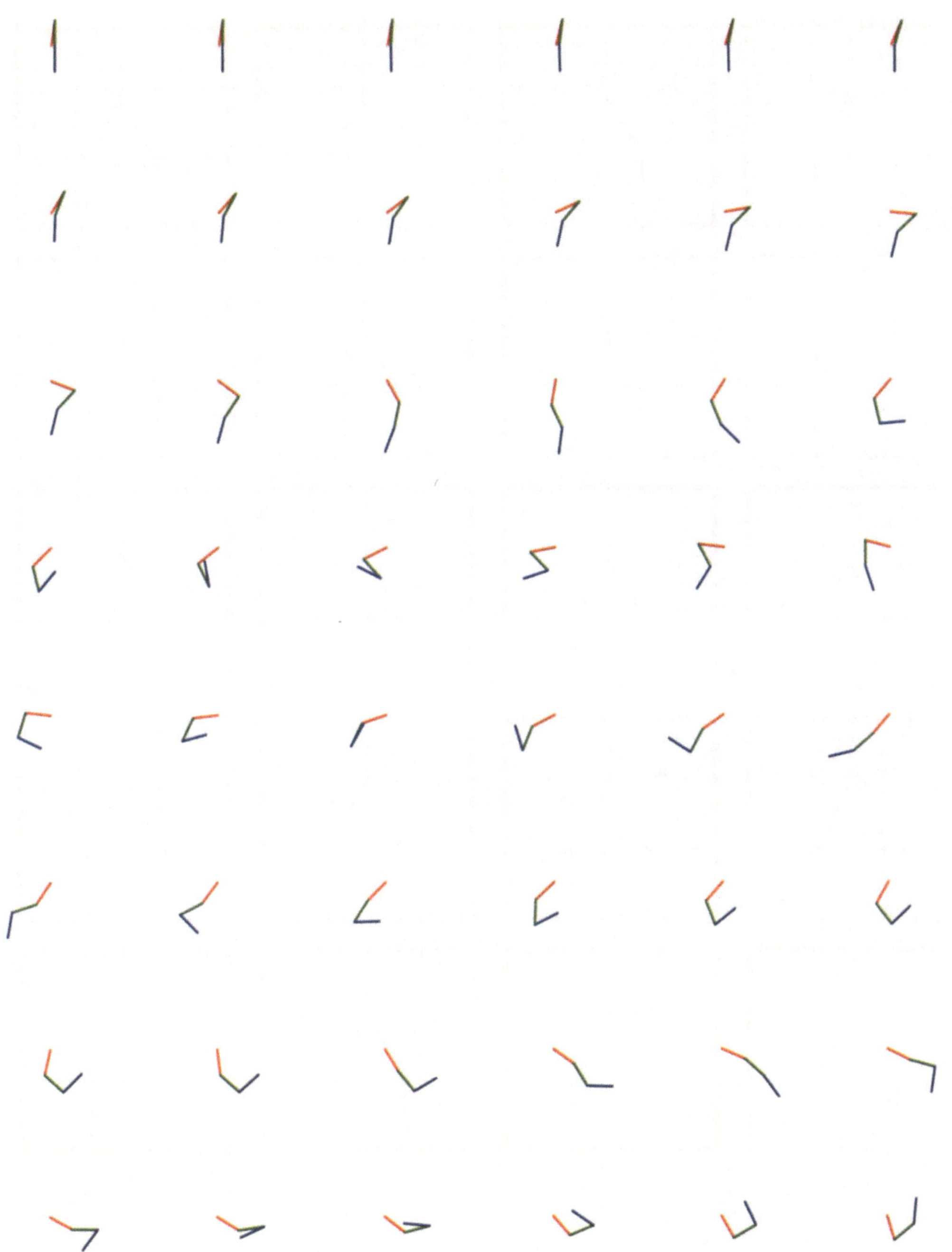

Farbbild 3: Einige Lagen des Dreifachpendels (Seite 170)

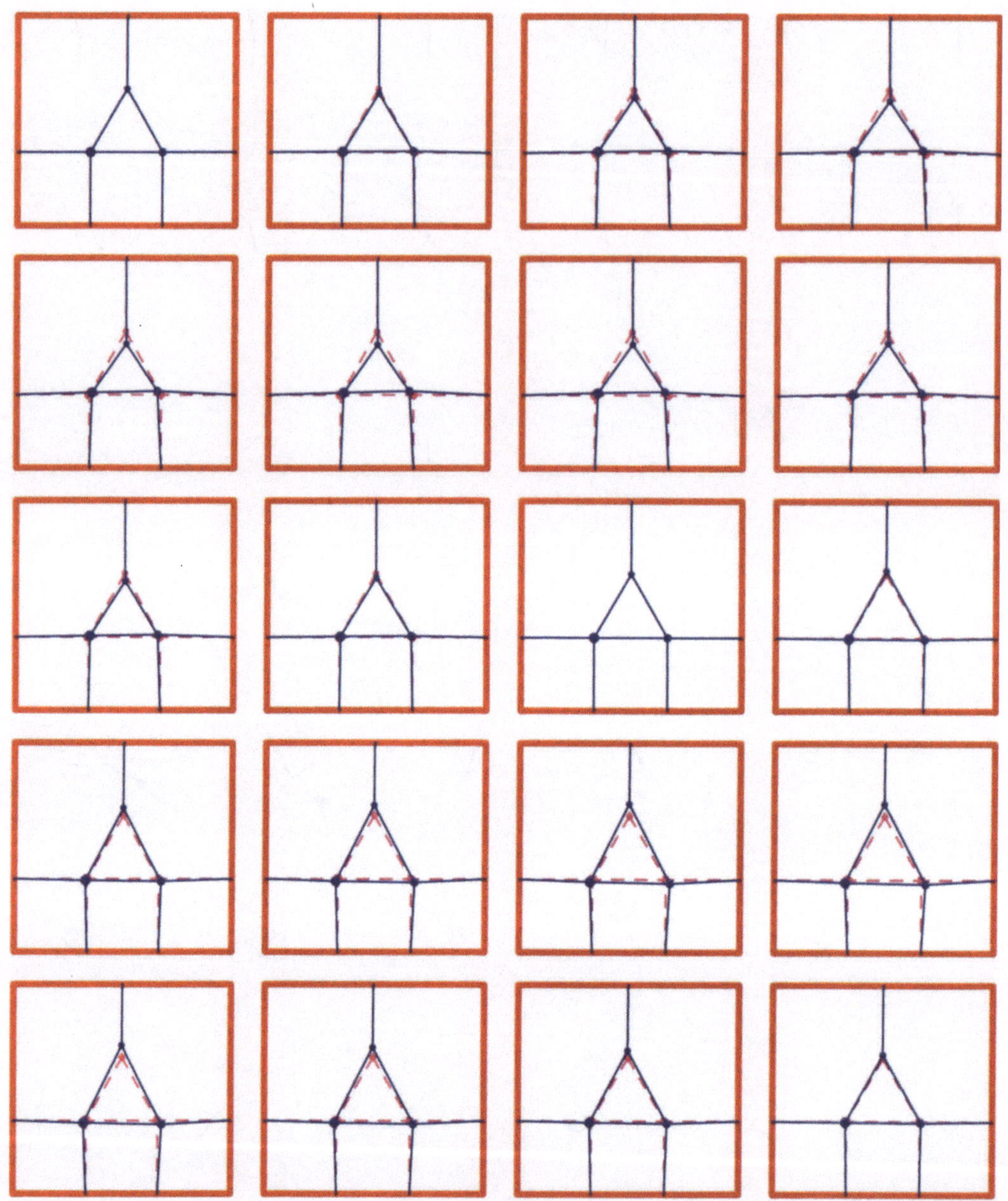

Farbbild 4: Einige Lagen Schwingers (Seite 176)

Farbbild 5: Fraktal für z^7-1 (Seite 350)

Farbbild 6: Fraktal für $z^{-7}-1$ (Seite 350)

◼ Einleitung

☐ Was ist *Mathematica*

Das Computer-Programm *Mathematica* vereinigt die folgenden Funktionen in einer einheitlichen, interaktiven Umgebung:

- numerisches Rechnen,

- symbolisches Rechnen (so, wie man "von Hand" rechnet),

- Funktionsgraphen,

- Listenverarbeitung,

- funktionale, prozedurale und regelbasierte Programmierung,

- Graphik-Programmierung,

- Animation von Graphiken,

- strukturierte Dokumentation.

Damit ist es ein ideales Werkzeug für Leute, die bei ihrer Arbeit mehr als eine der obigen Tätigkeiten ausüben.

Mathematica ist unter anderem verfügbar für Macintosh- und DOS-Rechner (mindestens 386) sowie für praktisch alle Computer mit einem auf UNIX oder VMS basierenden Betriebssystem.

Das Programm wird von der Firma *Wolfram Research, Inc.* (100 Trade Center Drive, Champaign, IL 61820-7237, USA) weiterentwickelt und vertrieben. Es ist über jeden Computer-Händler erhältlich.

☐ Über dieses Buch

Dieses Buch richtet sich vor allem an Ingenieure, Naturwissenschaftler(innen) oder angewandte Mathematiker(innen). Es bietet eine *Einführung* in die für solche Anwender(innen) wesentlichen Aspekte von *Mathematica*.

Um die Stärken des Programms aufzuzeigen, werden dabei verschiedene konkrete *Anwendungen* besprochen. Sie stammen größtenteils aus der *Mechanik*, da einerseits der Autor in diesem Fachgebiet beheimatet ist und andererseits die Mechanik – neben einigen Gebieten der Mathematik – wohl am ehesten zum gemeinsamen Wissen des Zielpublikums gehört. Die Anwendungen sollen vor allem den Einstieg und die Motivation für ihre Behandlung mit *Mathematica* liefern. Eilige Leser(innen) können die Herleitungen der Gleichungen ohne weiteres überspringen und lediglich die Lösungen mit Hilfe des Computerprogramms studieren.

Das Buch ist in drei Teile gegliedert. Der erste bietet eine Übersicht über die wichtigsten, in *Mathematica* eingebauten Befehle. Wir werden dabei feststellen, daß man sehr viele Probleme lösen kann, ohne sich detailliert mit der Struktur des Programms beschäftigt zu haben.

Erst im *zweiten Teil* studieren wir die genauen Syntax- und Auswertungsregeln. Wir sehen, wie sich mathematische Umformungen mit Mustern, Transformationsregeln und Definitionen beschreiben lassen. Gleichzeitig erarbeiten wir die Voraussetzungen für die Programmierung in *Mathematica*.

Der *dritte Teil* ist schließlich der Programmierung gewidmet. Wir lernen verschiedene Techniken kennen und wenden sie auf Beispiele an.

Zu jedem Abschnitt gehört eine *Zusammenfassung* mit einer Beschreibung der neu eingeführten Befehle. Unter Ausnutzung des umfangreichen Sachverzeichnisses kann das Buch deshalb auch als kleines Nachschlagewerk verwendet werden. Die ausführliche Dokumentation von *Mathematica* ist hingegen das dem Programm beiliegende Buch [Wol91] von Stephen Wolfram.

Die meisten Abschnitte sind durch kleine *Übungsaufgaben* ergänzt. Sie sind bewußt sehr einfach gehalten und sollen den Stoff vertiefen und zum Teil ergänzen. Der Leser (die Leserin) findet in der täglichen Arbeit genügend weitere Anwendungsbeispiele aus seinem (ihrem) Fachgebiet.

Einige Paragraphen sind klein gedruckt. Sie beinhalten speziellere Überlegungen und können bei der ersten Lektüre übersprungen werden.

☐ Konventionen

In den Text eingestreut sind Beispiele von Ein- und Ausgaben aus *Mathematica*. Sie werden ähnlich wie im Programm selbst dargestellt, z.B.:

```
In[1]:=   Prime[1000000]
Out[1]=   15485863
```

Für jeden Abschnitt wurde dazu eine neue *Mathematica*-Sitzung begonnen. Dies äußert sich darin, daß die Numerierung (*In[1]*) jeweils wieder bei eins beginnt. Die Sitzungen lassen sich nur auf diese Weise genau reproduzieren.

Die Namen von *Mathematica*-Objekten sind zum Teil recht lang. Deshalb kommt es vor, daß sie im Text getrennt werden. In solchen Fällen gehört der Trennstrich nicht zum Namen.

Die Tabelle 0-1 zeigt die Bedeutung der neben dem normalen Text verwendeten Zeichensätze.

Darstellung	Bedeutung
`Integrate[x^2, x]`	*Mathematica*-Ausdrücke im Text
expr	vom Benutzer einzusetzende Teile, Variablen
Help	Befehle der Notebook-Schnittstelle
`math`	Befehle des Betriebssystems
`filename`	Namen von Dateien

Tabelle 0-1: Spezielle Zeichensätze

Weil die gängigen Dokumentationen und die elektronischen Hilfen in Englisch sind und es auch die internationale Verständigungssprache über *Mathematica* ist, wollen wir uns an folgenden Orten dieser Sprache bedienen:

- Namen von Variablen, eigenen Funktionen und Dateien,
- variable Größen in den Erklärungen zu *Mathematica*-Objekten,
- Dokumentationen von eigenen Funktionen.

So können wir die unschöne Vermischung von Deutsch und Englisch innerhalb von Programmteilen weitgehend vermeiden.

Die Tabelle 0-2 gibt eine Übersicht über einige der am meisten verwendeten Abkürzungen für variable Größen.

Bezeichnung	englisch	deutsch
expr	expression	Ausdruck
var	variable	Variable
eqn	equation	Gleichung
eqns	equations	Gleichungen
rule	rule	Regel
pat	pattern	Muster
rhs	right hand side	rechte Seite
lhs	left hand side	linke Seite

Tabelle 0-2: Einige Abkürzungen für variable Größen

☐ Mehr über *Mathematica*

Das eigentliche *Mathematica*-Programm, der *Kern* (englisch: *kernel*), besteht aus ungefähr 300000 Zeilen Quellentext. Er ist in einer eigens für *Mathematica* entwickelten objektorientierten Erweiterung der Programmiersprache C geschrieben. Durch ein Vorkompilationsprogramm wird daraus ein C-Programm erzeugt, das auf den verschiedenen Zielsystemen in ein ausführbares Programm kompiliert werden kann. Auf diese Weise war es möglich, dasselbe riesige Programm (auf Personalcomputern ist es sicher eines der umfangreichsten) in kurzer Zeit auf verschiedenen Rechnertypen (von Macintosh und PC bis zu Hochleistungsrechnern) anzubieten.

Auf einigen Computerplattformen (momentan Macintosh, NeXT und PC mit Windows, bald auch UNIX) existieren Programme, die den Umgang mit *Mathematica* wesentlich vereinfachen. Sie verwalten die Ein- und Ausgabe und kommunizieren mit dem Kern. Englisch nennt man ein solches Programm *front end*; wir wollen diese Bezeichnung mit *Schnittstelle* übersetzen. Es sind viele Formen von Schnittstellen denkbar. Momentan am weitesten verbreitet ist die *Notebook-Schnittstelle* (englisch: *notebook front end*). Weil hier das englische Fachwort *notebook* (deutsch: *Notizbuch*) schon fast ein Warenzeichen ist, wollen wir es unübersetzt lassen. *Notebooks* sind Dateien, welche neben Ein- und Ausgabezeilen von *Mathematica* auch formatierten Text, Titel und Graphiken enthalten können. Diese einzelnen Elemente sind in hierarchisch organisierte *Zellen* aufgeteilt. Sobald eine Eingabezelle ausgeführt werden soll, schickt die Notebook-Schnittstelle die Daten an den Kern. Nach der Berechnung übermittelt dieser das Resultat zurück, worauf es in der nächsten Zelle erscheint.

Kern und Schnittstelle können unabhängig voneinander arbeiten. Es ist sogar möglich, sie auf verschiedenen Rechnern zu haben. Auf diese Weise kann z.B. ein Macintosh Plus die Notebook-Schnittstelle beherbergen und mit einem Hochleistungsrechner kommunizieren, auf dem der Kern ausgeführt wird. Dadurch wird die Bedienungsfreudlichkeit des einen mit der Rechengewalt des anderen gepaart.

Die Notebook-Schnittstellen haben einen gemeinsamen Satz von Grundfunktionen (Ausführung von Befehlen, Zellenorganisation, Formatierung etc.). In den Feinheiten ihrer Benutzung können sie sich aber unterscheiden. Wir müssen dazu auf die entsprechenden Dokumentationen verweisen. Deren Studium ist sehr empfehlenswert, da viele Befehle der Notebook-Schnittstelle die Arbeit mit *Mathematica* erheblich erleichtern.

☐ Zur Entstehung des Buches

Die Grundlage für dieses Buch waren Notizen und Notebooks zu einer Vorlesung, die der Autor an der ETH Zürich für Studentinnen und Studenten der Ingenieur-, Mathematik- und Physik-Abteilungen hält. Die Ein- und Ausgaben von *Mathematica* wurden von den Notebooks (auf Macintosh-Computern, zum Teil mit Kern auf Sun-Arbeitsstationen) in das Programm *FrameMaker* übernommen. Ihre Darstellung hält sich nahe an diejenige in den Notebook-Schnittstellen.

Die zu Grunde liegenden *Versionen* von *Mathematica* sind 2.0 und 2.1.

Einige *Graphiken* sind aus Platzgründen auf eine sinnvolle Größe skaliert. Der Skalierungsfaktor wurde nicht immer gleich gewählt.

☐ Disketten

Alle in diesem Buch entwickelten *Mathematica*-Eingaben und -Pakete können auf einer 3.5-Zoll-Diskette (in Macintosh-, DOS- oder SunOS-Format) vom Autor bezogen werden. Für Bestellungen aus der Schweiz sollten dazu SFr. 10.-, für Bestellungen aus anderen Ländern SFr. 15.- auf das folgende Postcheck-Konto einbezahlt werden:

PC Nr. 84-35585-7 in CH-8401 Winterthur, Schweiz;

Kontoinhaber: Stephan Kaufmann.

Auf der Einzahlung muß das Stichwort "Mathematica" und das gewünschte Diskettenformat ("Macintosh", "DOS" oder "UNIX") sowie die vollständige Adresse des Bestellers bzw. der Bestellerin angegeben werden.

☐ Öffentlich zugängliche Computer mit *Mathematica*-Material

Wolfram Research unterhält einen Server mit *Mathematica*-Material, der sich mit *elektronischer Post* ansprechen läßt (Adresse: `mathsource@wri.com`). Man erhält eine Einführung in die Benutzung dieses Dienstes, indem die Meldung `help intro` an die genannte Adresse geschickt wird. Dabei ist der Titel (`Subject`) irrelevant. Wichtig ist, daß `help intro` der *Inhalt* der Meldung ist.

Auf verschiedenen, über *Internet* zugänglichen Servern (siehe Tabelle 0-3) sind zudem Verzeichnisse mit *Mathematica*-Paketen verfügbar. Sie können mit *"anonymous ftp"* abgesucht werden. Dazu registriert man sich unter dem Namen `ftp` und gibt als Paßwort seine elektronische Adresse ein. Hat man ein interessantes Paket gefunden, so kann es mit dem Befehl `get` *filename* auf den eigenen Rechner kopiert werden.

Maschinenname	IP-Nummer
`yoda.physics.unc.edu`	`128.109.180.137`
`otter.stanford.edu`	`36.21.0.104`
`ftp.ncsa.uiuc.edu`	`128.174.20.50`
`nic.funet.fi`	`134.173.4.146`
`siam.unibe.ch`	`130.92.66.11`

Tabelle 0-3: Einige Maschinen mit Material zu *Mathematica*

Maschinenname	IP-Nummer
`aix370.rrz.uni-koeln.de`	134.95.80.1
`ftp.uni-kl.de`	131.246.9.95
`rusmv1.rus.uni-stuttgart.de`	129.69.1.12

Tabelle 0-3: Einige Maschinen mit Material zu *Mathematica*

Im *Usenet*-Informationssystem ist eine Konferenz über symbolisches Rechnen installiert. Sie heißt `sci.math.symbolic`. Auf ihr wird zu einem großen Teil über *Mathematica* "gesprochen".

1. Teil

Grundlagen

In diesem ersten Teil studieren wir *Mathematica* aus der Sicht eines "naiven" Benutzers. Wir kümmern uns (noch) nicht um die Feinheiten der Eingabesyntax, sondern lernen eine große Zahl von Hilfsmitteln durch ihre Anwendung kennen.

Zuerst beschäftigen wir uns mit der *elementaren Handhabung* des Programms (Kapitel 1.1 und 1.2). Dann lernen wir die Techniken für das Rechnen mit *Zahlen* (Kapitel 1.3) und *Symbolen* (Kapitel 1.4) kennen. Die Resultate dieser Rechnungen können *graphisch* dargestellt werden. Dies ist das Thema der Kapitel 1.5 und 1.7. Dazwischen liegt ein unscheinbares, aber sehr wichtiges Kapitel über *Listenverarbeitung* (1.6). Es ist nicht nur die Voraussetzung für kompliziertere Graphiken, sondern überhaupt für den eleganten Umgang mit *Mathematica*. Als Abschluß des ersten Teils schneiden wir in Kapitel 1.8 verschiedene andere nützliche *Hilfsmittel* kurz an.

In einigen Abschnitten orientieren wir uns an konkreten Anwendungen. Auf manche dieser Beispiele kommen wir später wieder zurück. Es ist aber nicht das Ziel des Buches, ihren mathematischen oder physikalischen Hintergrund voll auszuleuchten. Im Zentrum soll vielmehr die Umsetzung und Behandlung der Mathematik durch *Mathematica* stehen. Falls die Herleitungen der Gleichungen zu knapp gehalten sind, so kann der Leser (die Leserin) sie entweder einfach zur Kenntnis nehmen oder die Fachliteratur (z.B. [Leh77] oder [Flü62]) beiziehen.

☐ Zum Titelbild

Das "Kissen" auf der vorhergehenden Seite entsteht mit folgendem Befehl:

```
In[1]:=   ParametricPlot3D[
            {
              Cos[v] Sin[u],
              Sin[v] Cos[u],
              Cos[u]
            },
            {u, 0, Pi}, {v, 0, 2 Pi},
            ViewPoint -> {3, -1, 1},
            Boxed -> False,
            Axes -> False,
            PlotPoints -> {30, 30}]
```

■ 1.1 Elementares

In diesem Kapitel besprechen wir kurz die elementare Handhabung von *Mathematica*. In ihren Einzelheiten ist sie allerdings vom Betriebssystem und der Schnittstelle abhängig. Detaillierte Informationen über diese Aspekte erhält man aus der mit *Mathematica* gelieferten Dokumentation.

■ 1.1.1 Programmstart und Eingabe

Das Starten des Programms und die Eingabe von Rechnungen unterscheidet sich für Benutzer(innen) mit oder ohne Notebook-Schnittstelle.

☐ *Mathematica* mit Notebook-Schnittstelle

Der glückliche Besitzer oder die glückliche Besitzerin einer Notebook-Schnittstelle (vergleiche mit Unterabschnitt "Mehr über Mathematica" auf Seite 4) startet *Mathematica* in der fensterorientierten Benutzeroberfläche, typischerweise durch Doppelklicken eines Mausknopfs auf dem entsprechenden Symbol. Sobald das Programm geladen ist, erscheint ein Notebook-Fenster. Hier werden die Befehle (z.B. 1+1) eingetippt und durch Wahl im entsprechenden Menü oder durch Drücken der Eingabetaste (<enter>) oder der Umschalttaste und der Zeilenschalttaste (<shift> und <return>) ausgeführt.

Eventuell braucht es einige Zeit, bis nach dem ersten Befehl auch noch der Kern geladen ist.

Das Resultat der Rechnung (in unserem Beispiel hoffentlich 2) wird in einer neuen Zelle, auf der nächsten Zeile ausgedruckt. Gleichzeitig werden die Zellen fortlaufend mit *In[1]*, *Out[1]*, *In[2]*, *Out[2]* etc. numeriert. So kann im Verlauf einer Sitzung auf Resultate zurückgegriffen werden (siehe dazu Abschnitt 1.3.1).

```
In[1]:=    1 + 1
Out[1]=    2
```

Speziell attraktiv an der Notebook-Schnittstelle ist die Möglichkeit, *Mathematica*-Eingaben und -Resultate durch Titel, Text und Graphiken zu einem selbsterklärenden Notizbuch zu ergänzen.

□   ***Mathematica* im Befehlseingabe-Fenster**

Leider ist die Arbeit mit *Mathematica* auf Systemen ohne Notebook-Schnittstelle etwas mühsamer. Unter UNIX wird das Programm typischerweise in einem Befehls-eingabe-Fenster mit dem Befehl `math` gestartet. Nach Meldungen über die Pro-grammversion erscheint die erste Eingabezeile `In[1]:=`. In diese Zeile wird nun der erste Befehl eingetippt. Normalerweise sprechen die üblichen (Zeilen-) Editierfunk-tionen des verwendeten Fenstersystems auf die aktuelle Eingabezeile an.

Nach dem Drücken der Zeilenschalttaste `<return>` wird die Zeile von *Mathe-matica* analysiert. Falls sie einen vollständigen Befehl beinhaltet, so wird dieser aus-geführt. Entspricht die Zeile keinem Befehl, so erscheint entweder eine Fehlermel-dung (`retype line`), oder es passiert nichts. Ersteres bedeutet, daß die Zeile syntaktisch falsch ist. Sie muß nochmals (diesmal hoffentlich richtig) eingegeben wer-den. Im anderen Fall war sie unvollständig, und auf der nächsten Zeile oder den näch-sten Zeilen wird der Rest der Eingabe erwartet.

☞ *Mehrzeilige Eingaben* können also erstellt werden, indem jede Zeile unvollständig belassen wird. Man erreicht dies z.B., indem in ihrem Ende ein arithmetischer Operator (z.B. +, −, *, /) steht oder indem runde Klammern geöffnet und erst auf der gewünschten Zeile geschlossen werden.

```
In[1]:= 1 + 2 +
        3

Out[1]= 6

In[2]:= (1 + 2
        + 3)

Out[2]= 6
```

Auch hier sind die Zeilen fortlaufend mit `In[1]`, `Out[1]`, `In[2]`, `Out[2]` etc. numeriert, damit später auf sie zurückgegriffen werden kann.

Für komplizierte Eingaben sind die Zeileneditierfunktionen meist zu beschränkt. Verschiedene Techniken erleichtern aber die Arbeit:

• Für nicht allzugroße Eingaben kann es hilfreich sein, in einem separaten Fenster seinen Lieblingseditor offen zu halten. Dort stellt man die Eingabe zusammen und fügt sie mit der Kopierfunktion des verwendeten Fenstersystems in das *Mathema-tica*-Fenster ein.

• Wer nicht gerne mit der Maus hantiert, speichert die Eingabe im Editor (z.B. unter dem Namen *name*) ab und liest sie mit dem *Mathematica*-Befehl `<<`*name* wieder ein (vergleiche mit Abschnitt 1.3.2).

- *Mathematica* selbst kennt verschiedene Befehle, die alternativ oder ergänzend zu den obigen Techniken das Editieren erleichtern (siehe Tabelle 1-1). Die dem Programm beiliegende Dokumentation gibt Auskunft darüber, wie man die Auswahl des verwendeten Editors steuert (typischerweise durch die *shell variable* EDITOR).

☐ Zusammenfassung

Ausdruck	Bedeutung
Edit[ ]	der Editor wird mit leerem Inhalt gestartet; die gewünschte Eingabe kann anschließend eingetippt und verändert werden; nach dem Abspeichern wird sie von *Mathematica* eingelesen
Edit[*expr*]	Editor starten, den Ausdruck *expr* bereitstellen
EditIn[ ]	Editor starten, die letzte Eingabezeile bereitstellen
EditIn[*n*]	Editor starten, die Eingabezeile In[*n*] bereitstellen
EditDefinitions[*f*]	Editor starten, die Definition von *f* bereitstellen

Tabelle 1-1: Veränderung von Eingaben

☐ Übungen

1. Starte *Mathematica*!

2. Benutzer(in) einer Notebook-Schnittstelle:

   - Studiere dessen Befehle!

   - Berechne 1 + 2 + 3.

3. Benutzer(in) ohne Notebook-Schnittstelle:

   - Reproduziere die obige *Mathematica*-Sitzung!

   - Berechne 1 + 2 + 3 + 4, indem Du die erste Eingabezeile editierst!

■ 1.1.2 Programmunterbruch und Programmabbruch

Bei jedem Computerprogramm ist es nicht nur wichtig zu wissen, wie man es startet; man möchte es auch wieder verlassen können. Zudem ist es sehr leicht, *Mathematica* Aufgaben zu stellen, die längere Rechenzeiten zur Folge haben (z.B. 1000000!). In solchen Fällen möchte man die Programmausführung unterbrechen oder die ganze Sitzung abbrechen.

Bei *Notebook-Schnittstellen* stehen diese Funktionen über Menüs (**Quit, Interrupt Calculation…, Abort Calculation**) zur Verfügung. Nach einem Unterbruch erscheint ein Dialogfenster mit den weiteren Kontrollmöglichkeiten (vergleiche Abschnitt 3.2.1).

Benutzer(innen) *ohne Notebook-Schnittstelle* können ihre *Mathematica*-Sitzung mit dem Befehl `Quit[]` verlassen. Laufende Berechnungen lassen sich durch Drücken der Kontrolltaste und `c` (`<control>` und `c`) unterbrechen. Durch Eintippen eines Fragezeichens `?` (und Betätigen der Zeilenschalttaste `<return>`) erhält man Informationen über die möglichen Fortsetzungen. Typischerweise kann die Berechnung fortgesetzt (`continue`), angezeigt (`show`), inspiziert (`inspect`), abgebrochen (`abort`) oder das Programm vollständig verlassen werden (`exit`). Mit den Inspektionsmöglichkeiten werden wir uns später noch eingehender beschäftigen (siehe Abschnitt 3.2.1).

☐ Zusammenfassung

Ausdruck	Bedeutung
`Quit[]`	*Mathematica*-Sitzung beenden; bei Verwendung einer Notebook-Schnittstelle sollte der Befehl aus dem entsprechenden Menü ausgewählt werden

Tabelle 1-2: Programm verlassen

☐ Übungen

1. Starte *Mathematica*!

2. Starte die folgende Berechnung:

    In[1]:=   **1000000!**

3. Unterbrich die Rechnung!

4. Brich die Berechnung ab, ohne *Mathematica* zu verlassen!

5. Verlasse *Mathematica*!

◼ 1.2 Hilfe!

Die vollständige Dokumentation von *Mathematica* ist das Buch von Stephen Wolfram [Wol91], eventuell ergänzt durch Notizen zur aktuellen Ausgabe des Programms. Daneben existieren aber auch in das Programm eingebaute *Hilfe-Funktionen*. Diese sind speziell nützlich, weil sie jederzeit zur Verfügung stehen – auch wenn gerade ein Freund oder eine Freundin das Buch ausgeliehen hat.

Sowohl in der Notebook-Schnittstelle als auch im einfachen *Befehlseingabe-Fenster* können Hilfen zu *Mathematica*-Funktionen direkt vom *Kern* verlangt werden. Mit ihnen wollen wir uns hier beschäftigen.

Sofern der Name eines *Mathematica*-Objektes (z.B: *object*) bekannt ist, kann mit dem Befehl ?*object* seine Beschreibung abgerufen werden.

So ist z.B. die Funktion `Integrate` in *Mathematica* eingebaut. Mit

```
In[1]:=    ?Integrate

           Integrate[f,x] gives the indefinite integral of f with
               respect to x. Integrate[f,{x,xmin,xmax}] gives the
               definite integral.
           Integrate[f,{x,xmin,xmax},{y,ymin,ymax}] gives a
               multiple integral.
```

erhalten wir also deren Kurz-Dokumentation, zusammen mit den gängigsten Varianten der Eingabesyntax.

Der Befehl ??*object* liefert noch detailliertere Informationen.

```
In[2]:=    ??Integrate

           Integrate[f,x] gives the indefinite integral of f with
               respect to x. Integrate[f,{x,xmin,xmax}] gives the
               definite integral.
           Integrate[f,{x,xmin,xmax},{y,ymin,ymax}] gives a
               multiple integral.

           Attributes[Integrate] = {Protected, ReadProtected}
```

Bei einer selbst definierten oder aus einem Paket eingelesenen Funktion (vergleiche mit Abschnitt 1.3.2), erhält man auf diese Weise neben der Dokumentation auch die vollständige Definition des Objekts.

Angesichts der über 750 eingebauten Objekte wäre es zuviel verlangt, wenn man deren Namen alle im Kopf behalten müßte. Deshalb gilt in *Mathematica* die Konvention, daß Funktionsnamen mit Groß- und Kleinschreibung (englisch) *ausgeschrieben* werden (vergleiche auch mit Abschnitt 1.3.1). Bei Wortzusammensetzungen beginnt jeder Teil wieder mit einem Großbuchstaben (z.B.: `InterpolatingFunction`). Auf diese Weise läßt sich mindestens ein Stück des gesuchten Funktionsnamens erraten. Mit Hilfe der Platzhalter (Metazeichen) * und @ und der Hilfe-Funktion ? kann man eine Liste aller Funktionen abrufen, die auf ein gewünschtes Muster passen. Dabei steht * für eine beliebige Folge von (null oder mehr) Buchstaben und @ für eine beliebige Sequenz von Buchstaben, unter Ausschluß der Großbuchstaben.

```
In[3]:=    ?Int*

           Integer                  InterpolatingPolynomial
           IntegerDigits            Interpolation
           IntegerQ                 InterpolationOrder
           Integrate                Interrupt
           InterpolatingFunction    Intersection

In[4]:=    ?*Fun*

           $AnimationDisplayFunction  InterpolatingFunction
           $AnimationFunction         InverseFunction
           ColorFunction              InverseFunctions
           CompiledFunction           $RasterFunction
           $DisplayFunction           SampledSoundFunction
           DisplayFunction            $SoundDisplayFunction
           ExponentFunction           TargetFunctions
           Function
```

Daneben enthält jede *Notebook-Schnittstelle* auch Hilfestellungen zu ihren eigenen Befehlen (**Help, Why the Beep?...** o.ä.) und zu den Funktionen des *Mathematica*-Kerns (**Complete Selection, Make Template** o.ä.). Sie sind weitgehend selbsterklärend und in der dem Programm beiliegenden Dokumentation beschrieben.

Eine lehrreiche Übersicht über die Arbeit mit *Mathematica* liefern die Notebooks im Verzeichnis `Kernel Help`.

☐ Zusammenfassung

Befehl	Bedeutung
?*object*	Informationen über *object*
??*object*	mehr Informationen über *object*

Tabelle 1-3: Information zu einem Objekt

Zeichen	Bedeutung
*	null oder mehr Buchstaben
@	null oder mehr Buchstaben, ohne Großbuchstaben

Tabelle 1-4: Platzhalter, Metazeichen

☐ Übungen

1. Finde eine andere Integrationsfunktion als `Integrate`!

2. Laß sie Dir erklären!

3. Ermittle alle in *Mathematica* eingebauten Besselfunktionen!

4. Gibt es *Mathematica*-Objekte, die mit einem Kleinbuchstaben beginnen?

   Ist Dir dabei klargeworden, weshalb in der Beschreibung des Platzhalters @ "ohne Großbuchstaben" nicht durch "Kleinbuchstaben" ersetzt werden kann?

◻ 1.3 Taschenrechner

Mathematica ist vorerst einmal der wohl aufwendigste und teuerste *Taschenrechner*. An Hand von sehr einfachen Beispielen lernen wir die elementare Eingabesyntax kennen. Im zweiten Abschnitt folgen etwas interessantere Anwendungen, nämlich Umrechnungen von Maßeinheiten. Der dritte Abschnitt verspricht Spannung; wir besprechen dort das RSA-Verschlüsselungssystem.

■ 1.3.1 Trockene Rechnungen

Der Leser (die Leserin) möge verzeihen, daß wir in diesem Abschnitt mit trockenen und langweiligen Beispielen arbeiten. In der täglichen Arbeit tauchen sicher viele Rechnungen auf, die hier als Ergänzung dienen können.

◻ Ganze Zahlen

Die *Addition* + haben wir schon kennengelernt. Dies ist wohl die einfachste Aufgabe:

```
In[1]:=   1 + 1
Out[1]=   2
```

☞ Wir werden in unseren Eingaben viele *Leerzeichen* verwenden, um die Lesbarkeit zu verbessern. Sie können überall dort gesetzt oder weggelassen werden, wo sich dadurch keine Sinnveränderung ergibt.

Natürlich benutzt man das Zeichen – für *Subtraktionen*.

```
In[2]:=   1 + 1 - 2
Out[2]=   0
```

Multiplikationen lassen sich mit einem *, *Divisionen* mit einem / bewerkstelligen.

```
In[3]:=   4 * 15 / 5
Out[3]=   12
```

Bei Handrechnungen schreibt man selten einen Stern. *Mathematica* versteht deshalb auch die natürliche Notation:

```
In[4]:=    4 15 / 5
Out[4]=    12
```

Für *Potenzen* setzt man das Zeichen ^. Damit können wir schon Zahlen erzeugen, die einem normalen Taschenrechner Schwierigkeiten machen.

```
In[5]:=    2^1000
Out[5]=    10715086071862673209484250490600018105614048117055336074\
           37503883703510511249361224931983788156958581275946729171\
           55314682518714528569231404359845775746985748039345677741\
           82423098542107460506237114187795418215304647498358194121\
           67398767559165543946077062914571196477686542167660429831\
           165262438683720566806937601
```

Bisher haben wir immer *ganze* oder *gebrochene* Zahlen eingegeben. *Mathematica* rechnet damit so, wie wir es in der Schule gelernt haben.

```
In[6]:=    60 / 8
           15
Out[6]=    ──
           2
```

☐ **Numerische Approximationen, reelle Zahlen**

Jede Zahl, die einen Dezimalpunkt (.) enthält, wird als *numerische Approximation* aufgefaßt. Damit können auch Näherungen von *irrationalen*, *reellen* Zahlen eingegeben werden.

```
In[7]:=    15.9812 + 3.7 / 2.^3
Out[7]=    16.4437
```

Sobald in einer Rechnung eine numerische Zahl vorkommt, wird numerisch weitergerechnet.

```
In[8]:=    60 / 8.
Out[8]=    7.5

In[9]:=    2.^1000
                          301
Out[9]=    1.07151 10
```

Um einen ganzzahligen oder rationalen Ausdruck in einer numerischen Approximation darzustellen, verwenden wir die Funktion N.

```
In[10]:=  N[60 / 8]
Out[10]= 7.5
```

Mit der Funktion `Rationalize` kann umgekehrt eine numerische Approximation wieder in eine exakte, rationale Zahl verwandelt werden.

```
In[11]:=  Rationalize[7.5]
```
$$Out[11]= \frac{15}{2}$$

Für Funktionen mit einem Argument ist auch die folgende *Postfix-Notation* nützlich:

```
In[12]:=  2^1000 // N
```
$$Out[12]= 1.07151 \; 10^{301}$$

Sie ist völlig äquivalent zur Standardschreibweise, manchmal aber leichter lesbar oder einfacher zu schreiben.

□ Wiederverwendung von Resultaten

Oft möchte man das Resultat einer weiter oben angestellten Rechnung weiterverwerten. Dazu dient das %-Symbol. Es bezeichnet die letzte Ausgabezeile, %% die vorletzte usw.

```
In[13]:=  10^300 / %
Out[13]= 0.0933264
```

Mathematica numeriert seine Ein- und Ausgabezeilen fortlaufend. Diese Nummer (z.B. *n*) erlaubt, die entsprechende Ausgabezeile mit %*n* anzusprechen.

```
In[14]:=  %10 %11
Out[14]= 56.25
```

□ Klammern

Wir haben gesehen, daß Argumente von *Mathematica*-Funktionen in *eckige Klammern* [ ] gesetzt werden. Falls man *mathematische Klammern* setzten will oder muß, so verwendet man dazu *runde Klammern* ( ).

```
In[15]:=  1 / (2.5 + 1.7^3)
Out[15]= 0.134898
```

In Abschnitt 1.4.1 werden wir sehen, daß *geschweifte Klammern* { } für Listen reserviert sind.

☐ Elementare Funktionen

Natürlich kennt *Mathematica* auch mathematische Funktionen – und dies in extensiver Fülle. Wir beschränken uns vorerst auf die allerwichtigsten. In Abschnitt 1.8.6 sind die spezielleren (z.B. Bessel-, Gamma-, Fehler- oder hypergeometrische Funktionen) aufgelistet. Es ist schwierig, Funktionen der angewandten Mathematik zu finden, die in *Mathematica* weder zur Verfügung stehen noch einfach konstruiert werden können.

Die wichtigsten *elementaren Funktionen* sind in der Tabelle 1-9 auf Seite 23 zusammengestellt. Auch für sie gelten die Regeln bezüglich ganzzahliger und numerischer Rechnungen.

```
In[16]:=  Sqrt[4]
Out[16]= 2

In[17]:=  Sqrt[2]
Out[17]= Sqrt[2]

In[18]:=  % // N
Out[18]= 1.41421
```

☞ Wir merken uns, daß die *Namen* von eingebauten *Mathematica*-Objekten mit Großbuchstaben beginnen (Groß- und Kleinschreibung wird unterschieden). In den allermeisten Fällen sind sie ausgeschriebene englische Worte. Kompliziertere Namen können sich aus mehreren Worten zusammensetzen (z.B.: `AppendTo`). In diesem Fall beginnt jeder Namensteil wieder mit einem Großbuchstaben. Die *Argumente* von Funktionen stehen in eckigen Klammern [ ].

Durch die ausgeschriebenen Namen erkauft man sich mit einem kleinen Nachteil einen großen Vorteil: Zwar muß relativ viel getippt werden, dafür sind die Funktionsnamen aber vorhersagbar. Man muß sich also keine kryptischen Abkürzungen für die vielen hundert im Kern eingebauten und die unbeschränkt vielen zuladbaren Funktionen (vergleiche mit Abschnitt 1.3.2) merken. Eventuell zusammen mit der Hilfe-Funktion (vergleiche mit Kapitel 1.2) lassen sich die Funktionsnamen aus der gewünschten Umformung oder Rechnung ableiten.

Die *trigonometrischen Funktionen* werden normalerweise im Bogenmaß berechnet:

```
In[19]:=  Sin[1]
Out[19]=  Sin[1]

In[20]:=  Sin[1.]
Out[20]=  0.841471

In[21]:=  Sin[1.5708]
Out[21]=  1.
```

Das Gradmaß ist aber auch möglich:

```
In[22]:=  Sin[90 Degree] // N
Out[22]=  1.
```

Degree ist eine eingebaute *Konstante*, nämlich der Umrechnungsfaktor von Grad auf Bogenmaß. Die natürliche Schreibweise Sin[90 Degree] beinhaltet also eigentlich eine Multiplikation.

☐ Konstanten

Neben Degree gibt es noch weitere eingebaute Konstanten. Die wichtigsten davon sind Pi (Kreiszahl π), E (Eulersche Zahl e), I (imaginäre Einheit i) und Infinity (unendlich, ∞).

```
In[23]:=  Sin[Pi]
Out[23]=  0

In[24]:=  Exp[-Infinity]
Out[24]=  0
```

☞ Die Konstanten E und Pi sind keine numerischen Approximationen sondern *Symbole*.

```
In[25]:=  Pi / 2
          Pi
Out[25]=  --
          2
```

Erst nach Anwendung der Funktion N erhalten wir eine numerische Näherung.

```
In[26]:=  N[Pi]
Out[26]=  3.14159
```

Zur Schulung des Gedächtnisses sollten vielleicht mehr Stellen von π zur Verfügung stehen. Mit einem zweiten Parameter in N kann man die gewünschte Anzahl verlangen.

```
In[27]:=  N[Pi, 200]
Out[27]= 3.14159265358979323846264338327950288419716939937510582099\
          7494459230781640628620899862803482534211706798214808651\
          3282306647093844609550582231725359408128481117450284102\
          7019385211055596446229489549303812
```

□ **Bemerkung zur Genauigkeit von Rechnungen**

Im ersten Moment überrascht es, daß die folgende Rechnung nicht mit der gewünschten Genauigkeit durchgeführt wird:

```
In[28]:=  N[2.1^1000, 30]
Out[28]= 1.656894033019 10^322
```

Der Grund liegt darin, daß *Mathematica* reelle Zahlen, deren Genauigkeit nicht explizit angegeben ist, mit Maschinengenauigkeit (typischerweise 16-19 Stellen) verrechnet. Wenn die Zahl 2.1 auf eine höhere Genauigkeit festgelegt werden soll, so muß dies der Benutzer explizit verlangen (oder eine exakte, rationale Zahl eingeben). Ersteres kann durch explizite Angabe der Stellen oder mit den Funktionen SetPrecision[ ] bzw. SetAccuracy[ ] geschehen.

Durch Angabe von genügend Nullen hinter dem Komma können wir die obige Rechnung mit der gewünschten Präzision durchführen.

```
In[29]:=  N[2.10000000000000000000000000000000^1000, 30]
Out[29]= 1.65689403301923945896630669407 10^322
```

Weitere Erläuterungen zu dieser Problematik finden sich in Abschnitt 3.3.2.

□ **Oft gehörte Fragen und ihre Antworten**

☎ Wieso erhalte ich auf die Eingabe Tg(x) das Resultat Tg x?

```
In[1]:=  Tg(x)
Out[1]= Tg x
```

✍ Erstens schreibt sich die Funktion Tangens als Tan, und zweitens müssen ihre Parameter in eckige Klammern gesetzt werden. Die obige Eingabe wird als Symbol Tg mal das Symbol x interpretiert.

☎ Wieso wertet *Mathematica* n[1/7] nicht aus?

In[2]:=　　**n[1/7]**

Out[2]=　　n[$\frac{1}{7}$]

✍ Mit einem groß geschriebenen N geht alles gut.

In[3]:=　　**N[1/7]**

Out[3]=　　0.142857

Alle *Mathematica*-Funktionen beginnen mit einem Großbuchstaben. Groß- und Kleinschreibung wird unterschieden!

☐　Zusammenfassung

• Parameter von Funktionen werden in eckige Klammern gesetzt.

Klammer	Bedeutung
( )	mathematische Klammern
[ ]	Argumente von Funktionen
{}	Liste

Tabelle 1-5: Klammertypen

Ausdruck	Beispiel	Notation	Anzahl Argumente
$f[x]$	N[Pi]	Standard-	beliebig
f @ x	N @ Pi	Präfix-	eines
x // f	Pi // N	Postfix-	eines
x ~ f ~ y	Pi ~ N ~ 10	Infix-	zwei

Tabelle 1-6: Notation von Funktionen

Abkürzung	Bedeutung
%	Resultat der letzten Rechnung
%%...% (*n* mal)	Resultat *n* Rechnungen weiter oben
%*n*	Resultat aus der Zeile *Out[n]*

Tabelle 1-7: Weiterverwendung von Resultaten

Ausdruck	ausführliche Schreibweise	Bedeutung
$x+y$	`Plus[x, y]`	Addition
$-x$	`Times[-1, x]`	Negativ
$x\ y$ $x*y$	`Times[x, y]`	Multiplikation
x/y	`Times[x, Power[y, -1]]`	Division
$x\^y$	`Power[x, y]`	Potenz

Tabelle 1-8: Arithmetik

Ausdruck	Bedeutung
`N[`*expr*`]`	numerische Approximation eines Ausdrucks *expr*
`N[`*expr*`, `*n*`]`	numerische Approximation mit *n* Stellen
`Rationalize[`*expr*`]`	konvertiert reelle Zahlen, die genügend nahe bei rationalen liegen, in rationale
`Rationalize[`*expr*`, `*dx*`]`	konvertiert reelle Zahlen in rationale, mit einem Fehler vom Betrag höchstens *dx*
`Sqrt[`*x*`]`	Quadrat-Wurzel
`Exp[`*x*`]`	Exponentialfunktion
`Log[`*x*`]`	natürlicher Logarithmus
`Log[`*b*`, `*x*`]`	Logarithmus von *x* zur Basis *b*
`Sin[`*x*`]`, `Cos[`*x*`]`, `Tan[`*x*`]`	trigonometrische Funktionen
`Csc[`*x*`]`, `Sec[`*x*`]`, `Cot[`*x*`]`	trigonometrische Funktionen: `Csc = 1/Sin`, `Sec = 1/Cos`, `Cot = 1/Tan`
`ArcSin[`*x*`]`, ...	inverse trigonometrische Funktionen
`Sinh[`*x*`]`, ...	hyperbolische Funktionen
`ArcSinh[`*x*`]`, ...	inverse hyperbolische Funktionen
`n!`	Fakultät (Produkt von 1, 2, 3, ..., *n*)
`Abs[`*x*`]`	Absolutwert
`Round[`*x*`]`	auf nächste ganze Zahl runden
`Min[`*x*`, `*y*`, ...]`	kleinste Zahl aus (x, y, ...)
`Max[`*x*`, `*y*`, ...]`	größte Zahl aus (x, y, ...)

Tabelle 1-9: Einfache Funktionen

Konstante	Bedeutung
Degree	Umrechnungsfaktor von Grad auf Bogenmaß
Pi	$\pi \approx 3{,}14159$
E	$e \approx 2{,}71828$
I	imaginäre Einheit i
Infinity	∞, unendlich

Tabelle 1-10: Wichtige Konstanten

☐ Übungen

1. Rundet *Mathematica* bei der Hälfte auf oder ab?

2. Bestimme die kleinste und die größte Zahl aus dem Tripel

$$(\frac{1}{\arctan 10^{-7}} , \ 10! , \ e^{15}) .$$

3. Wie genau approximiert die Wurzel aus 10 die Zahl π?

   Wie steht es mit der Wurzel aus 9.8696044?

   Finde eine noch bessere Approximation durch eine Wurzel!

4. Untersuche empirisch die Genauigkeit der Stirlingschen Formel:

$$\ln (n!) \cong (n + \frac{1}{2}) \ln n - n + \ln (\sqrt{2\pi}) .$$

■ 1.3.2 Verwendung von externen Paketen: Maßeinheiten

Eine verbreitete Aufgabe für den Taschenrechner ist die Umrechnung von physikalischen *Maßeinheiten*, speziell wenn man amerikanische Publikationen oder Prospekte studiert. Oft sind die nötigen Tabellen nicht zur Hand – vielleicht aber *Mathematica*.

Nun kann man nicht erwarten, daß jede denkbare Anwendung schon in das Programm eingebaut sei. Dadurch würde es viel zu groß, und die Anforderungen an den Speicherplatz wären noch extravaganter. Statt dessen besteht die Möglichkeit, zusätzliche Funktionen extern in sogenannten *Paketen* (englisch: *packages*) zu definieren und bei Bedarf einzulesen. Solche Pakete sind von Entwicklern erhältlich (oft mit *ftp*, siehe Tabelle 0-3, Seite 5) oder können selbst erstellt werden. Ein ganzes Sortiment von *Standard-Paketen* wird schon mit *Mathematica* geliefert. Es befindet sich, nach Themen geordnet, im Verzeichnis `Packages`.

Zum *Einlesen* eines Paketes (oder einer Datei) verwendet man den Befehl `<<`*name* oder `Get[`*"name"*`]`, wobei *name* für den entsprechenden Dateinamen steht. Dabei muß man dafür sorgen, daß die Datei in der Hierarchie der Verzeichnisse gefunden wird. *Mathematica* sucht unter anderem im Installationsverzeichnis und in seinem Unterverzeichnis `Packages`. Die weiteren Suchpfade sind vom verwendeten Rechner-System abhängig. Der Benutzer (die Benutzerin) kann sie seinen (ihren) Bedürfnissen anpassen (siehe Abschnitt 1.8.10).

Die Namenskonventionen unterscheiden sich zwischen den Betriebssystemen (UNIX verwendet für Pfadnamen "/", DOS "\" und der Macintosh ":"). Deshalb bietet uns *Mathematica* die Möglichkeit, Pfadnamen in der Form `<<`*context`name`* systemunabhängig anzugeben. Damit liest man die Datei *name*`.m` im Verzeichnis *context* ein (z.B. unter UNIX also *context*/*name*`.m`), sofern sich das Verzeichnis *context* auf dem Suchpfad befindet. Die Endung "`.m`" ist eine Konvention für *Mathematica*-Dateien.

In Notebook-Schnittstellen steht auch der normale **Open**-Befehl im **File**-Menü zur Verfügung. Man muß die Frage nach der automatischen Auswertung der Initialisierungszellen bejahen.

Das Standard-Paket mit Maßeinheiten heißt `Units.m` und ist im Verzeichnis `Miscellaneous` (innerhalb von `Packages`).

In[1]:=   `<<Miscellaneous`Units``

Gewisse Pakete lassen sich *nicht mehrfach* einlesen. Falls unsicher ist, ob ein Paket schon geladen wurde, so ist der Befehl `Needs` vorteilhaft. Er ist analog zu `Get` (bzw. `<<`), liest aber kein zweites Mal ein.

In[2]:=   `Needs["Miscellaneous`Units`"]`

Hier ist also nichts mehr geschehen.

Welche Definitionen haben wir so zugeladen? Dazu ist die beste Quelle der mit *Mathematica* gelieferte "Guide to Standard *Mathematica* Packages" [BKM92]. Wir finden z.B.:

In[3]:=   `?WineBottle`
       `WineBottle is a unit of volume.`

In[4]:=   `Convert[1 WineBottle, Liter]`
Out[4]=   `0.757678 Liter`

Aha – stimmt das immer? Rechnen wir dieses wichtige Volumenmaß in englische Einheiten um!

```
In[5]:=    Convert[1 WineBottle, UKGallon]
Out[5]=    0.166666 UKGallon
```

Nach angelsächsischer Auffassung wird also der gute französische Wein in Flaschen von 1/6 UKGallon abgefüllt!

Jedenfalls können wir uns überlegen, wie viele Weinflaschen im Keller an der Milchstraße Platz haben.

```
In[6]:=    Convert[1 Parsec^3, WineBottle]
Out[6]=    3.87772 10   WineBottle
```

$Out[6] = 3.87772 \cdot 10^{52}$ WineBottle

Auch in Teraflaschen gemessen, ist dies ein feiner Vorrat für die himmlischen Gefilde.

```
In[7]:=    Convert[1 Parsec^3, Tera WineBottle]
```

$Out[7] = 3.87772 \cdot 10^{40}$ Tera WineBottle

...

Die in `Miscellaneous`Units`` definierten Umrechnungsfunktionen heißen `Convert[`*oldunits, newunits*`]`, `ConvertTemperature[`*temp, oldunits, newunits*`]`, `SI[`*expr*`]`, `MKS[`*expr*`]` und `CGS[`*expr*`]`. (Für die Temperatur braucht es eine eigene Funktion; die Grade in Celsius und Fahrenheit können – im Gegensatz zu den anderen Einheiten – nicht multiplikativ umgerechnet werden.)

Als praktisches Beispiel rechnen wir nun Kubik-Inch ins SI-System um:

```
In[8]:=    SI[Inch^3]
```

$Out[8] = 0.0000163871$ Meter^3

– oder Acres in Quadratmeter:

```
In[9]:=    Convert[1 Acre, Meter^2]
```

$Out[9] = 4046.86$ Meter^2

Falls die gedruckte Dokumentation eines Paketes nicht zur Hand ist, kann ein Blick in die Datei von Nutzen sein. Entweder tut man dies mit einem normalen Textprogramm, außerhalb von *Mathematica*, oder man läßt sich die Datei mit !!*name* auf den Schirm schreiben. Dazu muß der Name gemäß den Regeln des verwendeten Betriebssystems konstruiert werden, z.B. auf einem Macintosh:

```
In[10]:=   !!:Miscellaneous:Units.m

           (* $Id: Units.m,v 1.2 1991/08/14 23:51:03 rory Exp $ *)

           (* :Title: Units *)

           (* :Author: Stephen Wolfram *)

           (* :Summary: Unit conversions *)

           (* :Package Version: 1.2 *)

           (* :Copyright: *)

           (* :Context: Miscellaneous`Units` *)
```

(Hier sind etwa 10 Seiten Ausgabe unterdrückt.)

```
           End[ ] (* Private` *)

           EndPackage[ ]
```

Die Anzeige ist länglich, der größte Teil davon fiel dem Umweltschutz zum Opfer. Es lohnt sich aber, einen Blick auf die Informationen in den ersten Zeilen zu werfen. Der Rest enthält die gesamten Definitionen und Programme.

Ein Trick kann weitere nützliche Erkenntnisse liefern. Der Leser (die Leserin) wird hoffentlich den weiten Vorausgriff verzeihen. *Mathematica*-Pakete führen nämlich ihre Symbole in eigenen Kontexten (englisch: *context*) ein. Wir werden diesen Mechanismus in Abschnitt 2.5.2 studieren. Für den Moment nehmen wir einfach zur Kenntnis, daß wir mit folgendem Befehl alle Symbole aus dem Kontext `Miscellaneous`Units`` auflisten können:

```
In[11]:=   ?Miscellaneous`Units`*

           Abampere          Fermi             Pica
           Abcoulomb         Fifth             Pico
           Abfarad           Firkin            Pint
           Abhenry           FluidDram         Poise
           Abmho             FluidOunce        Pole
           Abohm             Foot              Pondus
           Abvolt            FootCandle        Pony
           Acre              Fortnight         Pound
           AMU               Furlong           Poundal
           Angstrom          Gal               PoundForce
           Apostlib          Gallon            PoundWeight
           ArcMinute         Gauss             Puncheon
           ArcSecond         Geepound          Quadrant
           Are               Giga              Quart
           AssayTon          Gilbert           Quintal
           AstronomicalUnit  Gill              Rad
```

Atmosphere	Grade	Radian
AtomicMassUnit	Grain	Rankine
Atto	Gram	RegisterTon
AU	GramWeight	Reyn
AvoirdupoisOunce	Gravity	Rhes
AvoirdupoisPound	Gross	RightAngle
Bag	GrossHundredweight	Rod
BakersDozen	Hand	Roentgen
Bale	Hectare	Rontgen
Bar	Hecto	Rood
Barn	Hefner	Rope
Barrel	Hogshead	Rutherford
Barye	HorsePower	Rydberg
Baud	Hour	Seam
Biot	Hundredweight	Section
Bit	Inch	Shekel
BoardFoot	InchMercury	ShortHundredweight
BohrMagneton	Jeroboam	ShortTon
Bolt	Jigger	Shot
BritishThermalUnit	Kayser	SI
BTU	Kilo	SiderealSecond
Bucket	KilogramForce	SiderealYear
Bushel	KilogramWeight	Skein
Butt	Knot	Slug
Cable	Lambert	SolarMass
Caliber	League	Span
Calorie	Libra	Stadion
Candle	LightYear	Stadium
Carat	Link	Statampere
Celsius	Liter	Statcoulomb
Cental	Lumerg	Statfarad
Centi	Magnum	Stathenry
Centigrade	Maxwell	Statohm
Centimeter	Mega	StatuteMile
Century	MetricTon	Statvolt
CGS	Mho	Steradian
Chain	Micro	Stere
ChevalVapeur	Micron	StieltjesGamma
Cicero	Mil	Stilb
Convert	Mile	Stokes
ConvertTemperature	Millenium	Stone
Cord	Milli	SurveyMile
Cubit	MillimeterMercury	Tablespoon
Cup	Mina	Talbot
Curie	Minim	Talent
Dalton	Minute	Teaspoon
Day	MKS	Tera
Deca	Month	Therm
Decade	Nano	Ton
Deci	NauticalMile	TonForce

Didot	NetHundredweight	Tonne
DidotPoint	Nibble	Torr
Dioptre	Nit	Township
Dozen	Noggin	TropicalYear
Drachma	NuclearMagneton	TroyOunce
Dyne	Obolos	Tun
ElectronVolt	Oersted	UKGallon
Ell	Omer	UKPint
Ephah	Ounce	Week
Erg	Parsec	Wey
Exa	Pennyweight	WineBottle
Fahrenheit	Percent	XUnit
Fathom	Perch	Yard
Feet	Peta	Year
Femto	Phot	

Wie finden wir aber den richtigen Kontextnamen (dieser muß nicht unbedingt mit dem Pfadnamen übereinstimmen)? Dazu liefert uns der Befehl `Contexts[]` alle momentan eröffneten Kontexte.

```
In[12]:=  Contexts[]

Out[12]=  {DSolve`, FE`, Format`, Fourier`Private`, Global`,
           Graphics`Animation`, Graphics`Private`, Inform`,
           Integrate`, Limit`, Miscellaneous`SIUnits`,
           Miscellaneous`Units`, Miscellaneous`Units`Private`,
           NullSpace`, Obsolete`, Series`, Solve`, System`,
           System`ComplexExpand`, System`Private`}
```

Wichtige Kontexte in dieser Liste sind `System`` und `Global``. In `System`` befinden sich alle eingebauten *Mathematica*-Funktionen (`Sin` etc.), in `Global`` die vom Benutzer (der Benutzerin) eingeführten Symbole. Neben verschiedenen anderen Kontexten (`DSolve`` etc.), die für uns keine Rolle spielen, finden wir einige mit Kontextnamen `Miscellaneous``* (* steht für "irgendeine Buchstabenfolge"). Nur diese Kontexte interessieren uns hier; wir können sie auflisten.

```
In[13]:=  Contexts["Miscellaneous`*"]

Out[13]=  {Miscellaneous`SIUnits`, Miscellaneous`Units`,
           Miscellaneous`Units`Private`}
```

Daraus sehen wir, daß unser Paket (unter anderem) auch noch den Kontext `Miscellaneous`SIUnits`` erzeugt hat. Er enthält die folgenden Einheiten:

```
In[14]:=  ?Miscellaneous`SIUnits`*
```

Amp	Farad	Kelvin	Mole	Tesla
Ampere	Gray	Kilogram	Newton	Volt
Becquerel	Henry	Lumen	Ohm	Watt
Candela	Hertz	Lux	Pascal	Weber
Coulomb	Joule	Meter	Siemens	

Bei Paketen mit unbekanntem Inhalt können wir also mit Hilfe des `Contexts`-Befehls herausfinden, welcher Kontext oder welche Kontexte durch das Paket eröffnet wurden. Anschließend liefert uns die Hilfe-Funktion in der Form `?context`* ` eine Liste aller neu zugeladenen Definitionen.

☐ Oft gehörte Fragen und ihre Antworten

☎ Ich habe versucht, eine Maßeinheit umzurechnen. Dann ist mir eingefallen, daß ich ja zuerst das Paket einlesen muß – also tat ich dies. Dabei erschien eine unverständliche Fehlermeldung. Die Umrechnung geht immer noch nicht. Woran liegt das?

```
In[1]:=  SI[Yard]

Out[1]=  SI[Yard]

In[2]:=  <<Miscellaneous`Units`

SI::shdw: Warning: Symbol SI appears in multiple contexts
    {Miscellaneous`Units`, Global`}
    ; definitions in context Miscellaneous`Units`
     may shadow or be shadowed by other definitions.

Yard::shdw:
    Warning: Symbol Yard appears in multiple contexts
    {Miscellaneous`Units`, Global`}
    ; definitions in context Miscellaneous`Units`
     may shadow or be shadowed by other definitions.

In[3]:=  SI[Yard]

Out[3]=  SI[Yard]
```

✍ Wir werden dieses Problem in Abschnitt 2.5.2 ausführlich besprechen. Hier muß eine Kurzerklärung genügen: Sobald man einen Namen eintippt, wird dieser von *Mathematica* registriert. Falls nun ein Paket denselben Namen verwenden möchte, so resultiert eine Kollision. Man kann sie beheben, indem die zuerst eingeführten, kollidierenden Namen (sie stehen im Kontext `Global``) mit `Remove` (siehe Tabelle 2-33 auf Seite 287) wieder entfernt werden:

```
In[4]:=  Remove[Global`SI, Global`Yard]

In[5]:=  SI[Yard]

Out[5]=  0.9144 Meter
```

Falls die Übersicht über die Namen verlorengegangen ist, so startet man am besten eine neue Sitzung und liest zuerst das Paket ein.

☎ Wieso kann ich das Paket `Units.m` nicht mit dem Befehl `<<Units`` einlesen?

✍ *Mathematica* sucht Dateien in einigen vorgegebenen Verzeichnissen. Dazu gehört jedenfalls das Verzeichnis, in dem *Mathematica* installiert ist und darin das Unterverzeichnis `Packages`. Die weiteren Verzeichnisse sind vom Betriebssystem abhängig. Der Benutzer (die Benutzerin) kann diese Liste erweitern (siehe Abschnitt 1.8.10). Normalerweise ist aber das Unterverzeichnis `Miscellaneous` selbst nicht in dieser Liste.

☎ Ich möchte weitere Pakete installieren. Wo muß ich dies tun, damit sie von *Mathematica* gefunden werden?

✍ Diese Frage ist leider vom Betriebssystem abhängig. Das Verzeichnis `Packages` wird aber auf alle Fälle abgesucht und ist deshalb ein guter Kandidat. Die weiteren Suchpfade lassen sich aus der globalen Variable `$Path` ablesen und in der Datei `init.m` konfigurieren (vergleiche mit Abschnitt 1.8.10).

☐ Zusammenfassung

Ausdruck	Alternative	Bedeutung
`<<`*name*	`Get["`*name*`"]`	Datei *name* (mit *Mathematica*-Eingaben) einlesen
`<<`*context*`` `name`` ``	`Get["`*context*`` `name`` ``"]`	Datei *name*`.m` aus dem Verzeichnis *context* einlesen
	`Needs["`*context*`` `name`` ``"]`	Paket einlesen, falls dies nicht schon früher geschehen ist
`!!`*name*		Datei auf den Bildschirm schreiben

Tabelle 1-11: Dateien und Pakete

Ausdruck	Bedeutung
`Contexts[]`	Liste aller Kontexte
`Contexts["`*string*`"]`	Liste aller Kontexte, welche auf die Buchstabenfolge `"`*string*`"` passen; Platzhalter (siehe Tabelle 1-4) sind erlaubt

Tabelle 1-12: Kontexte

Paket	Inhalt
`Miscellaneous`` `Units`` ``	Paket zur Umrechnung von Maßeinheiten

Tabelle 1-13: Maßeinheiten

☐ **Übungen**

1. Lies das Paket `Units.m` (im Verzeichnis `Miscellaneous`) ein!

2. Bei welcher Temperatur siedet das Wasser in den USA?

3. Wieviele Liter enthält eine Jeroboam-Flasche?

4. Untersuche das Paket `PhysicalConstants.m`! Es befindet sich ebenfalls im Verzeichnis `Miscellaneous`.

■ 1.3.3 Große Zahlen: Verschlüsselung mit RSA

Mathematica kann mit großen Zahlen exakt rechnen. Auf den ersten Blick mag diese Eigenschaft wie ein überflüssiger Luxus erscheinen. Ohne sie funktioniert aber kein Programm, das symbolisch rechnen kann. Beim Rechnen mit ganzen oder rationalen Zahlen – oder Polynomen mit solchen Koeffizienten – ergeben sich nämlich rasch lange Zahlen; man denke z.B. an die Binomialkoeffizienten. Es existieren aber auch ganz praktische Anwendungen von Langzahl-Arithmetik, so z.B. das im folgenden beschriebene Verschlüsselungssystem.

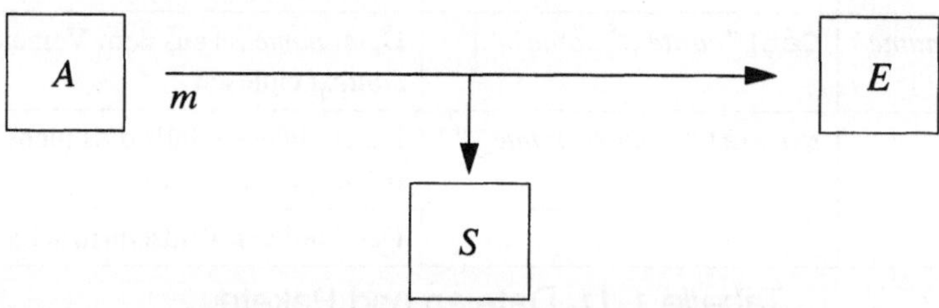

Figur 1-1: Nachrichtenübermittlung

Unsere Kommunikation beruht in rasant wachsendem Maß auf elektronischer Datenübermittlung. Dabei wird auch Information übermittelt, deren Vertraulichkeit nur schon aus Gründen des Datenschutzes gewährleistet werden muß. Dadurch ist die *Kryptologie* (Wissenschaft der Informationsverschlüsselung) aus dem Dasein des Mauerblümchens im Land der Diplomaten, Militärs und Agenten an den Tag des normalen Geschäfts- und Privatlebens gerückt. Oft gelangen "Hacker"-Nachrichten bis an die Öffentlichkeit und zeigen, daß der Datenschutz vielerorts noch in den Kinderschuhen steckt und – mindestens in der Vergangenheit – oft kläglich vernachlässigt wurde. Ein gutes Beispiel sind die vielen Computernetze, auf denen Paßwörter unverschlüsselt übermittelt werden.

Das *Grundproblem der Verschlüsselung* besteht darin, eine Meldung *m* von einem *Absender A* zu einem *Empfänger E* zu senden, ohne daß sie von einem *Spion S* gelesen werden kann, der sie auf dem Weg von *A* nach *E* abgefangen hat (siehe Figur 1-1). Herkömmliche Systeme beruhen darauf, daß auf einem geheimen Kanal (z.B. mit einem zuverlässigen) Kurier ein *Schlüssel* von A nach E geschickt wird. A verschlüsselt nun seine Meldungen mit einem Verschlüsselungssystem (bekannt ist z.B. der *Data Encryption Standard, DES*), das je nach Schlüssel verschiedene *Chiffrate* produziert, und übermittelt das Chiffrat $c\,(m)$. E dechiffriert die Meldung mit dem ihm bekannten Schlüssel durch Inversion der Verschlüsselung:

$$m = c^{-1}\,(c\,(m))$$

(siehe Figur 1-2). S kennt den Schlüssel nicht und kann bei einem guten Verschlüsselungssystem die Meldung nicht lesen.

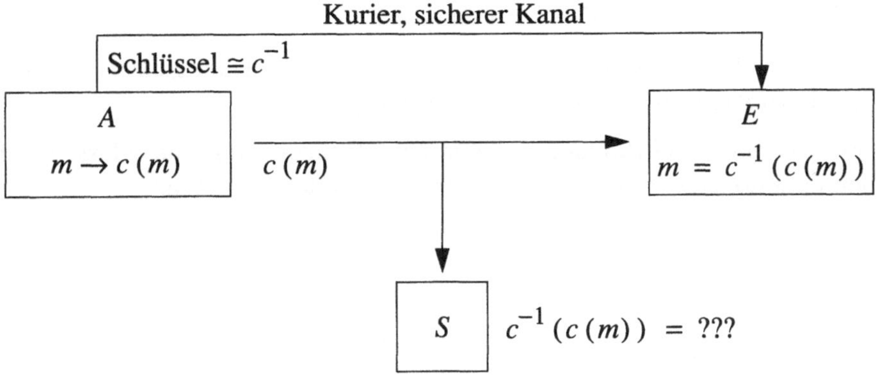

Figur 1-2: Verschlüsselte Nachrichtenübermittlung

Die direkte Attacke von Verschlüsselungssystemen ist eine sehr interessante Wissenschaft und Kunst, auf die wir hier aber nicht weiter eingehen wollen. Man muß jedenfalls immer davon ausgehen, daß S sein Handwerk gut versteht und mindestens über die Verschlüsselungsmethode im Bild ist.

Das offensichtliche Problem des oben beschriebenen Systems ist die Zuverlässigkeit des Schlüssel-Kuriers. Ein wirklicher Könner S wird hier bestimmt Sicherheitslücken finden.

Das Konzept eines *Verschlüsselungssystems mit öffentlichem Schlüssel* (englisch: *public key cryptosystem*) erscheint auf den ersten Blick unbrauchbar: Die Kuriersicherheit soll dadurch gelöst werden, daß man den Schlüssel öffentlich zugänglich macht. Mit den herkömmlichen Methoden (z.B. DES) funktioniert dies offensichtlich nicht. Man braucht ein System, bei dem die Verschlüsselung und die Entschlüsselung verschieden funktionieren – und zwar so, daß aus dem Verschlüsselungsalgorithmus nicht auf den Entschlüsselungsalgorithmus geschlossen werden kann. Nun gibt es tatsächlich *Einweg-Funktionen* (englisch: *trapdoor one-way functions*), die in eine Richtung einfach auswertbar sind (Verschlüsselung), deren Inversion aber – ohne weitere Kenntnisse – nur mit riesigem Aufwand zu bewerkstelligen ist. Ein Beispiel dafür ist die Berechnung des Produktes von einigen großen Primzahlen und umgekehrt die Primfaktorzerlegung der so entstandenen Zahl. Genau darauf beruht das *RSA*-System (**Rivest, Shamir, Adleman**; [RSA78]).

Die mathematische Grundlage von RSA ist ein *Satz von Euler*:

Falls zwei Zahlen a und n teilerfremd sind, d.h.: ihr größter gemeinsamer Teiler ist eins,

$$(a, n) = 1,$$

so gilt

$$a^{\varphi(n)} \equiv 1 \,(\mathrm{mod}\ n). \tag{1.1}$$

Die Eulersche Funktion $\varphi(n)$ in (1.1) ist definiert als die Anzahl ganzer Zahlen k mit $0 < k \leq n$, die zu n teilerfremd sind: $\mathrm{ggT}(k, n) = (k, n) = 1$.

Für *Primzahlen* p und Produkte pq von zwei Primzahlen p und q lassen sich die Eulerschen Funktionen $\varphi(p)$ bzw. $\varphi(pq)$ speziell einfach berechnen:

$$\varphi(p) = p - 1,$$

$$\varphi(pq) = (p - 1)\,(q - 1). \tag{1.2}$$

Daraus konstruieren wir folgendermaßen das *RSA-Verschlüsselungssystem* (siehe Figur 1-3):

1. Der *Empfänger E* erzeugt zwei große Primzahlen p und q und berechnet ihr Produkt $n = pq$.

2. Er wählt eine (aus Sicherheitsgründen nicht zu kleine) Zahl e. Sie muß teilerfremd zu $(p{-}1)(q{-}1)$ sein.

3. Schließlich berechnet er eine Zahl d, mit der er Chiffrate wieder entschlüsseln kann. Sie ist die multiplikative Inverse von e modulo $\varphi(n) = (p{-}1)(q{-}1)$:

$$de \equiv 1 \,(\mathrm{mod}\ (p - 1)\,(q - 1)). \tag{1.3}$$

Die Berechnung von d ist einfach, falls p und q bekannt sind. Dazu existieren schnelle Algorithmen.

4. Nun legt er (der Empfänger E) die Zahlen n und e unter seinem Namen in einer öffentlichen Schlüsseldatenbank ab. Die Zahlen p, q und d hält er geheim.

- Zur *Verschlüsselung* einer Meldung holt der Absender A die Zahlen n und e (für den gewünschten Empfänger E) aus der Schlüsseldatenbank. Dann verwandelt er die Meldung (nach einem allseits bekannt gegebenen, eineindeutigen Schema) in eine ganze Zahl m mit $m < n$ (oder in eine Folge von solchen Zahlen) und berechnet das Chiffrat gemäß der Formel

$$c \equiv m^e \pmod{n} \, . \tag{1.4}$$

Für solche modularen Potenzberechnungen existieren ebenfalls schnelle Algorithmen, siehe [Akr89], [DST88].

- Die *Entschlüsselung* des Chiffrates c erhält der Empfänger E durch Berechnung von

$$c^d = m^{ed} = m^{(1 + k\varphi(n))} \equiv m \pmod{n} \, . \tag{1.5}$$

(siehe (1.3), (1.2) und (1.1)).

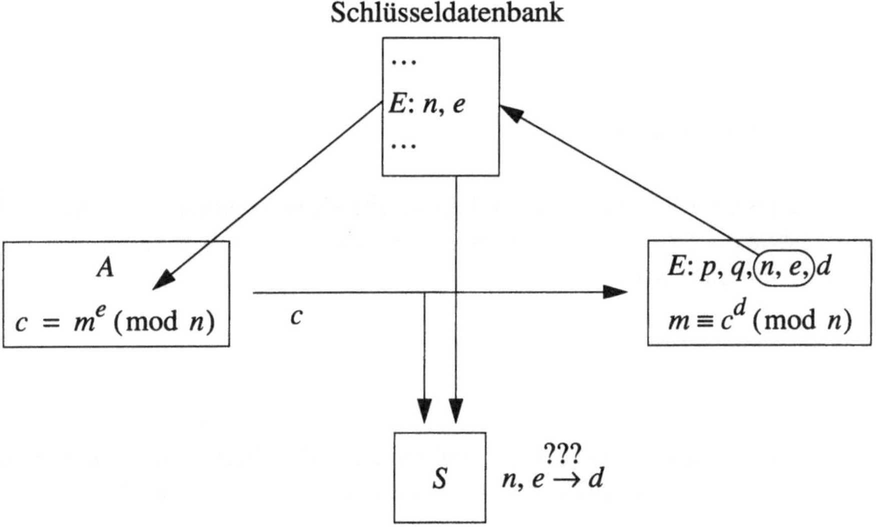

Figur 1-3: RSA

Die Sicherheit von RSA beruht darauf, daß zur Faktorisierung von n keine Algorithmen mit polynomialem Aufwand bekannt sind – und man solche nicht erwartet. Durch Wahl von genügend großen Zahlen p und q können die Computerkosten für S ins Uferlose gesteigert werden.

Es läßt sich übrigens leicht zeigen, daß die direkte Bestimmung von $\varphi(n)$ (sie genügt ja zur Dechiffrierung) äquivalent zur Faktorisierung von n ist. Allerdings gibt es einige Restriktionen an die Zahlen p, q und e, damit S auch mit anderen Attacken nicht zum Ziel kommt (siehe [BB79], [Her78], [WB79] und Abschnitt 3.2.3).

Wir beginnen mit einem kleinen Beispiel. Zuerst muß der Empfänger E zwei Primzahlen wählen (Schritt 1). Dazu stellt ihm *Mathematica* z.B. die Funktion `Prime[n]` zur Verfügung. Sie liefert die n-te Primzahl.

In[1]:= `Prime[1000000]`

Out[1]= `15485863`

Wir können diese Zahl folgendermaßen dem Symbol *p* zuweisen:

```
In[2]:=    p = Prime[1000000]
Out[2]=    15485863
```

Als zweite Primzahl wählen wir z.B.:

```
In[3]:=    q = Prime[1000005]
Out[3]=    15485941
```

Damit wird:

```
In[4]:=    n = p q
Out[4]=    239813160752083
```

Nun wählen wir willkürlich eine Zahl *e* (Schritt 2). Dazu können wir die Funktion `Random[Integer, {`*min*`, `*max*`}]` verwenden. Sie liefert uns eine zufällige ganze Zahl zwischen *min* und *max*.

```
In[5]:=    e = Random[Integer, {100000, 1000000}]
Out[5]=    917360
```

Ist *e* teilerfremd zu $\varphi(n) = (p-1)(q-1)$? Folgendermaßen berechnet sich der größte gemeinsame Teiler (englisch: **greatest common divisor**) von *e* und $\varphi(n)$:

```
In[6]:=    GCD[e, (p-1)(q-1)]
Out[6]=    40
```

Diese Zahl erfüllt die Bedingung nicht, also müssen wir es nochmals versuchen.

```
In[7]:=    e = Random[Integer, {100000, 1000000}]
Out[7]=    861398

In[8]:=    GCD[e, (p-1)(q-1)]
Out[8]=    2
```

Es klappte immer noch nicht. Nach einigen weiteren Versuchen hätten wir sicher Glück. Der Leser möge es an seinem Computer versuchen!

Natürlich läßt sich diese Suche automatisieren. `GenerateE[`*p*`, `*q*`]` aus dem Paket `RSA.m` (im Verzeichnis `SKPackages`) tut dies. Es wäre ein zu großer Vorgriff, die Funktion jetzt schon verstehen zu wollen. Ihre Anwendung hingegen ist einfach.

```
In[9]:=   <<SKPackages`RSA`

In[10]:=  e = GenerateE[p, q]
Out[10]=  4699873

In[11]:=  GCD[e, (p-1)(q-1)]
Out[11]=  1
```

Um die Zahl d (Schritt 3) zu berechnen, muß E noch die (multiplikative) Inverse von e modulo $\varphi(n)$ bestimmen. Dazu verwendet er mit Vorteil die Funktion `PowerMod[a, b, n]`. Sie liefert die ganze Zahl a^b modulo n.

```
In[12]:=  d = PowerMod[e, -1, (p-1)(q-1)]
Out[12]=  213069977635177
```

E veröffentlicht nun die Zahlen n und e. Die anderen hält er geheim.

Damit kann A seine Meldung verschlüsseln. Zuerst verwandelt er sie nach einem öffentlich bekannten Schema in eine ganze Zahl. Dies ist recht einfach; wir kommen in Abschnitt 3.2.3 darauf zurück. Nehmen wir für den Moment an, seine Meldung sei schon eine Zahl und laute:

```
In[13]:=  m = 12911991
Out[13]=  12911991
```

A berechnet daraus das Chiffrat (gemäß Gleichung (1.4)).

```
In[14]:=  c = PowerMod[m, e, n]
Out[14]=  221701458289032
```

Dieses wird übermittelt und anschließend von E mit Gleichung (1.5) wieder dechiffriert.

```
In[15]:=  PowerMod[c, d, n]
Out[15]=  12911991
```

Natürlich existiert in *Mathematica* auch die "normale" Funktion `Mod[m, n]`, die den ganzzahligen Rest von m/n berechnet. Sie taugt aber nicht zur Berechnung der Inversen und ist zudem für modulare Potenzrechnungen viel langsamer als `PowerMod`, weil zuerst eine riesige Zahl berechnet und dann doch wieder modular reduziert wird. Dies zeigt der folgende Vergleich, bei dem wir uns mit `Timing` neben dem Resultat auch die Rechenzeit ausgeben lassen:

```
In[16]:=  Mod[55555555^1111, 11111111111] // Timing
Out[16]=  {6.25 Second, 6527727628}
```

```
In[17]:=  PowerMod[55555555, 1111, 11111111111] // Timing
Out[17]=  {0.233333 Second, 6527727628}
```

Unser RSA-Beispiel läßt sich mit Mod schon nicht mehr in einem vernünftigen Zeitrahmen nachrechnen.

Was macht unser Spion S? Er versucht, die Zahl n zu faktorisieren. Dazu benutzt er die Funktion FactorInteger.

```
In[18]:=  FactorInteger[n]
Out[18]=  {{15485863, 1}, {15485941, 1}}
```

Nun berechnet er (genau wie E) die Zahl d und entschlüsselt die Meldung.

Anders ist aber die Situation, wenn wir größere Primzahlen zugrunde legen (vergleiche dazu Abschnitt 3.4.1).

```
In[19]:=  p =
          33271511266084874218775580885190286494581693612791601425\
          2366165258110557851371798248665423512478515l
Out[19]=  33271511266084874218775580885190286494581693612791601425 2\
          3661652581105578513717982486654235124785151

In[20]:=  q =
          12079146841375934868346330842051177437313376015103739977\
          6071745467873534294971147610652176344779583 7
Out[20]=  12079146841375934868346330842051177437313376015103739977 6\
          07174546787353429497114761065217634477958 37
```

Beide haben 100 Stellen. Nun muß S bei der Faktorisierung mit höchster Wahrscheinlichkeit einige Jahre warten ... Wir verzichten deshalb auf die Vorführung.

Sind p und q aber tatsächlich Primzahlen? Dies läßt sich (zum Glück) einfach, mit Hilfe von PrimeQ, abklären.

```
In[21]:=  PrimeQ[p]
Out[21]=  True

In[22]:=  PrimeQ[q]
Out[22]=  True

In[23]:=  n = p q
Out[23]=  40189147021753294006510448131661664513040274316864053 8378\
          45579470790667493939207500165194481410254890822153 24429\
          95105626231377209090643955236717134814397220881310 21777\
          1848498556418982803917913 7216387
```

Wir erzeugen dazu ein e und das zugehörige d.

```
In[24]:=  e = GenerateE[p, q]
Out[24]= 19269008737425584283011469893977763934527282699384133611 5\
         6716355420552291128353462214039041202749849
```

```
In[25]:=  d = PowerMod[e, -1, (p-1)(q-1)]
Out[25]= 148045438017406801264120475933300869356274519484007779567\
         7801754807085178095331253436485505808395605107853760015\
         1684520244801322220803006226506998366287175651485918398\
         02287421053225033753736942578049
```

Die Verschlüsselung ergibt eine ähnlich große Zahl:

```
In[26]:=  c = PowerMod[m, e, n]
Out[26]= 354692453267926126286444014281609056889733362482395831520\
         9937112110380493273182261251433771393912043969739647650\
         0678997726890605218217542015052608822773297418597537632\
         52350211341627669641765749845 78
```

und die Entschlüsselung:

```
In[27]:=  PowerMod[c, d, n]
Out[27]= 12911991
```

Bei diesem realistischen Beispiel ist die Ver- und Entschlüsselung mit etwas Wartezeit behaftet. Deshalb wird RSA meist nicht direkt zur Verschlüsselung, sondern eher zur Übermittlung von Schlüsseln für andere Systeme (z.B. DES) eingesetzt.

Wir werden in den Abschnitten 3.2.4 und 3.4.1 auf RSA zurückkommen und im Paket RSA.m Funktionen programmieren, die Meldungen in Textform richtig verarbeiten können (RSAEncode[*string*, e, n] bzw. RSADecode[c, d, n]). Sie beruhen auf den Hilfsfunktionen StringToList[*string*, n] und ListToString[c] (im selben Paket), welche einen Text in Blöcke von Zahlen kleiner als n und wieder zurück in Text verwandeln.

```
In[28]:=  c = RSAEncode["Dies ist eine sehr geheime Meldung!", e, n]
Out[28]= {35762307317269553892542077163042238738257558199484697635\
         1742211657552095981595932603736362065613972794885480 43\
         9699046328247864238438599348503732704872647511885698 68\
         6785727887564122377132181568345509 1}
```

Unser Spion kann diese Zahl höchstens mit der ihm sicher bekannten Funktion ListToString wieder in Text zu verwandeln versuchen:

```
In[29]:=  ListToString[c]
Out[29]=  1·ò_?©8íèÃÖ□îô„Õ,,A9,òïÁäŒ —ÄX+\
          ©+}{zaⓇè'·}>æ!¬°µΣqGÏ…O7ªk□g<
```

Das ist nicht sehr vielsagend, obwohl darin schöne Zeichen vorkommen. Für den Empfänger sieht es allerdings anders aus:

```
In[30]:=  RSADecode[c, d, n]
Out[30]=  Dies ist eine sehr geheime Meldung!
```

Was kann S noch tun? Er wird sich dieselbe Verschlüsselungsmaschine kaufen, welche A und E verwenden. Dann kann er untersuchen, nach welchem Algorithmus die Primzahlen p und q erzeugt werden und eventuell eine Attacke darauf basieren. Deshalb ist es sehr wichtig, daß diese Zahlen aus einem zufälligen Prozeß entstehen. Darauf kommen wir ebenfalls in Abschnitt 3.4.1 zurück.

Wir runden die Diskussion mit einer weiteren Bemerkung ab: Eine Gefahr von solchen Verschlüsselungssystemen ist, daß der Spion S Meldungen senden kann, in denen er sich als Absender A ausgibt. RSA erlaubt aber ein einfaches Schema zur *Authentifizierung* des Absenders. Wenn dieser nämlich ebenfalls Zahlen n_1 und e_1 (und geheime zugehörige p_1, q_1, d_1) erzeugt, so kann er seine Meldungen zuerst mit seinem eigenen d_1 und n_1 und dann mit dem e und n (von E) verschlüsseln. E entschlüsselt zuerst mit seinem d und n und danach mit dem öffentlichen e_1 und n_1 von A. Falls eine sinnvolle Meldung entsteht, so kann E sicher sein, daß A sie geschickt hat, weil nur A die zu n_1 und e_1 gehörenden geheimen Schlüssel kennen kann.

So muß nur noch dafür gesorgt werden, daß S nicht als A einen Eintrag in die Schlüssel-Datenbank vornehmen kann. Vielleicht bedeutet dies für unseren Herrn S endgültig den vorzeitigen Ruhestand ...

☐ Ein mögliches Problem

☎ Wieso erhalte ich eine Fehlermeldung, wenn ich das Paket `SKPackages`RSA`` einlesen möchte?

✍ Dieses Paket gehört nicht zu *Mathematica* selbst. Es kann aber vom Autor bezogen werden (siehe Unterabschnitt "Disketten" auf Seite 5). Das Verzeichnis SKPackages muß entweder in das Installationsverzeichnis von *Mathematica* oder in sein Unterverzeichnis Packages oder in ein anderes, automatisch von *Mathematica* abgesuchtes Verzeichnis kopiert werden (siehe Abschnitt 1.8.10).

☐ Zusammenfassung

Ausdruck	Bedeutung
lhs = *rhs*	Zuweisung, Definition

Tabelle 1-14: Zuweisungen

Ausdruck	Bedeutung
`Mod[`m`, `n`]`	ganzzahliger Rest von m/n
`PowerMod[`a`, `b`, `n`]`	schneller Algorithmus für $a^b \bmod(n)$
`PrimeQ[`n`]`	`True`, falls n eine Primzahl ist, sonst `False`
`Prime[`m`]`	m-te Primzahl
`FactorInteger[`n`]`	Primfaktorzerlegung von n
`GCD[`a`, `b`]`	größter gemeinsamer Teiler
`LCM[`a`, `b`]`	kleinstes gemeinsames Vielfaches

Tabelle 1-15: Funktionen für das Rechnen mit ganzen Zahlen

Ausdruck	Bedeutung
`Random[ ]`	reelle Zufallszahl zwischen null und eins
`Random[Integer, {`min`, `max`}]`	ganze Zufallszahl zwischen min und max

Tabelle 1-16: Zufallszahlen

Ausdruck	Bedeutung
`Timing[`$expr$`]`	zeigt neben dem Resultat auch die Rechenzeit

Tabelle 1-17: Anzeige der Rechenzeit

☐ Übungen

1. Ist

        8427822041268851087721954336481188257911244421059372187O\
        209000281178226826571886453856092817025114976097O75806Z5\
        57529117414392358167459937542237240676819854811220125284\
        44316192634325816891869662444157

   eine Primzahl?

2. Verschlüßle selbst eine Meldung mit dem RSA-System!

3. Wie große Zahlen lassen sich noch mit vernünftigem Aufwand faktorisieren? Ändert sich dies, wenn man ein Produkt von zwei Primzahlen wählt?

4. Wie große Primzahlen lassen sich mit der Funktion `Prime` in vernünftiger Zeit finden?

■ 1.4 Symbolischer Rechner

Wenn *Mathematica* "nur" numerisch und mit langen ganzen Zahlen arbeiten könnte, so wäre es kein "System for Doing Mathematics by Computer", wie es die Werbung verspricht. Von zentralem Interesse ist die Fähigkeit, *symbolisch* zu rechnen, also Formeln und Gleichungen mit Unbekannten so umzuformen, wie man es "von Hand" tut. Damit eröffnet sich eine Flut von neuen Möglichkeiten. Der Leser (die Leserin) ist aufgefordert, seine (ihre) täglichen Rechnungen damit zu beschleunigen.

Um die Übersicht besser zu wahren, wollen wir vorerst von konkreten Anwendungen absehen und konstruierte, einfache Rechenbeispiele betrachten.

■ 1.4.1 Polynome

□ Zuweisungen (Definitionen) erstellen und löschen

Wir haben schon gesehen, daß das Gleichheitszeichen eine *Zuweisung* herstellt.

```
In[1]:=   x = N[Pi]
Out[1]=   3.14159
```

In der Terminologie von *Mathematica* haben wir damit für das Symbol x eine *Definition* festgelegt.

Statt Zahlen können wir aber auch Unbekannte einsetzen.

```
In[2]:=   x = 1 + a + b
Out[2]=   1 + a + b
```

Sobald wir mit x rechnen, wird automatisch die Definition verwendet.

```
In[3]:=   x^2
```

$$Out[3]= \ (1 + a + b)^2$$

Eine solche Zuweisung gilt (innerhalb einer Sitzung), bis man sie mit Clear oder

```
In[4]:=   x = .
```

wieder löscht.

Wir haben schon kurz bemerkt (Abschnitt 1.3.2), daß jedes Symbol in einen bestimmten *Kontext* gehört. Für die vom Benutzer eingeführten Symbole ist dies (normalerweise) der Kontext `Global`. Deshalb können wir mit

```
In[5]:=   Clear["Global`*"]
```

alle Definitionen der laufenden Sitzung löschen (vergleiche mit Abschnitt 2.5.2). Dies ist ein nützlicher Befehl auf Computern, bei denen das Starten einer neuen Sitzung mit einem größeren Zeitaufwand verbunden ist.

Nach dem Löschen der Definition steht uns x wieder als unabhängige Variable zur Verfügung, z.B. im folgenden Polynom:

```
In[6]:=   (a x^3 + b x + 3 c)
```

$$Out[6]= \ 3\ c\ +\ b\ x\ +\ a\ x^3$$

Auch nachträglich können wir z.B. sein Quadrat mit einem Namen versehen (pro memoria: % bedeutet das Resultat der letzten Ausgabezeile).

```
In[7]:=   myPoly = %^2
```

$$Out[7]= \ (3\ c\ +\ b\ x\ +\ a\ x^3)^2$$

Hier sind zwei Bemerkungen zur *Namensgebung* angebracht:

☞ Wir haben schon gesehen, daß alle in *Mathematica* eingebauten Funktionen mit Großbuchstaben beginnen. Deshalb sollte man sich angewöhnen, alle eigenen Namen mit *Kleinbuchstaben* zu beginnen. Dies erhöht die Verständlichkeit von Eingaben und vermeidet Namenskollisionen (Groß- und Kleinbuchstaben werden ja unterschieden). Die einzige Ausnahme zu dieser Regel sind Funktionen, die man in Paketen programmiert hat. Sie sind sozusagen Erweiterungen von *Mathematica* und sollten gleich wie die eingebauten Objekte aussehen.

☞ *Mathematica* akzeptiert beliebig lange Variablennamen. Die Eingaben werden verständlicher, wenn man diese Fähigkeit benutzt, um (wie bei den eingebauten Funktionen) *selbsterklärende Namen* zu wählen.

☐ Ausmultiplikation, Faktorisierung

Nun zurück zum Polynom `myPoly`! *Mathematica* hat es akzeptiert, aber nicht weiter bearbeitet (z.B. ausmultipliziert). Dies entspricht dem allgemeinen Konzept, daß nur einige elementare Umformungen automatisch vorgenommen werden. Alles andere bleibt dem Benutzer überlassen.

Vielleicht wollen wir tatsächlich ausmultiplizieren; dann verlangen wir dies mit:

In[8]:= **Expand[myPoly]**

Out[8]= $9 c^2 + 6 b c x + b^2 x^2 + 6 a c x^3 + 2 a b x^4 + a^2 x^6$

Falls doch wieder faktorisiert werden soll, schreiben wir:

In[9]:= **Factor[%]**

Out[9]= $(3 c + b x + a x^3)^2$

Wir können myPoly aber auch als Polynom in a darstellen.

In[10]:= **Collect[myPoly, a]**

Out[10]= $9 c^2 + 6 b c x + b^2 x^2 + a^2 x^6 + a (6 c x^3 + 2 b x^4)$

Über die Anordnung der Summanden kann man streiten. Leider läßt sich deren Reihenfolge nicht besser kontrollieren. Trotzdem hat der obige Befehl gleiche Potenzen von a zusammengefaßt.

Das folgende Polynom ist über dem Ring der ganzen Zahlen nicht faktorisierbar:

In[11]:= **Factor[1 - x^2 + x^4]**

Out[11]= $1 - x^2 + x^4$

Viele *Mathematica*-Funktionen können mit *Optionen* verändert werden. Man übergibt diese in der Form *option -> value* (der Pfeil -> setzt sich aus einem - und einem > zusammen). Ein Beispiel dazu ist **Factor**. Die Option **Gaussian-Integers -> True** erlaubt nämlich auch die Faktorisierung über dem Ring der Gaußschen ganzen Zahlen ($a + i\,b$ mit ganzen Zahlen a und b).

In[12]:= **Factor[1 - x^2 + x^4, GaussianIntegers -> True]**

Out[12]= $(-1 - I x + x^2)(-1 + I x + x^2)$

Polynome mit *trigonometrischen Funktionen* sind oft unübersichtlich.

In[13]:= **trigPoly = Expand[(1 + Sin[x]^2 + Sin[x] + Cos[x]^2)^2]**

Out[13]= $1 + 2 \text{Cos}[x]^2 + \text{Cos}[x]^4 + 2 \text{Sin}[x] + 2 \text{Cos}[x]^2 \text{Sin}[x] +$
$3 \text{Sin}[x]^2 + 2 \text{Cos}[x]^2 \text{Sin}[x]^2 + 2 \text{Sin}[x]^3 + \text{Sin}[x]^4$

Sie lassen sich mit der Funktion **Simplify** vereinfachen.

```
In[14]:=  Simplify[trigPoly]
```
$$Out[14]=\ (2\ +\ Sin[x])^2$$

In **Expand** kann mit der Option **Trig -> True** dafür gesorgt werden, daß neben dem Ausmultiplizieren auch alle Produkte oder Potenzen von trigonometrischen Funktionen in Funktionen von mehrfachen Winkeln umgerechnet werden.

```
In[15]:=  Expand[trigPoly, Trig -> True]
```
$$Out[15]=\ \frac{9}{2}\ -\ \frac{Cos[2\ x]}{2}\ +\ 4\ Sin[x]$$

Bei **Factor** geschieht mit derselben Option das Umgekehrte.

```
In[16]:=  Factor[%, Trig -> True]
```
$$Out[16]=\ (2\ +\ Sin[x])^2$$

Auf einem Umweg haben wir dasselbe erreicht, was uns schon **Simplify** lieferte.

Die Darstellung von mathematischen Ausdrücken in einer "möglichst einfachen Form" ist eine sehr komplexe Problemstellung. Betrachten wir z.B. das Polynom:

```
In[17]:=  poly1 = (1 + x)^7
```
$$Out[17]=\ (1\ +\ x)^7$$

Es schreibt sich so sicher einfacher als in ausmultiplizierter Form.

```
In[18]:=  Expand[poly1]
```
$$Out[18]=\ 1\ +\ 7\ x\ +\ 21\ x^2\ +\ 35\ x^3\ +\ 35\ x^4\ +\ 21\ x^5\ +\ 7\ x^6\ +\ x^7$$

Die Situation ist im folgenden Beispiel aber gerade umgekehrt:

```
In[19]:=  poly2 = 1 - x^7
```
$$Out[19]=\ 1\ -\ x^7$$

```
In[20]:=  Factor[poly2]
```
$$Out[20]=\ (1\ -\ x)\ (1\ +\ x\ +\ x^2\ +\ x^3\ +\ x^4\ +\ x^5\ +\ x^6)$$

Simplify ist weise genug, dies zu unterscheiden:

```
In[21]:=  Simplify[poly1]
```

$$Out[21]= (1 + x)^7$$

```
In[22]:=  Simplify[poly2]
```

$$Out[22]= 1 - x^7$$

Diesen Aufwand bezahlt man bei komplizierten Ausdrücken mit längeren Wartezeiten.

☐ Gebrochene rationale Funktionen

Betrachten wir nun einen gebrochenen, rationalen Ausdruck:

```
In[23]:=  quot1 = poly2 / (1 - x)
```

$$Out[23]= \frac{1 - x^7}{1 - x}$$

```
In[24]:=  Simplify[quot1]
```

$$Out[24]= \frac{1 - x^7}{1 - x}$$

Mit Cancel wird er gekürzt.

```
In[25]:=  Cancel[quot1]
```

$$Out[25]= 1 + x + x^2 + x^3 + x^4 + x^5 + x^6$$

```
In[26]:=  Simplify[%]
```

$$Out[26]= 1 + x + x^2 + x^3 + x^4 + x^5 + x^6$$

Mathematica verwandelt das Polynom (natürlich) nicht in einen Bruch zurück. – Wäre dies eine Vereinfachung?

Die wichtigsten weiteren Funktionen zur Umrechnung von Brüchen studieren wir am Beispiel:

```
In[27]:=  quot2 = (a + b)^2/(a - b)^3 + 1/(a - b)^2
```

$$Out[27]= (a - b)^{-2} + \frac{(a + b)^2}{(a - b)^3}$$

Um den Nenner auszumultiplizieren, benutzen wir:

In[28]:= **ExpandDenominator[quot2]**

$$Out[28]= \frac{1}{a^2 - 2\ a\ b + b^2} + \frac{(a + b)^2}{a^3 - 3\ a^2\ b + 3\ a\ b^2 - b^3}$$

und für den Zähler:

In[29]:= **ExpandNumerator[quot2]**

$$Out[29]= (a - b)^{-2} + \frac{a^2 + 2\ a\ b + b^2}{(a - b)^3}$$

Eine vollständige Ausmultiplikation ergibt sich mit:

In[30]:= **ExpandAll[quot2]**

$$Out[30]= \frac{1}{a^2 - 2\ a\ b + b^2} + \frac{a^2}{a^3 - 3\ a^2\ b + 3\ a\ b^2 - b^3} +$$
$$\frac{2\ a\ b}{a^3 - 3\ a^2\ b + 3\ a\ b^2 - b^3} + \frac{b^2}{a^3 - 3\ a^2\ b + 3\ a\ b^2 - b^3}$$

Vielleicht soll aber auch alles auf den gemeinsamen Nenner gebracht oder eine Partialbruchzerlegung berechnet werden:

In[31]:= **Together[quot2]**

$$Out[31]= \frac{a + a^2 - b + 2\ a\ b + b^2}{(a - b)^3}$$

In[32]:= **Apart[quot2, a]**

$$Out[32]= \frac{-4\ b^2}{(-a + b)^3} - \frac{1}{-a + b} + \frac{1 + 4\ b}{(-a + b)^2}$$

Weil der Bruch mehr als eine Variable enthält, müssen wir angeben, welche für die Zerlegung benutzt werden soll.

Einige weitere elementare Funktionen zur Manipulation von Polynomen und Brüchen sind **FactorTerms**, **PowerExpand** und **ComplexExpand**. In Tabelle 1-21 finden sich dazu kurze Erklärungen.

□   Werte einsetzen, Regeln, Listen

Nun sollen *Zahlen* in diese Ausdrücke *eingesetzt* werden. Dazu geben wir eine *Regel* an, die auf den Ausdruck angewendet werden soll. Regeln haben die Form *lhs -> rhs*, wobei z.B. links eine Variable und rechts ihr Wert steht, analog zu den oben benutzten Optionen.

Die Regel wird durch die Zeichenfolge /. auf den Ausdruck angewendet. Setzen wir also in quot2 für a den Wert 3 ein!

```
In[33]:=   quot2 /. a -> 3
```

$$Out[33]= \ (3 - b)^{-2} + \frac{(3 + b)^2}{(3 - b)^3}$$

Falls mehrere Substitutionen gleichzeitig gemacht werden sollen, so fassen wir die verschiedenen Regeln zusammen, indem wir sie durch Kommas trennen und in *geschweifte Klammern* {} setzen. Damit haben wir eine *Liste* von einzelnen Regeln erstellt (die selbst wieder als Regel aufgefaßt werden kann).

Listen sind eine wichtige Struktur in *Mathematica*. Man braucht sie z.B. auch zur Darstellung von *Vektoren* und *Matrizen* (vergleiche mit Kapitel 1.6).

```
In[34]:=   quot2 /. {a -> 3, b -> 5}
```

$$Out[34]= \ -(\frac{31}{4})$$

Um der Regel einen Namen zu geben und sie dann anzuwenden, schreiben wir:

```
In[35]:=   numRule = {a -> 3, b -> 5}
Out[35]=   {a -> 3, b -> 5}

In[36]:=   quot2 /. numRule
```

$$Out[36]= \ -(\frac{31}{4})$$

Ein einzelnes *Element einer Liste* wird mit doppelten eckigen Klammern wieder herausgezogen.

```
In[37]:=   numRule[[2]]
Out[37]=   b -> 5
```

Dabei sind die Elemente von links nach rechts, mit eins beginnend, numeriert.

□　**Ungewollte unendliche Rekursionen**

Wir schließen mit einer Bemerkung für Programmierer(innen). Wer schon einmal ein prozedurales Programm (in Pascal, C, Fortran etc.) geschrieben hat, wird bald einmal die folgende Zuweisung versuchen:

In[38]:=　**y = y + 1**

　　　　`$RecursionLimit::reclim: Recursion depth of 256 exceeded.`

Out[38]=　`250 + Hold[1 + y]`

Hoppla! Hier scheint ein Problem vorzuliegen. Wir werden an verschiedenen Stellen darauf zurückkommen (siehe Abschnitte 2.3.2 und 2.4.2). Für den Moment möge die folgende Erklärung genügen:

　Eine Definition wie

In[39]:=　**x = a**

Out[39]=　`a`

wird von *Mathematica* so interpretiert, daß das Symbol **x** von nun an immer durch denjenigen Wert ersetzt werden soll, den **a** zum Zeitpunkt dieser Definition hat. Bei der Auswertung von

In[40]:=　**y = y + 1**

　　　　`$RecursionLimit::reclim: Recursion depth of 256 exceeded.`

Out[40]=　`249 + Hold[1 + y]`

versucht *Mathematica* also herauszufinden, welchen Wert **y** hat. Dazu muß es **y** nehmen und eins addieren. Weil **y** ein Symbol ist, führt dies zu einer unendlichen Rekursion.

　　Innerhalb von Programm-Schlaufen hat *Mathematica* allerdings ein anderes Auswertungsschema. Dieses erlaubt solche Zuweisungen und damit den Aufbau von Programmen, die analog zu prozeduralen Programmiersprachen ablaufen (siehe Kapitel 2.4).

□　**Zusammenfassung**

• Mathematische Ausdrücke werden nur dann umgeformt, wenn man es explizit verlangt. Ausnahmen dazu sind lediglich die elementarsten Vereinfachungen.

Ausdruck	Bedeutung
`{}`	Klammer für Listen
list`[ [ `*n*` ] ]`	*n*-tes Element einer Liste

Tabelle 1-18: Listen

Ausdruck	Bedeutung
lhs -> *rhs*	einfache Regel
{*lhs*$_1$ -> *rhs*$_1$, *lhs*$_2$ -> *rhs*$_2$, ...}	Regel aus mehreren Bestandteilen
expr /. *rule*	Regel *rule* auf Ausdruck *expr* anwenden

Tabelle 1-19: Regeln

Ausdruck	Kurzform	Bedeutung
`Clear[`*x*`]`	*x* = .	löscht Definitionen (Zuweisungen) für *x*
`Clear["Global`*`*"]`		löscht alle Definitionen der laufenden Sitzung

Tabelle 1-20: Definitionen löschen

Ausdruck	Bedeutung
`Expand[`*expr*`]`	multipliziert aus
`Expand[`*expr*`, Trig -> True]`	multipliziert aus und ersetzt Produkte von trigonometrischen Funktionen durch Funktionen von mehrfachen Winkeln
`ExpandAll[`*expr*`]`	wendet `Expand` auf alle Teile von *expr* an
`ExpandNumerator[`*expr*`]`	multipliziert Zähler aus
`ExpandDenominator[`*expr*`]`	multipliziert Nenner aus
`ComplexExpand[`*expr*`]`	schreibt (trigonometrische) Funktionen komplex und multipliziert aus (unter der Annahme, daß alle Variablen reell seien)
`ComplexExpand[`*expr*`, {`*x*$_1$`, `*x*$_2$`,...}]`	multipliziert aus, unter der Annahme, daß die $x_1, x_2, ...$ komplex seien
`PowerExpand[`*expr*`]`	transformiert $(x\,y)^p$ auf $x^p y^p$ etc.
`Factor[`*expr*`]`	faktorisiert (über dem Ring der ganzen Zahlen)
`Factor[N[`*expr*`]]`	faktorisiert numerisch über den reellen Zahlen
`Factor[`*expr*`, Trig -> True]`	faktorisiert und ersetzt trigonometrische Funktionen von mehrfachen Winkeln durch Produkte
`Factor[`*expr*`, GaussianIntegers -> True]`	faktorisiert über dem Ring der Gaußschen ganzen Zahlen
`FactorTerms[`*expr*`]`	zieht gemeinsame numerische Faktoren heraus
`Simplify[`*expr*`]`	vereinfacht einen Ausdruck

Tabelle 1-21: Polynom-Manipulationen

Ausdruck	Bedeutung
`Cancel[`*expr*`]`	kürzt einen Bruch
`Apart[`*expr*`]`	Partialbruchzerlegung
`Apart[`*expr*`, `*var*`]`	Partialbruchzerlegung, wobei alle Variablen außer *var* als Konstanten behandelt werden
`Together[`*expr*`]`	zieht einen Bruch auf den gemeinsamen Nenner
`Collect[`*expr*`, x]`	gruppiert Potenzen von x

Tabelle 1-21: Polynom-Manipulationen

□ Übungen

1. Faktorisiere $a + 2\sqrt{a}\sqrt{b} + b$!

2. Wieso faktorisiert $a + 2\sqrt{ab} + b$ vorerst nicht? Wie kann man sich da helfen?

3. Wieso faktorisiert $ax^2 + bx + c$ nicht?

4. Das Polynom $x^2 - 3$ faktorisiert über den ganzen Zahlen und den Gaußschen ganzen Zahlen nicht. Finde eine andere Faktorisierung!

5. Betrachte

$$\frac{(a-1)^5}{(b-2)^5}.$$

   Multipliziere Zähler und Nenner zuerst einzeln und dann gemeinsam aus. Schreibe das Resultat wieder auf einen Bruchstrich! Bestimme die Partialbruchzerlegung! Setze $a = 7$ und $b = 11$ ein!

6. Schreibe $\sin(\alpha) + \cos(\beta)$ und $\sin(\alpha)\cos^2(\beta)$ in Funktion von Summen und Differenzen der Winkel!

7. Studiere die Funktionen `FactorTerms`, `PowerExpand` und `ComplexExpand`!

8. Lösche alle Definitionen der laufenden Sitzung!

■ 1.4.2 Gleichungen

☐ Einzelne Gleichungen

Mathematica kann auch mit *Gleichungen* umgehen. Das Gleichheitszeichen wird dabei (um es von Definitionen zu unterscheiden) als == geschrieben.

```
In[1]:=   a x^2 + 7 b x + 15 == 0
```

$$Out[1]= \quad 15 + 7\ b\ x + a\ x^2 == 0$$

Wir können die Gleichung auch mit einem Namen versehen. Dazu müssen wir ein = (für die Definition) und ein == (für die Gleichung) verwenden.

```
In[2]:=   equation1 = a x^2 + 7 b x + 15 == 0
```

$$Out[2]= \quad 15 + 7\ b\ x + a\ x^2 == 0$$

Um diese Gleichung zu *lösen*, verwenden wir die Funktion `Solve`. Sie erwartet als ersten Parameter die Gleichung und als zweiten die Variable, nach der aufgelöst werden soll.

```
In[3]:=   Solve[equation1, x]
```

$$Out[3]= \quad \left\{\left\{x \to \frac{\frac{-7\ b}{a} + \frac{\mathrm{Sqrt}[-60\ a + 49\ b^2]}{a}}{2}\right\},\right.$$

$$\left.\left\{x \to \frac{\frac{-7\ b}{a} - \frac{\mathrm{Sqrt}[-60\ a + 49\ b^2]}{a}}{2}\right\}\right\}$$

Wir erhalten eine Liste von Regeln für die zwei Lösungen. Für einen Test, ob das Resultat wirklich stimmt, setzen wir es mit `/.` in die Gleichung ein.

```
In[4]:=   equation1 /. %
```

$$Out[4]= \quad \left\{15 + \frac{7\ b\ \left(\frac{-7\ b}{a} + \frac{\mathrm{Sqrt}[-60\ a + 49\ b^2]}{a}\right)}{2} + \right.$$

$$\left. \frac{a\ \left(\frac{-7\ b}{a} + \frac{\mathrm{Sqrt}[-60\ a + 49\ b^2]}{a}\right)^2}{4} == 0,\right.$$

```
                  -7 b   Sqrt[-60 a + 49 b^2]
         7 b (----- - --------------------)
                a              a
  15 + ------------------------------------ +
                        2

           -7 b   Sqrt[-60 a + 49 b^2]
       a (----- - --------------------)^2
            a              a
      ------------------------------------- == 0}
                        4
```

Das ist unübersichtlich! Weil *Mathematica* die durch das Einsetzen entstehenden Ausdrücke (wie alles) nicht automatisch vereinfacht, müssen wir dies ausdrücklich verlangen.

```
In[5]:=   Simplify[%]

Out[5]=   {True, True}
```

Beide Lösungen liefern also, in die Gleichungen eingesetzt, logisch wahre Resultate.

Das hätte der Leser (die Leserin) auch noch von Hand herausgefunden. Anders sieht es höchst wahrscheinlich im nächsten Beispiel aus.

```
In[6]:=   equation2 = x^3 + 3 x^2 - x + 1 == 0

Out[6]=   1 - x + 3 x^2 + x^3 == 0

In[7]:=   solution2 = Solve[equation2, x]

                           32 1/3
                          (--)
                           3
Out[7]=   {{x -> -1 + -------------------- +
                      (-9 + Sqrt[33])1/3

            2 1/3                1/3
           (-)    (-9 + Sqrt[33])   },
            9

                                        32 1/3
                                       (--)
                     I                  3
          {x -> -1 + - Sqrt[3] (-(--------------------) +
                     2           (-9 + Sqrt[33])1/3

            2 1/3                1/3
           (-)    (-9 + Sqrt[33])   ) -
            9

            32 1/3
           (--)
            3                           2 1/3                1/3
          -------------------- + (-)    (-9 + Sqrt[33])
          (-9 + Sqrt[33])1/3      9
          --------------------------------------------------},
                               2

                                        32 1/3
                                       (--)
                     I                  3
          {x -> -1 - - Sqrt[3] (-(--------------------) +
                     2           (-9 + Sqrt[33])1/3

            2 1/3                1/3
           (-)    (-9 + Sqrt[33])   ) -
            9
```

```
       32 1/3
      (--)
        3
----------------------- + (2)1/3 (-9 + Sqrt[33])1/3
                 1/3     (-)
(-9 + Sqrt[33])           9
------------------------------------------------------}}
                      2
```

Diese Formeln für Lösungen mit Radikalen sind nicht mehr jedermanns Sache.
Stimmt das Resultat?

In[8]:=   **subst = equation2 /. solution2**

```
                  32 1/3
                 (--)
                   3
Out[8]= {2 - -----------------  - (2)1/3 (-9 + Sqrt[33])1/3 +
                          1/3     (-)
             (-9 + Sqrt[33])       9

                    32 1/3
                   (--)
                     3
         3 (-1 + -----------------  + (2)1/3 (-9 + Sqrt[33])1/3)
                            1/3     (-)
                 (-9 + Sqrt[33])      9

                               32 1/3
          2                   (--)
                                3
         + (-1 + -----------------  +
                            1/3
                 (-9 + Sqrt[33])

          (2)1/3 (-9 + Sqrt[33])1/3)3 == 0,
          (-)
           9

                               32 1/3
                              (--)
                                3
         2 - I Sqrt[3] (-(-----------------) +
             -                        1/3
             2             (-9 + Sqrt[33])

          (2)1/3 (-9 + Sqrt[33])1/3) +
          (-)
           9

               32 1/3
              (--)
                3
         -----------------  + (2)1/3 (-9 + Sqrt[33])1/3
                    1/3     (-)
         (-9 + Sqrt[33])      9
         -------------------------------------------- +
                            2

         3 Power[-1 + I Sqrt[3]
                     -
                     2
                    32 1/3
                   (--)
                     3
             (-(-----------------) + (2)1/3 (-9 + Sqrt[33])1/3)
                          1/3       (-)
               (-9 + Sqrt[33])        9
                    32 1/3
                   (--)
                     3
             -----------------  + (2)1/3 (-9 + Sqrt[33])1/3
                        1/3       (-)
           - (-9 + Sqrt[33])        9
             --------------------------------------------- ,
                                2

         2] + Power[-1 + I Sqrt[3]
                        -
                        2
                    32 1/3
                   (--)
                     3
             (-(-----------------) + (2)1/3 (-9 + Sqrt[33])1/3)\
                          1/3       (-)
               (-9 + Sqrt[33])        9
```

```
            32 1/3
          (--)
            3
        ------------- + (2)1/3 (-9 + Sqrt[33])1/3
                   1/3    (-)
    (-9 + Sqrt[33])       9
  - ----------------------------------------------,
                        2

  3] == 0, 2 + I Sqrt[3]
               -
               2
               32 1/3
             (--)
               3
  (-(-------------------) + (2)1/3 (-9 + Sqrt[33])1/3) +
                     1/3     (-)
      (-9 + Sqrt[33])        9
      32 1/3
    (--)
      3
    ------------- + (2)1/3 (-9 + Sqrt[33])1/3
               1/3    (-)
(-9 + Sqrt[33])        9
--------------------------------------------- +
                  2

  3 Power[-1 - I Sqrt[3]
              -
              2
               32 1/3
             (--)
               3
  (-(-------------------) + (2)1/3 (-9 + Sqrt[33])1/3)
                     1/3     (-)
      (-9 + Sqrt[33])        9
               32 1/3
             (--)
               3
           ------------- + (2)1/3 (-9 + Sqrt[33])1/3
                      1/3    (-)
     (-9 + Sqrt[33])         9
  - ----------------------------------------------,
                        2

  2] + Power[-1 - I Sqrt[3]
                 -
                 2
               32 1/3
             (--)
               3
  (-(-------------------) + (2)1/3 (-9 + Sqrt[33])1/3)\
                     1/3     (-)
      (-9 + Sqrt[33])        9
               32 1/3
             (--)
               3
           ------------- + (2)1/3 (-9 + Sqrt[33])1/3
                      1/3    (-)
     (-9 + Sqrt[33])         9
  - ----------------------------------------------,
                        2

  3] == 0}
```

Dies ist ein langer Ausdruck, den wir ohnehin noch vereinfachen müssen. Wir hätten seine Anzeige gar nicht gebraucht. In solchen Fällen setzt man einen Strichpunkt (;) an den Schluß der Eingabezeile, um die Ausgabe zu unterdrücken.

```
In[9]:=   subst = equation2 /. solution2;
```

Nun sind wir aber nicht sicher, ob wirklich die gewünschte Rechnung durchgeführt wurde. Hier sind die Funktionen `Short` und `Shallow` nützlich; sie liefern eine *Kurzform* des Resultats.

```
In[10]:=  subst = Short[equation2 /. solution2]
Out[10]//Short=
```

$$\{2 + <<3>> + (-1 + <<2>>)^3 == 0, <<1>>, <<2>>\}$$

```
In[11]:=  subst = Short[equation2 /. solution2, 2]
Out[11]//Short=
```

$$\{2 + <<3>> + (-1 + \frac{(\frac{32}{3})^{1/3}}{(-9 + <<1>>)^{1/3}} +$$
$$(\frac{2}{9})^{1/3} (-9 + \mathtt{Sqrt[33]})^{1/3})^3 == 0, <<1>>,$$
$$2 + <<4>> == 0\}$$

Short produziert einen einzeiligen Ausdruck, in dem die Zahl der weggelassenen Elemente in <<>> gesetzt ist. Mit einem zweiten Parameter kann die gewünschte Anzahl Zeilen angegeben werden.

Bei **Short** wird aber die Struktur des Resultats verwischt. Will man sie besser überblicken, so wählt man die Funktion **Shallow**.

```
In[12]:=  subst = Shallow[equation2 /. solution2]
Out[12]//Shallow=
          {Plus[<<5>>] == 0, Plus[<<5>>] == 0, Plus[<<5>>] == 0}
```

Short und **Shallow** wirken sich nur auf die *Anzeige* aus. Das berechnete Resultat wird dadurch nicht beeinflußt.

⌚   Achtung: Die nächste Rechnung braucht einige Zeit!

```
In[13]:=  Simplify[subst] // Timing
Out[13]=  {506.533 Second, {True, True, True}}
```

Mit einer kleinen Hilfestellung geht es deutlich schneller.

```
In[14]:=  ExpandAll[subst] // Timing
Out[14]=  {111.217 Second, {Plus[<<3>>] == 0, Plus[<<3>>] == 0,
          Plus[<<3>>] == 0}}

In[15]:=  Simplify[%[[2]]] // Timing
Out[15]=  {1.45 Second, {True, True, True}}
```

Zur Erinnerung: **%[[2]]** wählt das zweite Element der Liste aus.

Kein so umfangreiches Programm wie *Mathematica* kann perfekt sein. Im Fall von Problemen wird der (die) versierte Benutzer(in) aber helfen, die Klippen – wie oben – mit intelligenten Zwischenrechnungen zu umschiffen.

Man darf auch nicht erwarten, daß ein Programm fehlerfrei sei; jedes Resultat muß einer kritischen Betrachtung unterworfen werden. Vielleicht kann man die folgenden Typen von Fehlern und "Fehlern" unterscheiden:

1. Eine häufige Art von "Fehlern" muß in Anführungszeichen gesetzt werden. Es sind dies unerwartete Resultate, für die natürlich reflexartig das Programm verantwortlich gemacht wird. Oft handelt es sich aber um Eingabe- oder Verständnisfehler des Benutzers oder um dokumentierte Eigenschaften. (Ein Beispiel dazu könnte die Funktion `Solve` sein, wie wir gleich anschließend sehen werden.) Bevor man also eine Fehlermeldung an Wolfram Research abschickt, lohnt sich ein Blick auf die ausführliche Beschreibung der Funktion in [Wol91].

2. Als eigentliche Programmfehler gibt es zuerst einmal solche, die Programmabstürze etc. bewirken. Sie sind zwar sehr ärgerlich, aber wenigstens keine Gefahr für die Richtigkeit der Resultate.

3. Zudem muß man (wie in jedem Programm) auch Fehler in den Algorithmen erwarten, die falsche Resultate zur Folge haben. Ein Beispiel dazu war in der Version 1.2 von *Mathematica* die Berechnung von `Sqrt[x^2]`. Man erhielt nämlich x, was offensichtlich für negative x falsch ist. Solche Fehler zeigen sich meist schon bei einfachen Beispielen. Gegen sie schützt man sich durch genaues Hinsehen, Konsistenztests und numerische Vergleiche.

4. Schlußendlich ist es aber auch denkbar, daß Fehler existieren, die sich erst bei großen Rechnungen auswirken. Durch Tests an einfachen Beispielen, wo alles richtig läuft, kann der Benutzer in Sicherheit gewiegt werden und seine kritische Einstellung verlieren. Es ist also nötig, jedes wichtige Resultat durch Konsistenzuntersuchungen oder numerische Beispiele zu erhärten.

Es gibt Algorithmen, die in *Mathematica* zentral gebraucht werden (Langzahlarithmetik, Polynom-Algebra, ggT etc.). Auf ihnen beruhen so viele andere Routinen, daß ein Fehler mit fast absoluter Sicherheit entdeckt werden müßte. Andere (Integration, Differentialgleichungen etc.) stehen am Rand des Hierarchiebaumes. Sie sind mit größerer Vorsicht zu genießen.

Mit der Zeit entwickelt man ein Gefühl für die Zuverlässigkeit seines Werkzeugs. Die inneren Konsistenzanforderungen von symbolischen Rechnungen erzeugen ein Maß an Sicherheit, das weit über numerische Simulationen hinausgeht. Es wäre schön, wenn die Resultate von Finite Elemente-Berechnungen so verläßlich wie jedes ausgereifte, symbolische Rechenprogramm wären.

Doch nun kehren wir wieder zurück zu unseren Gleichungen. Nach so vielen Aufforderungen zum kritischen Betrachten der Resultate hat der aufmerksame Leser (die aufmerksame Leserin) sicher schon bemerkt, daß unsere Lösung von `equation1` ihre Tücken hat.

```
In[16]:=  Solve[equation1, x]

                      -7 b    Sqrt[-60 a + 49 b ]
                      ----  + -------------------
                       a               a
Out[16]= {{x -> ---------------------------------},
                                 2

                      -7 b    Sqrt[-60 a + 49 b ]
                      ----  - -------------------
                       a               a
          {x -> ---------------------------------}}
                                 2
```

Was passiert, wenn a = 0 ist?

```
In[17]:=   % /. a -> 0

                                                    1
          Power::infy: Infinite expression - encountered.
                                                    0
                                                    1
          Power::infy: Infinite expression - encountered.
                                                    0

          Infinity::indet:
             Indeterminate expression ComplexInfinity + <<1>>
                encountered.

                                                    1
          Power::infy: Infinite expression - encountered.
                                                    0

          General::stop:
             Further output of Power::infy
                will be suppressed during this calculation.

          Infinity::indet:
             Indeterminate expression ComplexInfinity + <<1>>
                encountered.

Out[17]=  {{x -> Indeterminate}, {x -> Indeterminate}}
```

Dies ist nun allerdings kein Programmfehler sondern eine nützliche Fähigkeit von
Solve. Die Funktion sucht nämlich nur die *generischen Lösungen* und sieht von
Ausnahmefällen ab. Will man alle Lösungen, so verwendet man die Funktion
Reduce.

```
In[18]:=   Reduce[equation1, x]

                             -7 b     Sqrt[-60 a + 49 b ]
                             ----  +  -------------------
                              a                a
Out[18]=  a != 0 && (x == ------------------------------ ||
                                        2

                             -7 b     Sqrt[-60 a + 49 b ]
                             ----  -  -------------------
                              a                a
              x == ------------------------------------) ||
                                        2

                                                -15
           b != 0 && a == 0 && x == ---
                                                7 b
```

Hier wird das Resultat als logischer Ausdruck dargestellt. Darin steht == für "gleich",
!= für "ungleich", || für "oder" und && für "und".

☐ Gleichungssysteme

Gleichungssysteme werden in *Mathematica* – wie der Leser (die Leserin) sicher schon erwartet – in Form von Listen definiert.

```
In[19]:=  eqnList1 = {a x^2 + y == 1, b y - x == 15}

                2
Out[19]=  {a x  + y == 1, -x + b y == 15}
```

Um nach **x** und **y** aufzulösen, tippen wir folgendes ein:

```
In[20]:=  solution = Solve[eqnList1, {x, y}]

                          1          Sqrt[1 - 60 a b + 4 a b^2]
                      -(-----)  +    --------------------------
                        a b                    a b
Out[20]=  {{x -> ------------------------------------------------,
                                        2

                    1 - 30 a b        Sqrt[1 - 60 a b + 4 a b^2]
                 -(------------)  +   --------------------------
                       a b^2                   a b^2
           y -> ------------------------------------------------},
                                        2

                      1          Sqrt[1 - 60 a b + 4 a b^2]
                  -(-----)  -     --------------------------
                    a b                    a b
           {x -> ------------------------------------------------,
                                        2

                    1 - 30 a b        Sqrt[1 - 60 a b + 4 a b^2]
                 -(------------)  -   --------------------------
                       a b^2                   a b^2
           y -> ------------------------------------------------}}
                                        2
```

So erhalten wir eine Liste von zwei Lösungen, die je eine Liste von Regeln für **x** und **y** enthalten. Die Kontrolle kann wie oben erfolgen.

```
In[21]:=  eqnList1 /. solution // Simplify
Out[21]=  {{True, True}, {True, True}}
```

Jede Gleichung ist also mit jeder Lösung wahr.

Vielleicht wollen wir aber nur **x** aus dem System eliminieren, um eine Gleichung für **y** zu erhalten. Dazu verwenden wir die Funktion `Eliminate`.

```
In[22]:=  Eliminate[eqnList1, x]

                   2  2
Out[22]=  -30 a b y + a b  y  == 1 - 225 a - y
```

☐ Symbolisch nicht lösbare Gleichungen

Gleichungen mit transzendenten Funktionen bereiten natürlich Schwierigkeiten.

```
In[23]:=  Solve[Sin[x] == 1, x]

          Solve::ifun:
             Warning: Inverse functions are being used by Solve, so
                some solutions may not be found.

Out[23]=  {{x -> Pi/2}}
```

In diesem Fall erhalten wir eine Warnung, daß "some" Lösungen verlorengegangen sein könnten ("some" steht hier für "unendlich viele").

Das endgültige Aus kommt bei transzendenten Gleichungen.

```
In[24]:=  Solve[Tan[x] == -x, x]

          Solve::ifun:
             Warning: Inverse functions are being used by Solve, so
                some solutions may not be found.

          Solve::tdep:
             The equations appear to involve transcendental functions
                of the variables in an essentially non-algebraic way.

Out[24]=  Solve[Tan[x] == -x, x]
```

Außer der Lösung $x = 0$ kommt man hier "von Hand" aber auch nicht weiter. Es helfen nur noch numerische Näherungen. *Mathematica* stellt uns dafür zwei Werkzeuge zur Verfügung. Für *nicht-polynomiale* Gleichungen oder Systeme verwenden wir **FindRoot**.

```
In[25]:=  FindRoot[Tan[x] + x == 0, {x, 1}]
Out[25]=  {x -> 0.}
```

Wir übergeben darin die Gleichung und – als Liste – die Variable, mit einem Startwert. Ein anderer Startwert führt vielleicht auf eine andere Lösung.

```
In[26]:=  FindRoot[Tan[x] + x == 0, {x, 2}]
Out[26]=  {x -> 2.02876}
```

Numerische Lösungen von Gleichungssystemen finden wir z.B. so:

```
In[27]:=  eqnList2 = {Sin[x] + Tan[y] + 1 == 0, Cos[y] - Sin[x] == 0}
Out[27]=  {1 + Sin[x] + Tan[y] == 0, Cos[y] - Sin[x] == 0}
```

```
In[28]:=  FindRoot[eqnList2, {x, .5}, {y, .5}]
Out[28]=  {x -> -11.9915, y -> -0.99597}
```

Bei *polynomialen Gleichungen* ist die Berechnung der Wurzeln einfacher. Hier liefert die Funktion `NSolve` alle Lösungen in einem Schritt.

```
In[29]:=  NSolve[x^6 + x^5 - 3 x^2 + x - 5 == 0, x]
Out[29]=  {{x -> -1.82712}, {x -> -0.594186 - 1.223 I},
           {x -> -0.594186 + 1.223 I}, {x -> 0.353936 - 1.00335 I},
           {x -> 0.353936 + 1.00335 I}, {x -> 1.30762}}
```

Die Steuerung der Genauigkeit bei solchen numerischen Berechnungen werden wir in Abschnitt 3.3.3 besprechen.

☐ Oft gehörte Fragen und ihre Antworten

☎ Wie setze ich die Lösung einer Gleichung in einen Ausdruck ein?

✍ Die Lösungen einer Gleichung werden als Liste von Regeln ausgegeben. Man setzt sie mit `/.` ein.

```
In[1]:=  Solve[x^3 == 1, x]
```
$$Out[1]= \{\{x \to 1\}, \{x \to (-1)^{2/3}\}, \{x \to (-1)^{4/3}\}\}$$
```
In[2]:=  x^2 /. %
```
$$Out[2]= \{1, (-1)^{4/3}, (-1)^{2/3}\}$$

☎ So erhalte ich ja eine Liste. Ich möchte aber nicht alle Lösungen einsetzen, sondern nur eine!

✍ Wähle die gewünschte Lösung mit `[[...]]` aus!

```
In[3]:=  x^2 /. %%[[2]]
```
$$Out[3]= (-1)^{4/3}$$

☎ Ich löse eine Gleichung mit einer einzigen Lösung. Wieso ist sie in doppelte geschweifte Klammern gefaßt?

```
In[4]:=  Solve[x == a, x]
Out[4]=  {{x -> a}}
```

✍ Mathematica liefert grundsätzlich die Lösungen von Gleichungen als Listen (für mehrere Lösungen) von Listen (für mehrere Variablen) von Regeln. Die Lösung muß also auch hier mit [[1]] herausgezogen werden. Um z.B. eine Definition für die Variable x festzulegen, schreibt man:

```
In[5]:=   x = x /. %[[1]]
Out[5]=   a
```

☐ Zusammenfassung

Verknüpfung	Bedeutung
==	gleich
!=	ungleich
||	oder
&&	und
<	kleiner
<=	kleiner oder gleich
>	größer
>=	größer oder gleich

Tabelle 1-22: Logische Verknüpfungen

Ausdruck	Bedeutung
expr;	Berechnung ohne Anzeige des Resultats
Short[*expr*]	einzeilige Kurzform
Short[*expr*, *n*]	*n*-zeilige Kurzform
Shallow[*expr*]	Anzeige der "obersten Ebene" von *expr*

Tabelle 1-23: Kurzformen für Resultatanzeige

Ausdruck	Bedeutung
Solve[*eqns*, *vars*]	löst eine Gleichung bzw. ein Gleichungssystem *eqns* nach der bzw. den Variablen *vars* auf (mehrere Gleichungen bzw. Variablen werden als Listen geschrieben)
Solve[*eqns*, *vars*, *elims*]	löst nach den Variablen *vars* auf und eliminiert die Variablen *elims*

Tabelle 1-24: Symbolische Lösungen von Gleichungen

Ausdruck	Bedeutung
`Reduce[eqns, vars]`	liefert ein vereinfachtes System von logisch verknüpften Gleichungen, das alle Lösungen enthält
`Eliminate[eqns, vars]`	eliminiert die Variable(n) *vars* aus einem Gleichungssystem
`Roots[eqn, var]`	erzeugt eine Disjunktion von Gleichungen, die den Wurzeln einer polynomialen Gleichung entspricht
`AlgebraicRules[eqns, {`x_1`, `x_2`, ...}]`	erzeugt (für eine Gleichung oder ein Gleichungssystem *eqns*) eine Liste von Regeln, bei denen Variablen, die früh in der Liste erscheinen, durch solche, die spät erscheinen, ersetzt werden
`ToRules[eqns]`	erzeugt aus einer logischen Kombination von Gleichungen (Resultat von `Roots` oder `Reduce`) eine Liste von Regeln

Tabelle 1-24: Symbolische Lösungen von Gleichungen

Ausdruck	Bedeutung
`FindRoot[eqn, {`x`, `x_0`}]`	sucht eine numerische Lösung der Gleichung *eqn*, indem die Variable x beim Startwert x_0 zu laufen beginnt
`FindRoot[eqn, {`x`, {`x_0`, `x_1`}}]`	sucht eine numerische Lösung der Gleichung *eqn*, indem die Variable x bei den Startwerten x_0 und x_1 beginnt; diese Form muß benutzt werden, falls in der Gleichung die symbolischen Ableitungen nicht berechnet werden können
`FindRoot[eqn, {`x`, `x_{start}`, `x_{min}`, `x_{max}`}]`	sucht eine numerische Lösung der Gleichung *eqn*, indem die Variable x beim Startwert x_{start} beginnt; die Suche endet, falls das Intervall $[x_{min}, x_{max}]$ verlassen wird
`FindRoot[{`eqn_1`, `eqn_2`, ...}, {`x`, `x_0`}, {`y`, `y_0`}, ...]`	sucht eine numerische Lösung des Gleichungssystems $\{eqn_1, eqn_2, ...\}$ mit den gegebenen Variablen und Startwerten
`NSolve[eqn, var]`	liefert alle Lösungen einer polynomialen Gleichung *eqn* in der Variablen *var*

Tabelle 1-25: Numerische Lösungen von Gleichungen

☐ Übungen

1. Löse die Gleichung

$$x^4 + 3x^3 + x^2 - x = 1$$

zuerst von Hand und dann mit dem Computer!

2. Gleichungen fünften Grades lassen sich im allgemeinen nicht durch Radikale lösen. Was macht *Mathematica* in einem solchen Fall?

3. Das Gleichungssystem

$$\left\{ \frac{(x+y)}{(1+xy)} = a , \quad \frac{(x-y)}{(1-xy)} = b \right\}$$

soll nach x und y aufgelöst werden.

Wenn man versucht, dies in einem Schritt zu tun, so resultiert eine längere Wartezeit. Löse also zuerst die erste Gleichung nach x auf, setze das Resultat in die zweite Gleichung ein und löse nach y auf. Was ist das Endresultat?

4. Finde Lösungen von

$$\tan|x| + x = 0!$$

■ 1.4.3 Analysis

So weit so gut! Der kritische Leser (die kritische Leserin) wird noch nicht allzu überwältigt sein: Gleichungen können schließlich auch numerisch gelöst werden; seine (ihre) Polynome sind nicht so kompliziert, daß er (sie) einen Computer braucht; lange Zahlen verwendet er (sie) ohnehin nie. Aber vielleicht hat ihm (ihr) das Suchen in Integrationstabellen auch schon Kopfzerbrechen bereitet. Es ist deshalb an der Zeit, die Fähigkeiten von *Mathematica* im Umgang mit *Analysis* zu studieren.

□ Ableitung

Vor dem Integrieren muß man zuerst einmal *ableiten* können. Dazu verwenden wir die Funktion D.

```
In[1]:=   D[x^(x^x), x]
```

$$Out[1]=\ x^{-1 + x + x^{x}} + x^{x^{x}} \, Log[x] \, (x^{x} + x^{x} \, Log[x])$$

Höhere Ableitungen erhalten wir z.B. so:

```
In[2]:=   D[x^x, {x, 3}]
```

$$Out[2]=\ (-1 + x) \, x^{-2 + x} + x^{-1 + x} + x^{x} + x^{-1 + x} \, Log[x] +$$

$$x^{x} \, Log[x] + \frac{x^{x} + x^{x} \, Log[x]}{x} + Log[x] \, (x^{x} + x^{x} \, Log[x]) +$$

$$Log[x] \, (x^{-1 + x} + x^{x} + x^{x} \, Log[x] +$$

$$Log[x] \, (x^{x} + x^{x} \, Log[x]))$$

```
In[3]:=   Simplify[%]
```

$$Out[3]=\ x^{-2+x}\,(-1+3\,x+x^2+3\,x\,Log[x]+3\,x^2\,Log[x]+$$
$$3\,x^2\,Log[x]^2+x^2\,Log[x]^3)$$

Ableitungen nach mehreren Variablen sind ebenfalls möglich.

```
In[4]:=   D[1/Sqrt[x^2 + y^2 + z^2], x, y, z]
```

$$Out[4]=\ \frac{-15\ x\ y\ z}{(x^2+y^2+z^2)^{7/2}}$$

Mathematica kennt z.B. auch die Beziehungen für die Ableitungen der Bessel-funktionen.

```
In[5]:=   D[BesselJ[n, x], x]
```

$$Out[5]=\ \frac{BesselJ[-1+n,\ x]\ -\ BesselJ[1+n,\ x]}{2}$$

Nun betrachten wir die folgende Rechnung:

```
In[6]:=   D[x^n, x]
```

$$Out[6]=\ n\,x^{-1+n}$$

Was geschieht aber, wenn n auch von x abhängt? Dann muß mit Dt die *totale Ableitung* berechnet werden.

```
In[7]:=   Dt[x^n, x]
```

$$Out[7]=\ n\,x^{-1+n}+x^n\,Dt[n,\ x]\,Log[x]$$

Dieselbe Funktion ohne zweites Argument liefert das *totale Differential*.

```
In[8]:=   Dt[x^n]
```

$$Out[8]=\ n\,x^{-1+n}\,Dt[x]+x^n\,Dt[n]\,Log[x]$$

☐ Funktionen

Bisher haben wir immer symbolische *Ausdrücke* manipuliert. In der Analysis hat man es meist mit *Funktionen* zu tun.

Um z.B. eine Funktion **square** zu definieren, die einem Argument x den Wert x^2 zuordnet, schreiben wir die folgende Definition:

```
In[9]:=    square[x_] := x^2
```

Der unterstrichene Leerschlag _ (englisch: *blank*) bezeichnet ein *Muster* für irgendein Argument. Die Zeichenfolge x_ kann als "irgendetwas, das wir mit **x** bezeichnen wollen" übersetzt werden (Genaueres dazu in Abschnitt 2.2.1).

Die Funktion verhält sich jetzt so, wie wir es von den eingebauten Objekten (Sin etc.) gewohnt sind. Wir können sie also z.B. für den Wert 10 auswerten.

```
In[10]:=   square[10]
Out[10]=   100
```

☞ Es ist zu beachten, daß die Zuweisung bei Funktionsdefinitionen mit einem := und nicht mit einem = geschrieben wird.

Um diesen Unterschied klar zu machen, betrachten wir zwei weitere Funktionen:

```
In[11]:=   g1[x_] := D[x y, y]

In[12]:=   g2[x_] = D[x y, y]
Out[12]=   x
```

Solange wir sie für Konstanten auswerten, zeigt sich kein Unterschied.

```
In[13]:=   g1[a]
Out[13]=   a

In[14]:=   g2[a]
Out[14]=   a
```

Wenn aber eine Funktion von **y** eingesetzt wird, so geschieht folgendes:

```
In[15]:=   g1[Sin[y]]
Out[15]=   y Cos[y] + Sin[y]

In[16]:=   g2[Sin[y]]
Out[16]=   Sin[y]
```

Weshalb?

Das Gleichheitszeichen bedeutet, daß die rechte Seite sofort berechnet wird. Dies zeigt sich in der Ausgabe *Out[12]=* x. Ein := dagegen wird bei einer Definition gesetzt, deren rechte Seite erst ausgewertet werden soll, wenn die Funktion aufgerufen wird. Deshalb erhält man hier nach *In[11]:=* g1[x_] := D[x y, y] keine Ausgabezeile (es wird ja noch nichts berechnet).

Übersetzt man *mathematische Funktionen* in die *Mathematica*-Sprache, so sind meistens Definitionen gemeint, die mit verzögerter Auswertung auf das oder die Argumente angewendet werden sollen. Es ist deshalb eine gute Faustregel, in Funktionsdefinitionen := anzuwenden.

In Kapitel 2.3 werden wir uns eingehender mit solchen Mustern und Definitionen beschäftigen. Dann werden wir uns nicht mehr mit Faustregeln behelfen müssen, sondern aus dem Verständnis des Programms heraus die richtige Form verwenden.

Auch Funktionen von *mehreren Variablen* lassen sich analog konstruieren:

In[17]:=   `r[x_, y_, z_] := 1/Sqrt[x^2 + y^2 + z^2]`

Wir können nun z.B. je zweimal nach allen Variablen ableiten:

In[18]:=   `D[r[x, y, z], {x, 2}, {y, 2}, {z, 2}]`

$$
\begin{aligned}
Out[18]= \quad & -\frac{10395\ x^2\ y^2\ z^2}{(x^2 + y^2 + z^2)^{13/2}} - \frac{945\ x^2\ y^2}{(x^2 + y^2 + z^2)^{11/2}} - \\[2mm]
& \frac{945\ x^2\ z^2}{(x^2 + y^2 + z^2)^{11/2}} - \frac{945\ y^2\ z^2}{(x^2 + y^2 + z^2)^{11/2}} + \\[2mm]
& \frac{105\ x^2}{(x^2 + y^2 + z^2)^{9/2}} + \frac{105\ y^2}{(x^2 + y^2 + z^2)^{9/2}} + \\[2mm]
& \frac{105\ z^2}{(x^2 + y^2 + z^2)^{9/2}} - \frac{15}{(x^2 + y^2 + z^2)^{7/2}}
\end{aligned}
$$

Falls eine Ableitung nicht ausgewertet werden kann, so wird sie als solche symbolisch weiterverwendet.

In[19]:=   `D[f[x], x]`
Out[19]=   `f'[x]`

In[20]:=   `D[Log[f[x]], {x, 2}]`

$$
Out[20]= \quad -\left(\frac{f'[x]^2}{f[x]^2}\right) + \frac{f''[x]}{f[x]}
$$

Daraus sehen wir, daß sich Ableitungen auch in der Form `f'[x]` etc. schreiben lassen.

In[21]:=   `Sin'[x]`
Out[21]=   `Cos[x]`

Bei *partiellen Ableitungen* setzt *Mathematica* die Anzahl der Ableitungen nach den verschiedenen Variablen in eine hochgestellte Klammer:

In[22]:=　**D[g[x, y, z], {x, 2}, y]**

Out[22]=　$g^{(2,1,0)}[x, y, z]$

□ Integration

Ableitungen sind deshalb leicht, weil sie sich durch einen Algorithmus aus einfachen Regeln (Summen-, Produkt-, Kettenregel etc.) berechnen lassen. In der elementaren Analysis lernt man aber keine analogen Algorithmen für *Integrale*. Die Integration ist deshalb eine Kunst, die viel Erfahrung (oder gute Kenntnis von Formelsammlungen) verlangt.

Für die Computer-Algebra wurde von *Risch* [Ris68] ein Algorithmus entwickelt, der eine beträchtliche Klasse von Integrationsproblemen zu lösen vermag. Er ist, zusammen mit einigen Erweiterungen, in *Mathematica* implementiert.

Die *Integrationsfunktion* heißt **Integrate**.

In[23]:=　**sillyFunc[x_] := (y + x^2 + x^3)/(x - b)^5**

In[24]:=　**Integrate[sillyFunc[x], x]**

Out[24]=　$\dfrac{2\,b + 3\,b^2}{3\,(b - x)^3} - \dfrac{1 + 3\,b}{2\,(b - x)^2} + \dfrac{1}{b - x} - \dfrac{b^2 + b^3 + y}{4\,(b - x)^4}$

Einfachheitshalber setzt *Mathematica* die (additive) *Integrationskonstante* zu null.

Stimmt aber das Resultat?

In[25]:=　**D[%, x] // Simplify**

Out[25]=　$\dfrac{x^2 + x^3 + y}{(-b + x)^5}$

Weniger gängig ist vielleicht:

In[26]:=　**Integrate[(Log[x] + Sin[x])(x^-2 + Exp[x]), x]**

Out[26]=　$\dfrac{-(E^x\,Cos[x])}{2} +$

$\dfrac{-1 + x\,CosIntegral[x] - x\,ExpIntegralEi[x]}{x} +$

$$\frac{(-1 + E^x\ x)\ Log[x]}{x} + \frac{(-2 + E^x\ x)\ Sin[x]}{2\ x}$$

Auch *mehrfache Integrationen* sind möglich.

In[27]:= `Integrate[sillyFunc[x], x, y]`

Out[27]= $\dfrac{b\ (2 + 3\ b)\ y}{3\ (b - x)^3} - \dfrac{(1 + 3\ b)\ y}{2\ (b - x)^2} + \dfrac{y}{b - x} - \dfrac{y\ (2\ b^2 + 2\ b^3 + y)}{8\ (b - x)^4}$

Für *bestimmte Integrale* muß die Variable zusammen mit ihren Grenzen (als Liste) angegeben werden.

In[28]:= `Integrate[sillyFunc[x], {x, 0, 1}]`

Out[28]= $\dfrac{1}{-1 + b} - \dfrac{1}{b} - \dfrac{1 + 3\ b}{2\ (-1 + b)^2} + \dfrac{1 + 3\ b}{2\ b^2} + \dfrac{2\ b + 3\ b^2}{3\ (-1 + b)^3} -$

$\qquad\quad \dfrac{2\ b + 3\ b^2}{3\ b^3} - \dfrac{b^2 + b^3 + y}{4\ (-1 + b)^4} + \dfrac{b^2 + b^3 + y}{4\ b^4}$

Auch hier geht das Wissen von *Mathematica* über dasjenige des Autors hinaus.

In[29]:= `Integrate[Log[x] Exp[-x^2], {x, 1, Infinity}]`

Out[29]= `(-(EulerGamma Sqrt[Pi]) +`

$\qquad$ `4 HypergeometricPFQ[{`$\frac{1}{2}$`, `$\frac{1}{2}$`}, {`$\frac{3}{2}$`, `$\frac{3}{2}$`}, -1] -`

$\qquad$ `2 Sqrt[Pi] Log[2]) / 4`

Natürlich existieren viele Funktionen, deren Integrale sich nicht durch elementare Funktionen schreiben lassen. Hier hilft kein noch so mächtiges Programm.

In[30]:= `Integrate[Sin[x] / Log[x], x]`

Out[30]= `Integrate[`$\frac{Sin[x]}{Log[x]}$`, x]`

Leider ist aber die bestimmte Integration in den hier besprochenen Versionen 2.0 und 2.1 von *Mathematica* noch nicht ganz so intelligent, wie man es sich wünschen würde. Falls eine Stammfunktion existiert, so werden einfach deren Werte an den Grenzen subtrahiert. Bei *Polen* innerhalb des Integrationsbereichs können sich dadurch falsche Resultate ergeben.

```
In[31]:=  Integrate[1/x^2, {x, -1, 1}]
Out[31]=  -2
```

Das Integral der spiegelsymmetrischen Funktion divergiert aber schon im Intervall [0,1].

```
In[32]:=  Integrate[1/x^2, {x, 0, 1}]
Out[32]=  Infinity
```

Deshalb kann das naive Resultat -2 (aus *Out[31]*=) nicht stimmen; auch dieses Integral wird unendlich. Fairerweise muß aber gesagt werden, daß es sich hier um eine dokumentierte Eigenschaft der Funktion `Integrate` handelt (vergleiche mit [Wol91], Seite 812!).

☐ Grenzwerte, Residuen

Für die Berechnung von *Grenzwerten* benutzen wir die Funktion `Limit`:

```
In[33]:=  Limit[Sin[x] / x, x -> 0]
Out[33]=  1
```

Falls die rechts- und linksseitigen Grenzwerte verschieden sind, so lassen sie sich separat bestimmen. Dazu dient die Option `Direction`, die entweder auf +1 (linksseitig) oder −1 (rechtsseitig) gesetzt wird.

```
In[34]:=  Limit[Tan[x], x -> Pi/2, Direction -> +1]
Out[34]=  Infinity

In[35]:=  Limit[Tan[x], x -> Pi/2, Direction -> -1]
Out[35]=  -Infinity
```

Das *Residuum* (in einem vorgegebenen Punkt) erhalten wir mit:

```
In[36]:=  Residue[1/Sin[x]^3, {x, 0}]
Out[36]=  1/2
```

☐ Differentialgleichungen

Wir modellieren die Natur meist durch Differentialgleichungen. Deshalb sind sie für jeden Ingenieur und Naturwissenschaftler ein zentrales Gebiet, das oft Kopfzerbrechen bereitet. Zur Lösung von *gewöhnlichen Differentialgleichungen* haben wir in *Mathematica* zwei ausgezeichnete Werkzeuge.

In Analogie zu algebraischen Gleichungen schreiben wir Differentialgleichungen als Gleichungen. Es spielt dabei keine Rolle, ob wir für die Ableitungen die Schreibweise `D[f[t], t]` oder `f'[t]` verwenden. Die zweite ist natürlich besser les- und schreibbar.

Beginnen wir also mit der Definition einer Differentialgleichung!

```
In[37]:=  ode = x''[t] + x[t] == t Sin[t]^2 Cos[t]
```

$$Out[37]= \quad x[t] + x''[t] == t\ Cos[t]\ Sin[t]^2$$

Zuerst sucht man mit `DSolve` eine symbolische Lösung. Als Parameter braucht es die Gleichung(en), die unbekannte(n) Funktion(en) und die unabhängige Variable.

```
In[38]:=  genSol = DSolve[ode, x[t], t]
```

$$Out[38]= \quad \left\{\left\{x[t] \rightarrow \frac{t\ Cos[t]}{16} + C[2]\ Cos[t] + \frac{t\ Cos[3\ t]}{32} - \frac{Sin[t]}{32} + \frac{t^2\ Sin[t]}{16} - C[1]\ Sin[t] - \frac{3\ Sin[3\ t]}{128}\right\}\right\}$$

Wir sehen, daß hier die *Integrationskonstanten* mit `C[1]`, `C[2]` etc. bezeichnet sind. Dies ist eine Konvention (die geändert werden kann).

Vielleicht sollen *Anfangsbedingungen* berücksichtigt werden. Dazu formulieren wir sie als Gleichungen und übergeben sie zusammen mit der Differentialgleichung (in Form einer Liste).

```
In[39]:=  specSol = DSolve[{ode, x[0] == 1, x'[0] == 0}, x[t], t]
```

$$Out[39]= \quad \{\{x[t] \rightarrow (128\ Cos[t] + 8\ t\ Cos[t] + 4\ t\ Cos[3\ t] - 3\ Sin[t] + 8\ t^2\ Sin[t] - 3\ Sin[3\ t]) / 128\}\}$$

Wieso haben diese Resultate zwei Klammern? Eine davon ist offensichtlich: Wir können Gleichungs*systeme* lösen, wo wir für mehrere Funktionen Lösungen erhalten, die in einer Liste zusammengefaßt sind. Es kann aber auch vorkommen, daß die Lösung verschiedene Äste hat:

```
In[40]:=  DSolve[x[t] x'[t] == 1, x[t], t]
```

$$Out[40]= \quad \{\{x[t] \rightarrow Sqrt[2\ t + 2\ C[1]]\},$$
$$\{x[t] \rightarrow -Sqrt[2\ t + 2\ C[1]]\}\}$$

Für diesen Fall ist die äußere Klammer vorgesehen (analog zu `Solve`).

Auch vor Differentialgleichungssystemen schreckt *Mathematica* nicht zurück.

```
In[41]:=  sys = {x[t] + x'[t] == y[t], x[t] + y'[t] == 1};

In[42]:=  sysSol = DSolve[sys, {x[t], y[t]}, t]
```

$$
\begin{aligned}
Out[42]= \ \{\{x[t] \rightarrow (2 + &\,E^{((-1 - I\, Sqrt[3])\, t)/2}\, C[1] + \\
&\,I\, Sqrt[3]\, E^{((-1 - I\, Sqrt[3])\, t)/2}\, C[1] + \\
&\,E^{((-1 + I\, Sqrt[3])\, t)/2}\, C[2] - \\
&\,I\, Sqrt[3]\, E^{((-1 + I\, Sqrt[3])\, t)/2}\, C[2])\,/\,2, \\
y[t] \rightarrow 1 + &\,E^{((-1 - I\, Sqrt[3])\, t)/2}\, C[1] + \\
&\,E^{((-1 + I\, Sqrt[3])\, t)/2}\, C[2]\}\}
\end{aligned}
$$

Jetzt versuchen wir, das Resultat in die Gleichung einzusetzen.

```
In[43]:=  sys /. sysSol
```

$$
\begin{aligned}
Out[43]= \ \{\{(2 + &\,E^{((-1 - I\, Sqrt[3])\, t)/2}\, C[1] + \\
&\,I\, Sqrt[3]\, E^{((-1 - I\, Sqrt[3])\, t)/2}\, C[1] + \\
&\,E^{((-1 + I\, Sqrt[3])\, t)/2}\, C[2] - \\
&\,I\, Sqrt[3]\, E^{((-1 + I\, Sqrt[3])\, t)/2}\, C[2])\,/\,2 + x'[t] \\
== 1 + &\,E^{((-1 - I\, Sqrt[3])\, t)/2}\, C[1] + \\
&\,E^{((-1 + I\, Sqrt[3])\, t)/2}\, C[2], \\
(2 + &\,E^{((-1 - I\, Sqrt[3])\, t)/2}\, C[1] + \\
&\,I\, Sqrt[3]\, E^{((-1 - I\, Sqrt[3])\, t)/2}\, C[1] + \\
&\,E^{((-1 + I\, Sqrt[3])\, t)/2}\, C[2] - \\
&\,I\, Sqrt[3]\, E^{((-1 + I\, Sqrt[3])\, t)/2}\, C[2])\,/\,2 + y'[t] \\
== 1\}\}
\end{aligned}
$$

Hier lief – auf den ersten Blick – etwas schief. Nur die Funktionen selbst und nicht deren Ableitungen wurden eingesetzt. Dies liegt daran, daß wir mit einem Computerprogramm und nicht mit einem Mathematiker kommunizieren. *Mathematica* erkennt nicht, daß wir für `x'[t]` die Ableitung der Lösung substituieren wollten (weil die interne Darstellung von `x'[t]` nicht unter das Muster `x[t]` fällt).

Um weiterzukommen, müssen wir einen Vorgriff auf Abschnitt 1.6.2 tun. Dort lernen wir eine Form der Darstellung von Funktionen ohne Hilfsvariablen kennen (*reine Funktionen*). Wir wollen sie hier gar nicht weiter verstehen, sondern nur ihre Anwendung auf unser Problem betrachten. `DSolve` liefert uns nämlich diese Darstellung, wenn wir statt `{x[t], y[t]}` nur `{x, y}` als (Funktions-) Parameter übergeben.

```
In[44]:=  sysSolPure = DSolve[sys, {x, y}, t]

Out[44]=  {{x -> ((2 + E^((-1 - I Sqrt[3]) #1)/2 C[1] +
             I Sqrt[3] E^((-1 - I Sqrt[3]) #1)/2 C[1] +
             E^((-1 + I Sqrt[3]) #1)/2 C[2] -
             I Sqrt[3] E^((-1 + I Sqrt[3]) #1)/2 C[2]) / 2 & ),
          y -> (1 + E^((-1 - I Sqrt[3]) #1)/2 C[1] +
             E^((-1 + I Sqrt[3]) #1)/2 C[2] & )}}
```

Diese Lösung können wir einsetzen.

```
In[45]:=  sys /. sysSolPure // Simplify

Out[45]=  {{True, True}}
```

Auch von `DSolve` dürfen wir nichts Unmögliches erwarten. So hat z.B. die Gleichung des mathematischen Pendels keine Lösung durch elementare Funktionen.

```
In[46]:=  DSolve[x''[t] + Sin[x[t]] == 0, x[t], t]

          DSolve::dnim:
              Built-in procedures cannot solve this differential
              equation.

Out[46]=  DSolve[Sin[x[t]] + x''[t] == 0, x[t], t]
```

In solchen Fällen müssen wir uns mit Numerik behelfen. Analog zu `Solve` und `NSolve` heißt hier die numerische Version `NDSolve`. Natürlich muß man ihr auch die *Anfangsbedingungen* mitteilen.

```
In[47]:=  mathPendRule = NDSolve[
              {x''[t] + Sin[x[t]] == 0, x[0] == 0, x'[0] == 1},
              x, {t, 0, 10}]

Out[47]=  {{x -> InterpolatingFunction[{0., 10.}, <>]}}
```

Damit wir uns nicht um die richtigen Stützstellen kümmern müssen, ist das Resultat in Form einer *Interpolationsfunktion* dargestellt. Sie stellt die numerische Lösung innerhalb der gewünschten Genauigkeit (siehe Abschnitt 3.3.3) durch polynomiale Kurvenstücke dar (siehe Abschnitt 1.8.4).

Zur Zeit $t = 1.5$ hat die Lösung z.B. den Wert:

```
In[48]:=  x[1.5] /. mathPendRule[[1]]
Out[48]=  1.03228
```

Auf diese Weise ist die Diskussion der Resultate mühsam. Deshalb ist es höchste Zeit, im nächsten Abschnitt zur Graphik fortzuschreiten, einem der attraktivsten Aspekte von *Mathematica*.

Partielle Differentialgleichungen sind leider viel schwieriger, sowohl mathematisch als auch konzeptionell. Wie sollen z.B. Randbedingungen eingegeben werden? Hier kann nur auf eine spätere Version von *Mathematica* (oder auf spezielle numerische Pakete, z.B. für Finite Elemente) verwiesen werden.

☐ Zusammenfassung

- Bei bestimmten Integralen muß der Integrand auf Pole untersucht werden.

Ausdruck	Bedeutung
lhs = *rhs*	sofortige Definition; die rechte Seite wird sofort berechnet
lhs := *rhs*	verzögerte Definition; die rechte Seite wird beim Aufruf berechnet
$f[x\_]$:= *rhs*	Definition einer Funktion f in der Variablen x

Tabelle 1-26: Sofortige und verzögerte Definitionen, Funktionen

Ausdruck	Kurzschreibweise	Bedeutung
D[f, x]	$f'[x]$	Ableitung von $f[x]$ nach x
D[f, {x, 2}]	$f''[x]$	zweite Ableitung von $f[x]$ nach x
D[f, x_1, x_2, ...]		Ableitung von f nach $x_1, x_2, \ldots$
D[f, {x, n}]		n-te Ableitung von f nach x
Dt[f]		totales Differential von f
Dt[f, x]		totale Ableitung von f nach x

Tabelle 1-27: Ableitungen

Ausdruck	Bedeutung
Integrate[f, x]	unbestimmtes Integral $\int f(x)\,dx$
Integrate[f, x, y, ...]	mehrfaches unbestimmtes Integral $\int f(x, y, \ldots)\,dxdy\ldots$
Integrate[f, {x, x_{min}, x_{max}}]	bestimmtes Integral von f für x von x_{min} bis x_{max}
Integrate[f, {x, x_{min}, x_{max}}, {y, y_{min}, y_{max}}, ...]	mehrfaches bestimmtes Integral

Tabelle 1-28: Integrale

Ausdruck	Bedeutung
`Limit[`*expr*`, `$x \to x_0$`]`	Grenzwert für $x \to x_0$
`Limit[`*expr*`, `$x \to x_0$`, Direction -> 1]`	linksseitiger Grenzwert für $x \to x_0$
`Limit[`*expr*`, `$x \to x_0$`, Direction -> -1]`	rechtsseitiger Grenzwert für $x \to x_0$
`Limit[`*expr*`, `$x \to x_0$`, Analytic -> True]`	unbekannte Funktionen werden als analytisch vorausgesetzt (ab Version 2.1)

Tabelle 1-29: Grenzwerte

Ausdruck	Bedeutung
`Residue[`*expr*`, {`x`, `x_0`}]`	Residuum von *expr* im Punkt $x = x_0$

Tabelle 1-30: Residuum

Ausdruck	Bedeutung
`DSolve[`*eqns*`, `$x[t]$`, `t`]`	löst die Differentialgleichung(en) *eqns* in $x[t]$ mit der unabhängigen Variablen t; Anfangsbedingungen werden als Gleichungen in die Liste *eqns* aufgenommen
`DSolve[`*eqns*`, {`$x[t]$`, `$y[t]$`, ...}, `t`]`	löst ein Differentialgleichungssystem
`DSolve[`*eqns*`, {`x`, `y`, ...}, `t`]`	löst die Differentialgleichung(en), stellt die Lösung in Form von reinen Funktionen dar
`NDSolve[`*eqns*`, `x`, {`t`, `t_{min}`, `t_{max}`}]`	löst das aus einer Differentialgleichung (in x) und den Anfangsbedingungen bestehende System *eqns* numerisch, wobei die unabhängige Variable t von t_{min} bis t_{max} läuft
`NDSolve[`*eqns*`, {`x`, `y`, ...}, {`t`, `t_{min}`, `t_{max}`}]`	numerische Lösung eines Differentialgleichungssystems

Tabelle 1-31: Differentialgleichungen

☐ Übungen

1. Integriere $x \arctan(x)$ nach x und verifiziere das Resultat!

2. Berechne das bestimmte Integral

$$\int_0^{2\pi} \frac{\cos^2 x}{1 - k^2 \sin^2 x}\, dx\,!$$

Setze für k die Werte 0.5, 1 und 2 ein!

Vergleiche mit einer numerischen Integration!

Diskutiere!

3. Überprüfe einige komplizierte Formeln aus einer Integrationstabelle!

4. Was liefert *Mathematica* für die Grenzwerte

$$\lim_{x \to \infty} \sin(x), \ \lim_{x \to 0} \sin\left(\frac{1}{x}\right)?$$

5. Löse die Differentialgleichung

$$x' = x^5$$

und verifiziere das Resultat!

6. Löse das Differentialgleichungssystem

$$\begin{pmatrix} x'(t) + y'(t) = y(t) - x(t) \\ x'(t) - 2y'(t) = x(t) + y(t) + \sin 2t \end{pmatrix}$$

und verifiziere das Resultat!

7. Berechne die numerische Lösung des gedämpften Pendels

$$x''(t) + 0.1x'(t) + \sin(x(t)) = 0$$

für die Anfangsbedingungen $x(0) = 1$ und $x'(0) = 0$!

Welche Werte ergeben sich bei $t = 2, 4, 6, 8, 10$?

■ 1.5 Graphik: Verschiedene Pendel

In diesem Kapitel besprechen wir die Darstellung von Funktionen und Daten mit verschiedenen Typen von zwei- und dreidimensionalen Graphiken.

Der erste Abschnitt zeigt an Hand von trockenen Beispielen die wichtigsten Einflußmöglichkeiten auf zweidimensionale Graphiken. Anschließend beschäftigen wir uns mit Mehrfachpendeln (auf die wir später zurückgreifen werden). Dabei vertiefen wir unsere Kenntnisse über zweidimensionale Graphiken und studieren die dreidimensionalen Darstellungsmöglichkeiten. Im letzten Abschnitt lernen wir, wie man Graphiken von externen Daten erzeugt.

Bei Funktionen unterscheiden wir zwischen dem eigentlichen (mathematischen) *Graphen* und der zugehörigen *Graphik* (inklusive Koordinaten etc.).

■ 1.5.1 Zweidimensionale Funktionsgraphen

Der Befehl für *zweidimensionale Funktionsgraphen* heißt `Plot`. Man übergibt zuerst die zu zeichnende Funktion und dann – als Liste – die Variable mit ihrem Anfangs- und Endwert.

In[1]:= `Plot[Sin[x] Sin[3x] Sin[5x], {x, 0, 2 Pi}]`

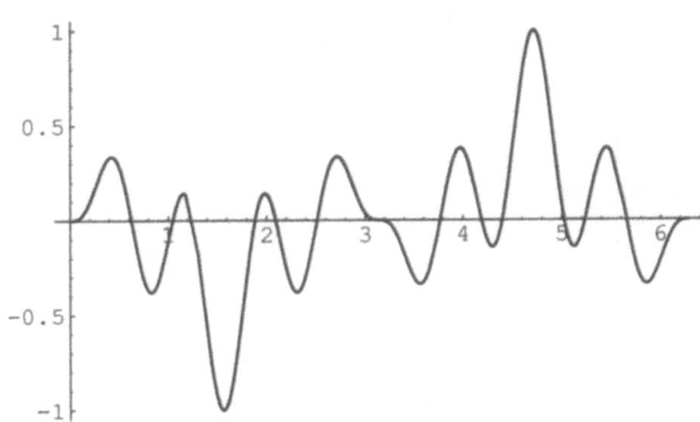

Out[1]= `-Graphics-`

Um *mehrere* Funktionen gleichzeitig zu zeichnen, schreiben wir sie als Liste.

In[2]:=   **Plot[{Sin[x], Sin[3x], Sin[5x]}, {x, 0, 2 Pi}]**

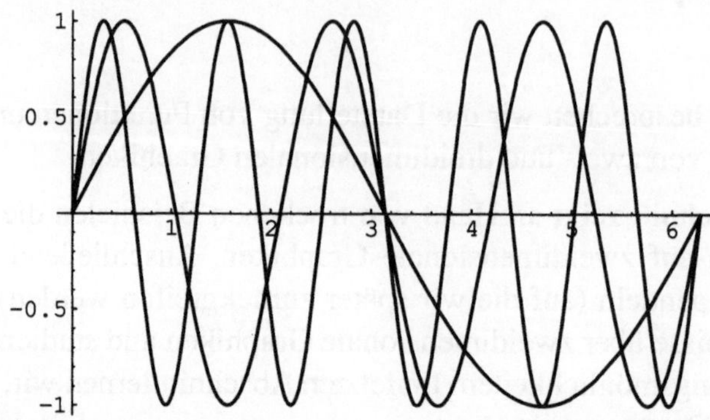

Out[2]=   **-Graphics-**

Natürlich können wir auch eine selbstdefinierte Funktion darstellen und die Graphik für späteren Gebrauch mit einem Namen versehen.

In[3]:=   **j3j5[x_] := BesselJ[3, x] BesselJ[5, x]**

In[4]:=   **j3j5Graph = Plot[j3j5[x], {x, 0, 4Pi}]**

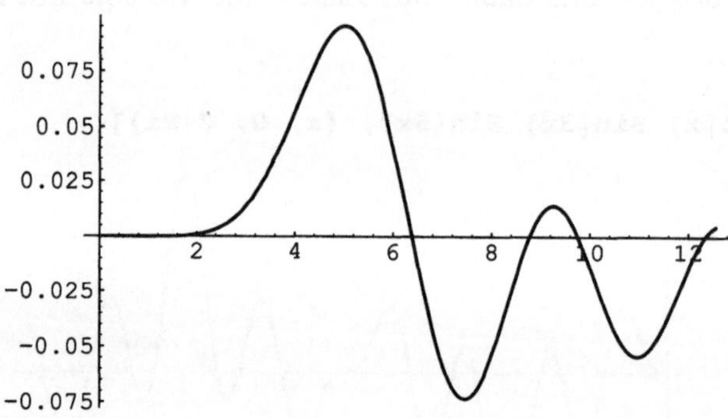

Out[4]=   **-Graphics-**

Die Funktion **Plot** kennt viele Optionen zur Veränderung der Darstellung. Man kann sich deren Vorgabewerte folgendermaßen ansehen:

In[5]:=   **Options[Plot]**

Out[5]=   **{AspectRatio -> $\dfrac{1}{\text{GoldenRatio}}$, Axes -> Automatic,**
**   AxesLabel -> None, AxesOrigin -> Automatic,**
**   AxesStyle -> Automatic, Background -> Automatic,**
**   ColorOutput -> Automatic, Compiled -> True,**
**   DefaultColor -> Automatic, Epilog -> {}, Frame -> False,**

```
FrameLabel -> None, FrameStyle -> Automatic,
FrameTicks -> Automatic, GridLines -> None,
MaxBend -> 10., PlotDivision -> 20., PlotLabel -> None,
PlotPoints -> 25, PlotRange -> Automatic,
PlotRegion -> Automatic, PlotStyle -> Automatic,
Prolog -> {}, RotateLabel -> True, Ticks -> Automatic,
DefaultFont :> $DefaultFont,
DisplayFunction :> $DisplayFunction}
```

Damit haben wir eine erste Übersicht über die verschiedenen Möglichkeiten. Bei der Erzeugung eines konkreten Bildes ersetzt *Mathematica* die auf Automatic gesetzten Optionen durch Werte seiner Wahl. Wir erhalten diese mit:

In[6]:= **FullOptions[j3j5Graph]**

Out[6]=
```
{AspectRatio -> 0.618034, Axes -> {True, True},
  AxesLabel -> {None, None}, AxesOrigin -> {0., 0.},
  AxesStyle ->
   {{GrayLevel[0.], Thickness[0.002]},
    {GrayLevel[0.], Thickness[0.002]}},
  Background -> Automatic, ColorOutput -> Automatic,
  DefaultColor -> Automatic, Epilog -> {},
  Frame -> {False, False, False, False},
  FrameLabel -> {None, None, None, None},
  FrameStyle -> {None, None, None, None},
  FrameTicks -> {None, None}, GridLines -> {None, None},
  PlotLabel -> None, PlotRange ->
   {{-0.314159, 12.8805}, {-0.0775165, 0.0995155}},
  PlotRegion -> Automatic, Prolog -> {},
  RotateLabel -> True, Ticks ->
   {{{12.8, , {0.00107416},
      {GrayLevel[0.], Thickness[0.001]}},
     {12.4, , {0.00107416},
      {GrayLevel[0.], Thickness[0.001]}},
```

(Hier sind viele weitere Definitionen für Achsenmarkierungen ausgeschnitten.)

```
DefaultFont -> {Courier, 10.},
DisplayFunction -> (Display[$Display, #1] & )}
```

Dies gibt uns einen Eindruck von der Syntax einiger Optionen. Für eine vollständige Dokumentation muß auf [Wol91] verwiesen werden. Die gängigsten Gestaltungsmöglichkeiten werden wir aber im Verlaufe unserer Rechnungen an Beispielen kennenlernen.

Wir möchten nun unserer Graphik einen *Titel* geben. Dazu soll aber nicht das ganze Bild neu berechnet werden. Die Funktion Show zeichnet eine schon vorhandene Graphik, mit eventuell veränderten Optionen.

```
In[7]:=    Show[j3j5Graph, PlotLabel -> "J3 J5"]
```

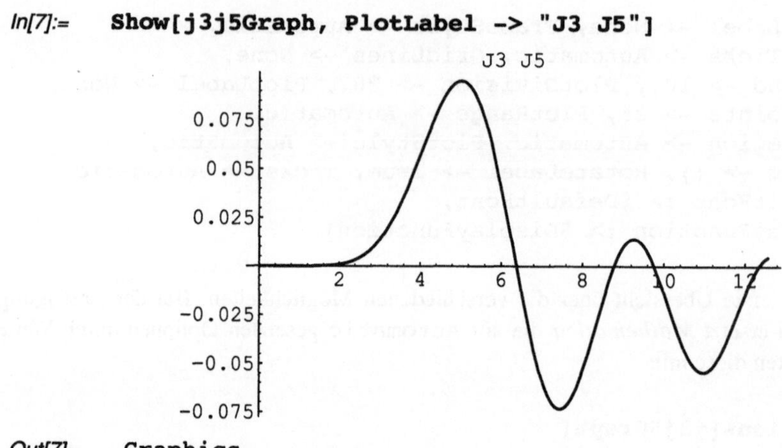

```
Out[7]=    -Graphics-
```

Um z.B. das Bild mit einem *Gitter* und *beschrifteten Achsen* zu versehen, schreiben wir:

```
In[8]:=    Show[j3j5Graph,
             GridLines -> Automatic,
             AxesLabel -> {"x", "J3 J5"}
           ]
```

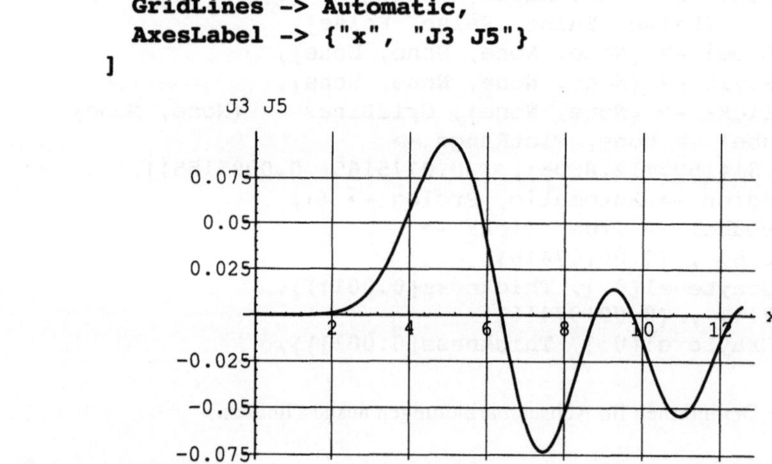

```
Out[8]=    -Graphics-
```

Mathematica berechnet vorerst so viele Stützpunkte, wie in der Option `Plot-Points` angegeben ist. Normalerweise sind dies 25. Anschließend wird die Figur mit einem adaptiven Algorithmus verfeinert, bis der Winkel zwischen zwei aufeinanderfolgenden Segmenten den durch die Option `MaxBend` festgelegten Höchstwert nicht mehr überschreitet (oder die in `PlotDivision` gegebene maximale Feinunterteilung erreicht ist).

Falls die ursprünglichen Stützpunkte unglücklich zu liegen kommen, wird der Graph eventuell verfälscht.

In[9]:= **Plot[Cos[2Pi x], {x, 0, 24}]**

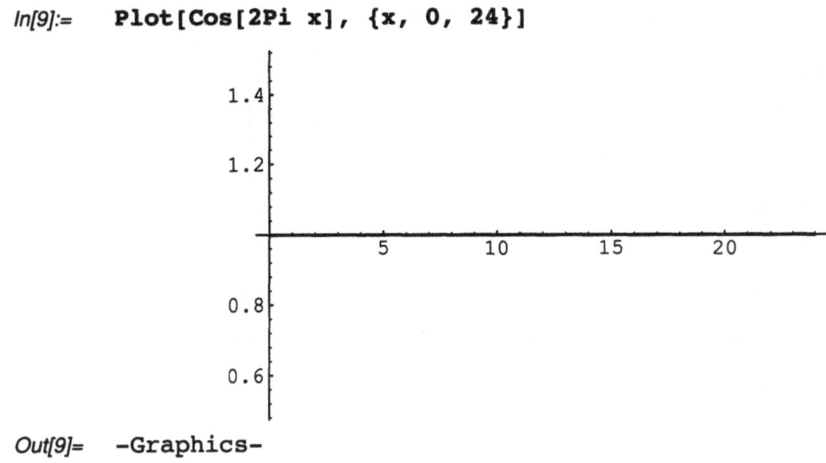

Out[9]= **-Graphics-**

Durch Veränderung der Anzahl **PlotPoints** vermeiden wir diesen Effekt.

In[10]:= **Plot[Cos[2Pi x], {x, 0, 24}, PlotPoints -> 40]**

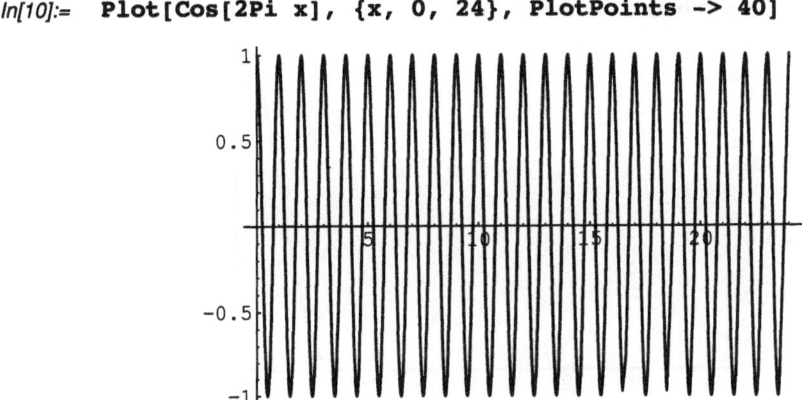

Out[10]= **-Graphics-**

Im folgenden Beispiel wird der Wertebereich automatisch begrenzt.

In[11]:= **Plot[Sin[x] Exp[x], {x, 0, 5 Pi}]**

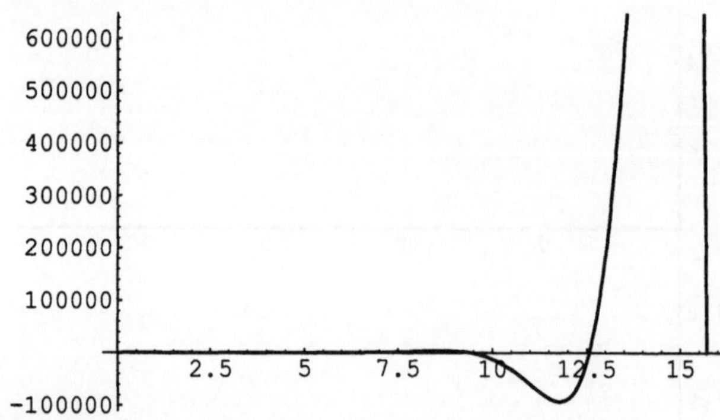

Out[11]= -Graphics-

Dies läßt sich verhindern:

In[12]:= **Show[%, PlotRange -> All]**

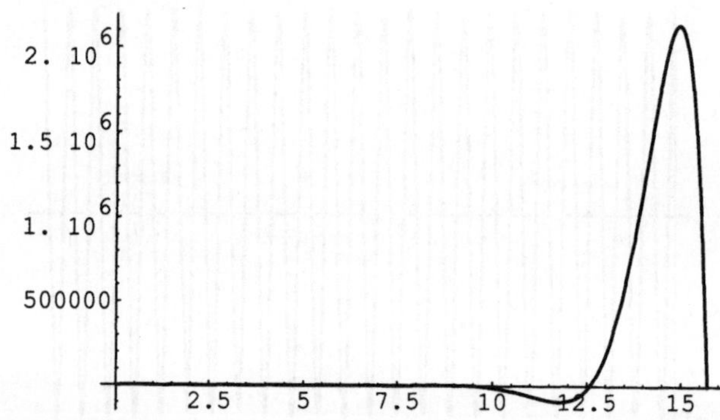

Out[12]= -Graphics-

Wie *druckt* man Graphiken?

- Innerhalb von *Notebook-Schnittstellen* läßt sich dies in einfacher Weise, mit dem entsprechenden Menü, bewerkstelligen (**Print Selection...** für eine einzelne Graphik oder **Print...** für das ganze Notebook). Zudem hat man im Menü **Graph** verschiedene Möglichkeiten zur Veränderung der Graphik, z.B. um die Linien dick oder dünn zu zeichnen.

- *Ohne Notebook-Schnittstelle* druckt man mit dem Befehl PSPrint. Er sendet die gewünschte Graphik in PostScript-Form auf den Drucker.

In[13]:= **PSPrint[j3j5Graph]**

Out[13]= -Graphics-

Natürlich können Graphiken auch in andere Programme *exportiert* werden.

- Dies ist wiederum mit einer *Notebook-Schnittstelle* am einfachsten: Man kopiert das Bild in die Zwischenablage und speichert es anschließend in der gewünschten Form (**Convert Clipboard...**) als Datei ab oder fügt es direkt aus der Zwischenablage im anderen Programm wieder ein. Es empfiehlt sich, dabei ein auf PostScript basierendes Dateiformat zu wählen, weil die Graphiken dadurch in ihrer Qualität nicht verschlechtert werden. Mit geeigneten Graphik-Programmen können die Bilder nachträglich verändert oder ergänzt werden.

- *Ohne Notebook-Schnittstelle* behilft man sich mit dem folgenden Befehl, der die Graphik in eine PostScript-Datei schreibt:

In[14]:= **Display["mathpsfile", j3j5Graph]**

Out[14]= **-Graphics-**

In diesem Format fehlen aber die Initialisierungen und der Abschluß der PostScript-Definitionen. Das mit *Mathematica* gelieferte Programm `psfix` (unter MS-DOS heißt es `printps` oder `rasterps`) setzt diese dazu. Unter UNIX erhält man also z.B. mit dem Befehl

```
psfix -epsf < mathpsfile > psfile.eps
```

eine reguläre (EPS)-PostScript-Datei namens `psfile.eps` zur Weiterverwendung.

☐ Zusammenfassung

- Bei unsauberen oder unrichtigen Bildern muß die Option `PlotPoints` verändert werden.

Ausdruck	Bedeutung
`Plot[f, {x, `x_{min}`, `x_{max}`}]`	Graph der Funktion f in der Variablen x, von x_{min} bis x_{max}
`Plot[{`f_1`, `f_2`, ...},` `{x, `x_{min}`, `x_{max}`}]`	Graphen von mehreren Funktionen $f_1, f_2, \ldots$
`Show[`*graphics*`, `*options*`]`	Anzeige eines Graphik-Objektes mit anderen Optionen

Tabelle 1-32: Zweidimensionale Graphen

Ausdruck	Bedeutung
`Options[`*symbol*`]`	Liste der Vorgabewerte für die Optionen von *symbol*
`FullOptions[`*expr*`]`	explizite Liste aller Optionen eines Objektes *expr*

Tabelle 1-33: Optionen

Option	Vorgabewert	andere Einstellungen	Bedeutung
AxesLabel	None	*label* {*xlabel*, *ylabel*}	Beschriftung der Achsen
GridLines	None	Automatic {*xgrid*, *ygrid*}	Gitter
MaxBend	10.	*number*	maximaler Winkel zwischen Kurvensegmenten
PlotDivision	20.	*number*	maximaler Faktor für die Feinunterteilung der Segmente
PlotPoints	25	*number*	Anzahl der primären Stützpunkte
PlotRange	Automatic	All {*min*, *max*} {{x_{min}, x_{max}}, ...}	Wertebereich(e)
PlotLabel	None	*label* (z.B.: "*title*")	Titel

Tabelle 1-34: Einige Optionen von Plot

Ausdruck	Bedeutung
PSPrint[*graphics*]	Graphik drucken (ohne Notebook-Schnittstelle)
Display["*file*", *graphics*]	Graphik in eine (reduzierte) PostScript-Datei schreiben; die Datei enthält keine Initialisierungs- und Abschluß-Befehle; sie kann mit dem Programm psfix (UNIX) oder printps bzw. rasterps (MS-DOS) in eine reguläre PostScript-Datei verwandelt werden

Tabelle 1-35: Drucken und Exportieren von Graphiken (ohne Notebook)

Ausdruck	Bedeutung
BesselI[*n*, *z*]	modifizierte Besselfunktion der ersten Art $I_n(z)$
BesselJ[*n*, *z*]	Besselfunktion der ersten Art $J_n(z)$
BesselK[*n*, *z*]	modifizierte Besselfunktion der zweiten Art $K_n(z)$
BesselY[*n*, *z*]	Besselfunktion der zweiten Art $Y_n(z)$

Tabelle 1-36: Besselfunktionen

☐ Übungen

1. Zeichne die Besselfunktion $J_1(x)$ für x von 0 bis 2π!

   Vergleiche mit der Sinusfunktion!

2. Vergleiche die Besselfunktionen $J_i(x)$ mit Index i von 1 bis 5!

3. Beschrifte die obigen Bilder und deren Achsen!

4. Erzeuge (für x von 0 bis 1) ein sauberes Bild der Funktion

$$f(x) = \frac{\sin\left(\frac{1}{x}\right)}{x} \, !$$

5. Die Potentialfunktion

$$V(x) = e^{-\frac{1}{x^2}} \cos\left(\frac{1}{x}\right)$$

(Wintner-Potential) hat im Ursprung kein Minimum, sondern eine Singularität. Trotzdem ist die entsprechende Ruhelage des zugehörigen mechanischen Systems stabil. Die Umkehrung des Satzes von Lagrange (ein Minimum des Potentials ist eine stabile Ruhelage) gilt also nicht.

Versuche, die Funktion zu zeichnen! Weshalb ist dies so schwierig?

■ 1.5.2 Beispiel: Dreifachpendel

Nun machen wir Schluß mit den trockenen Modellbeispielen und betrachten als erste schwierigere Anwendung ein *ebenes Dreifachpendel* (Figur 1-4).

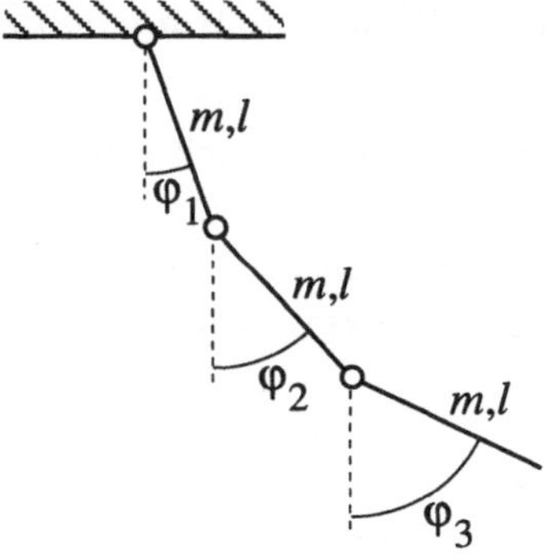

Figur 1-4: Ebenes Dreifachpendel

Es möge aus drei homogenen Stäben mit gleichen Längen (l) und Massen (m) bestehen. Die Stäbe seien mit zylindrischen Gelenken so verbunden, daß sie sich nur in der gezeichneten Vertikalebene bewegen können. Das gesamte System sei reibungsfrei. Unser Ziel ist, die Bewegungsgleichungen aufzustellen und zu lösen.

Als *Lagekoordinaten* drängen sich die drei Winkel φ_1, φ_2, φ_3 zwischen den Stäben und der Senkrechten auf.

Zur Herleitung der *Bewegungsgleichungen* existieren verschiedene Methoden. Diejenige von *Lagrange* ist für dieses konservative System recht einfach. Dazu müssen wir uns zuerst die potentielle Energie $E_p(\varphi_i)$ und die kinetische Energie $E_k(\varphi_i, \dot\varphi_i)$ überlegen. Daraus stellen wir die Lagrange-Funktion

$$L(\varphi_i, \dot\varphi_i) = E_k(\varphi_i, \dot\varphi_i) - E_p(\varphi_i) \tag{1.6}$$

zusammen. Die *Lagrange-Gleichungen*

$$\frac{d}{dt}\left(\frac{dL}{d\dot\varphi_i}\right) - \frac{dL}{d\varphi_i} = 0,\ \text{für } i = 1, 2, 3 \tag{1.7}$$

sind die gewünschten Bewegungsgleichungen.

Wir beginnen mit der *potentiellen Energie E_p*. Sie ist eine Funktion der drei Winkel φ_i ($i = 1, 2, 3$). Nun besteht durchaus die Möglichkeit, in *Mathematica* griechische Buchstaben einzugeben.

```
In[1]:=    omega = Ω

Out[1]=    Ω
```

Leider umfaßt aber der üblicherweise für die Ein- und Ausgaben verwendete (Courier-) Zeichensatz (Proportionalschriften würden verzerrte Ausgabezeilen ergeben) nur eine unbrauchbar kleine Auswahl von griechischen Zeichen, und φ gehört nicht dazu. Deshalb bezeichnen wir die Winkel in *Mathematica* als phi1[t], phi2[t] und phi3[t].

Zur Berechnung von E_p (in *Mathematica* schreiben wir dafür ep) denken wir uns die einzelnen Stäbe in ihren Massenmittelpunkt konzentriert. Die potentielle Energie jedes Stabes ergibt sich als seine Masse mal die Erdbeschleunigung g mal die vertikale Verschiebung seines Massenmittelpunktes aus einer Referenzlage. Für alle Stäbe zusammen erhalten wir so:

```
In[2]:=    ep = - (m l g/2)*
           (5 Cos[phi1[t]] + 3 Cos[phi2[t]] + Cos[phi3[t]]);
```

Dabei ist die additive Normierungskonstante so gewählt, daß E_p für

$$\varphi_1 = \varphi_2 = \varphi_3 = \frac{\pi}{2}$$

verschwindet.

Die *kinetische Energie* ist leider etwas komplizierter. Wir berechnen sie für jeden Stab einzeln (ek1, ek2, ek3) und beginnen beim obersten. Falls der Leser (die Lese-

rin) mit Trägheitsmomenten und Drall vertraut ist, so erhält er (sie) für den obersten
Stab (halber Drall bezüglich des Aufhängepunktes mal Rotationsgeschwindigkeit):

In[3]:=   **ek1 = (1/2)(m l^2/3) phi1'[t]^2;**

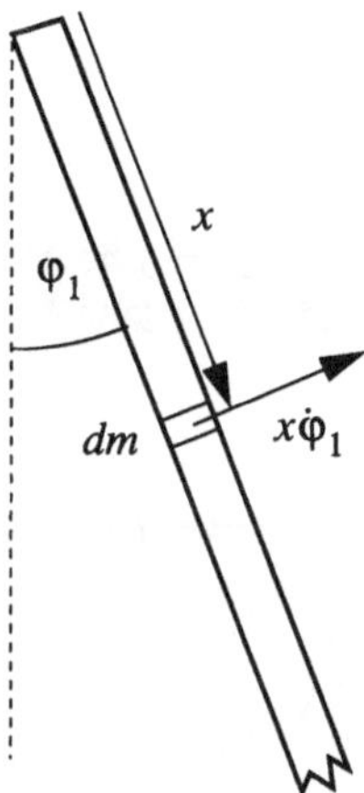

Figur 1-5: Geschwindigkeit eines Massenelementes

Diese Formel läßt sich aber auch aus einem Integral über die einzelnen Massenelemente herleiten. Wir betrachten dazu ein Element mit Masse

$$dm = \frac{m}{l}dx \tag{1.8}$$

(vergleiche mit Figur 1-5). Seine Geschwindigkeit ist senkrecht zum Stab und hat den Betrag $x\dot{\varphi}_1$,
wenn x den Abstand vom Aufhängepunkt bezeichnet. Die kinetische Energie des Massenelements
ergibt sich mit Gleichung (1.8) also zu

$$E_k(dm) = \frac{dm}{2}(x\dot{\varphi}_1)^2 = \frac{mdx}{2l}(x\dot{\varphi}_1)^2.$$

Nun müssen wir alle diese infinitesimalen kinetischen Energien für x von 0 bis l aufintegrieren.
Übungshalber erledigen wir dies mit *Mathematica*.

In[4]:=   **Integrate[m/(2l) (x phi1'[t])^2, {x, 0, l}]**

Out[4]= $\dfrac{l^2\,m\,phi1'[t]^2}{6}$

Unser Resultat deckt sich mit dem des geübten Mechanikers.

In[5]:=   **% - ek1**

Out[5]=   0

Der mittlere Stab ist etwas schwieriger. Seine kinetische Energie läßt sich aufspalten in einen Anteil der Rotation um den Massenmittelpunkt und einen zweiten der Translation des Massenmittelpunktes. Beim letzteren muß der Betrag der Geschwindigkeit korrekt berechnet werden, z.B. durch Quadrieren und Addieren der horizontalen und der vertikalen Geschwindigkeitskomponenten. Aus dieser Überlegung ergibt sich:

```
In[6]:=   ek2 = (m l^2/2)*
            ((phi2'[t]^2/12) +
            (phi1'[t] Cos[phi1[t]] + phi2'[t] Cos[phi2[t]]/2)^2 +
            (phi1'[t] Sin[phi1[t]] + phi2'[t] Sin[phi2[t]]/2)^2);
```

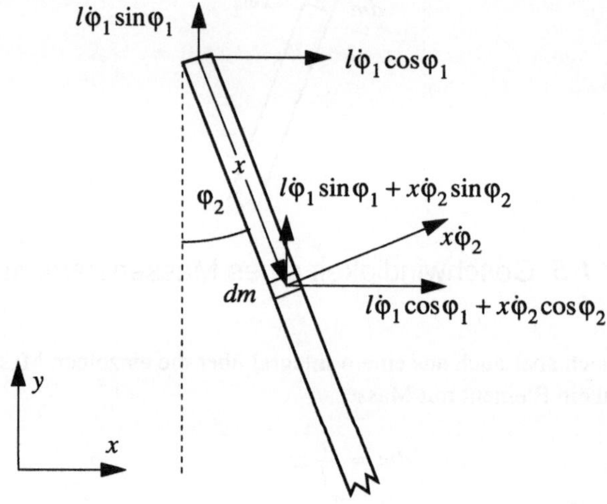

Figur 1-6: Kinetische Energie des mittleren Stabes

Auch diese Formel können wir direkt aus einer Integration herleiten. Vorerst beachten wir, daß die Geschwindigkeit des oberen Endes des mittleren Stabes die horizontalen und vertikalen Komponenten

$$v_x = l\dot\varphi_1 \cos\varphi_1$$

und

$$v_y = l\dot\varphi_1 \sin\varphi_1$$

hat (vergleiche mit Figur 1-6). Die Rotationsschnelligkeit des mittleren Stabes ist $\dot\varphi_2$. Damit ergeben sich die Geschwindigkeitskomponenten eines Massenelementes zu

$$v_x(dm) = l\dot\varphi_1 \cos\varphi_1 + x\dot\varphi_2 \cos\varphi_2$$

und

$$v_y(dm) = l\dot\varphi_1 \sin\varphi_1 + x\dot\varphi_2 \sin\varphi_2.$$

Die gesamte kinetische Energie des mittleren Stabes berechnet sich wieder aus dem Integral über alle seine Massenelemente, wobei das Quadrat des Geschwindigkeitsvektors aus der Summe der Quadrate der Geschwindigkeiten der x- und y-Komponenten berechnet werden muß.

```
In[7]:=   Integrate[m/(21)
            ((l phi1'[t] Cos[phi1[t]] + x phi2'[t] Cos[phi2[t]])^2 +
            (l phi1'[t] Sin[phi1[t]] + x phi2'[t] Sin[phi2[t]])^2),
          {x, 0, 1}]
```

$$Out[7]= \frac{l^2\, m\, phi1'[t]^2}{2} +$$

$$\frac{l^2\, m\, Cos[phi1[t] - phi2[t]]\, phi1'[t]\, phi2'[t]}{2} +$$

$$\frac{l^2\, m\, phi2'[t]^2}{6}$$

Auch dies deckt sich mit dem vorigen Resultat (für `ek2`).

```
In[8]:=   % - ek2 // Simplify
Out[8]=   0
```

Für den dritten (unteren) Stab können wir völlig analog vorgehen, die Formeln werden noch etwas komplizierter. Es ergibt sich:

```
In[9]:=   ek3 = (m l^2/2 ) *
            (phi3'[t]^2/12 +
            (phi1'[t] Cos[phi1[t]] + phi2'[t] Cos[phi2[t]] +
            phi3'[t] Cos[phi3[t]]/2 )^2 +
            (phi1'[t] Sin[phi1[t]] + phi2'[t] Sin[phi2[t]] +
            phi3'[t] Sin[phi3[t]]/2 )^2);
```

Damit berechnen wir die gesamte kinetische Energie des Systems `ek` und die Lagrangefunktion `lag`:

```
In[10]:=   ek = ek1 + ek2 + ek3;
```

```
In[11]:=   lag = ek - ep;
```

Die Lagrange-Gleichungen (1.7) schreiben wir *vektoriell*, als Liste:

```
In[12]:=   lagEquations =
             {
               D[D[lag, phi1'[t]], t] - D[lag, phi1[t]] == 0,
               D[D[lag, phi2'[t]], t] - D[lag, phi2[t]] == 0,
               D[D[lag, phi3'[t]], t] - D[lag, phi3[t]] == 0
             };
```

Weil das Resultat recht umfangreich ist, haben wir seine Ausgabe mit einem Strichpunkt unterdrückt (vergleiche mit Abschnitt 1.4.2). Folgendermaßen können wir uns
z.B. die erste Gleichung ansehen (vergleiche mit Abschnitt 1.4.1):

```
In[13]:=  lagEquations[[1]]

           5 g l m Sin[phi1[t]]      2
Out[13]=   -------------------- - (l  m
                    2

              (-2 Sin[phi1[t]] phi1'[t]

                                          Cos[phi2[t]] phi2'[t]
                 (Cos[phi1[t]] phi1'[t] + ---------------------) +
                                                    2

               2 Cos[phi1[t]] phi1'[t]

                                          Sin[phi2[t]] phi2'[t]
                 (Sin[phi1[t]] phi1'[t] + ---------------------))) \
                                                    2

                   2
            / 2 - (l  m (-2 Sin[phi1[t]] phi1'[t]

                 (Cos[phi1[t]] phi1'[t] + Cos[phi2[t]] phi2'[t] +

                  Cos[phi3[t]] phi3'[t]
                  ---------------------) +
                           2

               2 Cos[phi1[t]] phi1'[t]
                 (Sin[phi1[t]] phi1'[t] + Sin[phi2[t]] phi2'[t] +

                                               2
                  Sin[phi3[t]] phi3'[t]       l  m phi1''[t]
                  ---------------------))) / 2 + -------------- +
                           2                          3

              2
            (l  m (-2 Sin[phi1[t]] phi1'[t]

                                          Cos[phi2[t]] phi2'[t]
                 (Cos[phi1[t]] phi1'[t] + ---------------------) +
                                                    2

               2 Cos[phi1[t]] phi1'[t]
                                          Sin[phi2[t]] phi2'[t]
                 (Sin[phi1[t]] phi1'[t] + ---------------------) +
                                                    2

                                                                2
               2 Cos[phi1[t]] (-(Sin[phi1[t]] phi1'[t] ) -

                                      2
                  Sin[phi2[t]] phi2'[t]
                  ---------------------- +
                           2

                                             Cos[phi2[t]] phi2''[t]
                  Cos[phi1[t]] phi1''[t] + ----------------------)\
                                                    2

                + 2 Sin[phi1[t]]

                                      2                        2
                 (Cos[phi1[t]] phi1'[t]  + Cos[phi2[t]] phi2'[t]  +
                                          ---------------------- +
                                                    2

                                          Sin[phi2[t]] phi2''[t]
                  Sin[phi1[t]] phi1''[t] + ---------------------))
                                                    2

                      2
            ) / 2 + (l  m (-2 Sin[phi1[t]] phi1'[t]

                 (Cos[phi1[t]] phi1'[t] + Cos[phi2[t]] phi2'[t] +

                  Cos[phi3[t]] phi3'[t]
                  ---------------------) +
                           2

               2 Cos[phi1[t]] phi1'[t]
                 (Sin[phi1[t]] phi1'[t] + Sin[phi2[t]] phi2'[t] +

                  Sin[phi3[t]] phi3'[t]
                  ---------------------) +
                           2
```

```
2 Cos[phi1[t]] (-(Sin[phi1[t]] phi1'[t] ) -
                                         2
         Sin[phi2[t]] phi2'[t]  -
                                 2
         Sin[phi3[t]] phi3'[t]
         ----------------------- +
                  2
         Cos[phi1[t]] phi1''[t] +
                                         Cos[phi3[t]] phi3''[t]
         Cos[phi2[t]] phi2''[t] +  ---------------------------)\
                                              2
       + 2 Sin[phi1[t]]
                                    2                         2
         (Cos[phi1[t]] phi1'[t]  + Cos[phi2[t]] phi2'[t]  +
                                 2
         Cos[phi3[t]] phi3'[t]
         ----------------------- +
                  2
         Sin[phi1[t]] phi1''[t] +
                                         Sin[phi3[t]] phi3''[t]
         Sin[phi2[t]] phi2''[t] +  ---------------------------))
                                              2
    ) / 2 == 0
```

Diese Rechnung kann von Hand kaum in so kurzer Zeit durchgeführt werden.

Ein *Mathematica*-Könner wird vielleicht irritiert sein, daß wir die Gleichungen nicht in Vektorform (mit Listen) herleiten. Er muß auf Abschnitt 1.6.2 verwiesen werden. Dort werden wir dies nachholen, nachdem wir etwas Übung im Umgang mit Listen gewonnen haben.

Für das Folgende sind einige Abkürzungen nützlich. Wir definieren Listen (Vektoren) für die Winkel und für deren Ableitungen.

```
In[14]:=  angles = {phi1[t], phi2[t], phi3[t]};

In[15]:=  velocities = {phi1'[t], phi2'[t], phi3'[t]};
```

Nun verbinden wir die beiden Listen und entfernen mit `Flatten` die inneren Klammern.

```
In[16]:=  variables = Flatten[{angles, velocities}]
          General::spell1:
              Possible spelling error: new symbol name "variables"
              is similar to existing symbol "Variables".
Out[16]=  {phi1[t], phi2[t], phi3[t], phi1'[t], phi2'[t], phi3'[t]}
```

Die Information bezüglich des möglichen Tippfehlers können wir ignorieren.

Viele Leute werden nun die Lagrange-Gleichungen (um die hängenden Ruhelage) linearisieren und dann in dieser einfacheren Form weiterverarbeiten. Auch die Linearisierung läßt sich mit *Mathematica* leicht bewerkstelligen. Damit werden wir uns in Abschnitt 1.6.4 beschäftigen. Für den Moment lesen wir ganz einfach das entsprechende Paket `SKPackages`Linearization` ` ein

```
In[17]:=   <<SKPackages`Linearization`
```

und wenden die dort definierte Funktion `Linearize` an.

```
In[18]=    linEquations = Linearize[lagEquations,
              variables, {0,0,0,0,0,0}]
```

$$Out[18]= \{\frac{5\ g\ l\ m\ phi1[t]}{2} + \frac{l^2\ m\ phi1''[t]}{3} + $$

$$l^2\ m\ (phi1''[t] + \frac{phi2''[t]}{2}) + $$

$$l^2\ m\ (phi1''[t] + phi2''[t] + \frac{phi3''[t]}{2}) == 0,$$

$$\frac{3\ g\ l\ m\ phi2[t]}{2} + \frac{l^2\ m\ (phi1''[t] + \frac{2\ phi2''[t]}{3})}{2} + $$

$$l^2\ m\ (phi1''[t] + phi2''[t] + \frac{phi3''[t]}{2}) == 0,$$

$$\frac{g\ l\ m\ phi3[t]}{2} + $$

$$\frac{l^2\ m\ (phi1''[t] + phi2''[t] + \frac{2\ phi3''[t]}{3})}{2} == 0\}$$

Die so gewonnenen Gleichungen sind viel einfacher als die nichtlinearen (in *Out[13]=* steht nur eine von drei Gleichungen, in *Out[18]=* sind es alle drei), aber leider meistens unbrauchbar, wie wir gleich sehen werden.

Um die Gleichungen und Definitionen für spätere Anwendungen zur Hand zu haben, speichern wir sie und die zugehörigen Variablen mit dem Befehl `Save` in einer Datei ab.

```
In[19]:=   Save["triplePendulum.m", lag, lagEquations, linEquations,
              angles, velocities, variables]
```

Nun wollen wir sowohl die nichtlinearen als auch die linearisierten Bewegungsgleichungen numerisch integrieren (eine symbolische Lösung wäre höchstens für die linearisierten möglich). Als Anfangsbedingungen wählen wir z.B.:

```
In[20]:=   initials =
              { phi1[0] == 1, phi2[0] == 0, phi3[0] == 0,
                phi1'[0] == 0, phi2'[0] == 0, phi3'[0] == 0 }
Out[20]=   {phi1[0] == 1, phi2[0] == 0, phi3[0] == 0, phi1'[0] == 0,
              phi2'[0] == 0, phi3'[0] == 0}
```

Unsere Gleichungen enthalten immer noch symbolische Werte für m, l und g. Für die Simulation mit `NDSolve` müssen wir diese Parameter durch Zahlen ersetzen. Mit einer geeigneten Skalierung von Masse, Länge und Zeit lassen sich alle zu eins machen.

```
In[21]:= valueRule = {m -> 1, l -> 1, g -> 1}
Out[21]= {m -> 1, l -> 1, g -> 1}
```

Damit konstruieren wir zwei Listen, bestehend aus Gleichungen und Anfangsbedingungen.

```
In[22]:= linEquInits = Flatten[{linEquations, initials}] /.
            valueRule;

In[23]:= lagEquInits = Flatten[{lagEquations, initials}] /.
            valueRule;
```

Diese lösen wir mit `NDSolve`.

☝ Die Integration des nichtlinearen Gleichungssystems braucht etwas Zeit (einige Minuten auf einem Macintosh).

```
In[24]:= lagSolRule = NDSolve[lagEquInits, angles, {t, 0, 1}]
Out[24]= {{phi1[t] -> InterpolatingFunction[{0., 1.}, <>][t],
          phi2[t] -> InterpolatingFunction[{0., 1.}, <>][t],
          phi3[t] -> InterpolatingFunction[{0., 1.}, <>][t]}}
```

Das lineare dagegen ist viel handlicher:

```
In[25]:= linSolRule = NDSolve[linEquInits, angles, {t, 0, 1}]
Out[25]= {{phi1[t] -> InterpolatingFunction[{0., 1.}, <>][t],
          phi2[t] -> InterpolatingFunction[{0., 1.}, <>][t],
          phi3[t] -> InterpolatingFunction[{0., 1.}, <>][t]}}
```

... aber nicht genügend genau; davon überzeugen wir uns an Hand von Graphen.

Nehmen wir z.B. den Winkel `phi1[t]`! Um den Graphen seines Zeitverlaufs zu erhalten, müssen wir die als Regel vorhandene Lösung auf `phi1[t]` anwenden und die so entstandene Funktion zeichnen. Dabei lassen wir uns auch noch die Rechenzeit anzeigen.

In[26]:= `Plot[phil[t] /. lagSolRule, {t, 0, 1}] // Timing`

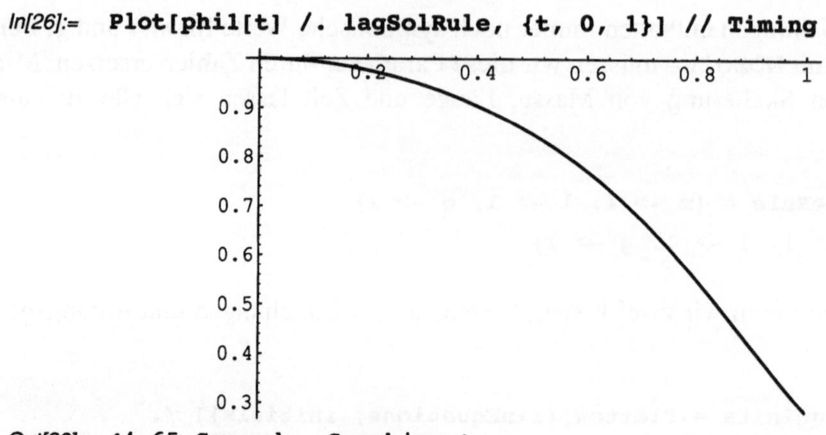

Out[26]= `{4.65 Second, -Graphics-}`

Hier ist eine weitere Bemerkung zur Funktionsweise von `Plot` nötig: Der Graph wird erzeugt, indem die zu zeichnende Funktion (hier: `phil[t] /. lagSolRule`) für die Stützpunkte ausgewertet wird. In unserem Fall bedeutet dies, daß für jeden Punkt die Substitution der Regeln `lagSolRule` für `phil[t]` vorgenommen wird. Dies ist eine überflüssige Arbeit; man kann die Regeln einmal einsetzen und anschließend nur noch den resultierenden Ausdruck auswerten. Dies ordnen wir mit Hilfe der Funktion `Evaluate` an. Sie sorgt dafür, daß das Argument zuerst ausgewertet wird. So verringert sich der Rechenaufwand beträchtlich.

In[27]:= `Plot[Evaluate[phil[t] /. lagSolRule], {t, 0, 1}] // Timing`

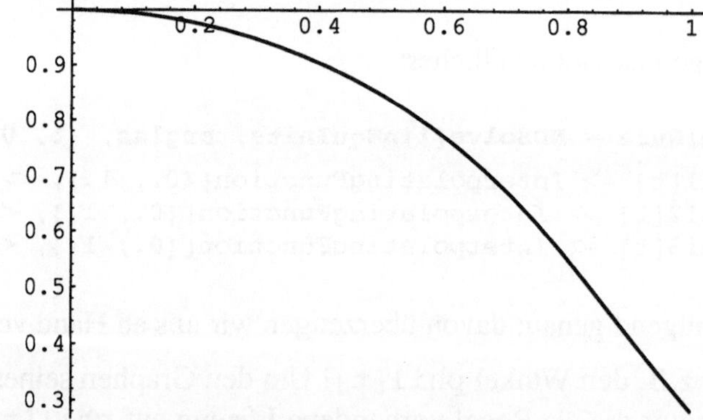

Out[27]= `{1.75 Second, -Graphics-}`

☞ Deshalb merken wir uns, daß in Graphikbefehlen, wo immer möglich, die zu zeichnenden Funktionen zuerst mit `Evaluate` ausgewertet werden sollen.

Die eigentliche Graphik ist das zweite Element der obigen Resultatliste. Wir ziehen es heraus und geben ihm einen Namen.

```
In[28]:=  lag1 = %[[2]]
Out[28]= -Graphics-
```

Die Lösung der linearisierten Gleichung sieht dagegen so aus:

```
In[29]:=  lin1 = Plot[Evaluate[phi1[t] /. linSolRule], {t, 0, 1}]
```

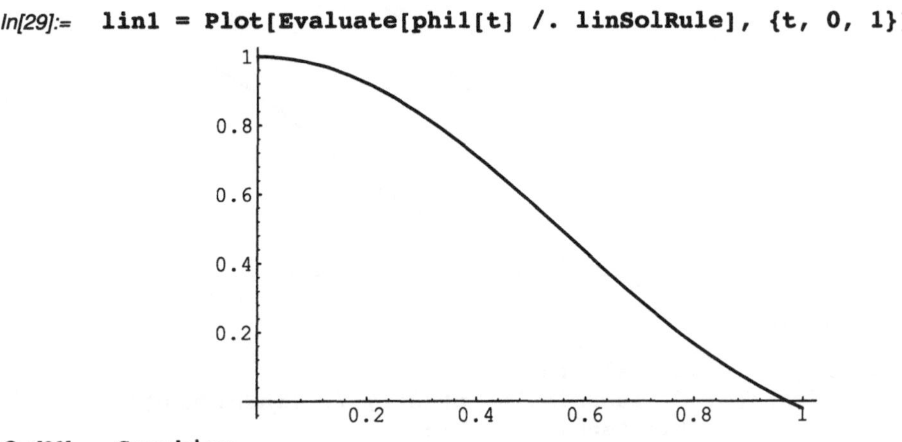

```
Out[29]= -Graphics-
```

Die Skalen wurden in dieser Graphik anders gelegt. *Mathematica* weiß ja nicht, daß wir die beiden Bilder vergleichen wollen. Wir könnten die Achsenskalen mit **PlotRange** explizit vorgeben. Einfacher ist es aber, die beiden Bilder gleichzeitig zu zeichnen.

```
In[30]:=  linLag1 = Show[{lin1, lag1}, PlotLabel -> "phi1"]
```

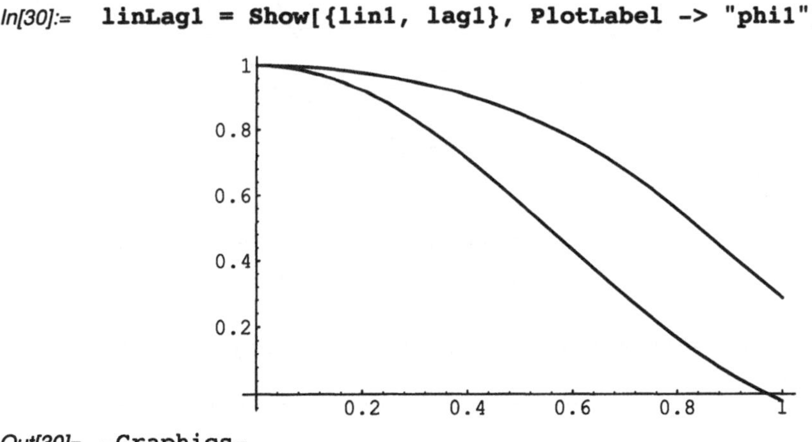

```
Out[30]= -Graphics-
```

Hier wäre ein großes Vertrauen in die Lösung der linearisierten Gleichungen also nicht angebracht!

Für die anderen Winkel fassen wir sogleich beide Zeichnungen zusammen.

```
In[31]:=  linLag2 = Plot[Evaluate[
             {phi2[t] /. lagSolRule, phi2[t] /. linSolRule}],
          {t, 0, 1}, PlotLabel -> "phi2"]
```

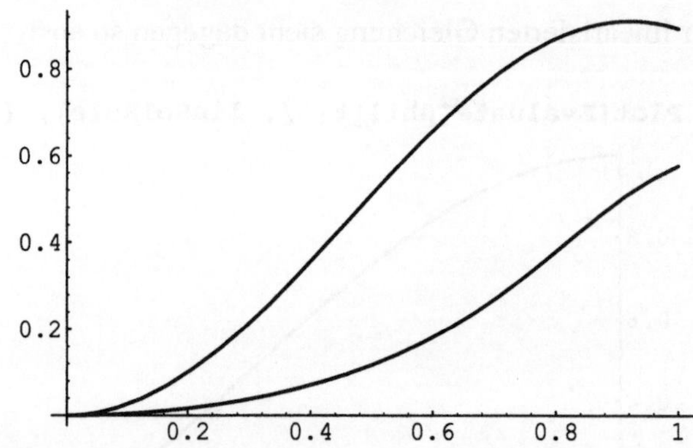

```
Out[31]= -Graphics-
```

```
In[32]:=  linLag3 = Plot[Evaluate[
             {phi3[t] /. lagSolRule, phi3[t] /. linSolRule}],
          {t, 0, 1}, PlotLabel -> "phi3"]
```

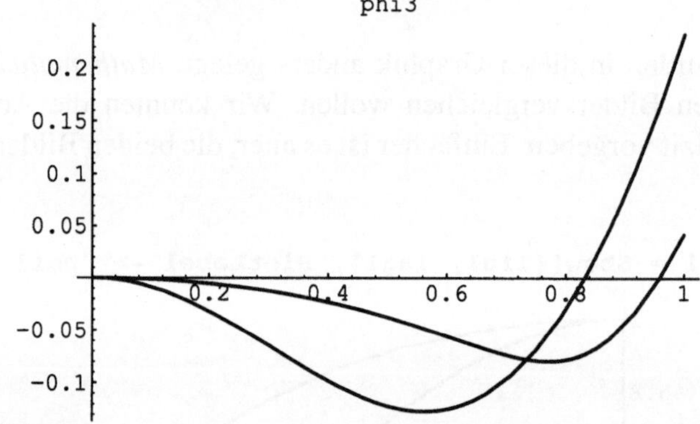

```
Out[32]= -Graphics-
```

Alle drei Zeichnungen können in einem `GraphicsArray` kombiniert werden (die Option `Frame -> True` zeichnet einen Rahmen darum).

```
In[33]:=  Show[GraphicsArray[{linLag1, linLag2, linLag3}],
          Frame -> True]
```

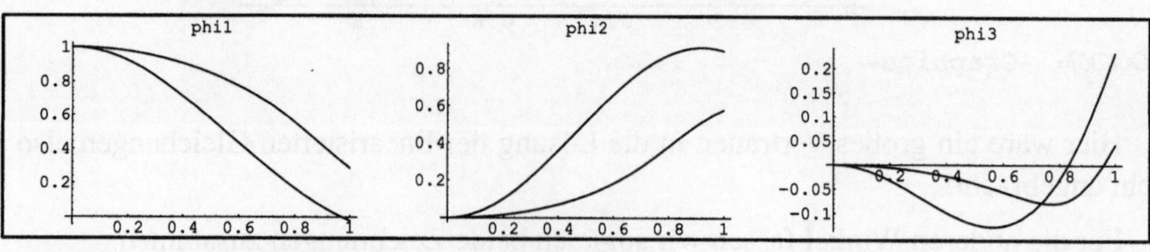

```
Out[33]= -GraphicsArray-
```

Falls wir unsere Anfangsbedingungen 20 mal kleiner machen, so sieht die Sache anders aus.

```
In[34]:=   smallInitials =
              {phi1[0] == 0.05, phi2[0] == 0, phi3[0] == 0,
               phi1'[0] == 0, phi2'[0] == 0, phi3'[0] == 0};

In[35]:=   smallLagEquInits =
              Flatten[{lagEquations, smallInitials}] /.
                valueRule;

In[36]:=   smallLinEquInits =
              Flatten[{linEquations, smallInitials}] /.
                valueRule;
```

⌚ Geduld!

```
In[37]:=   smallLagSolRule =
              NDSolve[smallLagEquInits, angles, {t, 0, 1}];

In[38]:=   smallLinSolRule =
              NDSolve[smallLinEquInits, angles, {t, 0, 1}];
```

Die folgenden drei Graphiken sollen als Vorbereitung für die gemeinsame Anzeige nur berechnet, aber nicht angezeigt werden. Dazu setzen wir die Option `DisplayFunction -> Identity`.

```
In[39]:=   smallLinLag1 = Plot[Evaluate[
               {phi1[t] /. smallLagSolRule,
                phi1[t] /. smallLinSolRule}],
              {t, 0, 1}, PlotLabel -> "phi1",
              DisplayFunction -> Identity];

In[40]:=   smallLinLag2 = Plot[Evaluate[
               {phi2[t] /. smallLagSolRule,
                phi2[t] /. smallLinSolRule}],
              {t, 0, 1}, PlotLabel -> "phi2",
              DisplayFunction -> Identity];

In[41]:=   smallLinLag3 = Plot[Evaluate[
               {phi3[t] /. smallLagSolRule,
                phi3[t] /. smallLinSolRule}],
              {t, 0, 1}, PlotLabel -> "phi3",
              DisplayFunction -> Identity];
```

Nun können wir uns alle zusammen ansehen.

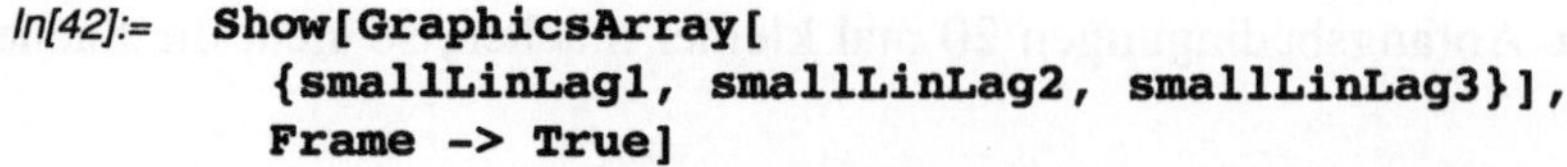

```
In[42]:=  Show[GraphicsArray[
          {smallLinLag1, smallLinLag2, smallLinLag3}],
          Frame -> True]
```

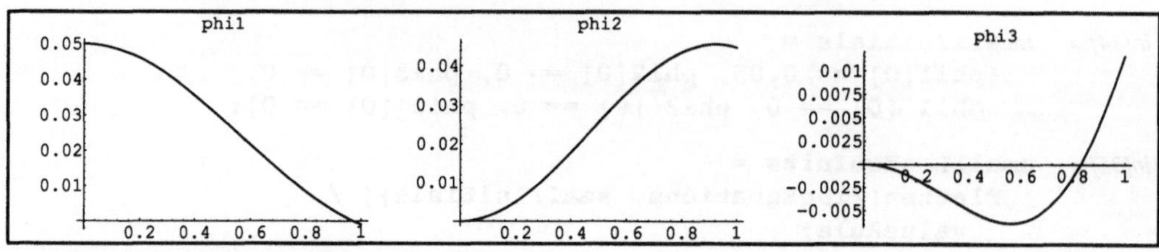

```
Out[42]= -GraphicsArray-
```

Bei diesen "kleinen" Auslenkungen zeigt sich kein sichtbarer Unterschied zwischen der linearisierten und der nichtlinearen Lösung.

☐ Graphik ohne Notebook-Schnittstelle

Rechenintensive Aufgaben, wie z.B. die obigen Simulationen, laufen auf leistungsfähigen *Arbeitsplatzrechnern* viel rascher als auf einem PC oder einem Macintosh. Falls *Mathematica* für den "eigenen" Rechner lizenziert ist, so ergeben sich dabei keinerlei Probleme; die Graphik wird in der verwendeten, fensterorientierten Benutzeroberfläche angezeigt. Manchmal rechnet man aber auf einer anderen Maschine als diejenige, auf der die Anzeige abläuft. Unter UNIX erreicht man dies mit einem `rlogin`-Befehl. Falls man dabei die *Mathematica*-Sitzung nicht von Hand entsprechend vorbereitet hat, so werden Graphiken lediglich zeilenorientiert mit Spezialzeichen dargestellt ("`Terminal graphics initialized`"). Durch zwei Befehle ist es möglich, unter X Windows die Graphiken von der "Rechenmaschine" (*remotehost*) zur "Anzeigemaschine" (*localhost*) zu senden:

Zuerst muß dem lokalen Computer *localhost* mitgeteilt werden, daß der *Mathematica*-Computer *remotehost* seine Graphiken auf das lokale Fenstersystem schicken darf. Dazu tippt man auf der lokalen Maschine

    `xhost` *remotehost*

ein. Man erhält eine Bestätigung der Form:

    remotehost `added to access control list.`

Anschließend teilt man *remotehost* mit, daß er seine Graphiken auf *localhost* anzeigen solle:

    `rlogin` *remotehost*

    `setenv DISPLAY` *localhost*`:0`

(Die Anzeige wird in der Variable `DISPLAY` verwaltet.)

Nun startet man auf *remotehost* mit dem Befehl `math` eine *Mathematica*-Sitzung. Falls alles richtig abgelaufen ist, so erscheint eine Meldung wie "`X11 windows graphics initialized`". Dann werden alle Graphiken in hoher Qualität auf der lokalen Maschine angezeigt.

□ Zusammenfassung

• Wo immer möglich, sollten die zu zeichnenden Funktionen zuerst mit `Evaluate` ausgewertet werden.

Ausdruck	Bedeutung
`Flatten[`*list*`]`	drückt eine verschachtelte Liste flach; die inneren Klammern werden entfernt
`Evaluate[`*expr*`]`	berechnet *expr*, auch wenn dessen Attribute (vergleiche mit Abschnitt 2.3.3) verlangen, daß es nicht ausgewertet werden soll
`Save[ "`*filename*`",` *symb*$_1$`,` *symb*$_2$`, ...]`	Symbole *symb*$_i$ in einer Datei namens *filename* abspeichern

Tabelle 1-37: Neue Funktionen

Ausdruck	Bedeutung
`GraphicsArray[{`g_1`,` g_2`, ...}]`	Zeile von Graphiken
`GraphicsArray[{{`g_1`,` g_2`, ...},` `...}]`	zweidimensionale Tabelle von Graphiken

Tabelle 1-38: Weitere Graphikfunktionen

Option	Einstellungen	Bedeutungen

`DisplayFunction`	`$DisplayFunction`
	`Identity`
	`Display[`*channel*`, #]&`
		• Anzeige auf Bildschirm (Vorgabewert)
		• Unterdrückung der Anzeige
		• Ausgabe auf Kanal *channel*

`Frame`	`True` `False`	• zeichnet einen Rahmen • zeichnet keinen Rahmen

Tabelle 1-39: Weitere Graphik-Optionen

□ Übungen

1. Berechne und zeichne die Bewegung des Dreifachpendels für andere Anfangsbedingungen!

2. Vergleiche die Lösungen des linearisierten und des nicht-linearisierten Dreifachpendels für die folgenden zwei Sätze von Anfangsbedingungen:

$$\varphi_1(0) = 0.35589, \ \varphi_2(0) = 0, \ \varphi_3(0) = -1.0677,$$

$$\dot{\varphi}_1(0) = \dot{\varphi}_2(0) = \dot{\varphi}_3(0) = 0$$

und

$$\varphi_1(0) = 0.03559, \ \varphi_2(0) = 0, \ \varphi_3(0) = -0.1068,$$

$$\dot{\varphi}_1(0) = \dot{\varphi}_2(0) = \dot{\varphi}_3(0) = 0!$$

Diskutiere!

■ 1.5.3 Dreidimensionale Graphiken: rotierendes Doppelpendel

□ Rotierendes Doppelpendel

Für die Diskussion eines Doppelpendels, das um die vertikale Achse rotiert (siehe Figur 1-7), benötigt man *dreidimensionale Graphen*. Deshalb verwenden wir es hier als Modellbeispiel.

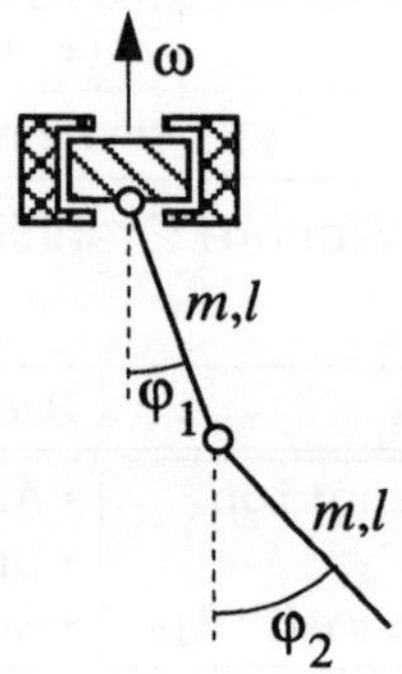

Figur 1-7: Rotierendes Doppelpendel

Bei verschwindender Rotationsgeschwindigkeit ω hat dieses System offensichtlich vier Ruhelagen: eine "hängende" und eine "stehende" sowie zwei, bei denen jeweils ein Pendelstab hängt und der andere steht. Die erste ist stabil, die drei anderen sind instabil. Dieses Verhalten ändert sich, sobald eine genügend große Rotationsgeschwindigkeit ω vorliegt.

Die Ruhelagen und ihre Stabilität lassen sich am besten aus der Potentialfunktion in mitrotierenden Koordinaten ableiten. Dazu betrachten wir das Pendel vorerst von einem ruhenden Bezugssystem aus. Hier ist die zugehörige *potentielle Energie* (vergleiche mit *In[2]:=* auf Seite 86):

```
In[1]:=    epStat = - (m l g/2)(3 Cos[phi1] + Cos[phi2]);
```

Wir haben die Zeitabhängigkeit unterdrückt, da wir im Moment nicht ableiten müssen.

Die *kinetische Energie* setzt sich zusammen aus einem Anteil, in den die Ableitungen der Winkel eingehen und einem anderen, in dem ω vorkommt. Ersterer ist analog zum Dreifachpendel (`ek1 + ek2`). Wir benötigen ihn im Moment nicht explizit.

Der zweite Anteil berechnet sich folgendermaßen:

```
In[2]:=   ekRot = 1/2 (m l^2 / 3 omega^2 Sin[phi1]^2 +
          m l^2 / 12 omega^2 Sin[phi2]^2 +
          m l^2 omega^2 (Sin[phi1] + 1/2 Sin[phi2])^2);
```

Dabei steht omega für die Schnelligkeit ω der Rotation um die Vertikale.

Als Lagrange-Funktion haben wir `ek1 + ek2 + ekRot - ep`. Weil aber in `ekRot` keine Ableitungen der Geschwindigkeiten vorkommen, können wir diesen Anteil mit negativem Vorzeichen zur potentiellen Energie schlagen. An den Lagrange-Gleichungen (1.7) ändert sich dadurch nichts.

So wird das *effektive Potential* im rotierenden System:

```
In[3]:=   epStat - ekRot

          -(g l m (3 Cos[phi1] + Cos[phi2]))
Out[3]=   ---------------------------------- -
                          2

            2         2         2
           (l  m omega  Sin[phi1]
           ------------------------ +
                      3

             2         2                  Sin[phi2]  2
            l  m omega  (Sin[phi1] + ---------)  +
                                         2

             2         2         2
            l  m omega  Sin[phi2]
            ---------------------) / 2
                     12
```

Durch eine geeignete Skalierung von Masse, Länge und Zeit ist es auch hier möglich, m, l und g zu eins zu machen. So erhalten wir schlußendlich das Potential als Funktion von `phi1`, `phi2` und `omega`:

```
In[4]:=   epEff = epStat - ekRot /. {m -> 1, l -> 1, g -> 1}

          -(3 Cos[phi1] + Cos[phi2])
Out[4]=   -------------------------- -
                      2

               2         2
          (omega  Sin[phi1]              2                  Sin[phi2]  2
          ------------------ + omega  (Sin[phi1] + ---------)  +
                  3                                    2

               2         2
          omega  Sin[phi2]
          ----------------) / 2
                 12
```

Die Funktion `epEff` ist der Ausgangspunkt für die Untersuchung der Ruhelagen des Systems. Man zeigt in der Mechanik, daß Ruhelagen einem verschwindenden

Gradienten der Potentialfunktion entsprechen. Im Falle eines Minimums sind sie *stabil*, bei Sattelpunkten oder Maxima *instabil*.

☐ Oberflächen-Graphen

Zum Anfang erzeugen wir einen *dreidimensionalen Graphen* von `epEff` für die Rotationsgeschwindigkeit null. Die Funktion für *Oberflächen-Graphen* heißt `Plot3D`. Analog zu `Plot` erwartet sie zuerst die zu zeichnende Funktion und dann, als Listen, die beiden Variablen mit ihren Anfangs- und Endwerten.

```
In[5]:=    Plot3D[Evaluate[epEff /. omega -> 0],
           {phi1, -Pi, Pi}, {phi2, -Pi, Pi}]
```

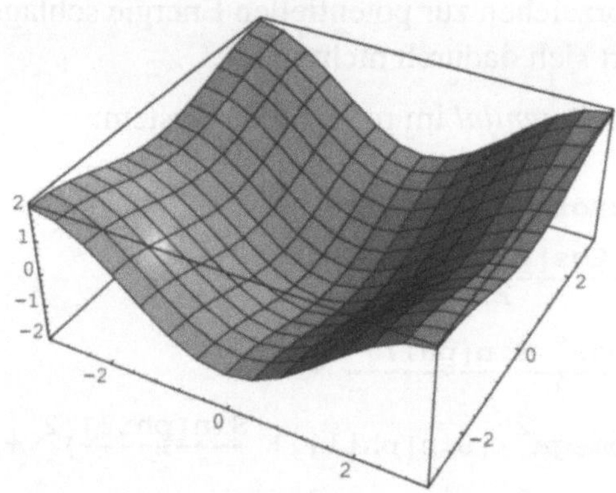

```
Out[5]=    -SurfaceGraphics-
```

Auf Farbbildschirmen erscheint dieses Bild automatisch farbig.

Offensichtlich haben wir für $\varphi_1 = \varphi_2 = 0$ ein Minimum. Falls einer der Winkel π und der andere 0 ist, so liegt ein Sattelpunkt vor. In den Ecken des Graphen (beide Winkel sind $\pm\pi$) haben wir ein Maximum.

Alle vier Ecken entsprechen derselben Konfiguration ("stehendes Pendel"). Eigentlich ist der Konfigurationsraum des Pendels nämlich ein Torus. Diesen werden wir im nächsten Abschnitt zeichnen.

Was geschieht, wenn die Rotation "eingeschaltet" wird? Betrachten wir dazu ein Bild für `omega = 10`:

```
In[6]:=   Plot3D[Evaluate[epEff /. omega -> 10],
          {phi1, -Pi, Pi}, {phi2, -Pi, Pi}]
```

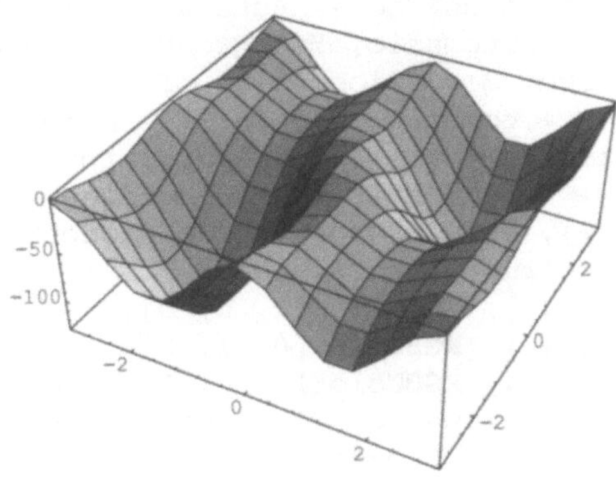

```
Out[6]=   -SurfaceGraphics-
```

Aus dem ursprünglichen Minimum in der Mitte wurde ein lokales Maximum. Dafür haben wir zwei Minima, die einer ausgelenkten Konfiguration entsprechen. Um deutlicher zu sehen, daß in der Mitte wirklich ein Maximum vorliegt, können wir das Bild mit der Option `ViewPoint` von einem anderen Punkt aus betrachten.

```
In[7]:=   Show[%, ViewPoint -> {3, -1, 1}]
```

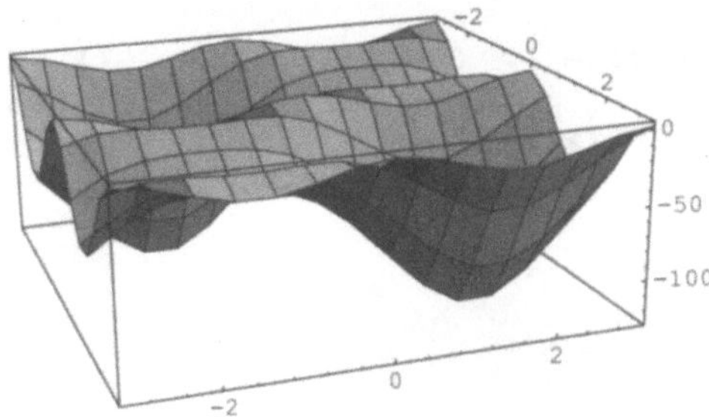

```
Out[7]=   -SurfaceGraphics-
```

Unser Standort liegt nun bei (x, y, z) = (3, −1, 1).

Benutzer(innen) von Notebook-Schnittstellen (z.B. auf dem Macintosh) haben zur Wahl des Standortes ein handliches, graphisches Hilfsmittel (**3D ViewPoint Selector...**, unter dem **Action**-Menü **Prepare Input**). Auf gewissen Arbeitsplatzrechnern (SiliconGraphics) lassen sich die Graphen sogar in Echtzeit drehen.

Sehen wir uns noch die möglichen Optionen von `Plot3D` an!

```
In[8]:=    Options[Plot3D]

Out[8]=    {AmbientLight -> GrayLevel[0], AspectRatio -> Automatic,
            Axes -> True, AxesEdge -> Automatic, AxesLabel -> None,
            AxesStyle -> Automatic, Background -> Automatic,
            Boxed -> True, BoxRatios -> {1, 1, 0.4},
            BoxStyle -> Automatic, ClipFill -> Automatic,
            ColorFunction -> Automatic, ColorOutput -> Automatic,
            Compiled -> True, DefaultColor -> Automatic,
            Epilog -> {}, FaceGrids -> None, HiddenSurface -> True,
            Lighting -> True, LightSources ->
             {{{1., 0., 1.}, RGBColor[1, 0, 0]},
              {{1., 1., 1.}, RGBColor[0, 1, 0]},
              {{0., 1., 1.}, RGBColor[0, 0, 1]}}, Mesh -> True,
            MeshStyle -> Automatic, PlotLabel -> None,
            PlotPoints -> 15, PlotRange -> Automatic,
            PlotRegion -> Automatic, Plot3Matrix -> Automatic,
            Prolog -> {}, Shading -> True, SphericalRegion -> False,
            Ticks -> Automatic, ViewCenter -> Automatic,
            ViewPoint -> {1.3, -2.4, 2.},
            ViewVertical -> {0., 0., 1.},
            DefaultFont :> $DefaultFont,
            DisplayFunction :> $DisplayFunction}
```

Einige davon wollen wir verwenden, um z.B. die Achsenbeschriftung der phil-Achse nach unten
zu verlegen, die Achsen zu beschriften, die Größenverhältnisse zu ändern und einen Titel zu setzen.

```
In[9]:=    Show[%%, AxesEdge -> {{-1, -1}, {1, -1}, {1, 1}},
            AxesLabel -> {"phi1", "phi2", "effektives Potential"},
            BoxRatios -> {1, 1, .8},
            PlotLabel -> "omega = 10"]
```

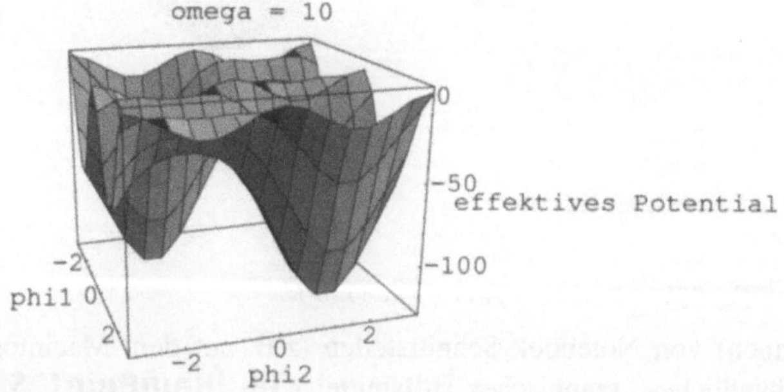


```
Out[9]=    -SurfaceGraphics-
```

☐ Höhenlinien-Graphiken

Statt Oberflächen-Graphen geben oft *Höhenlinien* ein übersichtlicheres Bild. Die
Funktion dazu heißt ContourPlot. Sie erwartet dieselben Parameter wie Plot3D.
(Die zugehörigen Optionen sind allerdings zum Teil verschieden!)

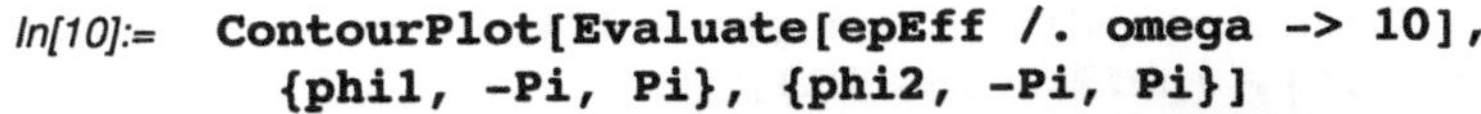

```
In[10]:=  ContourPlot[Evaluate[epEff /. omega -> 10],
          {phi1, -Pi, Pi}, {phi2, -Pi, Pi}]
```

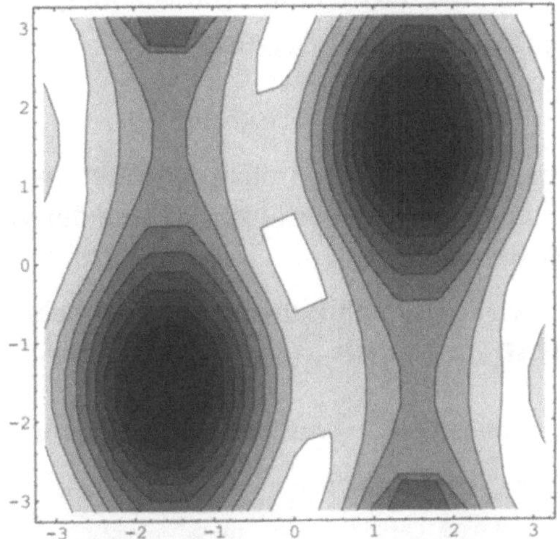

```
Out[10]=  -ContourGraphics-
```

Hier verfügt man über die folgenden Optionen:

```
In[11]:=  Options[ContourPlot]

Out[11]=  {AspectRatio -> 1, Axes -> False, AxesLabel -> None,
          AxesOrigin -> Automatic, AxesStyle -> Automatic,
          Background -> Automatic, ColorFunction -> Automatic,
          ColorOutput -> Automatic, Compiled -> True,
          ContourLines -> True, Contours -> 10,
          ContourShading -> True, ContourSmoothing -> None,
          ContourStyle -> Automatic, DefaultColor -> Automatic,
          Epilog -> {}, Frame -> True, FrameLabel -> None,
          FrameStyle -> Automatic, FrameTicks -> Automatic,
          PlotLabel -> None, PlotPoints -> 15,
          PlotRange -> Automatic, PlotRegion -> Automatic,
          Prolog -> {}, RotateLabel -> True, Ticks -> Automatic,
          DefaultFont :> $DefaultFont,
          DisplayFunction :> $DisplayFunction}
```

Durch die Wahl einer geeigneten Farbfunktion kann das Bild eingefärbt werden. Dazu ist `Hue` am besten geeignet. So erhalten wir (wenn nur ein Parameter übergeben wird) das Farbspektrum in voller Sättigung und Helligkeit.

```
In[12]:=  ContourPlot[Evaluate[epEff /. omega -> 10],
          {phi1, -Pi, Pi}, {phi2, -Pi, Pi},
          PlotPoints -> 40, ColorFunction -> Hue]
```

Diese Graphik ist als Farbbild 1 auf Seite I wiedergegeben.

```
Out[12]=  -ContourGraphics-
```

Standardmäßig werden die Höhenlinien nicht geglättet; man könnte dies mit der Option `ContourSmoothing -> True` verlangen. (Dank der vergrößerten Zahl von `PlotPoints` erübrigt es sich hier.)

Statt dessen zeichnen wir die Graphik nochmals, mit mehr und dünneren Linien (Option **Make Lines Thin** im **Graph**-Menü der Notebook-Schnittstelle).

```
In[13]:=  Show[%, ColorFunction -> Automatic, Contours -> 25]
```

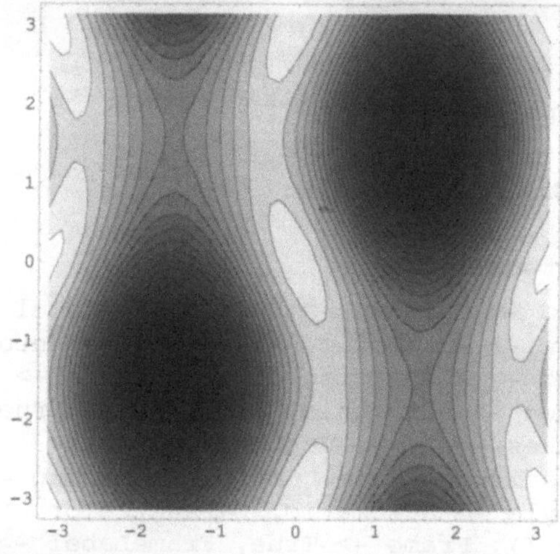

```
Out[13]=  -ContourGraphics-
```

Man kann mit der Option `Contours` auch bestimmte Höhenlinien auswählen. Dazu übergibt man die gewünschten Funktionswerte als Liste (z.B.: `Contours -> {0}` für die Nullstellen).

☐ **Dichte-Graphiken**

An Stelle der Suche nach Höhenlinien kann über das Rechteck des Variablen-Bereichs ein Gitter gelegt und jedes Teilrechteck, dem Wert der Funktion entsprechend, eingefärbt werden. Damit ergibt sich eine *Dichte-Graphik*.

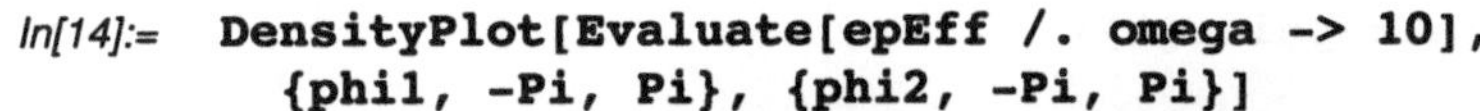

```
In[14]:=  DensityPlot[Evaluate[epEff /. omega -> 10],
            {phi1, -Pi, Pi}, {phi2, -Pi, Pi}]
```

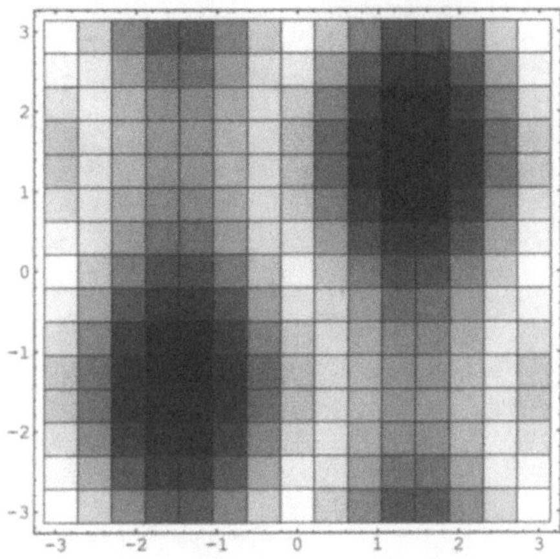

```
Out[14]=  -DensityGraphics-
```

Dieses Bild (mit 15 x 15 Gitterelementen) ist nicht sehr aussagekräftig. Wir verbessern es durch mehr Punkte und Entfernen des Gitters.

```
In[15]:=  DensityPlot[Evaluate[epEff /. omega -> 10],
            {phi1, -Pi, Pi}, {phi2, -Pi, Pi},
            PlotPoints -> 50, Mesh -> False]
```

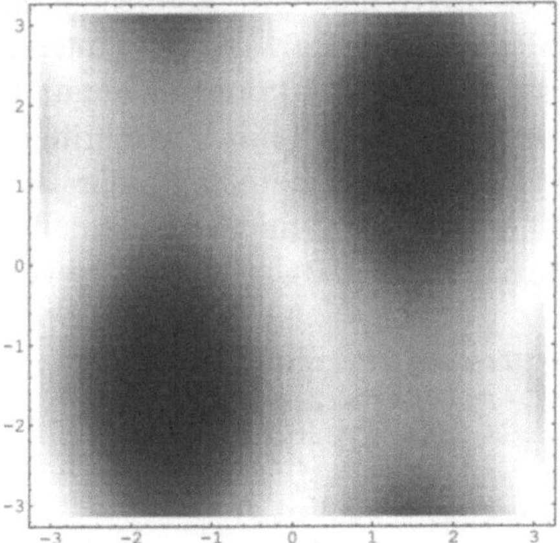

```
Out[15]=  -DensityGraphics-
```

Man muß die verschiedenen Typen von dreidimensionalen Graphiken nicht immer wieder neu berechnen; sie können ineinander umgewandelt werden. Aus der obigen Dichte-Graphik erhalten wir z.B. folgendermaßen eine Fläche:

In[16]:= **Show[SurfaceGraphics[%]]**

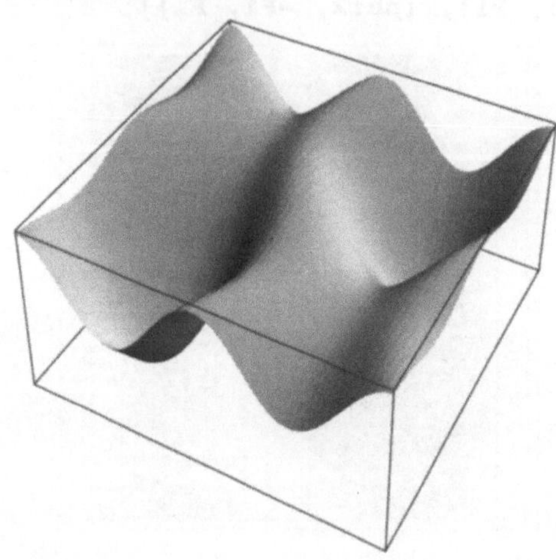

Out[16]= -SurfaceGraphics-

Die anderen zulässigen Konversionen finden sich in Tabelle 1-41.

☐ Animationen

Nachdem wir jetzt auf verschiedene Arten die Potentialfunktion für zwei Werte der Rotationsgeschwindigkeit omega (0 und 10) gezeichnet haben, wollen wir ihre Abhängigkeit von diesem Parameter näher ansehen. Interessant ist vor allem ein Bereich von 0 bis 2. Mit dem Befehl **Table** können wir eine Tabelle von Graphen für verschiedene Werte von omega (z.B. von 0 bis 2 in Schritten von 0.1) erstellen. Der Wertebereich soll bei allen gleich sein (von –6 bis 2). Für die Beschriftung verbinden wir die Buchstabenfolge "omega = " mit dem aktuellen Wert der Variablen omega, der dazu mit **ToString** in eine Buchstabenfolge verwandelt werden muß.

```
In[17]:=  plots = Table[Plot3D[Evaluate[epEff],
          {phi1, -Pi, Pi}, {phi2, -Pi, Pi},
          PlotRange -> {-6, 2},
          BoxRatios -> {1, 1, 1},
          ViewPoint-> {0.7, -2, 2.6},
          PlotLabel -> StringJoin["omega = ", ToString[omega]]],
          {omega, 0, 2, .1}]
```

Out[17]= {-SurfaceGraphics-, -SurfaceGraphics-, -SurfaceGraphics-,
          -SurfaceGraphics-, -SurfaceGraphics-, -SurfaceGraphics-,
          -SurfaceGraphics-, -SurfaceGraphics-, -SurfaceGraphics-,
          -SurfaceGraphics-, -SurfaceGraphics-, -SurfaceGraphics-,
          -SurfaceGraphics-, -SurfaceGraphics-, -SurfaceGraphics-,
          -SurfaceGraphics-, -SurfaceGraphics-, -SurfaceGraphics-,
          -SurfaceGraphics-, -SurfaceGraphics-, -SurfaceGraphics-}

Die 21 Graphiken sind hier nicht gezeigt. An ihnen interessiert uns vor allem die Möglichkeit zur *Animation*. Für diejenigen Leserinnen und Leser, die unsere Rechnungen nicht auf dem Computer mitverfolgen, werden die Bilder wenigstens im Kleinformat, als Tabelle, wiedergegeben.

```
In[18]:=  Show[GraphicsArray[
              Table[plots[[7(i-1) + j]], {i, 3}, {j, 7}]]]
```

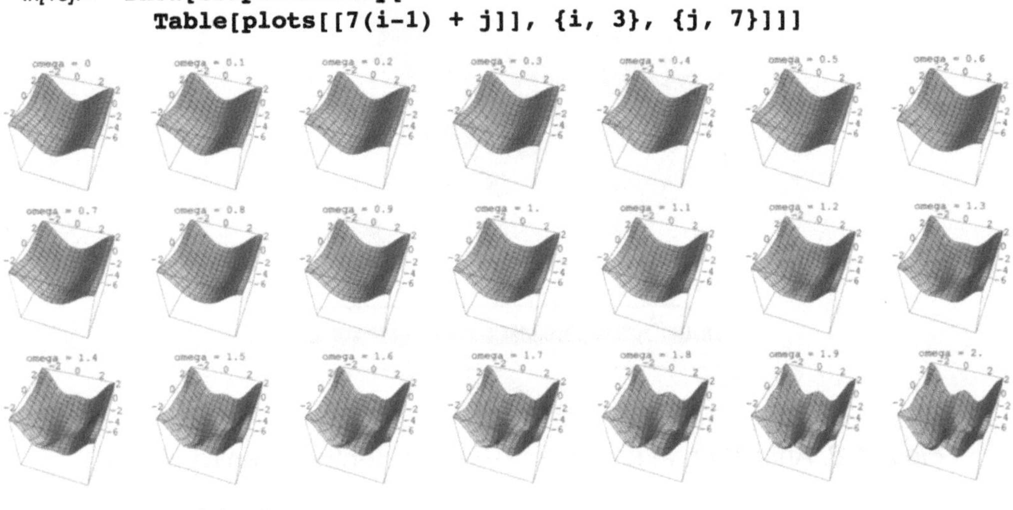

```
Out[18]=  -GraphicsArray-
```

- In *Notebook-Schnittstellen* können in eine Zelle zusammengefaßte Graphiken, wie diejenigen von *Out[17]=*, mit dem Befehl **Animation...** aus dem **Graph**-Menü animiert werden.

- Bei *fensterorientierten Oberflächen* ohne Notebooks behilft man sich mit dem Befehl ShowAnimation aus dem Paket Graphics`Animation`.

```
In[19]:=  <<Graphics`Animation`
```

```
In[20]:=  ShowAnimation[plots]
```

Damit erscheint auf dem Bildschirm ein Film, bestehend aus den obigen Graphiken. Mit Knöpfen und Reglern läßt sich seine Geschwindigkeit und die Abfolge der Bilder steuern (siehe Figur 1-8).

Auf diese Art ist es möglich, das Studium von Parameter-Abhängigkeiten um eine Dimension zu erweitern. Dieser zusätzliche Parameter wird sozusagen auf die Zeit abgebildet.

Im Falle unseres rotierenden Doppelpendels sehen wir deutlich, wie sich z.B. das ursprüngliche Potentialminimum für das hängende Pendel mit wachsendem ω zuerst in einen Sattelpunkt und dann in ein Maximum verwandelt. An seine Stelle treten zwei neue Minima, die zwei stabilen Ruhelagen entsprechen. Diesen Übergang nennt man *Bifurkation*.

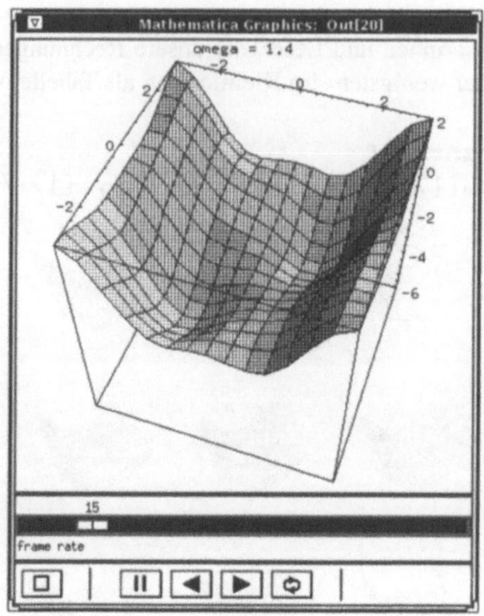

Figur 1-8: Animation in einem X11-Fenster (unter OpenWindows)

Ganz zum Schluß speichern wir das effektive Potential für späteren Gebrauch in einer Datei ab.

In[21]:= **Save["rotDoublePend.m", epEff]**

☐ Mögliche Probleme bei Animationen

☎ Wieso läuft die Animation in meiner Notebook-Schnittstelle ruckartig ab?

✍ Zur Animation liest *Mathematica* alle Bilder in den Arbeitsspeicher ein. Falls dies nicht vollständig möglich ist, so muß auf die Festplatte zugegriffen werden, was viel langsamer ist und die ungleichmäßige Animationen verursacht.

Für lange Bildfolgen braucht *Mathematica* also genügend Arbeitsspeicher. (Auf dem *Macintosh* läßt sich die Zuteilung einstellen, indem mit der Maus auf das Programmsymbol geklickt und das Menü **Get Info** ausgewählt wird.) Wenn möglich sollte man *keinen virtuellen Speicher* verwenden.

☎ Ich arbeite auf einem UNIX-Rechner. Wenn ich die Animation starte, so erscheint eine Meldung, daß in /tmp nicht genügend Platz sei.

✍ Bei Animationen auf UNIX-Rechnern werden die Bilder im Verzeichnis /tmp zwischengelagert. Sie brauchen dort bald einige Megabyte Speicherplatz.

Das Verzeichnis kann mit dem Befehl rm /tmp/* gelöscht werden. Falls dies noch nicht ausreicht, sollte der Systemadministrator dafür sorgen, daß mehr Speicherplatz zur Verfügung steht. Bis dann muß man die Anzahl Bilder in der Animation kleiner halten.

□ Zusammenfassung

Ausdruck	Bedeutung
`Plot3D[`f`,` `{`x`,` x_{min}`,` x_{max}`}`, `{`y`,` y_{min}`,` y_{max}`}]`	dreidimensionaler Oberflächen-Graph der Funktion f in den Variablen x und y
`Plot3D[` `{`f`,` s`},` `{`x`,` x_{min}`,` x_{max}`}`, `{`y`,` y_{min}`,` y_{max}`}]`	dreidimensionaler Graph der Funktion f in x und y, wobei die Schattierung explizit mit einer Funktion s erzeugt wird; s muß Graustufen (`GrayLevel`) oder Farben (`Hue`, `RGBColor` etc.) liefern
`ContourPlot[`f`,` `{`x`,` x_{min}`,` x_{max}`}`, `{`y`,` y_{min}`,` y_{max}`}]`	Höhenlinien-Graphik einer Funktion f in x und y
`DensityPlot[`f`,` `{`x`,` x_{min}`,` x_{max}`}`, `{`y`,` y_{min}`,` y_{max}`}]`	Dichte-Graphik einer Funktion f in x und y

Tabelle 1-40: Dreidimensionale Graphiken

Ausdruck	Bedeutung
`Show[ContourGraphics[`g`]]`	Umwandlung in eine Höhenlinien-Graphik
`Show[DensityGraphics[`g`]]`	Umwandlung in eine Dichte-Graphik
`Show[SurfaceGraphics[`g`]]`	Umwandlung in eine Oberflächen-Graphik
`Show[Graphics[`g`]]`	Umwandlung in eine zweidimensionale Graphik

Tabelle 1-41: Umwandlung von Graphiken

Ausdruck	Bedeutung
`Table[`*expr*`,` `{`i`,` i_{max}`}]`	Tabelle mit Werten von *expr*, wobei der Parameter i von 1 bis i_{max} läuft
`Table[`*expr*`,` `{`i`,` i_{min}`,` i_{max}`}]`	der Parameter i läuft von i_{min} bis i_{max}
`Table[`*expr*`,` `{`i`,` i_{min}`,` i_{max}`,` *di*`}]`	Schrittweite *di*
`Table[`*expr*`,` `{`i`,` i_{min}`,` i_{max}`},` `{`j`,` j_{min}`,` j_{max}`}]`	verschachtelte Listen

Tabelle 1-42: Tabellen (vergleiche mit Tabelle 1-57, Seite 131)

Ausdruck	Bedeutung
StringJoin["s_1", "s_2", ...]	Verbindung von Buchstabenfolgen (englisch: *strings*)
ToString[*expr*]	Buchstabenfolge, die dem Ausdruck *expr* entspricht

Tabelle 1-43: Manipulation von Buchstabenfolgen

Option	Bedeutung
AxesEdge	beschriftete Achsen: Automatic oder {{dir_y, dir_z}, {dir_x, dir_z}, {dir_x, dir_y}}; im zweiten Fall sind alle Werte ±1 und entsprechen der zu zeichnenden x-, y- und z-Achse (jedes Paar kann auch durch None ersetzt werden)
BoxRatios	Längenverhältnisse des umgebenden Würfels
ViewPoint	Standort des Betrachters

Tabelle 1-44: Einige Optionen von Oberflächen-Graphiken

Option	Bedeutung
Contours	Angabe der Höhenlinien (entweder Anzahl oder Liste mit Werten)
ContourSmoothing	• False: kein Glätten der Höhenlinien (Vorgabewert) • True: Glätten der Höhenlinien
ColorFunction	Farbfunktion, welche auf die z-Werte angewendet werden soll

Tabelle 1-45: Einige Optionen von Höhenlinien-Graphiken

Graphik-Anweisung	Bedeutung
Hue[*h*]	bei Parameterwerten zwischen 0 und 1 wird das Farbspektrum von Rot über Gelb, Grün, Blau bis Rot erzeugt; andere Parameterwerte werden zyklisch behandelt
Hue[*h*, *s*, *b*]	Farben im Hue-Saturation-Brightness-Modell (Hue[*h*] entspricht Hue[*h*, 1, 1])
RGBColor[*red*, *green*, *blue*]	Farben im Rot-Grün-Blau-Modell (Parameter außerhalb des Intervalls [0, 1] werden abgeschnitten)
GrayLevel[*level*]	Graustufen, Wert zwischen 0 (schwarz) und 1 (weiß)

Tabelle 1-46: Graphik-Anweisungen für Farben und Graustufen

☐ Übungen

1. Erstelle für die Funktion

$$f(x, y) \ = \ \sin(xy)$$

je eine Oberflächen-, Höhenlinien- und Dichte-Graphik. Wähle als Wertebereich
z.B. $-\pi \le x \le \pi$, $-\pi \le y \le \pi$!

2. Betrachte den Oberflächen-Graphen aus Aufgabe 1 von einem anderen Standort
   aus!

3. Zeichne für dieselbe Funktion eine dreidimensionalen Graphik, die je nach Funktionswert anders eingefärbt ist!

4. Für Benutzer(innen) ohne Notebook-Schnittstelle: Studiere die Befehle im Paket
   `Graphics`Animation`` !

5. Für Benutzer(innen) einer Notebook-Schnittstelle: Studiere deren Animationsbe-
   fehle!

6. Animiere die Veränderungen im Potential des rotierenden Doppelpendels (in
   Abhängigkeit von ω) mit Hilfe von Höhenlinien!

   Achtung: Hier ist es sinnvoll, bei allen Graphiken dieselben Linien zu zeichnen.

7. Erzeuge eine Animation für das Potential des rotierenden Doppelpendels, welche
   die hängende Ruhelage genauer unter die Lupe nimmt!

8. Animiere die Veränderungen im Potential des rotierenden Doppelpendels mit
   Hilfe von Dichte-Graphiken!

■ 1.5.4 Parametrische Graphiken: rotierendes Doppelpendel

Wir haben im letzten Abschnitt gesehen, daß der Konfigurationsraum des Doppelpendels eigentlich ein *Torus* ist. Diesen wollen wir jetzt zeichnen. Als Radien der beiden
Kreise wählen wir z.B. 2.5 und 1.

```
In[1]:=    r1 = 2.5; r2 = 1;
```

Mit einem normalen Flächen-Graphen können wir den Torus nicht darstellen, da
die z-Werte über der (x, y)-Ebene nicht eindeutig sind. Deshalb müssen wir eine *parametrische Graphik* erzeugen, bei dem ein Parametergebiet in den dreidimensionalen
Raum abgebildet wird. Die Funktion dazu heißt `ParametricPlot3D`. Man übergibt ihr zuerst eine Liste aus den (x, y, z)-Koordinaten der Fläche (in Funktion der zwei
Parameter), dann zwei Listen mit den Parameternamen und ihren Anfangs- und Endwerten – und schließlich eventuell noch Optionen. Mit derselben Funktion können
auch *Raumkurven* gezeichnet werden, indem nur ein Parameter angegeben wird.

Unseren Torus erhalten wir durch:

```
In[2]:=  ParametricPlot3D[
           {
             Cos[phi1](r1 + r2 Cos[phi2]),
             Sin[phi1](r1 + r2 Cos[phi2]),
             r2 Sin[phi2]
           } // Evaluate,
           {phi1, 0, 2 Pi}, {phi2, 0, 2 Pi},
           Boxed -> False, Axes -> False
         ]
```

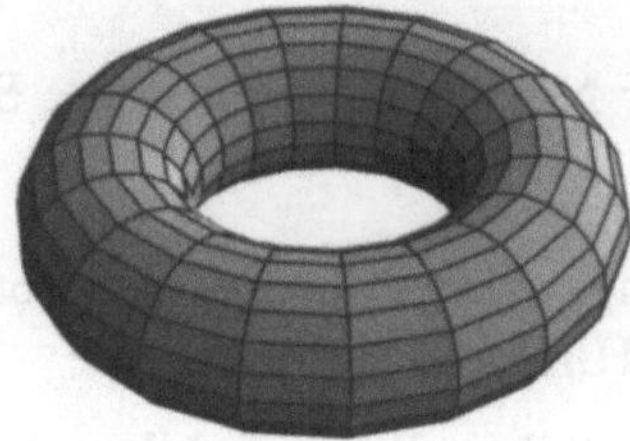

```
Out[2]=  -Graphics3D-
```

Mit den zwei veränderten Optionen haben wir dabei die Achsen und den umschreiben-
den Würfel unterdrückt.

Durch Entfernen der Gitterlinien kann die Fläche "nackt" dargestellt werden.

- In einer Notebook-Schnittstelle deaktiviert man dazu die Option **Show Lines** im **Graph**-
  Menü.

- Ohne den Komfort der Notebook-Schnittstelle ist es etwas umständlicher: Das Graphik-Objekt
  muß zusammen mit der Graphik-Anweisung `EdgeForm[ ]` nochmals gezeigt werden. (`Edge-`
  `Form[ ]` sorgt dafür, daß keine Kanten erscheinen.)

Die eigentlichen Graphikbefehle des obigen Bildes stehen in `%[[1]]`. Wenn wir ihnen die
Anweisung `EdgeForm[ ]` voranstellen, beides zu einer Liste zusammenfassen und diese wieder
in ein `Graphics3D`-Objekt verpacken, so können wir es uns mit `Show` zeigen lassen (siehe
Abschnitt 1.7.1).

```
In[3]:=  torus = Show[Graphics3D[{EdgeForm[], %[[1]]}],
           Boxed -> False]
```

```
Out[3]=  -Graphics3D-
```

Nun lesen wir die Definition der potentiellen Energie des rotierenden Doppelpendels aus dem letzten Abschnitt wieder ein.

```
In[4]:=   <<rotDoublePend.m;
```

Zuerst soll das Potential auf dem Konfigurationsraum visualisiert werden. Dazu färben wir den Torus entsprechend den Werten des Potentials ein. Dies geschieht durch Übergabe einer vierten Funktion (nach den Koordinaten), die eine Farbe oder eine Graustufe bezeichnet. Für omega = 0 läuft der Wertebereich von –2 bis 2. Wir erzeugen also einen Grauwert zwischen 0 und 1, indem wir 2 addieren und durch 4 dividieren. Mit der Option `Lighting -> False` schalten wir die "Raumbeleuchtung" aus, damit sie nicht mit der Einfärbung konkurriert.

```
In[5]:=   ParametricPlot3D[
            Evaluate[
              {
                Cos[phi1](r1 + r2 Cos[phi2]),
                Sin[phi1](r1 + r2 Cos[phi2]),
                r2 Sin[phi2],
                GrayLevel[(epEff + 2)/4]
              } /. {m -> 1, 1 -> 1, g -> 1, omega -> 0}
            ],
            {phi1, 0, 2Pi}, {phi2, 0, 2Pi},
            Lighting -> False
          ]
```

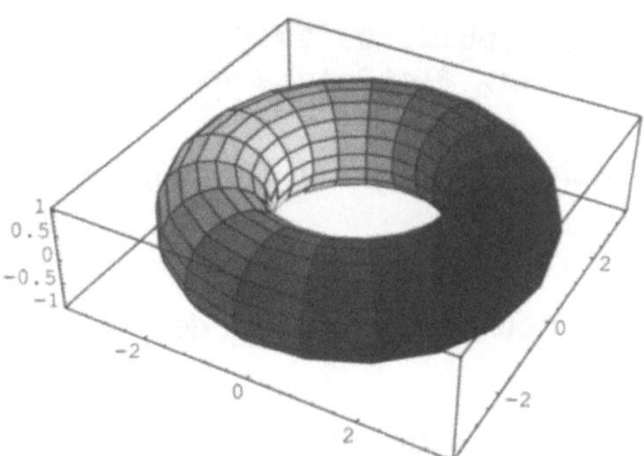

```
Out[5]=   -Graphics3D-
```

Das Minimum des Potentials entspricht dem schwärzesten Punkt rechts außen, das Maximum dem hellsten links innen.

Jetzt zeichnen wir analog dazu das Potential für die Rotationsgeschwindigkeit omega = 10. Damit das Bild übersichtlicher wird, stellen wir das Potentialniveau mit Farben statt Graustufen dar. Dazu ist die Funktion Hue nützlich (vergleiche mit

Tabelle 1-46). Falls man ihr *einen* Parameter übergibt, so wird das Intervall [0, 1] auf den Farbkreis abgebildet.

Also müssen wir uns zuerst überlegen, welche Werte das effektive Potential für omega = 10 annimmt. Hier hilft uns die Funktion FindMinimum, die numerisch lokale Minima ermittelt.

```
In[6]:=  FindMinimum[epEff /. {m -> 1, l -> 1, g -> 1, omega -> 10},
            {phi1, -2}, {phi2, -2}]

Out[6]=  {-133.341, {phi1 -> -1.56261, phi2 -> -1.5648}}

In[7]:=  FindMinimum[-epEff /. {m -> 1, l -> 1, g -> 1, omega -> 10},
            {phi1, Pi}, {phi2, Pi}]

Out[7]=  {-2., {phi1 -> 3.14159, phi2 -> 3.14159}}
```

Das Potential läuft also von –133.3 bis 2. Wenn wir 133.3 addieren und durch 135.3 dividieren, so wird sein Wertebereich gerade auf das gewünscht Intervall [0,1] reduziert. Damit das Maschennetz gleichmäßiger ist, verdreifachen wir die Anzahl Stützstellen für den ersten Winkel.

```
In[8]:=  ParametricPlot3D[
           Evaluate[
             {
               Cos[phi1](r1 + r2 Cos[phi2]),
               Sin[phi1](r1 + r2 Cos[phi2]),
               r2 Sin[phi2],
               Hue[(epEff + 133.3)/135.3]
             } /. {m -> 1, l -> 1, g -> 1, omega -> 10}
           ],
           {phi1, 0, 2Pi}, {phi2, 0, 2Pi},
           Lighting -> False, PlotPoints -> {45, 15}
         ]
```

Die hier unterdrückte Graphik ist als Farbbild 2 auf Seite I wiedergegeben.

```
Out[8]=  -Graphics3D-
```

Nun betrachten wir auch noch die *Bewegung* des Pendels. Sie entspricht einer Kurve auf dem Torus.

Um die Lagrange-Gleichungen analog zum Dreifachpendel (Abschnitt 1.5.2) aufstellen zu können, müssen wir in der Potentialfunktion statt der Winkel phi1 und phi2 wieder Funktionen der Zeit einsetzen – sonst ergeben sich Probleme bei den Ableitungen.

```
In[9]:=  epT = epEff /. {phi1 -> phi1[t], phi2 -> phi2[t]};
```

Die kinetische Energie im rotierenden System entspricht genau den ersten zwei Anteilen des Dreifachpendels (vergleiche Seite 87*f*).

```
In[10]:=   ek1 = (1/2) (m l^2 / 3) phi1'[t]^2;
```

```
In[11]:=   ek2 = (m l^2/2) *
               ((phi2'[t]^2/12) +
               (phi1'[t] Cos[phi1[t]] + phi2'[t] Cos[phi2[t]]/2)^2 +
               (phi1'[t] Sin[phi1[t]] + phi2'[t] Sin[phi2[t]]/2)^2
               );
```

```
In[12]:=   ek = ek1 + ek2;
```

So wird die Lagrange-Funktion:

```
In[13]:=   lag = ek - epT;
```

Die Bewegungsgleichungen (siehe Gleichung (1.7)) lauten:

```
In[14]:=   lagEquations =
             {
               D[D[lag, phi1'[t]], t] - D[lag, phi1[t]] == 0,
               D[D[lag, phi2'[t]], t] - D[lag, phi2[t]] == 0
             };
```

Wir definieren einen Vektor für die beiden Winkel und legen Anfangsbedingungen fest.

```
In[15]:=   angles = {phi1[t], phi2[t]};
```

```
In[16]:=   initials =
             {phi1[0] == 0, phi2[0] == 0,
              phi1'[0] == 0, phi2'[0] == 5};
```

Für die Parameter setzen wir folgende Werte ein:

```
In[17]:=   valueRule = {m -> 1, l -> 1, g -> 1, omega -> 0.5};
```

Daraus stellen wir die Gleichungen mit ihren Anfangsbedingungen zusammen

```
In[18]:=   lagEquInits = Flatten[{lagEquations, initials}] /.
             valueRule;
```

und lösen sie mit NDSolve.

♘   Die Simulation braucht etwas Zeit!

```
In[19]:=  NDSolve[lagEquInits, angles, {t, 0, 10}];

          NDSolve::mxst:
             Maximum number of steps reached at the point 8.73558.
```

Der Vorgabewert für die maximale Anzahl Schritte `MaxSteps` (500) war zu klein, also erhöhen wir sie auf 2000.

```
In[20]:=  lagSolRule = NDSolve[lagEquInits, angles, {t, 0, 10},
          MaxSteps -> 2000];
```

Diese Lösung können wir z.B. durch eine parametrische Graphik in der Ebene darstellen. Dazu verwenden wir die Funktion `ParametricPlot`. Im Gegensatz zu zwei normalen Graphen der Zeitentwicklung (für `phi1[t]` und `phi2[t]`) sehen wir hier beide Winkel in einem Bild – allerdings geht die Information über die Geschwindigkeiten verloren.

```
In[21]:=  ParametricPlot[Evaluate[angles /. lagSolRule],
          {t, 0, 10}, AxesLabel -> {"phi1", "phi2"}]
```

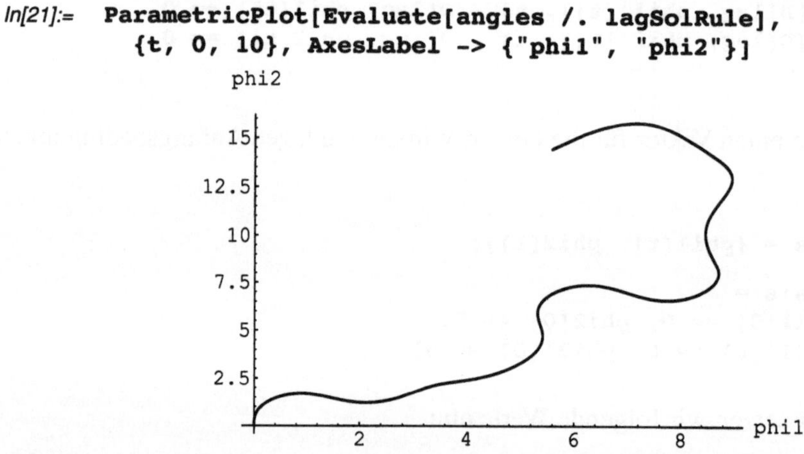


```
Out[21]= -Graphics-
```

Wie schon erwähnt, ist der Konfigurationsraum ein Torus. Im obigen Bild müßten also beide Winkel modulo 2π gerechnet werden. Um die Kurve auf dem Torus zu zeichnen, definieren wir vorerst Ausdrücke für die beiden Winkel (so wird die Sache übersichtlicher).

```
In[22]:=  phi1 = (phi1[t] /. lagSolRule[[1]]);

In[23]:=  phi2 = (phi2[t] /. lagSolRule[[1]]);
```

Nun bilden wir die Kurve auf den Torus ab, indem wir seine parametrische Darstellung von oben übernehmen.

```
In[24]:=  ParametricPlot3D[
            {
              Cos[phi1](r1 + r2 Cos[phi2]),
              Sin[phi1](r1 + r2 Cos[phi2]),
              r2 Sin[phi2]
            } // Evaluate,
            {t, 0, 10}]
```

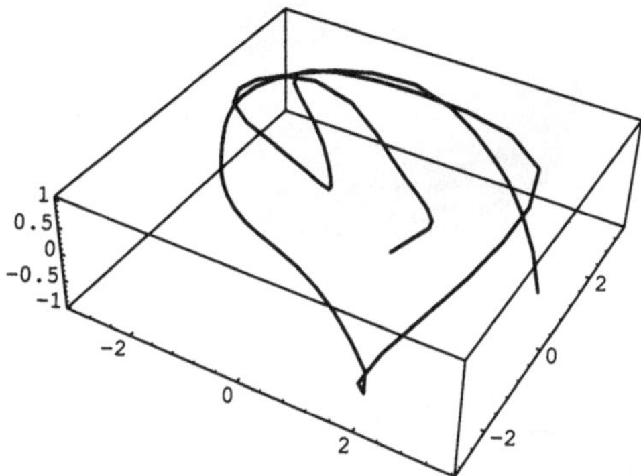

```
Out[24]=  -Graphics3D-
```

Dieses Bild ist etwas eckig. Wir zeichnen es deshalb nochmals, wobei wir mehr
Punkte berechnen lassen. Gleichzeitig vergrößern wir den Radius r2 leicht, um die
Kurve etwas über den Torus zu legen.

```
In[25]:=  sol = ParametricPlot3D[
            {
              Cos[phi1](r1 + (r2 + .1) Cos[phi2]),
              Sin[phi1](r1 + (r2 + .1) Cos[phi2]),
              (r2 + .1) Sin[phi2]
            } // Evaluate,
            {t, 0, 10}, PlotPoints -> 500]
```

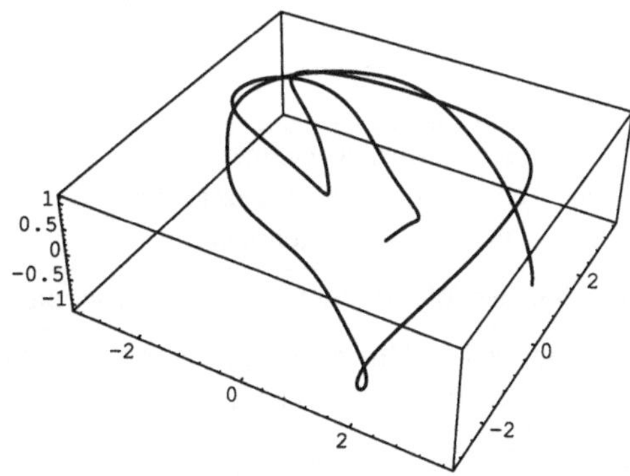

```
Out[25]=  -Graphics3D-
```

Nun können wir die Kurve und den Torus gemeinsam betrachten.

In[26]:= **Show[torus, sol, Boxed -> False, Axes -> False]**

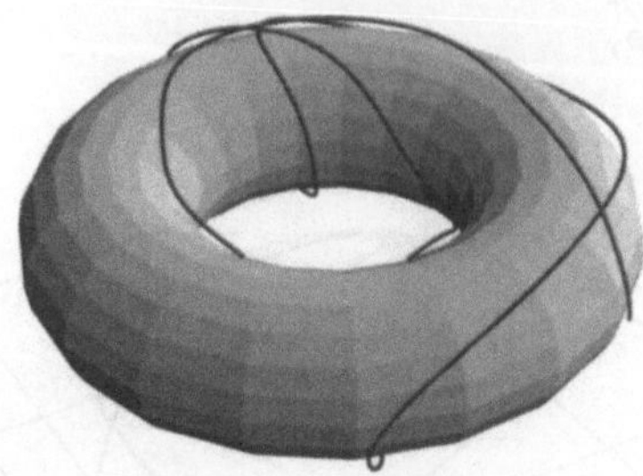

Out[26]= **-Graphics3D-**

☐ **Zusammenfassung**

Ausdruck	Bedeutung
ParametricPlot[$\{f_x,\ f_y\}$, $\{t,\ t_{min},\ t_{max}\}$]	parametrisch erzeugte Kurve in der Ebene
ParametricPlot3D[$\{f_x,\ f_y,\ f_z\}$, $\{t,\ t_{min},\ t_{max}\}$]	parametrisch erzeugte Kurve im Raum
ParametricPlot3D[$\{f_x,\ f_y,\ f_z\}$, $\{u,\ u_{min},\ u_{max}\}$, $\{v,\ v_{min},\ v_{max}\}$]	parametrisch erzeugte Fläche im Raum
ParametricPlot3D[$\{f_x,\ f_y,\ f_z,\ s\}$, $\{u,\ u_{min},\ u_{max}\}$, $\{v,\ v_{min},\ v_{max}\}$]	parametrisch erzeugte Fläche mit vorgegebener Farb- oder Grauwertfunktion s

Tabelle 1-47: Parametrische Graphiken

Option	Bedeutung
Axes	• True: Achsen werden gezeichnet; • False: Achsen werden nicht gezeichnet; • {False, True}: nur y-Achse etc.
Boxed	umschreibenden Würfel zeichnen (True) oder nicht (False)
Lighting	Beleuchtung bei dreidimensionalen Graphik-Funktionen (True schaltet ein, False schaltet aus)

Tabelle 1-48: Weitere Option von dreidimensionalen Graphiken

Graphik-Anweisung	Bedeutung
`EdgeForm[ ]`	in dreidimensionalen Graphiken keine Kante zeichnen

Tabelle 1-49: Graphik-Anweisung

Ausdruck	Bedeutung
`FindMinimum[`f`, {`x`, `x_0`}]`	ermittelt lokales Minimum von f, indem die Variable x bei x_0 startet
`FindMinimum[`f`, {`x`, {`x_0`, `x_1`}]}]`	zwei Startwerte
`FindMinimum[`f`, {`x`, `x_0`}, {`x`, `x_1`}, ...]`	lokales Minimum in mehreren Variablen

Tabelle 1-50: Lokale Minima von Funktionen

Option	Bedeutung
`MaxSteps`	Option von `NDSolve` zur Angabe der maximalen Anzahl Integrationsschritte (Vorgabewert: `500`)

Tabelle 1-51: Option von `NDSolve`

☐ Übungen

1. Zeichne einige Lissajous-Figuren!

2. Zeichne eine Kugeloberfläche!

3. Integriere und visualisiere die Bewegung des rotierenden Doppelpendels für andere Rotationsgeschwindigkeiten und Anfangsbedingungen!

4. Erzeuge das Umschlagbild!

   Es besteht aus einer Überlagerung der obigen Lösung für das rotierende Doppelpendel (siehe *In[20]:=*) und des auf dem Torus dargestellten zugehörigen Potentials.

■ 1.5.5 Daten-Graphiken: Zufallsgenerator

Zum Schluß dieses Kapitels wollen wir noch *diskrete Datensätze* zeichnen lernen. Diese können innerhalb von *Mathematica* erzeugt worden sein. Es ist aber auch möglich, Meß- oder andere externe Daten einzulesen und anschließend graphisch darzustellen.

Wir haben in Abschnitt 1.5.3 den Befehl `Table` zur Erstellung von Listen und Tabellen kennengelernt. Mit ihm und dem Zufallsgenerator `Random` (siehe Abschnitt 1.3.3) erzeugen wir einen Datensatz.

```
In[1]:=   data = Table[Sin[x] + Random[Real, {0, .1}], {x, 0, 6, .1}]

Out[1]=   {0.0587434, 0.179687, 0.233345, 0.347004, 0.407484,
           0.571715, 0.57067, 0.737767, 0.785113, 0.851357, 0.856253,
           0.896678, 1.02338, 0.998378, 1.00133, 1.0483, 1.07365,
           1.06268, 1.02884, 0.94784, 0.962626, 0.953137, 0.811545,
           0.837004, 0.731158, 0.664677, 0.596286, 0.511177,
           0.384793, 0.251304, 0.240244, 0.133076, 0.0075853,
           -0.112125, -0.222655, -0.330252, -0.361471, -0.503399,
           -0.517174, -0.615188, -0.676048, -0.742549, -0.797942,
           -0.896708, -0.888035, -0.967652, -0.963438, -0.99554,
           -0.991309, -0.89762, -0.922292, -0.837552, -0.840671,
           -0.810916, -0.715767, -0.682051, -0.548485, -0.466981,
           -0.439376, -0.367063, -0.213591}
```

Wir sind von einer Sinusfunktion ausgegangen und haben ihr ein "Rauschen" überlagert. Diese Daten legen wir mit dem Befehl `Save` (vergleiche mit Abschnitt 1.5.2) in einer Datei ab.

```
In[2]:=   Save["data-file.m", data]
```

In dieser Form lassen sich die Werte wieder einlesen:

```
In[3]:=   <<data-file.m;
```

Ein ähnlicher Datensatz könnte von einem Experiment oder aus einem anderen Programm stammen. Dann wäre er nicht so schön mit seinem Namen versehen und als Liste dargestellt, sondern die einzelnen Zahlen wären mit Tabulatoren, Zeilenschaltzeichen oder anderen Zeichen getrennt. In der Datei `raw-data-file.m` ist dies der Fall.

```
In[4]:=   !!raw-data-file.m

          0.0796992079824439641   0.178707711961948357
          0.2830460518433956467
             0.3739062229241107927   0.4766450587944032154
          0.5347970425969157563
             0.6430007733633298818   0.7098414663893140734
```

(Weitere Zahlen sind ausgeschnitten.)

Um diese Daten einzulesen, müssen wir die Funktion `ReadList` verwenden. In unserem Beispiel haben wir reelle Zahlen, die durch Tabulatoren getrennt sind. Also schreiben wir:

```
In[5]:=   expData = ReadList["raw-data-file.m",
          Real, RecordSeparators -> {"\t"}];
```

Die Funktion `ListPlot` erstellt davon eine Graphik.

```
In[6]:=   ListPlot[expData]
```

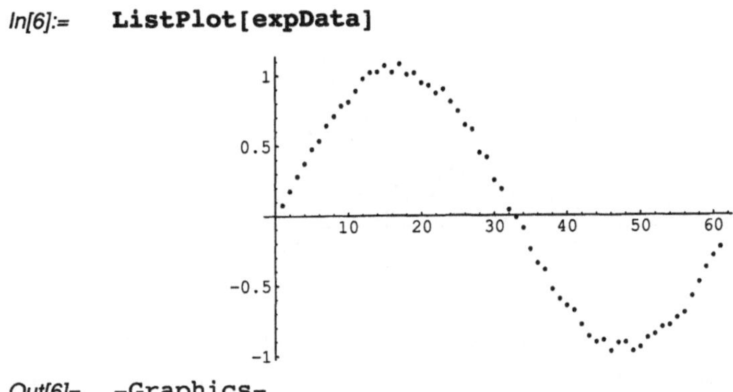

```
Out[6]=   -Graphics-
```

Falls wir die Punkte verbinden wollen, so muß die Option `PlotJoined -> True` gesetzt werden.

```
In[7]:=   ListPlot[expData, PlotJoined -> True]
```

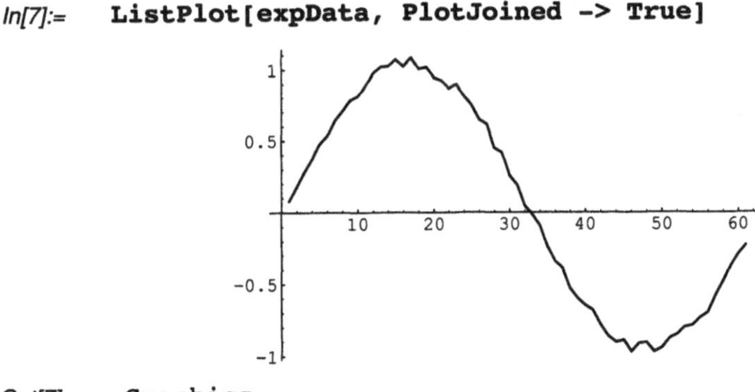

```
Out[7]=   -Graphics-
```

Die Abszisse entspricht hier der Stellung des entsprechenden Wertes in der Liste. Deshalb beginnt die Kurve bei eins. Wir könnten auch eine Liste von Paaren von (x, y) - Werten übergeben, um eine sinnvollere Skala zu erhalten. Darauf kommen wir in Abschnitt 1.6.4 zurück, nachdem wir etwas mehr Fertigkeit im Umgang mit Listen gewonnen haben.

Bei Bedarf lassen sich die Datenpunkte interpolieren. Dazu verwendet man die Funktion `Interpolation` (vergleiche mit Abschnitt 1.8.4).

Nun wollen wir mit Hilfe solcher Graphiken einen Eindruck von der Güte des *Mathematica*-Zufallsgenerators gewinnen.

In[8]:=   `ListPlot[Evaluate[Table[Random[], {100}]]]`

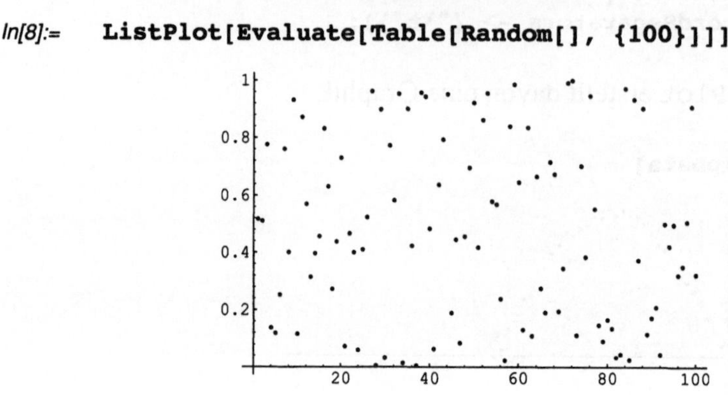

Out[8]=   `-Graphics-`

Wir könnten diese Liste verlängern – sie würde jedoch nicht viel aussagekräftiger. Es ist geschickter, *Paare* von Zufallszahlen darzustellen. Diese sollten bei wachsender Anzahl das Einheitsquadrat gleichmäßig und dicht auffüllen.

In[9]:=   `ListPlot[Evaluate[Table[{Random[], Random[]}, {100}]]]`

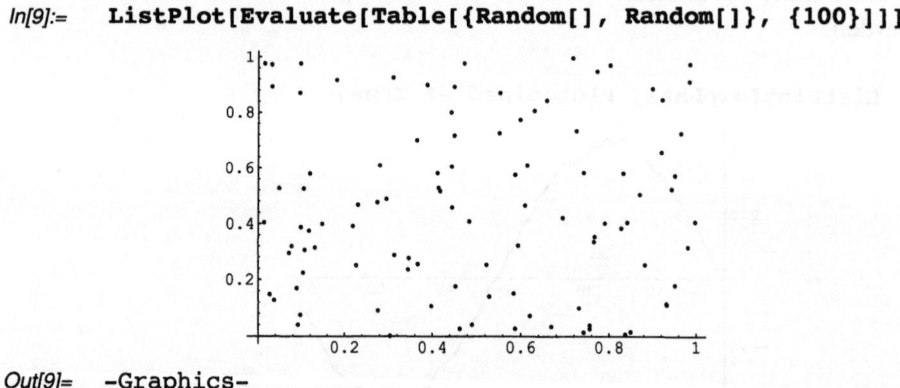

Out[9]=   `-Graphics-`

Das automatisch gewählte goldene Verhältnis von Länge zu Breite ist hier unglücklich. Mit `AspectRatio -> Automatic` wird es den Koordinaten entsprechend gesetzt.

```
In[10]:= ListPlot[Evaluate[Table[{Random[], Random[]}, {100}]],
            AspectRatio -> Automatic]
```

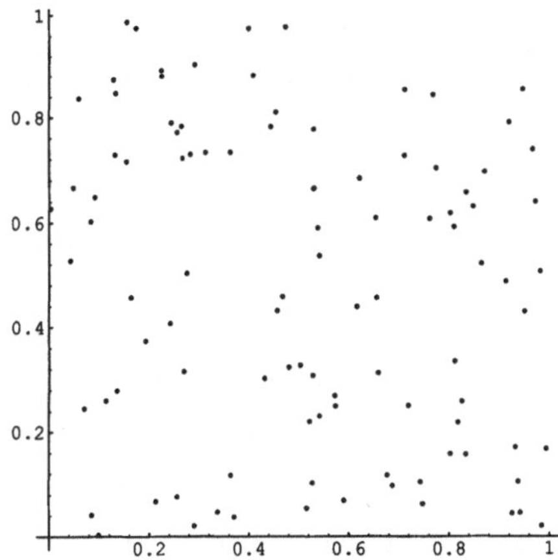

Out[10]= -Graphics-

Mit mehr Punkten erhalten wir ein dichteres Bild.

```
In[11]:= ListPlot[Evaluate[Table[{Random[], Random[]}, {10000}]],
            AspectRatio -> Automatic]
```

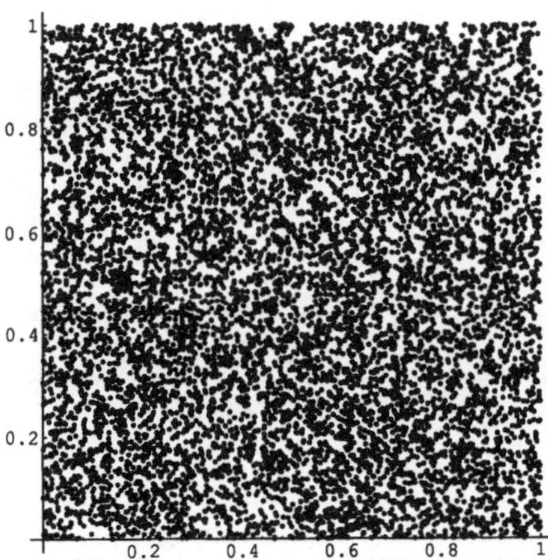

Out[11]= -Graphics-

Das sieht vertrauenserweckend aus: Es sind keine Strukturen erkennbar. (Ein Statistiker wird mit seinen feineren Mitteln sicher ein Haar in der Suppe finden.)

Für *dreidimensionale Daten-Graphiken* benutzt man die Funktionen `ListPlot3D`, `ListContourPlot` oder `ListDensityPlot`. Sie gehen davon aus, daß eine rechteckige Matrix mit den z-Werten (zu einem Gitter von (x, y)-Werten) gegeben ist. Falls dies nicht der Fall ist, so verwendet man am besten `ScatterPlot3D` oder `ListSurfacePlot3D` aus dem Standard-Paket `Graphics\`Graphics3D\``. Sie verarbeiten Tabellen von Tripeln aus (x, y, z)-Koordinaten, wobei die (x, y)-Werte nicht auf einem regelmäßigen Gitter liegen müssen.

□ Zusammenfassung

Ausdruck	Bedeutung
`ListPlot[{`y_1`, `y_2`, ...}]`	Graphik der y-Werte, wobei als x-Werte 1, 2, ... gewählt werden
`ListPlot[{{`x_1`, `y_1`}, {`x_2`, `y_2`}, ...}]`	Graphik der x-y-Werte
`ListPlot3D[{{`z_{11}`, `z_{12}`, ...}, {`z_{21}`, `z_{22}`, ...}, ...}]`	dreidimensionale Flächen-Graphik der in einer rechteckigen Matrix gegebenen z-Werte
`ListContourPlot[{{`z_{11}`, `z_{12}`, ...}, {`z_{21}`, `z_{22}`, ...}, ...}]`	Höhenlinien-Graphik der in einer rechteckigen Matrix gegebenen z-Werte
`ListDensityPlot[{{`z_{11}`, `z_{12}`, ...}, {`z_{21}`, `z_{22}`, ...}, ...}]`	Dichte-Graphik der in einer rechteckigen Matrix gegebenen z-Werte

Tabelle 1-52: Daten-Graphiken

Option	Bedeutung
`PlotJoined`	mit (`True`) oder ohne (`False`) Verbindung der Datenpunkte

Tabelle 1-53: Option von `ListPlot`

Ausdruck	Bedeutung
`ReadList["`*file*`"]`	liest alle verbleibenden Ausdrücke aus der Datei *file* ein
`ReadList["`*file*`", `*type*`]`	liest Daten von Typ *type* (`Real`, `Integer` etc.); erstellt davon eine Liste
`ReadList["`*file*`", {`*type*$_1$`, `*type*$_2$`, ...}]`	liest Daten von verschiedenen aufeinanderfolgenden Typen

Tabelle 1-54: Daten einlesen

Option	Beispiele	Bedeutung
`RecordSeparators`	`{"\n"}` `{"\t"}` `{{"<"},{">"}}`	• Zeilenschaltzeichen als Feldbegrenzung • Tabulator als Feldbegrenzung • Einträge der Form *<entry>*

Tabelle 1-55: Option von `ReadList`

Paket	Inhalt
`Graphics`Graphics3D``	weitere Hilfsmittel für dreidimensionale Graphiken, u.a. für flexible Daten-Graphiken

Tabelle 1-56: Hilfsmittel für dreidimensionale Graphiken

☐ Übungen

1. Erzeuge außerhalb von *Mathematica* einen Datensatz! Lies ihn in *Mathematica* ein und stelle ihn graphisch dar!

2. Erstelle eine Oberflächen-Graphik der Werte $y \bmod x$ (für $x, y = 1, \ldots, 20$)!

3. Erstelle eine Höhenlinien-Graphik der Werte $y \bmod x$ (für $x, y = 1, \ldots, 20$)!

4. Erstelle eine Dichte-Graphik der Werte $y \bmod x$ (für $x, y = 1, \ldots, 20$)!

◼ 1.6 Listenverarbeitung

Listen sind eine zentrale Struktur in *Mathematica*. Bisher haben wir sie verwendet, um Regeln zusammenzustellen (siehe z.B. Abschnitt 1.4.1) und Argumente von eingebauten Funktionen zu gruppieren (z.B. in Abschnitt 1.4.2). Wir haben auch bemerkt, daß Resultate, die aus mehreren Teilen bestehen (z.B. die Lösungen von Gleichungen), in Form von Listen dargestellt werden.

In diesem Kapitel studieren wir nun gründlicher die *Erzeugung, Darstellung* und *Manipulation von Listen*. Wir werden sie unter anderem benutzen, um mit Vektoren und Matrizen zu rechnen und so Probleme der *linearen Algebra* zu lösen.

◼ 1.6.1 Erzeugung und Darstellung von Listen

Es gibt verschiedene Arten, um Listen zu erzeugen und sie darzustellen. In diesem Abschnitt lernen wir die wichtigsten kennen.

☐ Erzeugung

Wir haben schon gesehen, daß Listen als (durch Kommas abgetrennte) Aufzählungen in geschweiften Klammern geschrieben werden können.

```
In[1]:=    {x, x^2, x^3, x^4, x^5}

Out[1]=    {x, x^2, x^3, x^4, x^5}
```

Dasselbe Resultat läßt sich aber auch mit einem `Table`-Befehl (vergleiche auch mit Abschnitt 1.5.3) erreichen.

```
In[2]:=    Table[x^n, {n, 5}]

Out[2]=    {x, x^2, x^3, x^4, x^5}
```

Die möglichen Formen für die Indexbereiche sind in Tabelle 1-58 zusammengestellt.

Oft braucht man Teile aus *arithmetischen Folgen*. Dazu verwenden wir die Funktion `Range`.

```
In[3]:=    Range[5]
Out[3]=    {1, 2, 3, 4, 5}
```

Range erlaubt auch die Angabe eines Anfangs- und Endwerts sowie einer Schritt-
weite.

```
In[4]:=   Range[.1, 1.1, .2]
Out[4]=   {0.1, 0.3, 0.5, 0.7, 0.9, 1.1}
```

□ Kontrolle über Ausgabeformate

Nun konstruieren wir die folgende Liste:

```
In[5]:=   nPi = Table[N[i Pi, j + 2i], {i, 1, 3}, {j, 2, 5}]
Out[5]=   {{3.142, 3.1416, 3.14159, 3.141593},
           {6.28319, 6.283185, 6.2831853, 6.28318531},
           {9.424778, 9.42477796, 9.424777961, 9.4247779608}}
```

Mit `TableForm` wird sie (in der Anzeige) als Tabelle dargestellt.

```
In[6]:=   TableForm[nPi]
Out[6]//TableForm=
          3.142       3.1416       3.14159       3.141593
          6.28319     6.283185     6.2831853     6.28318531
          9.424778    9.42477796   9.424777961   9.4247779608
```

Vielleicht sollen alle Kolonnen gleich breit sein. Dann verwenden wir `MatrixForm`.

```
In[7]:=   MatrixForm[nPi]
Out[7]//MatrixForm=
          3.142       3.1416       3.14159       3.141593
          6.28319     6.283185     6.2831853     6.28318531
          9.424778    9.42477796   9.424777961   9.4247779608
```

`TableForm` und `MatrixForm` kennen verschiedene Optionen. Mit `Table-
Headings` lassen sich z.B. die Zeilen und/oder Kolonnen beschriften.

```
In[8]:=   TableForm[nPi,
             TableHeadings -> {{" π:", "2π:", "3π:"}, None}]
Out[8]//TableForm=
           π:   3.142       3.1416       3.14159       3.141593
          2π:   6.28319     6.283185     6.2831853     6.28318531
          3π:   9.424778    9.42477796   9.424777961   9.4247779608
```

Der folgende Befehl zentriert die Kolonnen:

```
In[9]:=    TableForm[nPi,
              TableHeadings -> {{" π:", "2π:", "3π:"}, None},
              TableAlignments -> {Center, Center, Center}]
```
Out[9]//TableForm=

π:	3.142	3.1416	3.14159	3.141593
2π:	6.28319	6.283185	6.2831853	6.28318531
3π:	9.424778	9.42477796	9.424777961	9.4247779608

☐ Indizierte Größen

Die Funktion `Array` erzeugt allgemeine, indizierte Listen, die als *Vektoren*, *Matrizen* oder *Tensoren* gebraucht werden können. Als erstes Argument übergibt man den Variablennamen, als zweites die Länge und eventuell als drittes die Nummer des ersten Index. Es ist eine Konvention in *Mathematica*, daß Indizes in eckige Klammern gefaßt werden.

```
In[10]:=   Array[a, 5]
Out[10]=   {a[1], a[2], a[3], a[4], a[5]}
```

Eine Alternative dazu wäre:

```
In[11]:=   Table[a[i], {i, 5}]
Out[11]=   {a[1], a[2], a[3], a[4], a[5]}
```

Damit die Indizes bei null beginnen, schreibt man:

```
In[12]:=   Array[a, 5, 0]
Out[12]=   {a[0], a[1], a[2], a[3], a[4]}
```

oder für eine Matrix:

```
In[13]:=   Array[a, {3, 3}, 0] // MatrixForm
```
Out[13]//MatrixForm=

```
           a[0, 0]   a[0, 1]   a[0, 2]
           a[1, 0]   a[1, 1]   a[1, 2]
           a[2, 0]   a[2, 1]   a[2, 2]
```

Eine mit Indizes geschriebene Vektorfunktion des Parameters t wird in *Mathematica* normalerweise in der Form

```
In[14]:=   Table[a[i][t], {i, 3}]
Out[14]=   {a[1][t], a[2][t], a[3][t]}
```

dargestellt. Falls die Indizes als Parameter aufgefaßt werden, sollte man hingegen die Notation

```
In[15]:=  Table[a[i, t], {i, 3}]
Out[15]=  {a[1, t], a[2, t], a[3, t]}
```

wählen.

□ Zusammenfassung

Ausdruck	Bedeutung
`Table[`*expr, range*`]`	Tabelle, vergleiche Tabelle 1-58 für die möglichen Formen der Indexbereiche *range*

Tabelle 1-57: Tabellen

Indexbereich (*range*)	Bedeutung
$\{i_{max}\}$	i_{max} Kopien
$\{i,\ i_{max}\}$	$1, \ldots, i_{max}$
$\{i,\ i_{min},\ i_{max}\}$	$i_{min}, i_{min}+1, \ldots, i_{max}$
$\{i,\ i_{min},\ i_{max},\ di\}$	$i_{min}, i_{min}+di, \ldots, i_{max}$
$\{i,\ i_{min},\ i_{max}\},\ \{j,\ j_{min},\ j_{max}\},\ \ldots$	mehrdimensional; die äußerste Liste ist mit *i* assoziiert; alle obigen Formen sind in jeder Dimension möglich

Tabelle 1-58: Indexbereiche (*range*) in `Table`, `Sum` etc.

Ausdruck	Bedeutung
`Range[`*n*`]`	Liste $\{1, 2, \ldots, n\}$; arithmetische Folge
`Range[`$n_1,\ n_2$`]`	Liste $\{n_1,\ n_1+1, \ldots, n_2\}$
`Range[`$n_1,\ n_2,\ dn$`]`	Liste $\{n_1,\ n_1+dn, \ldots, n_2\}$
`Array[`*f, n*`]`	Liste mit Elementen $\{f[1], \ldots, f[n]\}$; indizierte Größe
`Array[`*f, n, origin*`]`	das erste Element ist *f*[*origin*]
`Array[`*f*, $\{n_1,\ n_2,\ \ldots\}$`]`	verschachtelte Liste mit Elementen $f[i_1, i_2, \ldots]$

Tabelle 1-59: Spezielle Listen

Ausdruck	Bedeutung
`TableForm[`*list*`]`	stellt eine Liste in Form einer Tabelle dar
`MatrixForm[`*list*`]`	stellt eine Liste als Matrix aus gleich großen Zellen dar

Tabelle 1-60: Darstellung von Tabellen, Listen und Matrizen

Option	Vorgabewert	Bedeutung
`TableAlignments`	`{Left, Bottom, Left, ...}`	Ausrichtung
`TableDepth`	`Infinity`	maximale Anzahl Ebenen
`TableDirections`	`{Column, Row, Column, ...}`	Abfolge in der Darstellung der Dimensionen
`TableHeadings`	`{None, None, ...}`	Titel
`TableSpacing`	`{1, 3, 0, 1, ...}`	Leerzeichen zwischen den Einträgen der Dimensionen

Tabelle 1-61: Optionen von `TableForm` und `MatrixForm`

☐ Übung

1. Erzeuge eine Tabelle der Dimension 3×3×3 und stelle sie übersichtlich dar!

■ 1.6.2 Operationen auf Listen, reine Funktionen

Wir untersuchen nun die Manipulation von Listen durch Anwendung von Funktionen. Die meisten eingebauten Funktionen mit einem einzigen Parameter lassen sich direkt elementweise auf Listen anwenden. Falls dies nicht möglich ist, so verwendet man mit Vorteil sogenannte *reine Funktionen*.

☐ Operationen auf Listen

Algebraische Operationen können direkt *elementweise* auf Listen ausgeführt werden.

```
In[1]:=   Exp[N[Range[0, 1, .2]]]
Out[1]=   {1, 1.2214, 1.49182, 1.82212, 2.22554, 2.71828}
```

Beachte, daß in dieser Zeile *zwei* Funktionen auf die Liste `Range[0, 1, .1]` angewendet wurden, nämlich zuerst `N`, um numerische Werte zu erhalten und dann `Exp`.

Dies gilt auch für Additionen und Multiplikationen (Matrixprodukte besprechen wir weiter unten, in Abschnitt 1.6.4).

```
In[2]:=    c Array[a, 2] Array[b, 2]
Out[2]=    {c a[1] b[1], c a[2] b[2]}
```

Technisch gesprochen, haben Funktionen, die sich automatisch auf Listen anwenden, das Attribut `Listable` (vergleiche mit Abschnitt 2.3.3).

Nun gibt es aber Funktionen, die sich nicht automatisch über Listen ziehen. Ein Beispiel dafür ist `Variables`. Sie liefert die Variablen eines Polynoms.

```
In[3]:=    Variables[x + y]
Out[3]=    {x, y}
```

Bei Listen gibt sie allerdings einfach alle in der Liste auftretenden Variablen an.

```
In[4]:=    v1 = {x + y, x, z};

In[5]:=    Variables[v1]
Out[5]=    {x, y, z}
```

Derartige Funktionen müssen explizit mit `Map` auf die Elemente von Listen abgebildet werden.

```
In[6]:=    Map[Variables, v1]
Out[6]=    {{x, y}, {x}, {z}}
```

Weil `Map` in der Programmierung sehr oft vorkommt, existiert dazu die Operatorschreibweise `/@`.

```
In[7]:=    Variables /@ v1
Out[7]=    {{x, y}, {x}, {z}}
```

□ Reine Funktionen

Oft möchte man eigene Funktionen auf Listen abbilden, z.B.:

```
In[8]:=    h[x_] := f[x] + g[x]

In[9]:=    v2 = Array[a, 3]
Out[9]=    {a[1], a[2], a[3]}

In[10]:=   h /@ v2
Out[10]=   {f[a[1]] + g[a[1]], f[a[2]] + g[a[2]], f[a[3]] + g[a[3]]}
```

Es ist umständlich, für jeden solchen Fall eigens eine Funktion zu definieren, die man nur braucht, um sie mit Map abzubilden. Deshalb erlaubt uns *Mathematica* die Konstruktion von sogenannten *reinen Funktionen*. Sie haben keinen Namen und dienen vor allem dazu, anderen *Mathematica*-Funktionen übergeben zu werden. Ihre Syntax ist Function[*x*, *body*], wobei zuerst die verwendete Variable (oder eine Liste von mehreren Variablen) und dann die Funktionsdefinition in diesen Variablen eingesetzt werden. Unser Beispiel kann damit vereinfacht werden:

```
In[11]:=  Function[x, f[x] + g[x]] /@ v2
Out[11]=  {f[a[1]] + g[a[1]], f[a[2]] + g[a[2]], f[a[3]] + g[a[3]]}
```

Eine *Kurzschreibweise* für reine Funktionen verwendet # für den formalen Parameter, dessen Name ja irrelevant ist (bzw. #1, #2, ... im Fall von mehreren Parametern). Dabei muß nur die Definition der Funktion aufgeschrieben und mit einem & abgeschlossen werden.

```
In[12]:=  f[#] + g[#]& /@ v2
Out[12]=  {f[a[1]] + g[a[1]], f[a[2]] + g[a[2]], f[a[3]] + g[a[3]]}
```

Die Schreibweisen Function[x, f[x] + g[x]] und f[#] + g[#]& sind völlig gleichwertig. Letztere reduziert die Funktion ganz auf ihren Inhalt. Sie rechtfertigt damit den Namen *reine Funktion*.

In Abschnitt 1.4.3 sind wir den reinen Funktionen als Resultate von DSolve und NDSolve schon begegnet.

□ Bewegungsgleichungen des Dreifachpendels

Mit diesen Hilfsmitteln können wir die Bewegungsgleichungen des Dreifachpendels (siehe Abschnitt 1.5.2) eleganter herleiten. Dazu führen wir zuerst die Winkel als indizierte Größen ein.

```
In[13]:=  vars = Table[phi[i][t], {i, 3}]
Out[13]=  {phi[1][t], phi[2][t], phi[3][t]}
```

Nun schreiben wir unsere alte Lagrangefunktion auf die neuen Variablen um.

```
In[14]:=  variableRule = {phi1 -> phi[1],
                          phi2 -> phi[2],
                          phi3 -> phi[3]};

In[15]:=  <<triplePendulum.m;

In[16]:=  lagNew = lag /. variableRule;
```

Beachte, daß wir `phi1` ersetzen und nicht etwa `phi1[t]`! Letzteres würde bei den Ableitungen nicht funktionieren. Dies ist analog zu den Lösungen von `DSolve` und `NDSolve` in Abschnitt 1.4.3!

Die Lagrange-Gleichungen berechnen sich durch Abbildung des Operators

```
D[D[lagNew, D[#, t]], t] - D[lagNew, #] == 0&
```

auf die Liste der Variablen.

In[17]:= `D[D[lagNew, D[#, t]], t] - D[lagNew, #] == 0& /@ vars;`

Das (lange) Resultat ist unterdrückt, weil es dem alten aus Abschnitt 1.5.2 entspricht.

Wir überzeugen uns davon, daß die Resultate wirklich identisch sind: Jede Gleichung kann als Liste mit zwei Elementen aufgefaßt werden (vergleiche mit Abschnitt 2.1.1). Im nächsten Abschnitt werden wir sehen, daß sich die Elemente von solchen verschachtelten Listen mit einem Ausdruck der Form *list*`[[`n_1`,` n_2`,` `...`]]` ansprechen lassen. Also entsprechen (für i=1, 2, 3) die Ausdrücke `%[[i, 1]]` den linken Seiten der neu berechneten Gleichungen und `lagEquations[[i, 1]]` denjenigen der alten (bei ihnen müssen noch die Winkel ersetzt werden). Die folgende Tabelle liefert die Differenzen dieser linken Seiten:

In[18]:= `Table[%[[i, 1]] - lagEquations[[i, 1]] /. variableRule,`
            `{i, 3}]`
Out[18]= `{0, 0, 0}`

Die rechten Seiten sind ohnehin null.

☐ Listen in Parameter verwandeln

Es kann auch vorkommen, daß man eine Liste benutzt, um die Argumente einer Funktion zusammenzustellen. Man möchte aber nicht die Liste selbst als *ein* Argument einsetzen, sondern deren einzelne Elemente als *mehrere* Argumente. Dies wird von der Funktion `Apply` besorgt.

In[19]:= `Apply[f, v2]`
Out[19]= `f[a[1], a[2], a[3]]`

Die Anwendung von `f` auf `v2` würde natürlich anders aussehen:

In[20]:= `f[v2]`
Out[20]= `f[{a[1], a[2], a[3]}]`

Auch für `Apply` gibt es eine Kurzschreibweise, und zwar:

```
In[21]:=    f @@ v2
Out[21]=    f[a[1], a[2], a[3]]
```

Als Anwendung davon können wir z.B. die Summe oder das Produkt der Elemente der Liste berechnen.

```
In[22]:=    Plus @@ v2
Out[22]=    a[1] + a[2] + a[3]

In[23]:=    Times @@ v2
Out[23]=    a[1] a[2] a[3]
```

Für diese Berechnungen gibt es allerdings auch schon eingebaute Funktionen.

```
In[24]:=    Sum[a[i], {i, 3}]
Out[24]=    a[1] + a[2] + a[3]

In[25]:=    Product[a[i], {i, 3}]
Out[25]=    a[1] a[2] a[3]
```

☐ Zusammenfassung

Ausdruck	Kurzform	Bedeutung
`Function[x, body]`		reine Funktion mit einem formalen Parameter x
`Function[{`x_1, x_2`, ...},` `body]`		reine Funktion mit mehreren formalen Parametern $x_1, x_2, \ldots$
`Function[body]`	*body*&	reine Funktion, deren formale Parameter mit # (oder #1, #2, ...) bezeichnet werden

Tabelle 1-62: Reine Funktionen

Ausdruck	Kurzform	Bedeutung
`Map[f, expr]`	f `/@` *expr*	wendet f auf jedes Element der obersten Ebene von *expr* an
`MapAll[f, expr]`	f `//@` *expr*	wendet f auf jeden Unterausdruck von *expr* an
`MapAt[f, expr, n]`		wendet f auf das Element an der Stelle n an (n kann auch eine Liste sein, zur Identifizierung der Stelle in einer verschachtelten Liste)
`MapThread[f, {{`a_1`, ...},` `{`b_1`, ...}, ...}]`		$\{f[a_1, b_1, \ldots], f[a_2, b_2, \ldots], \ldots\}$

Tabelle 1-63: Anwendung von Funktionen

Ausdruck	Kurzform	Bedeutung
`Apply[`*f*`, `*list*`]`	*f* `@@` *list*	setzt eine Liste *list* als Folge von Parametern in die Funktion *f* ein
`Apply[`*f*`, `*expr*`]`	*f* `@@` *expr*	ersetzt den Kopf von *expr* durch *f*
`Apply[`*f*`, `*expr*`, `*levelspec*`]`		ersetzt den Kopf von *expr* an der Stelle *levelspec* durch *f*
`Thread[`*f*`[`*args*`]]`		zieht *f* über Listen, die in *args* erscheinen
`Operate[`*p*`, `*f*`[`*x*`, `*y*`]]`		$p[f][x, y]$
`Through[`*p*`[`f_1`, `f_2`][`*x*`]]`		$p[f_1[x], f_2[x]]$

Tabelle 1-63: Anwendung von Funktionen

Ausdruck	Bedeutung
`Sum[`*expr*`, `*range*`]`	Summe (Indexbereiche analog zu `Table`, siehe Tabelle 1-58)
`Product[`*expr*`, `*range*`]`	Produkt (Indexbereiche analog zu `Table`, siehe Tabelle 1-58)

Tabelle 1-64: Summen und Produkte

Ausdruck	Bedeutung
`Variables[`*poly*`]`	Liste der Variablen eines Polynoms

Tabelle 1-65: Variablen von Polynomen

□ Übungen

1. Erzeuge auf mindestens zwei verschiedene Arten eine Tabelle der natürlichen Logarithmen der ganzen Zahlen von eins bis zehn!

2. Erstelle, unter Verwendung von reinen Funktionen, eine Tabelle der Ableitungen von

$$f(x, y, z) = x^{y^z}$$

nach x, y und z!

3. Finde mindestens drei verschiedene Varianten, um die Summe der ganzen Quadratzahlen von 1 bis 10000 zu berechnen. Vergleiche deren Rechenzeiten!

■ 1.6.3 Listen-Manipulation: Kreuzprodukt

In diesem Abschnitt lernen wir verschiedene Funktionen zur *Manipulation* von Listen kennen. Wir werden sie z.B. bei der Graphik-Programmierung (Kapitel 1.7) intensiv anwenden.

□ Teile von Listen

Die folgende Liste sei unser Übungsobjekt:

```
In[1]:=    aList = Table[Exp[i], {i, 5}];
```

Wie wir schon in Abschnitt 1.4.1 gesehen haben, können wir ihr zweites Element mit `aList[[2]]` ansprechen. In ausführlicher Schreibweise heißt das:

```
In[2]:=    Part[aList, 2]
```

$$Out[2]=\ E^2$$

Man kann aber auch von hinten zu zählen beginnen

```
In[3]:=    aList[[-3]]
```

$$Out[3]=\ E^3$$

oder eine Liste von ausgewählten Elementen zusammenstellen:

```
In[4]:=    aList[[Range[3]]]
```

$$Out[4]=\ \{E,\ E^2,\ E^3\}$$

Eine Alternative dazu ist die Funktion **Take**; sie zieht die angegebene Anzahl Elemente heraus.

```
In[5]:=    Take[aList, 3]
```

$$Out[5]=\ \{E,\ E^2,\ E^3\}$$

Das erste Element läßt sich mit **Rest** wegwerfen.

```
In[6]:=    Rest[aList]
```

$$Out[6]=\ \{E^2,\ E^3,\ E^4,\ E^5\}$$

Drop streicht mehrere Elemente weg.

```
In[7]:=   Drop[aList, {2, 4}]

Out[7]=   {E, E }
```
$$Out[7]= \{E, E^5\}$$

Bei *verschachtelten* Listen spricht man die Elemente durch Angabe ihrer Positionen auf den verschiedenen Verschachtelungsstufen an.

```
In[8]:=   Array[a, {2, 2}]

Out[8]=   {{a[1, 1], a[1, 2]}, {a[2, 1], a[2, 2]}}

In[9]:=   %[[2, 1]]

Out[9]=   a[2, 1]
```

☐ Veränderung von Listen

Mit `Append` und `Prepend` werden Listen hinten und vorne durch neue Elemente erweitert.

```
In[10]:=   Append[aList, Exp[6]]
```
$$Out[10]= \{E, E^2, E^3, E^4, E^5, E^6\}$$

```
In[11]:=   Prepend[aList, Exp[0]]
```
$$Out[11]= \{1, E, E^2, E^3, E^4, E^5\}$$

Die Funktion `Insert` fügt an einer gewünschten Stelle ein Element ein.

```
In[12]:=   Insert[aList, Exp[5/2], 3]
```
$$Out[12]= \{E, E^2, E^{5/2}, E^3, E^4, E^5\}$$

Mit `Delete` entfernen wir ausgewählte Elemente.

```
In[13]:=   Delete[%, 3]
```
$$Out[13]= \{E, E^2, E^3, E^4, E^5\}$$

Die Funktion `ReplacePart` ersetzt Elemente oder Teile von Listen.

```
In[14]:=   ReplacePart[aList, Exp[3.], 3]
```
$$Out[14]= \{E, E^2, 20.0855, E^4, E^5\}$$

☐ Verbindung von Listen

Zwei oder mehrere Listen werden mit der Funktion `Join` verbunden.

```
In[15]:=  Join[aList, {a, b, c}]
Out[15]=  {E, E^2, E^3, E^4, E^5, a, b, c}
```

`Join` läßt sich sehr schön in Infix-Notation (vergleiche Tabelle 1-6 auf Seite 22) schreiben.

```
In[16]:=  {a, b, c} ~ Join ~ aList
Out[16]=  {a, b, c, E, E^2, E^3, E^4, E^5}
```

Die Funktionen `Union`, `Intersection` und `Complement` operieren auf Listen, indem diese als Mengen aufgefaßt werden.

```
In[17]:=  Union[{a, b, c}, {b, c, d}]
Out[17]=  {a, b, c, d}

In[18]:=  Intersection[{a, b, c}, {b, c, d}]
Out[18]=  {b, c}

In[19]:=  Complement[{a, b, c}, {b}]
Out[19]=  {a, c}
```

☐ Umstellung von Listen

Für das Sortieren existiert auch schon eine Funktion, nämlich `Sort`.

```
In[20]:=  Sort[{f, b, g, e, 1, f}]
Out[20]=  {1, b, e, f, f, g}
```

`Union` kann benutzt werden, um mehrfach vorkommende Elemente zu eliminieren.

```
In[21]:=  Union[%]
Out[21]=  {1, b, e, f, g}
```

`Reverse` invertiert die Reihenfolge.

```
In[22]:=  Reverse[aList]
Out[22]=  {E^5, E^4, E^3, E^2, E}
```

Schließlich können Listen auch zyklisch permutiert werden.

```
In[23]:=  RotateRight[aList]
```
$$Out[23]= \{E^5, E, E^2, E^3, E^4\}$$

```
In[24]:=  RotateLeft[aList, 3]
```
$$Out[24]= \{E^4, E^5, E, E^2, E^3\}$$

☐ Kreuzprodukt

Nun wollen wir unsere Kenntnisse anwenden, um eine Funktion cross zu definieren, die das Kreuzprodukt von zwei Vektoren der Länge drei berechnet. Es soll uns nicht stören, daß im Standard-Paket LinearAlgebra`CrossProduct` eine solche Funktion (namens Cross) schon vorhanden ist. Unsere Version wird schneller sein.

Die naive Implementierung besteht aus der Anwendung der bekannten Formel:

```
In[25]:=  crossNaive[u_, v_] :=
              {
                u[[2]] v[[3]] - u[[3]] v[[2]],
                u[[3]] v[[1]] - u[[1]] v[[3]],
                u[[1]] v[[2]] - u[[2]] v[[1]]
              }

In[26]:=  u = {x1, y1, z1}; v = {x2, y2, z2};

In[27]:=  crossNaive[u, v]
Out[27]= {-(y2 z1) + y1 z2, x2 z1 - x1 z2, -(x2 y1) + x1 y2}
```

Was geschieht, wenn wir keine Vektoren, sondern andere Objekte als Parameter in diese Funktion einsetzen?

```
In[28]:=  crossNaive[a, b]
          Part::partd:
              Part specification a[[2]]
                is longer than depth of object.

          Part::partd:
              Part specification b[[3]]
                is longer than depth of object.

          Part::partd:
              Part specification a[[3]]
                is longer than depth of object.
```

```
General::stop:
    Further output of Part::partd
    will be suppressed during this calculation.
```
Out[28]= {-(a[[3]] b[[2]]) + a[[2]] b[[3]],
            a[[3]] b[[1]] - a[[1]] b[[3]],
            -(a[[2]] b[[1]]) + a[[1]] b[[2]]}

Solche Fehlermeldungen machen für einen Benutzer, der die Funktion nicht selbst geschrieben hat, keinen Sinn und müssen vermieden werden. Die Funktion sollte nur für *Vektoren der Länge drei* ansprechen. Dazu stellen wir der Funktionsdefinition die entsprechenden Bedingungen nach. Die *Mathematica*-Syntax dazu ist ein /; und anschließend ein logischer Ausdruck. Falls dieser True ergibt, so wird die Funktion ausgewertet, andernfalls nicht.

VectorQ testet, ob wirklich ein Vektor vorliegt.

In[29]:= **VectorQ[Sin[x]]**

Out[29]= False

In[30]:= **VectorQ[{a, b}]**

Out[30]= True

Die Kontrolle der Länge drei können wir als Gleichung formulieren. Mit diesen Bedingungen sieht das Kreuzprodukt folgendermaßen aus:

In[31]= **crossFormula[u_, v_] :=**
           {u[[2]] v[[3]] - u[[3]] v[[2]],
           u[[3]] v[[1]] - u[[1]] v[[3]],
           u[[1]] v[[2]] - u[[2]] v[[1]]} /;
           VectorQ[u] && VectorQ[v] &&
           Length[u] == 3 && Length[v] == 3

Nun wird bei sinnlosen Eingaben nicht mehr weitergerechnet.

In[32]:= **crossFormula[a, b]**

Out[32]= crossFormula[a, b]

Das Kreuzprodukt enthält Ausdrücke, die durch zyklische Vertauschungen entstehen. Der erste Summand in jeder Komponente entsteht aus dem Produkt einer Komponente des ersten Vektors mit der (zyklisch) nächsten Komponente des zweiten Vektors. Solche zyklischen Vertauschungen sind in den Funktionen RotateRight und RotateLeft viel effizienter als durch direkten Zugriff auf die Elemente implementiert.

Eine richtige Zusammensetzung von Rotationen haben wir in:

```
In[33]:=  RotateLeft[u RotateLeft[v] - RotateLeft[u] v]
Out[33]=  {-(y2 z1) + y1 z2, x2 z1 - x1 z2, -(x2 y1) + x1 y2}
```

Also definieren wir:

```
In[34]:=  cross[u_, v_] :=
            RotateLeft[u RotateLeft[v] - RotateLeft[u] v] /;
            VectorQ[u] && VectorQ[v] &&
            Length[u] == 3 && Length[v] == 3
```

Auf diese Weise wird die Rechnung gesamthaft etwas schneller.

```
In[35]:=  u = {x1, y1, z1}; v = {x2, y2, z2};

In[36]:=  crossFormula[u, v] // Timing

Out[36]=  {0.283333 Second, {-(y2 z1) + y1 z2, x2 z1 - x1 z2,
            -(x2 y1) + x1 y2}}

In[37]:=  u = {x1, y1, z1}; v = {x2, y2, z2};

In[38]:=  cross[u, v] // Timing

Out[38]=  {0.25 Second, {-(y2 z1) + y1 z2, x2 z1 - x1 z2,
            -(x2 y1) + x1 y2}}
```

Um reproduzierbare Rechenzeiten zu erhalten, müssen wir die Vektoren u und v jedesmal wieder neu definieren.

Bemerkenswerterweise ist die Funktion `Cross` aus dem Paket `LinearAlgebra`CrossProduct`` langsamer als unsere beiden Versionen!

```
In[39]:=  <<LinearAlgebra`CrossProduct`

In[40]:=  u = {x1, y1, z1}; v = {x2, y2, z2};

In[41]:=  Cross[u, v] // Timing

Out[41]=  {0.983333 Second, {-(y2 z1) + y1 z2, x2 z1 - x1 z2,
            -(x2 y1) + x1 y2}}
```

☐ Bemerkung zur Effizienz von Listenoperationen

Es ist empfehlenswert, wo immer möglich, Listen sofort in ihrer vollen Länge zu erstellen. Wir erhalten z.B. mit `Table[a, {500}]` einen aus 500 Elementen a bestehenden Vektor. Betrachten wir den Zeitaufwand für diese Rechnung!

```
In[42]:=  direct = Table[a, {500}]; // Timing

Out[42]=  {0.0333333 Second, Null}
```

Dasselbe erreichen wir auch, indem wir mit einer leeren Liste beginnen und sukzessive Elemente anhängen. Dazu erzeugen wir mit Do (vergleiche mit Abschnitt 2.4.3) in der folgenden Weise eine Schlaufe:

```
In[43]:=  appended = {};

In[44]:=  Do[appended = Append[appended, a], {500}]; // Timing
Out[44]=  {3.6 Second, Null}
```

Die resultierenden Listen sind gleich:

```
In[45]:=  Shallow[{appended, direct}]
Out[45]//Shallow=
        {{a, a, a, a, a, a, a, a, a, a, <<490>>},
         {a, a, a, a, a, a, a, a, a, a, <<490>>}}
```

Der Zeitaufwand ist aber bei der zweiten Version dramatisch viel größer. Dies liegt daran, daß für jedes neue Element die Datenstruktur der Liste verändert werden muß.

☐ Zusammenfassung

- Append, Prepend etc. sollten wenn möglich umgangen werden. Es ist effizienter, Listen in einem Zug in ihrer vollen Länge zu konstruieren.

Ausdruck	Bedeutung
$expr_1$ /; $expr_2$	$expr_1$ auswerten, falls $expr_2$ True liefert

Tabelle 1-66: Auswertung unter einer Bedingung

Ausdruck	Bedeutung
First[*list*]	erstes Element
Last[*list*]	letztes Element
Part[*list*, *n*] *list*[[*n*]]	*n*-tes Element
Part[*list*, -*n*] *list*[[-*n*]]	*n*-tes Element von hinten
Part[*list*, {n_1, n_2, ...}] *list*[[{n_1, n_2, ...}]]	Liste der gewünschten Elemente, z.B.: *list*[[Range[*n*, *m*]]]
Part[*list*, n_1, n_2, ...] *list*[[n_1, n_2, ...]]	Element in einer verschachtelten Liste
Take[*list*, *n*]	Liste der ersten *n* Elemente

Tabelle 1-67: Listen-Manipulationen

Ausdruck	Bedeutung
`Take[`*list*`, -`*n*`]`	Liste der letzten *n* Elemente
`Take[`*list*`, {`*m*`, `*n*`}]`	Elemente von Nummer *m* bis Nummer *n*
`Rest[`*list*`]`	erstes Element entfernen
`Drop[`*list*`, `*n*`]`	erste *n* Elemente entfernen
`Drop[`*list*`, -`*n*`]`	letzte *n* Elemente entfernen
`Drop[`*list*`, {`*m*`, `*n*`}]`	Elemente von Nummer *m* bis Nummer *n* entfernen
`Append[`*list*`, `*element*`]`	ein Element hinten anfügen
`Prepend[`*list*`, `*element*`]`	ein Element vorne anfügen
`Insert[`*list*`, `*element*`, `*n*`]`	ein Element an der Stelle *n* (von vorn) anfügen
`Insert[`*list*`, `*element*`, -`*n*`]`	ein Element an der Stelle *n* (von hinten) anfügen
`Delete[`*list*`, `*element*`, `*n*`]` etc.	das Element an der Stelle *n* (von vorn) wegstreichen
`ReplacePart[`*list*`, `*element*`, `*n*`]`	*n*-tes Element durch *element* ersetzen
`ReplacePart[`*list*`, `*element*`, {$n_1$, $n_2$, ...}]`	Element an der Stelle $\{n_1, n_2, ...\}$ einer verschachtelten Liste ersetzen
`Join[`*list*$_1$`, `*list*$_2$`]`	Verbindung von Listen
`Union[`*list*$_1$`, `*list*$_2$`]`	Vereinigung von Listen (Mengen)
`Intersection[`*list*$_1$`, `*list*$_2$`]`	Durchschnitt von Listen (Mengen)
`Complement[`*universal*`, `*list*$_1$`, ...]`	Komplement von Listen (Mengen) bezüglich *universal*
`Sort[`*list*`]`	sortieren
`Reverse[`*list*`]`	Reihenfolge umkehren
`RotateRight[`*list*`]`	permutiert Listenelemente um ein Element zyklisch nach rechts
`RotateRight[`*list*`, `*n*`]`	verschiebt um *n* Elemente zyklisch nach rechts
`RotateLeft[`*list*`]`	verschiebt Listenelemente um ein Element zyklisch nach links
`RotateLeft[`*list*`, `*n*`]`	verschiebt um *n* Elemente zyklisch nach links
`Length[`*expr*`]`	Anzahl Elemente von *expr*
`Flatten[`*list*`]`	drückt eine verschachtelte Liste flach, d.h.: die inneren Klammern werden entfernt
`Flatten[`*list*`, `*n*`]`	bis zur Ebene *n* flachdrücken
`Partition[`*list*`, `*n*`]`	Partition in Unterlisten der Länge *n*
`Partition[`*list*`, `*n*`, `*d*`]`	die Unterlisten sind um *d* verschoben

Tabelle 1-67: Listen-Manipulationen

Ausdruck	Bedeutung
`VectorQ[`*expr*`]`	liefert `True`, falls *expr* ein Vektor ist, ansonsten `False`

Tabelle 1-68: Test für Vektoren

☐ Übungen

1. Erstelle mit

   ```
   t = Table[i+j, {i, 10}, {j, Random[Integer, {1, 10}]}];
   ```

   eine verschachtelte Liste mit Unterlisten von unterschiedlicher Länge. Bestimme auf elegante Art diese Längen und stelle sie in Form einer Liste dar!

2. Rotiere jede Unterliste in `t` (siehe Aufgabe 1) um zwei Elemente nach rechts! Gesucht ist vor allem die eleganteste Lösung durch Anwendung einer reinen Funktion.

3. Betrachte eine Abbildung $f: \mathbf{R}^n \to \mathbf{R}^m$. Sie sei beschrieben durch ihre Koordinatenfunktionen $f_i\,(x_1, \ldots, x_n)$, $i = 1, \ldots, m$.

   Definiere eine *Mathematica*-Funktion, welche die Jacobi-Matrix von f

   $$\left[\frac{df_i}{dx_j}\right]_{(i = 1, \ldots, m; \; j = 1, \ldots, n)}$$

   an einer vorgegebenen Stelle berechnet!

   Sorge dafür, daß nur sinnvolle Argumente akzeptiert werden!

   Beachte erst am Schluß die elegante Lösung im nächsten Abschnitt!

■ 1.6.4 Vektoren, Matrizen, Tensoren: Jacobi-Matrix

In mathematischen Anwendungen werden Listen zur Darstellung von *Vektoren*, *Matrizen* und *Tensoren* verwendet. Mit ihnen wollen wir jetzt rechnen lernen.

☐ Vordefinierte Matrizen und Funktionen

Einheits- und *Diagonalmatrizen* lassen sich einfach erzeugen.

```
In[1]:=  id = IdentityMatrix[3]
Out[1]=  {{1, 0, 0}, {0, 1, 0}, {0, 0, 1}}
```

```
In[2]:=   diag = DiagonalMatrix[{a, b, c}]
Out[2]=   {{a, 0, 0}, {0, b, 0}, {0, 0, c}}
```

Natürlich sind auch die üblichen Matrixfunktionen (*Determinante, Transposition, Inversion, Matrix-Potenzierung* und *Matrix-Exponentialfunktion*) eingebaut.

```
In[3]:=   m = {{a, b}, {c, d}}
Out[3]=   {{a, b}, {c, d}}

In[4]:=   Det[m]
Out[4]=   -(b c) + a d

In[5]:=   Transpose[m]
Out[5]=   {{a, c}, {b, d}}

In[6]:=   Inverse[m]
```

$$Out[6]= \left\{\left\{\frac{d}{-(b\,c) + a\,d}, -\left(\frac{b}{-(b\,c) + a\,d}\right)\right\}, \left\{-\left(\frac{c}{-(b\,c) + a\,d}\right), \frac{a}{-(b\,c) + a\,d}\right\}\right\}$$

```
In[7]:=   MatrixPower[m, 2]
```

$$Out[7]= \{\{a^2 + b\,c,\ a\,b + b\,d\}, \{a\,c + c\,d,\ b\,c + d^2\}\}$$

```
In[8]:=   MatrixExp[{{a, b}, {b, a}}]
```

$$Out[8]= \left\{\left\{\frac{E^{a-b}(1 + E^{2b})}{2},\ \frac{E^{a-b}(-1 + E^{2b})}{2}\right\},\right.$$
$$\left.\left\{\frac{E^{a-b}(-1 + E^{2b})}{2},\ \frac{E^{a-b}(1 + E^{2b})}{2}\right\}\right\}$$

☐ Skalierte Daten-Graphiken

Die Funktion `Transpose` hat übrigens bei Listenmanipulationen einen Nutzen, der gerne übersehen wird: Jeder intensive *Mathematica*-Benutzer steht früher oder später vor dem Problem, aus zwei gleich langen Listen eine Liste der sich entsprechenden Paare zu erzeugen, z.B. um aus Meßdaten richtig skalierte Graphiken zu erstellen (vergleiche mit Abschnitt 1.5.5).

Als Illustration lesen wir Meßdaten ein und erzeugen eine Liste für die zugehörigen Zeitpunkte.

```
In[9]:=   (expData = ReadList["raw-data-file.m",
            Real, RecordSeparators -> {"\t"}]) // Short
Out[9]//Short=
          {0.0796992079824443964, <<59>>, -0.23067<<10>>5809}
```

```
In[10]:=  (timeValues = Range[0, 6, .1]) // Short
Out[10]//Short=
        {0, 0.1, 0.2, 0.3, 0.4, 0.5, <<52>>, 5.8, 5.9, 6.}
```

Nun haben wir zwei gleich lange Listen, sollten sie aber, zur Verwendung in `List-Plot`, in eine *Liste von Paaren* verwandeln. Die Lösung ist sehr einfach: Wir erstellen aus den beiden Listen eine Tabelle und transponieren sie.

```
In[11]:=  Transpose[{timeValues, expData}] // Short
Out[11]//Short
        {{0, 0.0796992079824443964}, <<59>>, {6., -0<<19>>9}}
```

Damit liefert `ListPlot` auf der Zeitachse die physikalisch richtige Skalierung (vergleiche mit *Out[6]=* auf Seite 123).

```
In[12]:=  ListPlot[%]
```

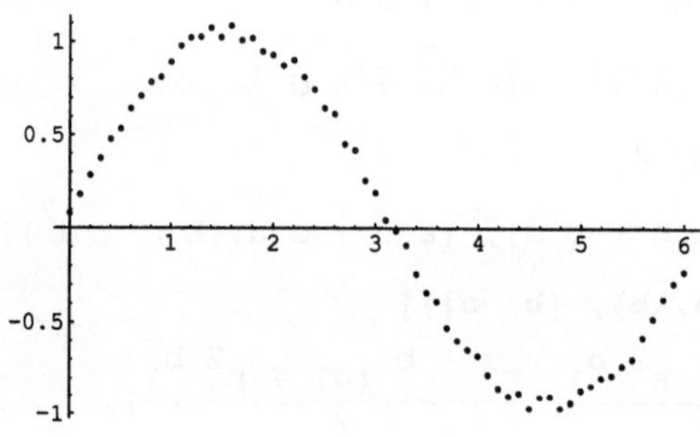

```
Out[12]=  -Graphics-
```

☐ Produkte: Jacobi-Matrix

Das Produkt mit einem *Skalar* haben wir schon kennengelernt.

```
In[13]:=  a Array[x, 3]
Out[13]=  {a x[1], a x[2], a x[3]}
```

Natürlich kann auch das *Matrixprodukt* berechnet werden. Es wird mit dem Operator . geschrieben.

```
In[14]:=  diag . Array[x, {3, 3}]
Out[14]=  {{a x[1, 1], a x[1, 2], a x[1, 3]},
          {b x[2, 1], b x[2, 2], b x[2, 3]},
          {c x[3, 1], c x[3, 2], c x[3, 3]}}
```

Mathematica summiert automatisch über den letzten Index des ersten Arguments und den ersten des zweiten. So muß nicht zwischen Kolonnen- und Zeilenvektoren unterschieden werden. Deshalb können wir (ohne Transposition) das *Skalarprodukt* als Matrixprodukt berechnen.

```
In[15]:=  Array[x, 3] . Array[y, 3]
Out[15]=  x[1] y[1] + x[2] y[2] + x[3] y[3]
```

Die Funktion `Outer` definiert ein (verallgemeinertes) *äußeres Produkt*. Dabei wird z.B. aus zwei Vektoren eine Matrix erzeugt.

```
In[16]:=  Outer[Times, Array[x, 2], Array[y, 2]] // MatrixForm
Out[16]//MatrixForm=
        x[1] y[1]    x[1] y[2]
        x[2] y[1]    x[2] y[2]
```

Interessant ist hier, daß statt des Produktes `Times` auch beliebige Funktionen eingesetzt werden können.

```
In[17]:=  Outer[f, Array[x, 2], Array[y, 2]] // MatrixForm
Out[17]//MatrixForm=
        f[x[1], y[1]]    f[x[1], y[2]]
        f[x[2], y[1]]    f[x[2], y[2]]
```

Diese Eigenschaft benutzen wir, um die *Jacobi-Matrix* einer Abbildung zu berechnen (vergleiche mit der Übungsaufgabe 3, Seite 146). Eine umständliche Programmierung davon sieht z.B. so aus:

```
In[18]:=  jac1[f_, var_, point_] :=
          (Table[D[f[[i]], var[[j]]],
            {i, Length[f]}, {j, Length[var]}] /.
              Table[var[[k]] -> point[[k]], {k, Length[var]}]) /;
          Length[var] == Length[point]

In[19]:=  jac1[{x y, x + y}, {x, y}, {1, 2}]
Out[19]=  {{2, 1}, {1, 1}}
```

Durch die Abbildung (mit `Map` bzw. `/@`, siehe Tabelle 1-63) von reinen Funktionen wird die Lösung schon einfacher:

```
In[20]:=  jac2[f_, var_, point_] :=
          (D[f, #]& /@ var /.
            Table[var[[k]] -> point[[k]], {k, Length[var]}]) /;
          Length[var] == Length[point]
```

```
In[21]:=   jac2[{x y, x + y}, {x, y}, {1, 2}]
Out[21]=   {{2, 1}, {1, 1}}
```

Die Tabelle läßt sich noch eleganter konstruieren, indem das *äußere Produkt* der Funktionen mit den Variablen genommen und statt des Produktoperators der Ableitungsoperator D eingesetzt wird.

```
In[22]:=   jac3[f_, var_, point_] :=
             (Outer[D, f, var] /.
               Table[var[[k]] -> point[[k]], {k, Length[var]}]) /;
               Length[var] == Length[point]

In[23]:=   jac3[{x y, x + y}, {x, y}, {1, 2}]
Out[23]=   {{2, 1}, {1, 1}}
```

Schlußendlich wollen wir auch noch die Tabelle der Regeln einfacher erzeugen. Leider läßt sie sich nicht in der Form var -> point schreiben.

```
In[24]:=   jac4[f_, var_, point_] :=
             (Outer[D, f, var] /.
               var -> point) /;
               Length[var] == Length[point]

In[25]:=   jac4[{x y, x + y}, {x, y}, {1, 2}]
Out[25]=   {{y, x}, {1, 1}}
```

Hier wurden keine Regeln eingesetzt, weil (gemäß der Syntax für Regeln) *Paare* {x, y} ersetzt werden müßten. Solche treten aber gar nicht auf. Wie machen wir also aus der Regel für Listen eine Liste von Regeln? Die Lösung dazu ist die Funktion Thread. Sie zieht in der folgenden Weise Funktionen über Listen, die in den Funktionsargumenten stehen:

```
In[26]:=   Thread[f[{a, b}, {c, d}]]
Out[26]=   {f[a, c], f[b, d]}
```

In unserem Fall entspricht (in der ausführlichen Schreibweise von Regeln) dem *f* die Funktion Rule (vergleiche mit Tabelle 2-13, Seite 237).

Also macht Thread für uns genau das richtige.

```
In[27]:=   Thread[{x, y} -> {1, 2}]
Out[27]=   {x -> 1, y -> 2}
```

So erhalten wir:

```
In[28]:=  jac[f_, var_, point_] :=
            (Outer[D, f, var] /. Thread[var -> point]) /;
             Length[var] == Length[point]

In[29]:=  jac[{x y, x + y}, {x, y}, {1, 2}]
Out[29]=  {{2, 1}, {1, 1}}
```

Dieses Beispiel zeigt eindrücklich, wie außerordentlich kompakt und elegant *Mathematica*-Programme sein können.

☐ Zusammenfassung

Ausdruck	Bedeutung
$c\ m$	elementweise Multiplikation, z.B. mit einem Skalar
$a\ .\ b$	Matrixprodukt
Outer[f, t_1, t_2, ...]	verallgemeinertes äußeres Produkt von Tensoren, mit dem "Multiplikationsoperator" f
Inner[f, t_1, t_2, g]	verallgemeinertes inneres Produkt, mit "Multiplikationsoperator" f und "Additionsoperator" g

Tabelle 1-69: Produkte

Ausdruck	Bedeutung
IdentityMatrix[n]	Einheitsmatrix der Dimension n
Inverse[m]	inverse Matrix
MatrixPower[m, n]	n-te Potenz einer Matrix m
MatrixExp[m]	Exponentialfunktion einer Matrix: $$\sum_{i=0}^{\infty} \frac{m^i}{i!}$$
Det[m]	Determinante
Transpose[m]	transponierte Matrix
Transpose[$list$, $\{n_1,\ n_2,\ ...\}$]	transponiert eine Liste so, daß die k-te Ebene von $list$ die n_k-te Ebene des Resultats wird

Tabelle 1-70: Matrix-Operationen

Ausdruck	Bedeutung
`Thread[`*f*`[`*args*`]]`	zieht *f* über Listen, die in *args* erscheinen
`Thread[`*f*`[`*args*`],` *h*`]`	zieht *f* über Objekte mit Kopf *h*, die in *args* erscheinen

Tabelle 1-71: Funktionen über Listen ziehen

□ Übungen

1. Berechne die Inverse einer allgemeinen (indizierten) 4×4-Matrix!

2. Konstruiere eine Funktion, welche Abbildungen von $\mathbf{R}^n$ in $\mathbf{R}^m$ linearisiert!

■ 1.6.5 Eigenvektoren und Eigenwerte: Schwinger

Eigenwertprobleme können direkt mit den eingebauten Funktionen `Eigenvalues` und `Eigenvectors` oder `Eigensystem` gelöst werden.

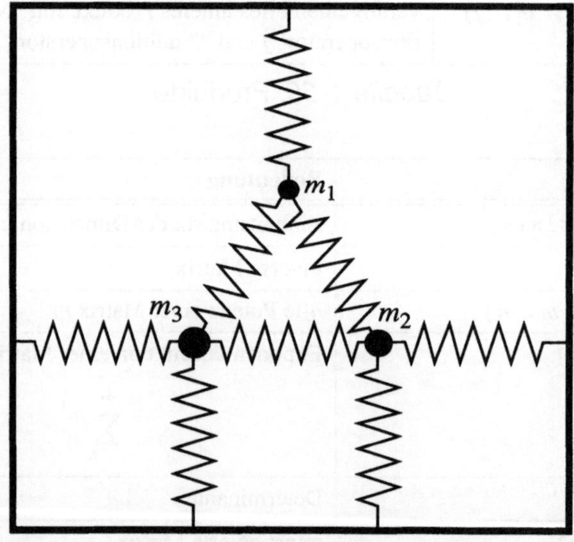

Figur 1-9: Schwingungssystem

Als Beispiel dazu betrachten wir das in Figur 1-9 skizzierte Schwingungssystem. Es liegt in einer Horizontalebene; seine Bewegungen sind an diese Ebene gebunden.

Die drei Massen m_1, m_2 und m_3 sind derart mit masselosen Federn verbunden, daß sie in der Ruhelage ein gleichseitiges Dreieck bilden. Ein fixierter Rahmen hält die anderen Enden der Federn. Wir nehmen einfachheitshalber an, daß alle Federn dieselbe Federkonstante f besitzen (Federkraft $= f \times$ Verlängerung der Feder). Nun fragen wir uns nach den Eigenschwingungen des Systems.

Zur Lösung dieser Aufgabe müssen wir zuerst die um die Ruhelage *linearisierten Bewegungsgleichungen* herleiten. Dies ist einigermaßen einfach, wenn wir schon bei der Herleitung linearisieren, d.h.: Sinus- und Tangensfunktionen von kleinen Winkeln durch den Winkel und Kosinusfunktionen durch eins ersetzen.

Wir bezeichnen die horizontalen und vertikalen Auslenkungen der Massen m_i mit x_i und y_i (siehe Figur 1-10). Für die Masse m_1 ergibt sich in x-Richtung die Bewegungsgleichung

$$m_1 \ddot{x}_1 = f\left(\frac{1}{4}(x_3 - x_1 + x_2 - x_1) + \frac{\sqrt{3}}{4}(y_3 - y_1 + y_1 - y_2)\right). \qquad (1.9)$$

Die rechte Seite dieser Gleichung kann man folgendermaßen zusammensetzen: Jede Masse wird unabhängig von den anderen (in Gedanken) um einen kleinen Betrag in die x- und die y-Richtung verschoben. Dadurch verändern sich die Federlängen, und es wird eine Kraft auf die erste Maße ausgeübt. Von dieser Kraft muß die x-Komponente berechnet werden.

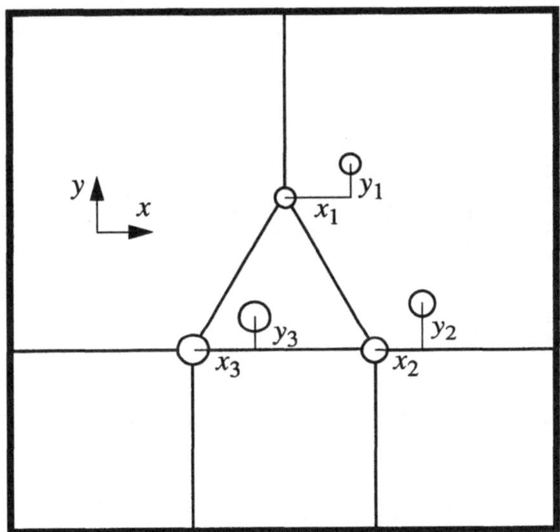

Figur 1-10: Koordinatenwahl

Falls nun z.B. die Masse m_3 um x_3 verschoben wird, so wird die Feder zwischen m_1 und m_3 (bis auf Terme höherer Ordnung) um

$$x_3 \cos 60° = \frac{x_3}{2}$$

verkürzt; es stellt sich eine Federkraft vom Betrag

$$\frac{fx_3}{2}$$

in Federrichtung ein. Ihre Projektion in x-Richtung ist

$$\frac{fx_3}{2}\cos 60° = \frac{fx_3}{4}.$$

Weil wir linearisieren, können alle Anteile von solchen elementaren Verschiebungen addiert werden. Daraus ergibt sich das Resultat (1.9).

Die Gleichung (1.9) vereinfacht sich zu

$$m_1\ddot{x}_1 = f(-\frac{1}{2}x_1 + \frac{1}{4}(x_2+x_3) + \frac{\sqrt{3}}{4}(-y_2+y_3)). \tag{1.10}$$

Für die y-Komponente wird analog dazu

$$m_1\ddot{y}_1 = f(-y_1 + \frac{3}{4}(y_2-y_1+y_3-y_1) + \frac{\sqrt{3}}{4}(-x_2+x_1+x_3-x_1)),$$

also

$$m_1\ddot{y}_1 = f(\frac{\sqrt{3}}{4}(-x_2+x_3) - \frac{5}{2}y_1 + \frac{3}{4}(y_2+y_3)). \tag{1.11}$$

In gleicher Weise erhalten wir die Bewegungsgleichungen für die beiden anderen Massen:

$$m_2\ddot{x}_2 = f(\frac{1}{4}x_1 - \frac{9}{4}x_2 + x_3 + \frac{\sqrt{3}}{4}(-y_1+y_2)), \tag{1.12}$$

$$m_2\ddot{y}_2 = f(\frac{\sqrt{3}}{4}(-x_1+x_2) + \frac{3}{4}y_1 - \frac{7}{4}y_2), \tag{1.13}$$

$$m_3\ddot{x}_3 = f(\frac{1}{4}x_1 + x_2 - \frac{9}{4}x_3 + \frac{\sqrt{3}}{4}(y_1-y_3)), \tag{1.14}$$

$$m_3\ddot{y}_3 = f(\frac{\sqrt{3}}{4}(x_1-x_3) + \frac{3}{4}y_1 - \frac{7}{4}y_3). \tag{1.15}$$

Nun fassen wir die Lagekoordinaten zu einem Vektor zusammen.

$$z = \begin{bmatrix} x_1 \\ y_1 \\ x_2 \\ y_2 \\ x_3 \\ y_3 \end{bmatrix}.$$

Damit können wir die Bewegungsgleichungen (1.10) - (1.15) in Matrix-Form schreiben:

$$m\ddot{z} + cz = 0. \tag{1.16}$$

In Gleichung (1.16) steht m für die *Massenmatrix*

$$m = \begin{bmatrix} m_1 & 0 & 0 & 0 & 0 & 0 \\ 0 & m_1 & 0 & 0 & 0 & 0 \\ 0 & 0 & m_2 & 0 & 0 & 0 \\ 0 & 0 & 0 & m_2 & 0 & 0 \\ 0 & 0 & 0 & 0 & m_3 & 0 \\ 0 & 0 & 0 & 0 & 0 & m_3 \end{bmatrix}$$

und c für die *Steifigkeitsmatrix*

$$c = f \begin{bmatrix} \frac{1}{2} & 0 & -\frac{1}{4} & \frac{\sqrt{3}}{4} & -\frac{1}{4} & -\frac{\sqrt{3}}{4} \\ 0 & \frac{5}{2} & \frac{\sqrt{3}}{4} & -\frac{3}{4} & -\frac{\sqrt{3}}{4} & -\frac{3}{4} \\ -\frac{1}{4} & \frac{\sqrt{3}}{4} & \frac{9}{4} & -\frac{\sqrt{3}}{4} & -1 & 0 \\ \frac{\sqrt{3}}{4} & -\frac{3}{4} & -\frac{\sqrt{3}}{4} & \frac{7}{4} & 0 & 0 \\ -\frac{1}{4} & -\frac{\sqrt{3}}{4} & -1 & 0 & \frac{9}{4} & \frac{\sqrt{3}}{4} \\ -\frac{\sqrt{3}}{4} & -\frac{3}{4} & 0 & 0 & \frac{\sqrt{3}}{4} & \frac{7}{4} \end{bmatrix}.$$

Eine *Eigenschwingung* des Systems ist eine Lösung der Bewegungsgleichungen (1.16), für die alle Massen mit gleicher, konstanter Frequenz schwingen. Wir finden sie durch den Ansatz

$$z(t) = (\sin \omega t)\, z. \tag{1.17}$$

Die *Eigenkreisfrequenzen* ω und *Eigenvektoren* z ergeben sich durch Einsetzen von (1.17) in (1.16). Daraus erhalten wir die Matrixgleichung

$$(-\omega^2 m + c)\, z = 0$$

oder

$$(m^{-1} c - \omega^2 1)\, z = 0. \tag{1.18}$$

Das Symbol **1** bezeichnet die Einheitsmatrix.

Wir müssen also das *Eigenwertproblem* für die Matrix $m^{-1}c$ lösen, d.h.: die Gleichung (1.18) nach ω^2 und z auflösen. Als Eigenwerte ω^2 erhalten wir die Quadrate der Eigenkreisfrequenzen. In *Mathematica* sieht dies folgendermaßen aus:

```
In[1]:=   m = DiagonalMatrix[{m1, m1, m2, m2, m3, m3}];

In[2]:=   c = f*
          {
            {1/2, 0, -1/4, Sqrt[3]/4, -1/4, -Sqrt[3]/4},
            {0, 5/2, Sqrt[3]/4, -3/4, -Sqrt[3]/4, -3/4},
            {-1/4, Sqrt[3]/4, 9/4, -Sqrt[3]/4, -1, 0},
            {Sqrt[3]/4, -3/4, -Sqrt[3]/4, 7/4, 0, 0},
            {-1/4, -Sqrt[3]/4, -1, 0, 9/4, Sqrt[3]/4},
            {-Sqrt[3]/4, -3/4, 0, 0, Sqrt[3]/4, 7/4}
          };
```

Falls wir richtig eingetippt haben, sollte die Matrix c symmetrisch sein:

```
In[3]:=   c - Transpose[c] // MatrixForm
Out[3]//MatrixForm=
          0   0   0   0   0   0
          0   0   0   0   0   0
          0   0   0   0   0   0
          0   0   0   0   0   0
          0   0   0   0   0   0
          0   0   0   0   0   0
```

Nun versuchen wir, die Eigenwerte zu berechnen.

```
In[4]:=   Eigenvalues[Inverse[m].c];

          Eigenvalues::eival:
              Unable to find all roots of the characteristic polynomial.
```

Mathematica (und jedes andere Computer Algebra-Programm) kann dieses Eigenwertproblem nicht symbolisch lösen, da dazu die Nullstellen eines Polynoms sechsten Grades berechnet werden müßten.

```
In[5]:=  Det[Inverse[m].c - μ IdentityMatrix[6]]
```

$$
Out[5]= (80\ f^6 - 364\ \mu\ f^5\ m1 + 176\ \mu^2\ f^4\ m1^2 - 124\ \mu\ f^5\ m2 +
$$
$$
480\ \mu^2\ f^4\ m1\ m2 - 212\ \mu^3\ f^3\ m1^2\ m2 + 47\ \mu^2\ f^4\ m2^2 -
$$
$$
152\ \mu^3\ f^3\ m1\ m2^2 + 60\ \mu^4\ f^2\ m1^2\ m2^2 - 124\ \mu\ f^5\ m3 +
$$
$$
480\ \mu^2\ f^4\ m1\ m3 - 212\ \mu^3\ f^3\ m1^2\ m3 +
$$
$$
182\ \mu^2\ f^4\ m2\ m3 - 596\ \mu^3\ f^3\ m1\ m2\ m3 +
$$
$$
240\ \mu^4\ f^2\ m1^2\ m2\ m3 - 64\ \mu^3\ f^3\ m2^2\ m3 +
$$
$$
176\ \mu^4\ f^2\ m1\ m2^2\ m3 - 64\ \mu^5\ f\ m1^2\ m2^2\ m3 +
$$
$$
47\ \mu^2\ f^4\ m3^2 - 152\ \mu^3\ f^3\ m1\ m3^2 + 60\ \mu^4\ f^2\ m1^2\ m3^2 -
$$
$$
64\ \mu^3\ f^3\ m2\ m3^2 + 176\ \mu^4\ f^2\ m1\ m2\ m3^2 -
$$
$$
64\ \mu^5\ f\ m1^2\ m2\ m3^2 + 20\ \mu^4\ f^2\ m2^2\ m3^2 -
$$
$$
48\ \mu^5\ f\ m1\ m2^2\ m3^2 + 16\ \mu^6\ m1^2\ m2^2\ m3^2)\ /
$$
$$
(16\ m1^2\ m2^2\ m3^2)
$$

Also setzen wir für die Parameter numerische Werte ein, z.B. die folgenden:

```
In[6]:=  numericalValues =
         {f -> 1., m1 -> 1., m2 -> 1.5, m3 -> 2.};
```

Damit erhalten wir im Handumdrehen die Eigenwerte und die Eigenvektoren.

```
In[7]:=  Eigenvalues[Inverse[m].c /. numericalValues]
Out[7]=  {3.10492, 1.6949, 0.197413, 1.44863, 0.669099, 0.551711}
In[8]:=  Eigenvectors[Inverse[m].c /. numericalValues]
Out[8]=  {{0.0283427, -0.882828, -0.288206, 0.274883, 0.185433,
          0.163715}, {0.148781, 0.494297, -0.762702, 0.0302407,
          0.38672, -0.163247}, {-0.920039, -0.00895299, -0.137082,
          0.228571, -0.140684, -0.253979},
         {0.587, 0.020308, -0.0576156, 0.623957, -0.412578,
          -0.390552}, {0.129445, -0.468667, -0.255735, -0.694429,
          -0.253339, -0.451065},
         {-0.0465944, 0.166228, -0.519777, -0.0869692, -0.618063,
          0.575527}}
```

Mit weniger Genauigkeit wird das Resultat etwas übersichtlicher.

```
In[9]:=   N[%, 2] // MatrixForm
Out[9]//MatrixForm=
    0.028    -0.88    -0.29     0.27     0.19     0.16
    0.15      0.49    -0.76     0.03     0.39    -0.16
   -0.92     -0.009   -0.14     0.23    -0.14    -0.25
    0.59      0.02    -0.058    0.62    -0.41    -0.39
    0.13     -0.47    -0.26    -0.69    -0.25    -0.45
   -0.047     0.17    -0.52    -0.087   -0.62     0.58
```

Das System schwingt also "im Takt", falls als Anfangsbedingung ein Vielfaches von einem dieser sechs Verschiebungsvektoren gewählt wird. Die Kreisfrequenz ist die Wurzel des zugehörigen Eigenwertes. Jede allgemeine Schwingung (des linearen Systems) läßt sich als Überlagerung solcher Eigenschwingungen darstellen.

Aus diesen Zahlenlisten erhält man leider keinen genügenden Eindruck davon, wie die Schwingungen des System aussehen. Dies motiviert uns, im nächsten Kapitel die *Mathematica*-Graphik noch weiter zu studieren. Wir werden lernen, daß man nicht nur Funktionen zeichnen kann, sondern auch beliebige Objekte, also zum Beispiel unseren Schwinger.

Abschließend speichern wir unsere beiden Matrizen und die Zahlenwerte für späteren Gebrauch in einer Datei ab.

```
In[10]:=   Save["oscillator.m", m, c, numericalValues]
```

☐ Zusammenfassung

Ausdruck	Bedeutung
Eigenvalues[m]	Eigenwerte
Eigenvalues[N[m]]	numerische Berechnung der Eigenwerte
Eigenvectors[m]	Eigenvektoren
Eigenvectors[N[m]]	numerische Berechnung der Eigenvektoren
Eigensystem[m]	Eigenwerte und Eigenvektoren, als Liste zusammengefaßt

Tabelle 1-72: Eigenwerte und -vektoren

☐ Übungen

1. Berechne (für eine andere Massenbelegung) in einem Schritt die Eigenwerte und Eigenvektoren des Schwingers!

2. Berechne die Eigenschwingungen des linearisierten Dreifachpendels aus Abschnitt 1.5.2!

   Vergleiche für solche Eigenschwingungen die Lösungen der linearisierten Gleichungen mit den nichtlinearen (wähle dazu "große" und "kleine" Anfangsbedingungen)!

■ 1.7 Graphik-Programmierung

Das Thema dieses Kapitels ist die *Graphik-Programmiersprache Mathematica*. Wir können nämlich nicht nur Funktionen und Daten, sondern auch beliebige Objekte graphisch darstellen. Dies erlaubt uns einerseits, Funktionsgraphen durch Bilder und Text zu ergänzen und andererseits, Zeichnungen zu erzeugen, die sich durch Funktionsgraphen höchstens umständlich beschreiben lassen. Als Beispiele dazu betrachten wir die Bewegungen des Dreifachpendels (aus Abschnitt 1.5.2) und des Dreimassenschwingers (aus Abschnitt 1.6.5).

■ 1.7.1 Struktur von Graphiken

Um den Aufbau von Graphik-Objekten zu studieren, lohnt sich ein kurzer Blick in die Innereien von *Mathematica*. Dazu betrachten wir das folgende, einfache Bild:

```
In[1]:=   ListPlot[{{0, 0}, {.5, .5}, {1, 1}}]
```

```
Out[1]=   -Graphics-
```

Mit dem Befehl InputForm können wir uns seine ausführliche Darstellung ansehen (dies funktioniert auch für jede andere Ausgabezeile).

```
In[2]:=   Short[InputForm[%], 4]
Out[2]//Short=
          Graphics[{Point[{0, 0}], Point[{0.5, 0.5}], Point[{1, 1}]},
             {PlotRange -> Automatic, AspectRatio -> GoldenRatio^(-1),
              DisplayFunction :> $DisplayFunction, <<18>>,
              PlotRegion -> Automatic}]
```

Wir sehen daraus, daß die Graphik ein Graphics-Objekt ist, bestehend aus einer Liste der drei Punkte und einer Liste von Optionen.

Alle Graphiken sind nach diesem Schema aufgebaut. Sie bestehen aus einem Kopf, der den Typ der Graphik bezeichnet (`Graphics`, `Graphics3D` etc.), Listen von Graphik-Elementen (und Anweisungen, siehe unten) und eventuell Optionen.

Die möglichen *Graphik-Elemente* sind im zweidimensionalen Fall `Point`, `Line`, `Rectangle`, `Polygon`, `Circle`, `Disk`, `Raster` und `Text` und in drei Dimensionen `Point`, `Line`, `Polygon`, `Cuboid` und `Text` (siehe Tabellen 1-75 und 1-76, Seite 163*f*). Ein daraus zusammengestelltes Graphik-Objekt wird mit `Show` auf den Bildschirm gezeichnet.

Mit dem folgenden Ausdruck können wir einen *Hyper-Kubus* (die "Abwicklung" eines vierdimensionalen Würfels in drei Dimensionen) erzeugen:

```
In[3]:=   Show[Graphics3D[
            Cuboid /@ {{0,0,0},{-1,0,0},{1,0,0},{2,0,0},
              {0,1,0},{0,-1,0},{0,0,1},{0,0,-1}}]]
```

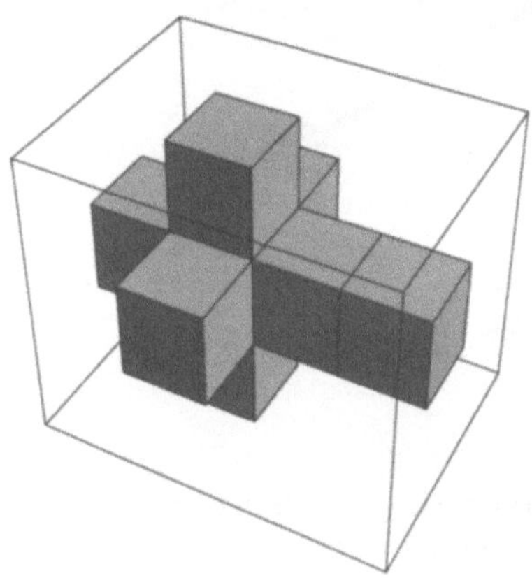

```
Out[3]=   -Graphics3D-
```

Beachte, wie wir mit `Map` (`/@`) auf elegante Art die Funktion `Cuboid` auf die Liste der acht Punkte abgebildet haben (vergleiche mit Abschnitt 1.6.2).

Bei Bedarf lassen sich die Graphik-Elemente mit *Graphik-Anweisungen* (für Farbe, Strichdicke etc.) versehen (siehe Tabelle 1-78). Dazu stellt man die gewünschte Anweisung den Elementen voraus und faßt Gruppen mit gleichen Anweisungen in Listen zusammen. Die Anweisungen beeinflussen die Elemente der zugehörigen Liste und ihrer Unterlisten, nicht aber diejenigen außerhalb.

So können wir z.B. das folgende Bild zusammenstellen:

```
In[4]:=   Show[Graphics[
            {
             Line[{{0,0},{0,1},{1,1},{1,0},{0,0}}],
             {GrayLevel[.4], Rectangle[{0, 0}, {.2, .2}]},
             {
              Dashing[{.1, .05}],
              Circle[{.5,.5}, .3, {Pi/2,3Pi/2}],
              Thickness[.02], Line[{{.1,.9},{.9,.1}}]
             },
             {PointSize[.1], Point[{.5,.5}]},
             Text["grosser Punkt", {.72,.5}],
             Text[FontForm[
              "Rechteck (\"Courier\",14)", {"Courier",14}],
              {.58,.05}]
            }]
          ]
```

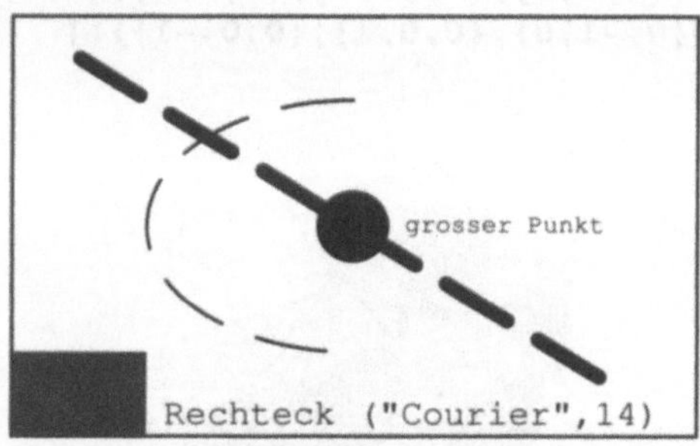


```
Out[4]=   -Graphics-
```

Beachte, daß sich z.B. die `Dashing`-Anweisung sowohl auf den Halbkreis als auch auf die Linie auswirkt, während `Thickness` nur für die Linie gilt. Die Texte werden jeweils zentriert in den angegebenen Punkt gesetzt. Die \ in `FontForm` sind nötig, damit die Anführungszeichen dargestellt werden können (vergleiche mit Abschnitt 2.6.7).

All diese von Hand zusammengestellten Graphiken kann man mit den aus Kapitel 1.5 bekannten Optionen versehen. Sie beeinflussen das ganze Bild.

```
In[5]:=   Show[%,
            AspectRatio -> 1,
            Axes -> True,
            Background -> GrayLevel[.9]
          ]
```

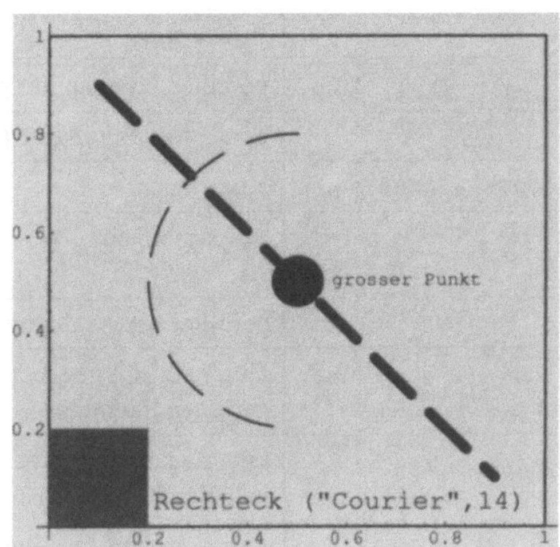

Out[5]=   -Graphics-

□ Zusammenfassung

Ausdruck	Bedeutung
InputForm[*expr*]	schreibt einen Ausdruck in seinem Eingabeformat

Tabelle 1-73: Ausführliche Eingabeform

Objekt	Bedeutung
Graphics[*list*]	allgemeine, zweidimensionale Graphik
Graphics3D[*list*]	allgemeine, dreidimensionale Graphik
DensityGraphics[*list*]	Dichte-Graphik
ContourGraphics[*list*]	Höhenlinien-Graphik
SurfaceGraphics[*list*]	dreidimensionale Fläche
GraphicsArray[*list*]	Tabelle von Graphiken

Tabelle 1-74: Graphik-Objekte

Ausdruck	Bedeutung
Point[{x, y}]	Punkt
Line[{{x_1, y_1}, {x_2, y_2}, ...}]	Linie durch die gegebenen Punkte
Rectangle[{x_{min}, y_{min}}, {x_{max}, y_{max}}]	gefülltes Rechteck

Tabelle 1-75: Graphik-Elemente in zwei Dimensionen

Ausdruck	Bedeutung
`Polygon[{{`x_1`, `y_1`}, {`x_2`, `y_2`}, ...}]`	gefülltes Polygon mit gegebenen Eckpunkten
`Circle[{`x`, `y`}, `r`]`	Kreis, Mittelpunkt in $\{x, y\}$, Radius r
`Circle[{`x`, `y`}, `r`, {`*theta*$_1$`, `*theta*$_2$`}]`	Kreisbogen
`Circle[{`x`, `y`}, {`r_x`, `r_y`}, {`*theta*$_1$`, `*theta*$_2$`}]`	Ellipsenbogen
`Disk[{`x`, `y`}, `r`]` etc.	gefüllter Kreis (analog zu `Circle`)
`Raster[{{`a_{11}`, `a_{12}`, ...}, {`a_{21}`, `a_{22}`, ...}, ...}]`	Gitter aus mit gegebenen Grauwerten a_{ij} gefüllten Rechtecken
`RasterArray[{{`g_{11}`, `g_{12}`, ...}, {`g_{21}`, `g_{22}`, ...}, ...}]`	Gitter aus Rechtecken, die gemäß den gegebenen Graphik-Anweisungen g_{ij} gefüllt sind
`Text[`*expr*`, {`x`, `y`}]`	Text (zentriert im gegebenen Punkt)

Tabelle 1-75: Graphik-Elemente in zwei Dimensionen

Ausdruck	Bedeutung
`Point[{`x`, `y`, `z`}]`	Punkt
`Line[{{`x_1`, `y_1`, `z_1`}, {`x_2`, `y_2`, `z_2`}, ...}]`	Linie durch die gegebenen Punkte
`Polygon[{{`x_1`, `y_1`, `z_1`}, {`x_2`, `y_2`, `z_2`}, ...}]`	gefülltes Polygon mit den gegebenen Eckpunkten
`Cuboid[{`x_{min}`, `y_{min}`, `z_{min}`}]`	gefüllter Einheitswürfel
`Cuboid[{`x_{min}`, `y_{min}`, `z_{min}`}, {`x_{max}`, `y_{max}`, `z_{max}`}]`	gefüllter Quader
`Text[`*expr*`, {`x`, `y`, `z`}]`	Text (zentriert)

Tabelle 1-76: Graphik-Elemente in drei Dimensionen

Ausdruck	Bedeutung
`FontForm["`*text*`", `*font*`]`	formatierter Text (*font* kann eine Liste aus Zeichensatz und Größe sein)
`Scaled[{`s_x`, `s_y`}]` `Scaled[{`s_x`, `s_y`, `s_z`}]`	skalierte Koordinaten (0 bis 1 in allen Dimensionen)

Tabelle 1-77: Weitere Funktionen im Zusammenhang mit Graphiken

Graphik-Anweisung	Bedeutung
`Hue[`h`]`	bei Parametern zwischen 0 und 1 wird das Farbspektrum von Rot über Gelb, Grün, Blau bis Rot erzeugt; andere Parameterwerte werden zyklisch behandelt
`Hue[`h`, `s`, `b`]`	Farben im Hue-Saturation-Brightness-Modell (`Hue[`h`]` entspricht `Hue[`h`, 1, 1]`)
`RGBColor[` *red*`, `*green*`, `*blue*`]`	Farben im Rot-Grün-Blau-Modell (Parameter außerhalb des Intervalls [0, 1] werden abgeschnitten)
`GrayLevel[`*level*`]`	Graustufen; Werte zwischen 0 (schwarz) und 1 (weiß)
`PointSize[`h`]`	Punktgröße als Bruchteil der Breite der Graphik
`AbsolutePointSize[`h`]`	absolute Punktgröße (in Punkten)
`Thickness[`h`]`	Liniendicke als Bruchteil der Breite der Graphik
`AbsoluteThickness[`h`]`	absolute Liniendicke (in Punkten)
`Dashing[{`r_1`, `r_2`, ...}]`	Linien werden mit aufeinanderfolgenden ausgezogenen und ausgelassenen Segmenten der Längen r_1, r_2, ... gezeichnet
`AbsoluteDashing[` `{`r_1`, `r_2`, ...}]`	Linien werden mit aufeinanderfolgenden Segmenten der absolut (in Punkten) gemessenen Längen r_1, r_2, ... gezeichnet
`EdgeForm[ ]`	keine Kante zeichnen (dreidimensional)
`EdgeForm[`g`]`	Kanten gemäß Graphik-Anweisung g (dreidimensional)
`FaceForm[`*gfront*`, `*gback*`]`	Vorderflächen von dreidimensionalen Objekten werden gemäß *gfront*, Rückflächen gemäß *gback* gezeichnet (von der "Vorderfläche" aus gesehen sind die Ecken im Gegenuhrzeigersinn numeriert)

Tabelle 1-78: Graphik-Anweisungen

□ Übungen

1. Studiere die Objekte im Paket `Graphics`Polyhedra``!

2. Zeichne ein Dodekaeder, bei dem eine Fläche entfernt wurde!

3. Zeichne die Kanten des obigen Dodekaeders rot und dicker!

4. Erstelle eine dreidimensionale Graphik von 100 zufällig im Einheitsquader verteilten Punkten.

■ 1.7.2 Beispiel: Animation des Dreifachpendels

Eine fast triviale Aufgabe ist nun das Zeichnen und Animieren der Bewegung des Dreifachpendels von Abschnitt 1.5.2.

Nehmen wir vorerst an, wir hätten die Lage des Pendels zu einem Zeitpunkt als Liste der drei Winkel gegeben!

```
In[1]:=    angles = {.1, .2, .25};
```

Wir stellen das Pendel durch drei Linien dar. Deren Endpunkte berechnen sich folgendermaßen (vergleiche mit Figur 1-4):

```
In[2]:=    x1 = Sin[angles[[1]]];

In[3]:=    y1 = - Cos[angles[[1]]];

In[4]:=    x2 = x1 + Sin[angles[[2]]];

In[5]:=    y2 = y1 - Cos[angles[[2]]];

In[6]:=    x3 = x2 + Sin[angles[[3]]];

In[7]:=    y3 = y2 - Cos[angles[[3]]];
```

Vom Ursprung (Aufhängepunkt des obersten Pendels) ausgehend, zeichnen wir nun die drei Pendelarme. Der Wertebereich der Graphik sollte dabei so gewählt werden, daß alle Lagen, also auch die "stehende", möglich sind. (Der dadurch entstehende Leerraum ist in der Wiedergabe allerdings unterdrückt.)

```
In[8]:=    Show[Graphics[Line[
             {{0, 0}, {x1, y1}, {x2, y2}, {x3, y3}}]],
           AspectRatio -> Automatic,
           PlotRange -> {{-3, 3},{-3, 3}}]
```

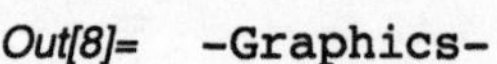

```
Out[8]=    -Graphics-
```

Zur besseren Übersicht zeichnen wir (für die Benutzer(innen) von Farbbildschirmen) die Linien farbig und etwas dicker. Dazu sind im Paket `Graphics`Colors`` die wichtigsten Farben schon vordefiniert.

```
In[9]:=   <<Graphics`Colors`

In[10]:=  Show[Graphics[
            {
              Thickness[.01],
              {
                {Red, Line[{{0, 0}, {x1, y1}}]},
                {Green, Line[{{x1, y1}, {x2, y2}}]},
                {Blue, Line[{{x2, y2}, {x3, y3}}]}
              }
            },
            AspectRatio -> Automatic,
            PlotRange -> {{-3, 3},{-3, 3}}]
          ]
```

```
Out[10]= -Graphics-
```

Nun stellen wir eine Funktion zusammen, die aus gegebenen Winkeln das entsprechende Graphik-Objekt erzeugt. Aus Effizienzgründen sollten wir die Endpunkte vorausberechnen, damit die gleichen Winkelfunktionen nicht mehrfach ausgewertet werden. Dazu fassen wir die verschiedenen Anweisungen der Funktion in Klammern zusammen.

```
In[11]:=  pendulumLines[angles_] :=
            (
              x1 = Sin[angles[[1]]];
              y1 = - Cos[angles[[1]]];
              x2 = x1 + Sin[angles[[2]]];
              y2 = y1 - Cos[angles[[2]]];
              x3 = x2 + Sin[angles[[3]]];
              y3 = y2 - Cos[angles[[3]]];
              Graphics[
                {
                  Thickness[.01],
                  {
                    {Red, Line[{{0, 0}, {x1, y1}}]},
```

```
            {Green, Line[{{x1, y1}, {x2, y2}}]},
            {Blue, Line[{{x2, y2}, {x3, y3}}]}
          }
        },
        AspectRatio -> Automatic,
        PlotRange -> {{-3, 3},{-3, 3}}
     ]
  )
```

Im Hinblick auf das Folgende löschen wir die Variablen x_i, y_i und testen dann unsere Funktion.

```
In[12]:=  Clear[x1, y1, x2, y2, x3, y3]
```

```
In[13]:=  Show[pendulumLines[angles]]
```

```
Out[13]=  -Graphics-
```

Die Zeichnung wird also richtig erzeugt. Unsere Funktion hat aber die unangenehme Eigenschaft, die Größen x_i und y_i zu verändern:

```
In[14]:=  x1
Out[14]=  0.0998334
```

Dies ist meist unerwünscht. Deshalb bietet *Mathematica* die Möglichkeit, mit `Module` *lokale Variablen* für Funktionen zu definieren.

```
In[15]:=  pendulumLines[angles_] :=
          Module[
            {x1, y1, x2, y2, x3, y3},
            x1 = Sin[angles[[1]]];
            y1 = - Cos[angles[[1]]];
            x2 = x1 + Sin[angles[[2]]];
            y2 = y1 - Cos[angles[[2]]];
            x3 = x2 + Sin[angles[[3]]];
            y3 = y2 - Cos[angles[[3]]];
            Graphics[
              {
```

```
      Thickness[.01],
      {
        {Red, Line[{{0, 0}, {x1, y1}}]},
        {Green, Line[{{x1, y1}, {x2, y2}}]},
        {Blue, Line[{{x2, y2}, {x3, y3}}]}
      }
    },
    AspectRatio -> Automatic,
    PlotRange -> {{-3,3},{-3,3}}
  ]
] /; VectorQ[angles] && Length[angles] == 3
```

Die lokalen Variablen werden als Liste geschrieben und durch ein Komma vom Rest abgetrennt. Dieser Rest ist eine Folge von Ausdrücken, welche die eigentlichen Funktionsdefinitionen beinhalten. Die einzelnen Ausdrücke sind mit Strichpunkten getrennt. (Eine Klammer um diese Ausdrücke ist nicht mehr nötig.)

Durch diese neue Version von `pendulumLines` werden die x_i und die y_i nicht mehr verändert.

```
In[16]:=  Clear[x1, y1, x2, y2, x3, y3]

In[17]:=  pendulumLines[angles];

In[18]:=  x1
Out[18]=  x1
```

Jetzt berechnen wir eine etwas interessantere Lösung des Dreifachpendels als diejenige aus Abschnitt 1.5.2. Dazu lesen wir die in der Datei `triplePendulum.m` abgespeicherten Daten wieder ein und integrieren mit anderen Anfangsbedingungen über 10 Sekunden.

```
In[19]:=  <<triplePendulum.m;

In[20]:=  initials =
            {phi1[0] == 3, phi2[0] == 0, phi3[0] == 0,
             phi1'[0] == 0, phi2'[0] == 0, phi3'[0] == 0 };

In[21]:=  valueRule = {m -> 1, l -> 1, g -> 1};

In[22]:=  lagSolRule = NDSolve[Evaluate[
            Flatten[{lagEquations, initials}] /.
            valueRule], angles, {t, 0, 10}];
```

Wir erzeugen mit `pendulumLines`, in Schritten von einer Zehntelssekunde, die zugehörigen Bilder. (Wer nicht über genügend Arbeitsspeicher verfügt, sollte für die Animation weniger Bilder auswählen.)

```
In[23]:=  animationGraphics =
              Table[pendulumLines[angles /. lagSolRule[[1]]],
                  {t, 0, 10, 1/10}];
```

Diese Graphiken können wir mit dem Befehl `ShowAnimation` aus dem Paket `Graphics`Animation`` (oder mit `Show /@ animationGraphics` und dem Animations-Befehl **Animate Selected Graphics...** der Notebook-Schnittstelle) animieren.

```
In[24]:=  <<Graphics`Animation`
```

```
In[25]:=  ShowAnimation[animationGraphics]
```

Die Anzeige ist unterdrückt. Für diejenigen Leserinnen und Leser, welche die Rechnungen nicht auf ihrem Computer mitverfolgen, zeichnen wir eine Auswahl von 48 Bildern (mit jeweils einem ausgelassenen), in Form eines `GraphicsArray`.

```
In[26]:=  Show[GraphicsArray[Partition[
              animationGraphics[[Range[1, 97, 2]]], 6]]]
```

Ausgabe: Farbbild 3 auf Seite II.

```
Out[26]=  -GraphicsArray-
```

`Partition` teilt die Liste in Unterlisten (für die einzelnen Zeilen) auf (siehe Tabelle 1-67 auf Seite 145).

☐ Zusammenfassung

Ausdruck	Kurzschreibweise	Bedeutung
CompoundExpression[*expr₁*, *expr₂*, ...]	(*expr₁*; *expr₂*; ...)	Folge von Ausdrücken

Tabelle 1-79: Folge von Ausdrücken

Ausdruck	Bedeutung
Module[{*x*, *y*, ...}, *expr*]	Modul mit lokalen Variablen $x, y, \ldots$
Module[{*x* = *x₀*, *y* = *y₀*, ...}, *expr*]	Modul mit initialisierten lokalen Variablen

Tabelle 1-80: Lokalisierung von Variablen

Paket	Beispiele	Beschreibung
Graphics`Colors`	Red, Green, Blue, Yellow, ...	Paket mit Farbdefinitionen

Tabelle 1-81: Paket mit Farbdefinitionen

☐ Übungen

1. Berechne und animiere die Bewegung des Dreifachpendels für andere Anfangsbedingungen und über ein längeres Zeitintervall!

2. Animiere die Pendelbewegung für die Lösungen aus Übungsaufgabe 2 in Abschnitt 1.5.2!

■ 1.7.3 Beispiel: Bewegung des Schwingers

Die Eigenschwingungen des Dreimassenschwingers aus Abschnitt 1.6.5 (Figur 1-9) verlangen nach einer Illustration.

Wir lesen unsere Definitionen für m, c und numericalValues wieder ein und definieren eine Liste aus den aktuellen Werten für die Massen.

```
In[1]:=    <<oscillator.m

Out[1]=    {f -> 1., m1 -> 1., m2 -> 1.5, m3 -> 2.}

In[2]:=    masses := {m1, m2, m3} /. numericalValues
```

Zuerst zeichnen wir drei Kreisscheiben für die Massen. Dies werden wir sowohl in der Ruhelage als auch in ausgelenkten Lagen tun. Deshalb lohnt es sich, dazu eine Funktion zusammenzustellen. Als Parameter wählen wir eine Liste, bestehend aus den Positionen der drei Punkte.

```
In[3]:=    massDisks[points_] :=
               Thread[Disk[points, .05 Sqrt[masses]]]
```

Beachte, wie mit Thread (siehe Tabelle 1-71 auf Seite 152) aus der Liste der Punkte und der Liste der Massen eine Liste von Punkten und Massen entsteht. (Die Fläche der Kreise ist proportional zur Masse gewählt.)

Für die Ruhelage

```
In[4]:=    equiPts = {{1/2, Sqrt[3]/2}, {1, 0}, {0, 0}};
```

erhalten wir das folgende Bild:

```
In[5]:=   Show[Graphics[massDisks[equiPts]],
            AspectRatio -> Automatic]
```

```
Out[5]=   -Graphics-
```

Der rechteckige Rahmen bleibt an Ort. Deshalb definieren wir für ihn einen festen Ausdruck.

```
In[6]:=   box = Line[{ {-1, -1}, {2, -1}, {2, Sqrt[3]/2 + 1},
                {-1, Sqrt[3]/2 + 1}, {-1, -1} }];
```

Es müssen noch die Federn gezeichnet werden. Einfachheitshalber stellen wir sie als gerade Linien dar. Sie sind von der Lage der Massen abhängig, also machen wir daraus eine Funktion.

```
In[7]:=   springLines[points_] :=
            {
              Line[{{1/2, Sqrt[3]/2 + 1}, points[[1]]}],
              Line[{{1, -1}, points[[2]], {2, 0}}],
              Line[{{-1, 0}, points[[3]], {0, -1}}],
              Line[Append[points, points[[1]]]]
            }
```

So ergibt sich für die Gleichgewichtslage:

```
In[8]:=   Show[Graphics[
            {
              box,
              massDisks[equiPts],
              springLines[equiPts]
            },
            AspectRatio -> Automatic]
          ]
```

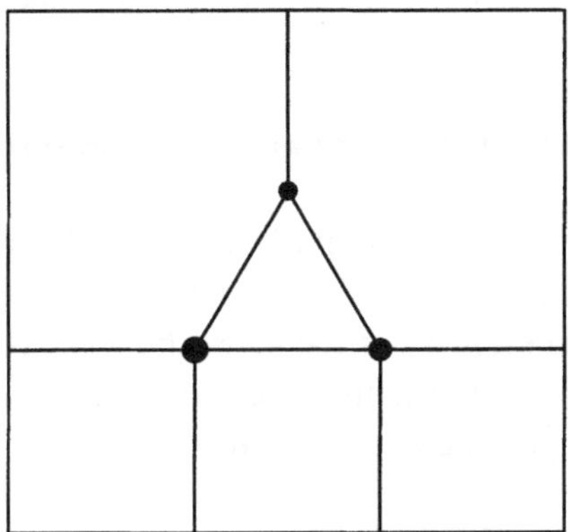

Out[8]= -Graphics-

Um die Übersichtlichkeit zu verbessern, färben wir ein, zeichnen die Federn in der Ruhelage gestrichelt und den Rahmen dicker. Dazu benutzen wir die Farbdefinitionen aus dem Paket `Graphics`Colors``.

```
In[9]:=    Needs["Graphics`Colors`"]

In[10]:=   Show[Graphics[
             {
               {Red, Thickness[.02], box},
               {
                 Magenta,
                 massDisks[equiPts],
                 {Dashing[{.05, .05}], springLines[equiPts]}
               }
             },
             AspectRatio -> Automatic]
           ]
```

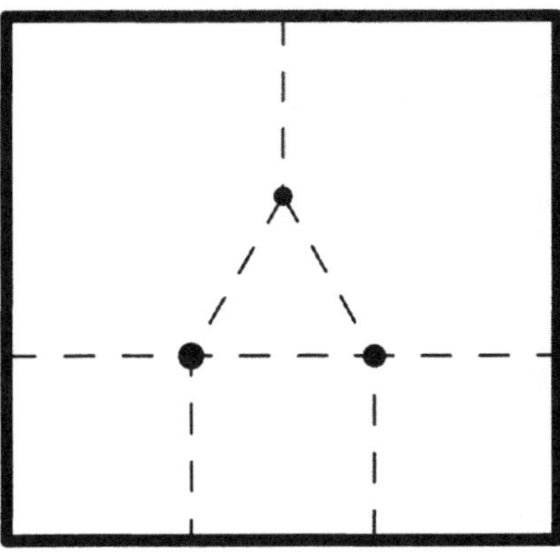

Out[10]= -Graphics-

Damit ist die Ruhelage erledigt. Nun berechnen wir nochmals die Eigenvektoren des Schwingers:

```
In[11]:=  ev = Eigenvectors[Inverse[m].c /. numericalValues];
```

Jede Zeile (also jeder Eigenvektor) enthält die x- und y-Koordinaten der entsprechenden Eigenschwingung. Um die in Richtung der Eigenvektoren verschobenen Lagen der Massen zu erhalten, addieren wir die entsprechenden Verschiebungen zur Ruhelage. Die Funktion sollte die gewünschte Eigenschwingung und eine Skalierung (der Verschiebung) als Übergabeparameter enthalten.

```
In[12]:=  oscPts[mode_, scale_] :=
            equiPts +
              scale Table[Take[ev[[mode]], {i,i+1}], {i,1,5,2}]
```

Für die erste Eigenschwingung und eine Skalierung von zwei Zehnteln lassen wir uns die ursprüngliche und die verschobene Lage zeichnen.

```
In[13]:=  dispPts = oscPts[1, .2];

In[14]:=  Show[Graphics[
            {
              {Red, Thickness[.02], box},
              {
                Magenta,
                massDisks[equiPts],
                {Dashing[{.05, .05}], springLines[equiPts]}
              },
              {
                Blue,
                massDisks[dispPts],
                springLines[dispPts]
              }
            },
            AspectRatio -> Automatic]
          ]
```

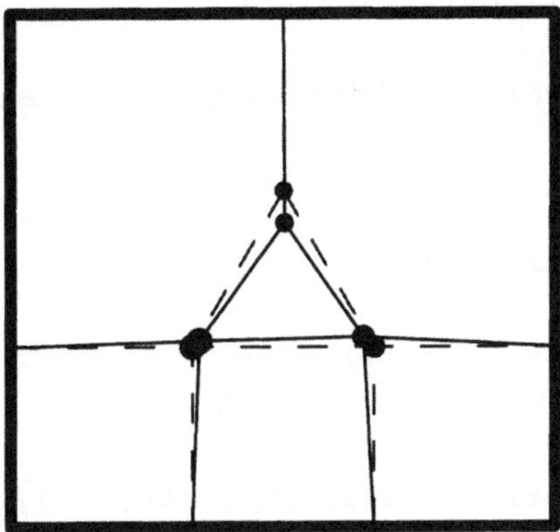

Out[14]= -Graphics-

Nun stellen wir eine Funktion zusammen, welche in dieser Art die Graphik-Elemente für eine vorgegebene Skalierung erzeugt.

```
In[15]:=  generateGraphics[mode_, scale_] :=
            Module[{dispPts = oscPts[mode, scale]},
              Graphics[
                {
                  { Red, Thickness[.02], box },
                  {
                    Magenta,
                    massDisks[equiPts],
                    {Dashing[{.05, .05}], springLines[equiPts]}
                  },
                  {
                    Blue,
                    massDisks[dispPts],
                    springLines[dispPts]
                  }
                },
                AspectRatio -> Automatic
              ]
            ]
```

Um die Eigenschwingungen zu animieren, müssen wir nur noch die Skalierung sinusoidal variieren.

```
In[16]:=  animationGraphics[mode_] :=
            Table[generateGraphics[mode, 0.2 Sin[t]],
              {t, 0, 2Pi - Pi/10, Pi/10}]
```

Für die erste Eigenschwingung erhalten wir die folgenden Graphik-Objekte:

```
In[17]:=   picts = animationGraphics[1];
```

Ihre Animation wird wieder mit der Funktion `ShowAnimation` bewerkstelligt.

```
In[18]:=   Needs["Graphics`Animation`"]
```

```
In[19]:=   ShowAnimation[picts]
```

Weil die Bilder im Buch keine Beine haben, ist die Ausgabe unterdrückt. Wir stellen sie wenigstens als `GraphicsArray` zusammen.

```
In[20]:=   Show[GraphicsArray[Partition[picts, 4]]]
```
Ausgabe: Farbbild 4 auf Seite III.
```
Out[20]=  -GraphicsArray-
```

☐ Übung

1. Animiere die anderen Eigenschwingungen!

■ 1.8 Ausgewählte weitere Werkzeuge

Dieses Kapitel soll in kompakter Form eine Übersicht über weitere nützliche Werkzeuge in *Mathematica* geben. Ein Teil der besprochenen Funktionen ist im Kern eingebaut, andere finden sich in Standard-Paketen. Speziell bei den Paketen kann es sich nur um eine recht willkürliche Auswahl handeln. Eine vollständige Übersicht gibt der "Guide to Standard *Mathematica* Packages" [BKM92].

Die Pakete sind thematisch in verschiedenen Verzeichnissen zusammengefaßt. Jedes Verzeichnis enthält eine Datei namens `Master.m`. Wenn diese eingelesen ist, verfügt man über alle Funktionen der entsprechenden Pakete.

■ 1.8.1 Graphik in Bild und Ton

□ Vektorfelder

Das Zeichnen von *Vektorfeldern*, die zu Differentialgleichungssystemen (in zwei oder drei Dimensionen) gehören, kann einen nützlichen Einblick in das qualitative Verhalten der Lösungen vermitteln. In den Paketen `Graphics`PlotField`` und `Graphics`PlotField3D`` sind dazu Funktionen definiert.

```
In[1]:=    <<Graphics`PlotField`

In[2]:=    ?Graphics`PlotField`*

           ListPlotVectorField   PlotPolyaField
           MaxArrowLength        PlotVectorField
           PlotGradientField     ScaleFactor
           PlotHamiltonianField  ScaleFunction

In[3]:=    ?PlotVectorField

           PlotVectorField[f, {x, x0, x1, (xu)}, {y, y0, y1, (yu)},
               (options)] produces a vector field plot of the
               two-dimensional vector function f.
```

Wir zeichnen das Feld für eine Abbildung der Ebene in sich.

```
In[4]:=    vf = PlotVectorField[
               {-y + x^2, x + Sin[y]}, {x, -2, 2}, {y, -2, 2}]
```

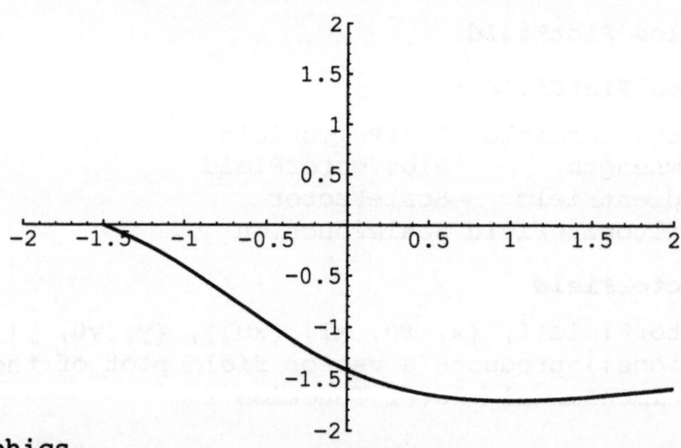

Out[4]=   -Graphics-

Nun berechnen wir eine Lösung der zugehörigen Differentialgleichung und stellen sie graphisch dar.

```
In[5]:=   NDSolve[
            {x'[t] == -y[t] + x[t]^2, y'[t] == x[t] + Sin[y[t]]},
            x[0] == -1.5, y[0] == 0}, {x, y}, {t, 0, 2}];

In[6]:=   sol = ParametricPlot[Evaluate[{x[t], y[t]} /. %],
            {t, 0, 2}, PlotRange -> {{-2, 2}, {-2, 2}}]
```

Out[6]=   -Graphics-

Die Lösungskurve bettet sich in das Vektorfeld ein.

```
In[7]:=   Show[{sol, vf}, AspectRatio -> Automatic]
```

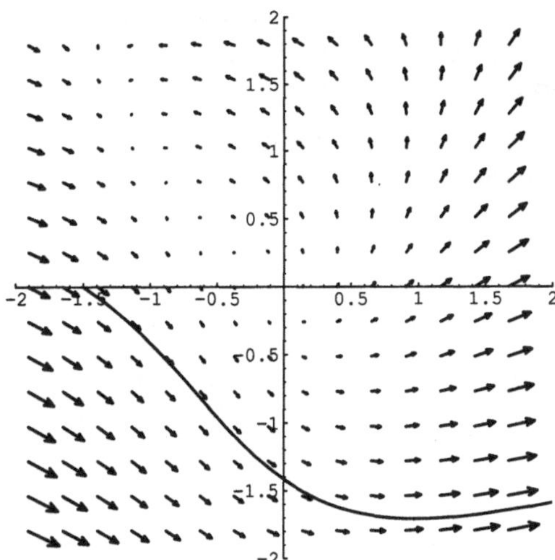

Out[7]=   -Graphics-

☐ Spezielle Graphiken

Das Paket `Graphics`Graphics`` enthält Definitionen für verschiedene Versionen von *logarithmischen Graphiken, Tortengraphiken, Balkengraphiken*, Graphiken mit *Fehlerbalken* etc. sowie *Beschriftungshilfen*.

In[8]:=   **<<Graphics`Graphics`**

In[9]:=   **?Graphics`Graphics`***

```
BarChart              LogListPlot
BarEdges              LogLogListPlot
BarEdgeStyle          LogLogPlot
BarGroupSpacing       LogPlot
BarLabels             LogScale
BarOrientation        PercentileBarChart
BarSpacing            PieChart
BarStyle              PieExploded
BarValues             PieLabels
DisplayTogether       PieLineStyle
DisplayTogetherArray  PieStyle
ErrorListPlot         PiScale
GeneralizedBarChart   PolarListPlot
Horizontal            PolarPlot
LabeledListPlot       Scale
LinearLogListPlot     ScaledListPlot
LinearLogPlot         ScaledPlot
LinearScale           SkewGraphics
ListAndCurvePlot      StackedBarChart
LogGridMajor          TextListPlot
```

```
LogGridMinor          TransformGraphics
LogLinearListPlot     UnitScale
LogLinearPlot         Vertical
```

```
In[10]:=  Plot[BesselJ[3, x], {x, 0, 6Pi},
            Ticks -> {PiScale, Automatic}]
```

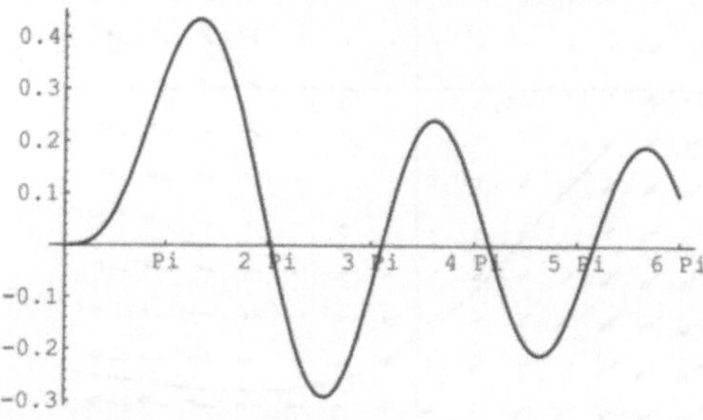

```
Out[10]=  -Graphics-
```

```
In[11]:=  BarChart[Sin[Range[10]]^2]
```

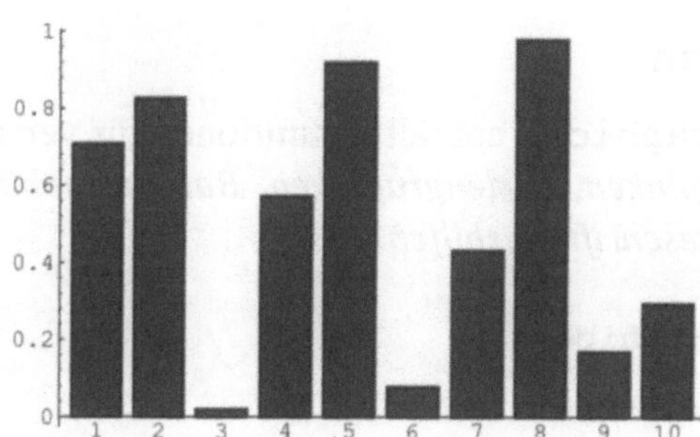

```
Out[11]=  -Graphics-
```

☐ Ton-Erzeugung

Mathematica kann Graphiken nicht nur zeichnen, sondern (auf Rechnern mit entsprechender Ausrüstung) auch zum Klingen bringen. Der zugehörige Befehl heißt `Play`. Er funktioniert analog zu `Plot`.

```
In[12]:=  Play[Sin[2 Pi 440 t], {t, 0, 2}]
```

```
Out[12]=  -Sound-
```

In[13]:= `Play[AiryAi[t] Sin[2 Pi 440 t], {t, 0, 2}]`

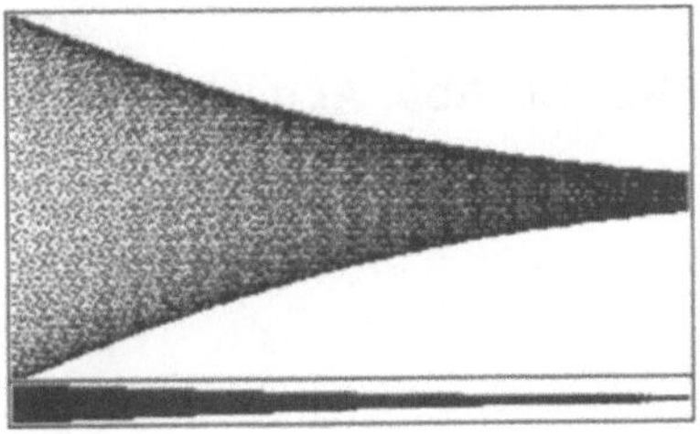

Out[13]= `-Sound-`

☐ Zusammenfassung

Ausdruck	Bedeutung
`Play[f, {t, `t_{min}`, `t_{max}`}]`	erzeugt einen Ton mit Amplitudenfunktion f

Tabelle 1-82: Ton-Erzeugung

Paket	Beschreibung
`Graphics`PlotField`,` `Graphics`PlotField3D``	Vektorfelder in zwei und drei Dimensionen
`Graphics`Graphics``	spezielle Graphiken und Beschriftungshilfen

Tabelle 1-83: Zwei Pakete für Graphiken

☐ Übungen

1. Zeichne das zum Differentialgleichungssystem

$$\dot{x} = -z,$$

$$\dot{y} = \sin y,$$

$$\dot{z} = x$$

gehörende Vektorfeld!

Wo liegt ein günstiger Beobachterstandort?

2. Zeichne einen linearen und einen einfach-logarithmischen Graphen der Funktion `BesselK[1, x]` im Bereich zwischen 0 und 5!

3. Überlagere dem Kammerton (440 Hz) einen um ein Hertz danebenliegenden Ton!

■ 1.8.2 Komplexe Zahlen

Die eingebauten Funktionen Re, Im, Abs, Arg und Conjugate werden vorerst nur
für *Zahlen* ausgewertet.

```
In[1]:=   Re[a + I b]
Out[1]=   Re[a + I b]
```

Das Paket Algebra`ReIm` erweitert die Funktionen Re, Im und Conjugate auf
Symbole.

```
In[2]:=   <<Algebra`ReIm`

In[3]:=   ?ReIm

          ReIm.m defines simplification rules for Re[], Im[], etc.
             Variables can be declared real by var/: Im[var] = 0.
```

Bei einem *Symbol* ist nicht klar, ob es für eine reelle oder für eine komplexe Zahl
steht. Deshalb müssen reelle Symbole als solche gekennzeichnet werden. Dies
geschieht mit einer Anweisung der Form:

```
In[4]:=   a /: Im[a] = 0;
```

Die Zeichenfolge /: sorgt dafür, daß die Definition als zu a gehörend aufgefaßt
wird (vergleiche mit dem Unterabschnitt "Mit Symbolen assoziierte Definitionen",
Seite 242). Ohne diesen Zusatz würde die Zuweisung zu Im assoziiert, was zu einer
Fehlermeldung führt.

```
In[5]:=   Im[b] = 0

          Set::write: Tag Im in Im[b] is Protected.
Out[5]=   0

In[6]:=   b /: Im[b] = 0;
```

Nun können wir z.B. den folgenden Realteil berechnen:

```
In[7]:=   Re[(a + I b)^3]
```
$$Out[7]= \ -2\ a\ b^2 + a\ (a^2 - b^2)$$

Abs und Arg sprechen leider immer noch nicht an.

```
In[8]:=   {Abs[(a + I b)^3], Arg[(a + I b)^3]}
```

$$Out[8]= \ \{Abs[(a + I\ b)^3],\ Arg[(a + I\ b)^3]\}$$

Wir werden deshalb in Abschnitt 3.2.3 ein Paket schreiben, welches auch diese Funktionen erweitert.

☐ Zusammenfassung

Paket	Beschreibung
Algebra`ReIm`	Erweiterung der Funktionen Re, Im und Conjugate auf Symbole

Tabelle 1-84: Paket für komplexe Zahlen

Schreibweise	Bedeutung
f /: *lhs* = *rhs*	zum Symbol f assoziierte Definition

Tabelle 1-85: Zu Symbolen assoziierte Definition

☐ Übung

1. Berechne den Real- und Imaginärteil von

$$\frac{1}{(a + ib)^3},$$

wobei a und b reell sind!

■ 1.8.3 Summen, Produkte, Reihen

☐ Symbolische Summen, Reihen und Produkte

Wir haben in Abschnitt 1.6.2 die Funktionen Sum und Product zur Berechnung von *Summen* und *Produkten* kennengelernt.

```
In[1]:=   Sum[k^3, {k, 10}]
```
$$Out[1]= \ 3025$$

Falls aber z.B. die Obergrenze der Summe ein *Symbol* oder unendlich ist, so arbeiten diese Funktionen nicht mehr.

In[2]:=   **Sum[k^3, {k, n}]**

Out[2]=   Sum[k^3, {k, n}]

In[3]:=   **Product[1 - 1/(2k), {k, 1, n}]**

Out[3]=   Product[1 - $\frac{1}{2\,k}$, {k, 1, n}]

In[4]:=   **Sum[(n - 1)/(n + 1)^5, {n, Infinity}]**

Out[4]=   Sum[$\frac{-1 + n}{(1 + n)^5}$, {n, Infinity}]

Im letzten Fall kann man sich mit einer numerischen Approximation behelfen.

In[5]:=   **NSum[(n - 1)/(n + 1)^5, {n, Infinity}]**
Out[5]=   0.00846772

Die analoge Funktion NProduct berechnet numerische Näherungen von Produkten. Mit der Steuerung der numerischen Genauigkeit in solchen Summen und Produkten beschäftigen wir uns in Abschnitt 3.3.3.

Will man als Resultat einen symbolischen Ausdruck, so muß das Paket Algebra`SymbolicSum` eingelesen werden. Es erweitert Sum und Product auf eine große Klasse von symbolischen Summen, Reihen und Produkten.

In[6]:=   **<<Algebra`SymbolicSum`**

In[7]:=   **Sum[k^3, {k, n}]**

Out[7]= $\dfrac{n^2\,(1 + n)^2}{4}$

In[8]:=   **Product[1 - 1/(2k), {k, 1, n}]**

Out[8]= $\dfrac{(2\,n)!}{4^n\,n!^2}$

In[9]:=   **Sum[(n - 1)/(n + 1)^5, {n, Infinity}]**

Out[9]= $\dfrac{90 + Pi^4}{90} + \dfrac{PolyGamma[4, 1]}{12}$

☐ Taylorreihen

Zur Berechnung von *Taylorreihen* steht die Funktion `Series` zur Verfügung.

In[10]:= `Series[Sin[x] Exp[x^2], {x, 0, 8}]`

$$Out[10]=\; x + \frac{5\,x^3}{6} + \frac{41\,x^5}{120} + \frac{461\,x^7}{5040} + O[x]^9$$

`InverseSeries` berechnet die Reihenentwicklung der inversen Funktion.

In[11]:= `InverseSeries[%, x]`

$$Out[11]=\; x - \frac{5\,x^3}{6} + \frac{209\,x^5}{120} - \frac{23981\,x^7}{5040} + O[x]^9$$

Tatsächlich ergibt sich (bis zur gewünschten Ordnung) die Identität, wenn diese Entwicklung der inversen Funktion für x in die ursprüngliche Reihe eingesetzt wird.

In[12]:= `%% /. x -> %`

$$Out[12]=\; x + O[x]^9$$

Mit `Normal` kann aus Potenzreihen, durch Abschneiden der Terme höherer Ordnung, eine normale Summe erzeugt werden.

In[13]:= `Normal[%]`

Out[13]= `x`

☐ Zusammenfassung

Ausdruck	Bedeutung
`Sum[`*f, range*`]`	Summe von *f*; Indexbereich *range* gemäß Tabelle 1-58, Seite 131
`Product[`*f, range*`]`	Produkt
`NSum[`*f, range*`]`	numerisch berechnete Summe
`NProduct[`*f, range*`]`	numerisch berechnetes Produkt
`Series[`*f*, {*x, x_0, n*}`]`	Taylorreihe von *f* in $x = x_0$ bis zur Ordnung $(x - x_0)^n$
`InverseSeries[`*s, x*`]`	Reihenentwicklung der inversen Funktion, wobei *s* die von `Series` erzeugte Reihenentwicklung einer Funktion ist
`Normal[`*s*`]`	erzeugt (durch Abschneiden der Terme höherer Ordnung) aus einer Reihe *s* eine normale Summe

Tabelle 1-86: Summen, Produkte, Reihen

Paket	Beschreibung
`Algebra`SymbolicSum``	Erweiterung der Funktionen `Sum` und `Product` auf symbolische Summen, Reihen und Produkte

Tabelle 1-87: Paket für symbolische Summen

☐ Übungen

1. Berechne das Produkt

$$\prod_{k=1}^{\infty} \frac{4k\,(k+1)}{(1+2k)^2}.$$

2. Erzeuge auf verschiedene Arten eine Entwicklung der Funktion arcsin!

■ 1.8.4 Datenanalyse, Interpolation

☐ Einlesen und Darstellen von externen Daten

Wie schon in Abschnitt 1.5.5 angesprochen, können externe Daten mit dem Befehl `ReadList` in *Mathematica* eingelesen werden. Für ihre graphische Darstellung stehen `ListPlot`, `ListPlot3D`, `ListContourPlot` und `ListDensityPlot` zur Verfügung. Falls dreidimensionale Daten nicht auf einem regelmäßigen Gitter liegen, so sind die Funktionen `ScatterPlot3D` und `ListSurfacePlot3D` aus dem Paket `Graphics`Graphics3D`` hilfreich.

☐ Näherungen, Interpolationen

Wir betrachten den folgenden Datensatz:

```
In[1]:=   data = Table[N[x! Exp[-2x]], {x, 10}];
```

In[2]:= **dataPlot = ListPlot[data, AxesOrigin -> {0, 0}]**

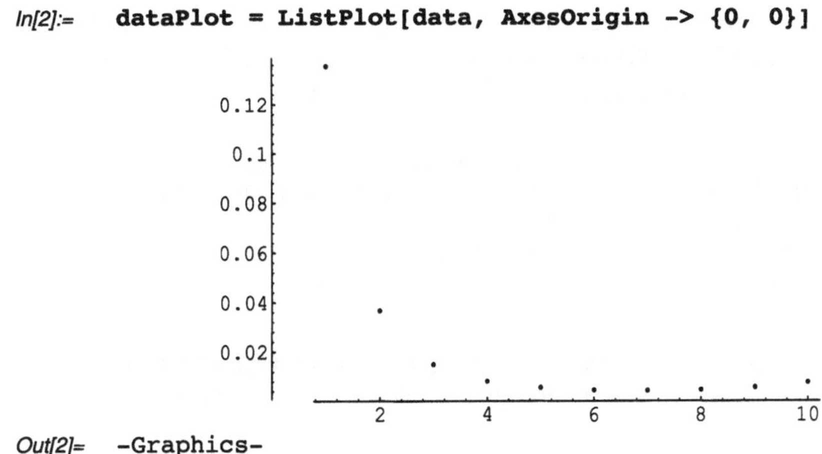

Out[2]= **-Graphics-**

Mit **Fit** können wir den Datensatz durch eine Linearkombination von vorgegebenen Funktionen annähern. Die Koeffizienten werden gemäß der Regel der kleinsten Quadrate berechnet. Je nach Wahl der Funktionen erhalten wir eine bessere oder schlechtere Näherung.

Eine erste Näherung könnte aus einem quadratischen Polynom bestehen.

In[3]:= **fit1 = Fit[data, {1, x, x^2}, x]**

Out[3]= $0.140872 - 0.0439157\ x + 0.00320296\ x^2$

Wenn man eine Exponentialfunktion zuläßt, so sollte eine bessere Approximation entstehen (vergleiche mit der Graphik *Out[7]=*, unten).

In[4]:= **fit2 = Fit[data, {1, x^2, Exp[-x]}, x]**

Out[4]= $-0.00352578 + \dfrac{0.36731}{E^x} + 0.000124671\ x^2$

Die folgende Rechnung erzeugt eine Näherung durch eine Funktion der Form

$$e^{a + bx + cx^2}.$$

In[5]:= **fit3 = Exp[Fit[Log[data], {1, x, x^2}, x]]**

Out[5]= $E^{-0.959735\ -\ 1.3141\ x\ +\ 0.0933464\ x^2}$

Wie gut sind die drei Näherungen? Für einen Vergleich stellen wir mit der Option `PlotStyle` (siehe Tabelle 1-90) die einzelnen Kurven verschieden gestrichelt dar. Die Anzeige wird vorerst unterdrückt (vergleiche mit Abschnitt 1.5.2).

```
In[6]:=   fitPlot = Plot[{fit1, fit2, fit3}, {x, 1, 10},
            PlotStyle -> {Dashing[{1, 0}], Dashing[{.09, .02}],
              Dashing[{.06, .02}]},
            DisplayFunction -> Identity]

Out[6]=   -Graphics-
```

Mit der Option `DisplayFunction -> $DisplayFunction` zeichnen wir nun die drei Kurven zusammen mit den ursprünglichen Daten.

```
In[7]:=   Show[fitPlot, dataPlot,
            DisplayFunction -> $DisplayFunction]
```

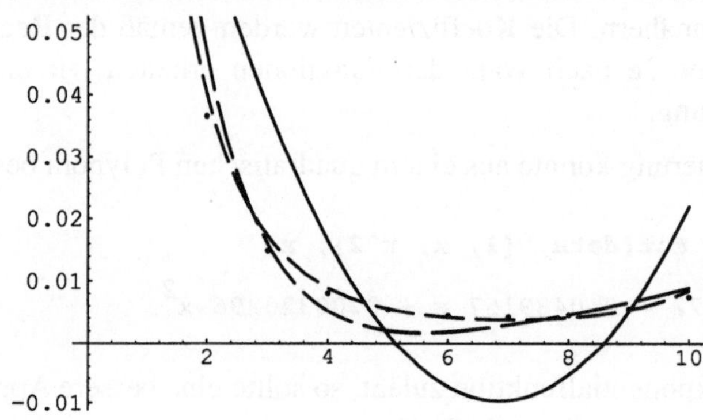

```
Out[7]=   -Graphics-
```

Offensichtlich liefert die dritte Näherung das beste Resultat.

Wir können auch ein *Interpolationspolynom* bestimmen, das exakt durch die Datenpunkte geht.

```
In[8]:=   iPoly = InterpolatingPolynomial[data, x]

Out[8]=   0.135335 + (-0.098704 + (0.0384726 +
              (-0.0103346 + (0.00213703 +
                (-0.000360076 +
                  (0.0000513625 +
                    (-6.35489 10^-6 +
                      (6.95711 10^-7 - 6.82455 10^-8 (-9 + x))
                    (-8 + x)) (-7 + x)) (-6 + x)) (-5 + x))
              (-4 + x)) (-3 + x)) (-2 + x)) (-1 + x)
```

```
In[9]:=    iPolyPlot = Plot[iPoly, {x, 1, 10},
              DisplayFunction -> Identity]

Out[9]=    -Graphics-

In[10]:=   Show[iPolyPlot, dataPlot,
              DisplayFunction -> $DisplayFunction,
              PlotRange -> {0, .04}]
```

```
Out[10]= -Graphics-
```

Für große Datensätze werden solche Interpolationspolynome unvernünftig kompliziert. Deshalb besteht die Möglichkeit, lediglich aufeinanderfolgende Datenpunkte durch Interpolationspolynome zu verbinden. Dies besorgt die Funktion `Interpolation`. Ihr Resultat ist eine reine Funktion (siehe Abschnitt 1.6.2) vom Typ `InterpolatingFunction`.

Wir haben solche Objekte schon als Resultat von `NDSolve` kennengelernt. Der Grad der Interpolationspolynome ist normalerweise 3; er wird durch die Option `InterpolationOrder` gesteuert. Falls gewünscht, können auch Werte von Ableitungen in den Datensatz aufgenommen werden.

```
In[11]:=   iFunct = Interpolation[data]

Out[11]=   InterpolatingFunction[{1, 10}, <>]

In[12]:=   iFunctPlot = Plot[iFunct[x], {x, 1, 10},
              DisplayFunction -> Identity]

Out[12]=   -Graphics-

In[13]:=   Show[iFunctPlot, dataPlot,
              DisplayFunction -> $DisplayFunction,
              PlotRange -> {0, .04}]
```

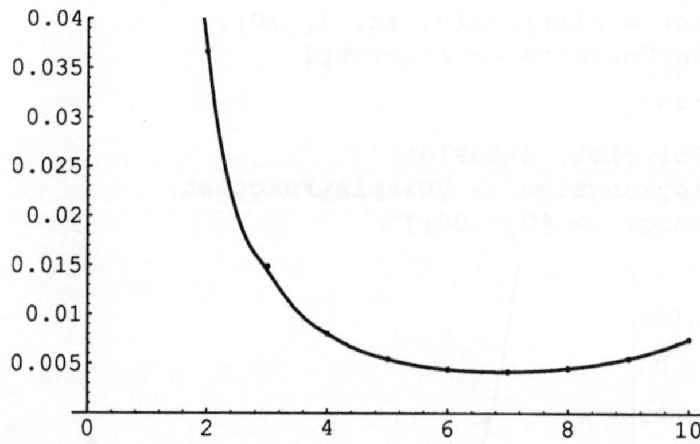

Out[13]= -Graphics-

Diese Kurve ist nicht überall so gleichmäßig wie diejenige des Interpolationspolynoms. Interessant ist der Vergleich zwischen den dabei entstandenen Fehlern (siehe Übungsaufgaben 1 und 2).

☐ Statistische Analysen, nichtlineare Regression

Im Verzeichnis Statistics finden sich verschiedene Standard-Pakete für *statistische Analysen* und (in Version 2.1) *nichtlineare Regressionen* von Daten.

Alle zugehörigen Funktionen stehen z.B. nach

In[14]:= **Needs["Statistics`Master`"]**

zur Verfügung.

☐ Zusammenfassung

Ausdruck	Bedeutung
Fit[*data, funs, vars*]	Näherung der Daten *data* durch eine Linearkombination der Funktionen *funs* in den Variablen *vars* (nach der Methode der kleinsten Quadrate)
InterpolatingPolynomial[{f_1, ..., f_n}, x]	Interpolation der Datenpunkte durch ein Polynom in x
InterpolatingPolynomial[{x_1, f_1}, ..., {x_n, f_n}}, x]	Polynom in x, das durch die Punkte {x_i, f_i} geht

Tabelle 1-88: Interpolation von Daten

Ausdruck	Bedeutung
`InterpolatingPolynomial[` $\{x_1, \{f_1, df_1, ddf_1, ...\}, ...\}, x]$	Polynom mit vorgeschriebenen Werten und Ableitungen
`Interpolation[`*data*`]`	Interpolation der Daten *data* durch ein `InterpolatingFunction`-Objekt; vergleiche mit Tabelle 1-89 für die Darstellungsformen von *data*

Tabelle 1-88: Interpolation von Daten

Daten ohne Ableitungen	Darstellung mit Ableitungen
$\{f_1, ..., f_n\}$	
$\{\{x_1, f_1\}, ..., \{x_n, f_n\}\}$	$\{\{x_1, \{f_1, df_1, ddf_1, ...\}\}, ...\}$
$\{\{x_1, y_1, ..., f_1\}, ...\}$	f_i durch $\{f_i, \{dxf_i, dyf_i, ...\}\}$ ersetzen

Tabelle 1-89: Darstellung von Daten in `Interpolation`

Option	Werte	Bedeutung
`PlotStyle`	*style* $\{\{style_1\}, \{style_2\}\}$	• Stil für Punkte und Linien (`Dashing`, etc.) • Stile für aufeinanderfolgende Linien (zyklisch)

Tabelle 1-90: Option von `Plot` und `ListPlot`

Option	Bedeutung
`InterpolationOrder`	Option von `Interpolation` zur Bestimmung des Grades der Interpolation zwischen den Datenpunkten (normalerweise 3)

Tabelle 1-91: Option von `Interpolation`

Verzeichnis	Inhalt
`Statistics`	Verzeichnis (innerhalb von `Packages`) mit Paketen für statistische Analysen

Tabelle 1-92: Pakete für statistische Analysen

☐ Übungen

1. Vergleiche für den obigen Datensatz **data** von

$$x!\,e^{-2x}$$

die absoluten Fehler der Approximation durch Interpolationsfunktionen mit derjenigen durch Interpolationspolynome!

2. Stelle die Untersuchung von Aufgabe 1 für die Interpolationen eines Satzes von 20 Datenpunkten der Funktion $\sin(x)$ im Intervall $[0, 2\pi]$ an!

■ 1.8.5 Transformationen

□ Diskrete Fourier-Transformation

Die eingebauten Funktionen `Fourier` und `InverseFourier` berechnen mit einem *FFT*-Algorithmus (*Fast Fourier Transform*) aus einem Datensatz (in Form einer Liste) dessen diskrete *Fourier-Transformation* bzw. die Inverse. Dabei muß die Länge des Datenvektors keine Potenz von 2 sein, wie dies bei manchen anderen Programmen verlangt wird.

Wir betrachten einen Datensatz mit Werten der abklingenden Exponentialfunktion, ergänzt durch den Wert 0.5 am Anfang (vergleiche mit [Bri74]).

```
In[1]:=   expData = Join[{.5}, Table[Exp[-t] // N,
             {t, .25, 7.75, .25}]];
```

```
In[2]:=   ListPlot[expData,
             PlotRange -> {0, 1}, PlotLabel -> "Datensatz"]
```

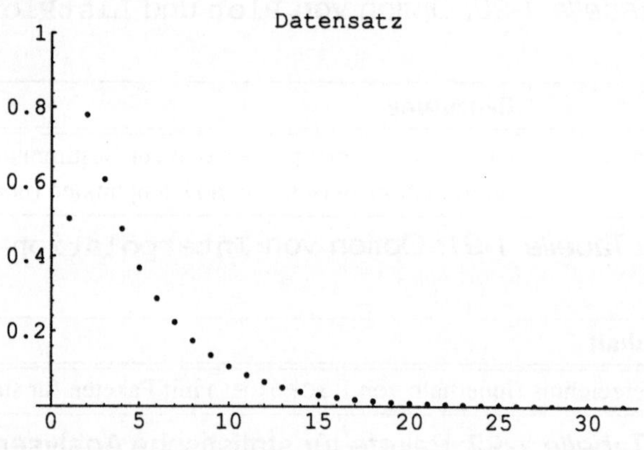


```
Out[2]=   -Graphics-
```

Nun berechnen wir seine diskrete Fourier-Transformation.

```
In[3]:=   fData = Fourier[expData];
```

Um später mit der exakten Fourier-Transformation vergleichen zu können, skalieren wir die Daten folgendermaßen:

```
In[4]:=   fData = fData .25 Sqrt[Length[expData]] // N;
```

Die zugehörige physikalische Frequenzskala läuft über ein Intervall der Länge 3.875. Wir erhalten mit folgendem Befehl ein Bild für die Realteile der Fourier-Transformierten:

```
In[5]:=   discRe = ListPlot[
             Transpose[{Table[t, {t, 0, 3.875, .125}], Re[fData]}],
             PlotRange -> All, PlotLabel -> "Re[DFT]"]
```



```
Out[5]=   -Graphics-
```

Der Ursprung entspricht der Frequenz 0, die rechte Hälfte des Graphen den negativen Frequenzen. Man könnte letztere auch auf die linke Seite verschieben; die gewählte Darstellungsweise ist aber gängiger.

Der Realteil der Fourier-Transformation der Funktion

$$t \rightarrow \begin{cases} e^{-t} & (t \geq 0) \\ 0 & (t < 0) \end{cases}$$

kann auch analytisch berechnet werden.

```
In[6]:=   <<Algebra`ReIm`

In[7]:=   cft = Re[Integrate[Exp[-t] Exp[2Pi I f t],
             {t, 0, Infinity}]]
```

$$Out[7]= \frac{1 + 2\,Pi\;Im[f]}{(1 + 2\,Pi\;Im[f])^2 + 4\,Pi^2\,Re[f]^2}$$

```
In[8]:=   contRe = Plot[cft, {f, 0, 3.875},
            PlotLabel -> "Re[CFT]"]
```

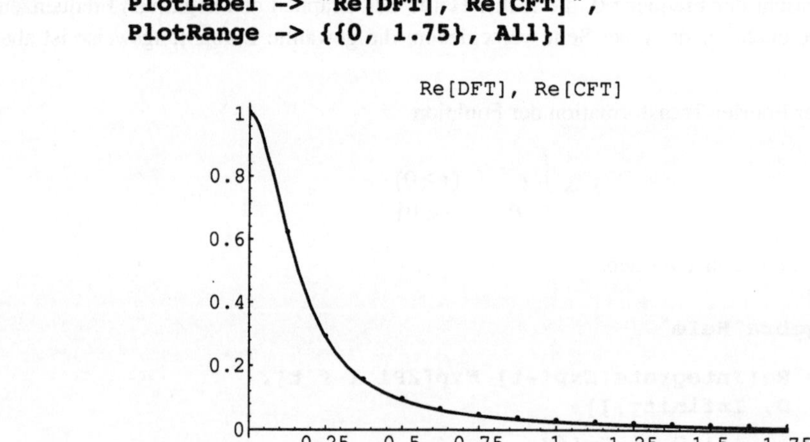

```
Out[8]=   -Graphics-
```

Im folgenden Bild werden die beiden Transformationen im Bereich der positiven Frequenzen verglichen:

```
In[9]:=   Show[discRe, contRe,
            PlotLabel -> "Re[DFT], Re[CFT]",
            PlotRange -> {{0, 1.75}, All}]
```

```
Out[9]=   -Graphics-
```

Es ergibt sich die erwartete Übereinstimmung.

☐ Symbolische Fourier-Transformationen

Das Paket Calculus`FourierTransform` enthält Funktionen zur *symbolischen* Berechnung von *Fourier-Transformationen* und *-Reihen*:

```
In[10]:=  <<Calculus`FourierTransform`
```

```
In[11]:=   ?Calculus`FourierTransform`*

           FourierCosSeriesCoefficient      FourierTransform
           FourierCosTransform              FourierTrigSeries
           FourierExpSeries                 InverseFourierCosTransform
           FourierExpSeriesCoefficient      InverseFourierSinTransform
           $FourierFrequencyConstant        InverseFourierTransform
           FourierFrequencyConstant         NFourierCosSeriesCoefficient
           $FourierOverallConstant          NFourierExpSeries
           FourierOverallConstant           NFourierExpSeriesCoefficient
           FourierSample                    NFourierSinSeriesCoefficient
           FourierSinSeriesCoefficient      NFourierTransform
           FourierSinTransform              NFourierTrigSeries
```

```
In[12]:=   FourierTransform[Exp[-a t^2]/b, t, f]
```

$$Out[12]= \frac{Sqrt[\frac{Pi}{a}]}{b\ E^{f^2/(4\ a)}}$$

```
In[13]=   InverseFourierTransform[%, f, t] // PowerExpand
```

$$Out[13]= \frac{1}{b\ E^{a\ t^2}}$$

Im Paket ist auch die *Dirac-Funktion* definiert:

```
In[14]:=   FourierTransform[1, t, f]
Out[14]=   Delta[-f]
```

`FourierTrigSeries`[*expr*, {x, x_{min}, x_{max}}, *n*] berechnet die *Fourier-Reihe* von *expr* bis zur Ordnung *n*. Dabei wird die Funktion von x als periodisch, mit einer Periode von x_{min} bis x_{max}, angesehen.

```
In[15]:=   fs = FourierTrigSeries[x^2, {x, 0, 1}, 3]
```

$$Out[15]= \frac{1}{3} + \frac{Cos[2\ Pi\ x]}{Pi^2} + \frac{Cos[4\ Pi\ x]}{4\ Pi^2} + \frac{Cos[6\ Pi\ x]}{9\ Pi^2} +$$

$$2\ \left(\frac{-1}{4\ Pi^3} + \frac{1 - 2\ Pi^2}{4\ Pi^3}\right)\ Sin[2\ Pi\ x] +$$

$$2\ \left(\frac{-1}{32\ Pi^3} + \frac{1 - 8\ Pi^2}{32\ Pi^3}\right)\ Sin[4\ Pi\ x] +$$

$$2\ \left(\frac{-1}{108\ Pi^3} + \frac{1 - 18\ Pi^2}{108\ Pi^3}\right)\ Sin[6\ Pi\ x]$$

Ein Vergleich der Approximation mit der ursprünglichen Funktion liefert:

In[16]:= **Plot[{fs, (x - Floor[x])^2}, {x, 0, 4}]**

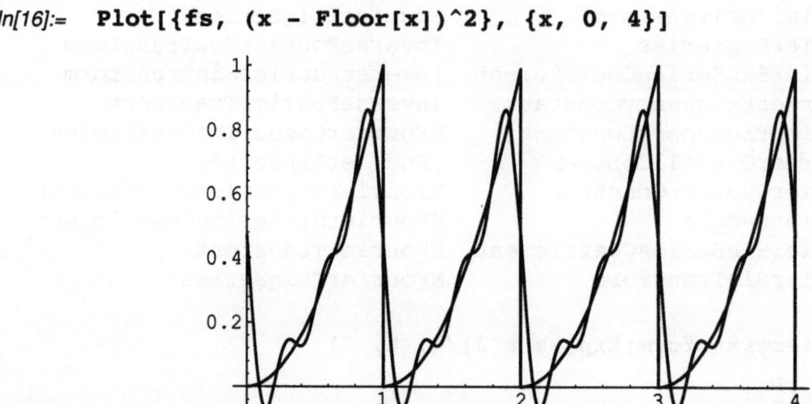

Out[16]= **-Graphics-**

☐ Symbolische Laplace-Transformationen

Im Paket Calculus`LaplaceTransform` finden sich die Funktionen
LaplaceTransform und InverseLaplaceTransform zur Berechnung von
Laplace-Transformationen.

In[17]:= **<<Calculus`LaplaceTransform`**

In[18]:= **?Calculus`LaplaceTransform`***

InverseLaplaceTransform LaplaceTransform

In[19]:= **LaplaceTransform[Exp[t], t, s]**

Out[19]= $\dfrac{1}{-1 + s}$

In[20]:= **InverseLaplaceTransform[Exp[a/s + b], s, t]**

Out[20]= E^b (Sqrt[$\frac{a}{t}$] BesselI[1, 2 Sqrt[a t]] + Delta[t])

Die wichtigsten Regeln sind eingebaut:

In[21]:= **LaplaceTransform[g'[t] + t g[t], t, s]**

Out[21]= -g[0] + s LaplaceTransform[g[t], t, s] -

   LaplaceTransform$^{(0,0,1)}$[g[t], t, s]

☐ Zusammenfassung

Ausdruck	Bedeutung
`Fourier[`*list*`]`	diskrete Fouriertransformation einer Liste *list*=$\{a_1,\ \ldots,\ a_n\}$ gemäß $$b_s = \frac{1}{\sqrt{n}} \sum_{r=1}^{n} a_r e^{2\pi i (r-1)(s-1)/n}$$
`InverseFourier[`*list*`]`	diskrete inverse Fourier-Transformation einer Liste *list*=$\{b_1,\ \ldots,\ b_n\}$ gemäß $$a_r = \frac{1}{\sqrt{n}} \sum_{s=1}^{n} b_s e^{-2\pi i (r-1)(s-1)/n}$$

Tabelle 1-93: Diskrete Fourier-Transformation

Paket	Beschreibung
`Calculus`FourierTransform``	symbolische Fourier-Transformationen
`Calculus`LaplaceTransform``	symbolische Laplace-Transformationen

Tabelle 1-94: Pakete mit symbolischen Transformationen

☐ Übungen

1. Betrachte die Besselfunktion `BesselJ[1, t]` im Intervall der ersten (doppelseitigen) Schwingung. Setze die Funktion periodisch fort und berechne eine Näherung durch eine Fourier-Reihe! Vergleiche mit der ursprünglichen Funktion!

2. Konstruiere ein weiteres Beispiel für den Vergleich zwischen einer diskreten und einer kontinuierlichen Fourier-Transformation!

■ 1.8.6 Mathematische Funktionen

Im Kern von *Mathematica* sind die folgenden mathematischen Konstanten und Funktionen eingebaut:

`Abs, AiryAi, AiryAiPrime, AiryBi, AiryBiPrime, ArcCos, ArcCosh, ArcCot, ArcCoth, ArcCsc, ArcCsch, ArcSec, ArcSech, ArcSin, Arc-Sinh, ArcTan, ArcTanh, Arg, ArithmeticGeometricMean, Bernoul-liB, BesselI, BesselJ, BesselK, BesselY, Beta, Binomial, Catalan, Ceiling, ChebyshevT, ChebyshevU, ClebschGordan, Conjugate, Cos, Cosh, CosIntegral, Cot, Coth, Csc, Csch, Degree, Divisors, Divisor-`

```
Sigma, E, EllipticE, EllipticExp, EllipticF, EllipticK, Ellip-
ticLog, EllipticPi, EllipticTheta, Erf, Erfc, EulerE, EulerGamma,
EulerPhi, Exp, ExpIntegralE, ExpIntegralEi, ExtendedGCD, Facto-
rial, FactorInteger, Floor, Gamma, GaussianIntegers, GCD, Gegen-
bauerC, GoldenRatio, HermiteH, Hypergeometric0F1, Hypergeome-
tric1F1, Hypergeometric2F1, HypergeometricU, I, Im, Infinity,
IntegerDigits, InverseJacobiSN, JacobiAmplitude, JacobiP, Ja-
cobiSN, JacobiSymbol, JacobiZeta, LaguerreL, LCM, LegendreP,
LerchPhi, Log, LogIntegral, Max, Min, Mod, MoebiusMu, Multinomial,
Partitions, PartitionsQ, Pi, Pochhammer, PolyGamma, PolyLog,
PowerMod, Prime, PrimePi, PrimeQ, Quotient, Random, Re, Riemann-
SiegelTheta, RiemannSiegelZ, Round, Sec, Sech, SeedRandom, Sign,
Signature, Sin, Sinh, SinIntegral, SixJSymbol, SphericalHarmo-
nicY, StirlingS1, StirlingS2, Tan, Tanh, ThreeJSymbol und Zeta.
```

Für die genauen Definitionen und Eigenschaften dieser vielen Funktionen muß auf die Spezialliteratur (z.B. [AS65]) verwiesen werden. Eine Kurzinformation erhält man mit der Hilfe-Funktion (vergleiche mit Kapitel 1.2).

```
In[1]:=   ?RiemannSiegelTheta

          RiemannSiegelTheta[t] gives the analytic function theta(t)
             which satisfies RiemannSiegelZ[t] == Exp[I
             RiemannSiegelTheta[t]] Zeta[1/2 + I t]. The argument t
             need not be real, but if it is, then
             RiemannSiegelTheta[t]] == Im[LogGamma[1/4 + I t/2]] - t
             Log[Pi]/2.
```

Wir wollen verifizieren, daß die Besselfunktion wirklich die entsprechende Differentialgleichung erfüllt und das Kosinus-Integral sowie die Fehlerfunktion richtig definiert sind:

```
In[2]:=   DSolve[t^2 x''[t] + t x'[t] + (t^2 - n^2)x[t] == 0, x[t], t]

Out[2]=   {{x[t] -> BesselJ[Sqrt[n^2], t] C[1] +
                BesselY[Sqrt[n^2], t] C[2]}}

In[3]:=   Integrate[Cos[t]/t, t]

Out[3]=   CosIntegral[t]

In[4]:=   2/Sqrt[Pi] Integrate[Exp[-t^2], t]

Out[4]=   Erf[t]
```

■ 1.8.7 Polynome

Im Umgang mit *Polynomen* möchte man oft Informationen über ihre Struktur erhalten oder gewisse Koeffizienten herausziehen. Dazu dienen die in Tabelle 1-95 aufgeführten Funktionen.

```
In[1]:=   poly = (a + x)^2 (b - x)^2
```
$$Out[1]= \quad (b - x)^2 (a + x)^2$$

```
In[2]:=   Length[poly]
Out[2]=   2
```

```
In[3]:=   Length[Expand[poly]]
Out[3]=   9
```

```
In[4]:=   Exponent[poly, x]
Out[4]=   4
```

Die Liste (bzw. Matrix) der Koeffizienten (in aufsteigender Ordnung, bei null beginnend) ergibt sich mit:

```
In[5]:=   CoefficientList[poly, x]
```
$$Out[5]= \quad \{a^2 b^2, -2 a^2 b + 2 a b^2, a^2 - 4 a b + b^2, 2 a - 2 b, 1\}$$

```
In[6]:=   CoefficientList[poly, {a, b}]
```
$$Out[6]= \quad \{\{x^4, -2 x^3, x^2\}, \{2 x^3, -4 x^2, 2 x\}, \{x^2, -2 x, 1\}\}$$

Für das Rechnen mit Polynomen steht eine ganze Palette von Funktionen zur Verfügung (siehe Tabelle 1-96). Einige davon kennen wir schon aus Abschnitt 1.4.1.

```
In[7]:=   PolynomialQuotient[x^10 + x^3 + 1, x^5 - 1, x]
```
$$Out[7]= \quad 1 + x^5$$

```
In[8]:=   PolynomialRemainder[x^10 + x^3 + 1, x^5 - 1, x]
```
$$Out[8]= \quad 2 + x^3$$

```
In[9]:=   Decompose[x^10 + x^5 + 1, x]
```
$$Out[9]= \quad \{1 + x + x^2, x^5\}$$

```
In[10]:=  Decompose[1 - 3x + x^2 - 3x^3 + 2x^4 + x^6, x]
```
$$Out[10]= \quad \{1 - 3 x + x^2, x (1 + x^2)\}$$

In[11]:= `Expand[%[[1]] /. x -> %[[2]]]`

Out[11]= $1 - 3x + x^2 - 3x^3 + 2x^4 + x^6$

☐ Zusammenfassung

Ausdruck	Bedeutung
`Length[`*poly*`]`	Länge (Anzahl Summanden in der vorliegenden Form)
`Variables[`*poly*`]`	Variablen
`Exponent[`*poly*`, x]`	höchster Exponent von x
`Coefficient[`*poly*`, `*expr*`]`	Koeffizient von *expr* in *poly*
`Coefficient[`*poly*`, `*expr*`, n]`	Koeffizient von $expr^n$
`CoefficientList[`*poly*`, x]`	Liste der Koeffizienten der Variablen x (von x^0 bis $x^{\texttt{Length[}poly\texttt{]}}$)
`CoefficientList[`*poly*`, {`x_1`, `x_2`, ...,}]`	Matrix der Koeffizienten der Variablen x_i (von den Variablen unabhängige Koeffizienten stehen zuvorderst)

Tabelle 1-95: Struktur von Polynomen

Ausdruck	Bedeutung
`PolynomialQuotient[`$poly_1$`, `$poly_2$`, x]`	Division von $poly_1$ durch $poly_2$ (in x), wobei der Rest weggestrichen wird
`PolynomialRemainder[`$poly_1$`, `$poly_2$`, x]`	Rest bei der Division von $poly_1$ durch $poly_2$ (in x)
`PolynomialGCD[`$poly_1$`, `$poly_2$`]`	größter gemeinsamer Teiler
`PolynomialLCM[`$poly_1$`, `$poly_2$`]`	kleinstes gemeinsames Vielfaches
`PolynomialMod[`$poly_1$`, m]`	Reduktion modulo m
`Factor[`*poly*`]`	Faktorisierung
`FactorSquareFree[`*poly*`]`	Faktorisierung in quadratfreie Faktoren
`FactorTerms[`*poly*`, x]`	von x unabhängige Faktoren werden herausgezogen

`FactorList[`*poly*`]`
`FactorSquareFreeList[`*poly*`]`
`FactorTermsList[`*poly*`, {`x_1`, `x_2`, ...}]`
	Resultate werden als Listen dargestellt

Tabelle 1-96: Rechnen mit Polynomen

Ausdruck	Bedeutung
`Cyclotomic[`n`, `x`]`	zyklotomisches Polynom der Ordnung n in x: $$\prod_k \left(x - e^{\frac{2\pi i k}{n}} \right)$$
`Decompose[`$poly$`, `x`]`	Zerlegung in die Komposition einfacherer Polynome
`Resultant[`$poly_1$`, `$poly_2$`, `x`]`	Resultante

Tabelle 1-96: Rechnen mit Polynomen

■ 1.8.8 Lineare Algebra, lineare Programmierung

Lineare Gleichungssysteme können außer mit `Solve` auch mit `LinearSolve` gelöst werden. Dazu schreibt man sie in Matrixform. Für große, dünn besetzte Matrizen ist dies der effizienteste Weg.

Analog dazu stehen für die *lineare Programmierung* einerseits eine Matrix-Funktion (`LinearProgramming`) und andererseits Funktionen zur Bearbeitung von Ungleichungen (`ConstrainedMax`, `ConstrainedMin`) zur Verfügung.

☐ Zusammenfassung

Ausdruck	Bedeutung
`LinearSolve[`m`, `b`]`	löst die Matrixgleichung $m\,.\,x == b$ effizient für große, schwach besetzte Matrizen
`LinearSolve[`m`, `b`, ZeroTest -> `f`]`	löst die Matrixgleichung $m\,.\,x == b$, wobei das Verschwinden von Termen mit der Funktion f getestet wird (z.B. `Mod[#, 2]&`)
`NullSpace[`m`]`	Basis des Kerns einer Matrix m (Vektoren x mit $m\,.\,x == 0$)
`RowReduce[`m`]`	einfachere Form durch Linearkombinationen der Zeilen
`SingularValues[`m`]`	u, m_D, v aus der Gleichung $m = u^T m_D v$, wobei m_D diagonal ist
`PseudoInverse[`m`]`	Pseudoinverse (Minimierung der Summe der Quadrate der Elemente von $m\,m^{-1} - 1$)
`QRDecomposition[`m`]`	QR-Zerlegung einer numerischen Matrix

Tabelle 1-97: Lineare Algebra

Ausdruck	Bedeutung
`SchurDecomposition[`*m*`]`	Schur-Zerlegung einer numerischen Matrix
`JordanDecomposition[`*m*`]`	Jordan-Zerlegung (ab Version 2.1)
`LUDecomposition[`*m*`]`	LU-Zerlegung (ab Version 2.1), liefert eine Liste {*f, perm*} mit einer Matrix *f* und einer Permutation *perm*
`LUBackSubstitution[ {`*f, perm*`}, `*b*`]`	liefert den Vektor *x*, der die Matrixgleichung $m \cdot x == b$ löst (ab Version 2.1, vergleiche mit `LUDecomposition`)
`ConstrainedMax[`*f*`, {`*inequalities*`}, {`*x, y, ...*`}]`	globales Maximum von *f* im durch die Ungleichungen *inequalities* beschriebenen Gebiet
`ConstrainedMin[`*f*`, {`*inequalities*`}, {`*x, y, ...*`}]`	globales Minimum von *f* im durch die Ungleichungen *inequalities* beschriebenen Gebiet
`LinearProgramming[`*c, m, b*`]`	Vektor *x*, der die Größe $c \cdot x$ unter den Randbedingungen $m \cdot x \geq b$ und $x \geq 0$ minimiert

Tabelle 1-97: Lineare Algebra

■ 1.8.9 Dateiverwaltung

In *Mathematica* verfügt man über die gängigsten Befehle zur *Manipulation von Dateien und Verzeichnissen.* Die Möglichkeit zur Kombination mit der Programmiersprache *Mathematica* ist daran besonders hilfreich.

```
In[1]:=    d = Directory[]
Out[1]=    Internal:Desktop Folder:Applications:Mathematica

In[2]:=    Save["dummy", d]

In[3]:=    FileNames[]
Out[3]=    {Defaults, Documents, dummy, Kernel Help, Mathematica,
           Packages, SKPackages}

In[4]:=    CopyFile[#, StringJoin[#, "-",
               ToString[FileByteCount[#]]]]& ["dummy"]
Out[4]=    dummy-55

In[5]:=    FileNames["dummy*"]
Out[5]=    {dummy, dummy-55}

In[6]:=    DeleteFile[{"dummy", "dummy-55"}]
```

In[7]:= **FileNames[]**

Out[7]= {Defaults, Documents, Kernel Help, Mathematica, Packages,
    SKPackages}

☐ Zusammenfassung

Ausdruck	Bedeutung
Directory[]	aktuelles Verzeichnis
SetDirectory["*dir*"]	aktuelles Verzeichnis verändern
ResetDirectory[]	auf letztes aktuelles Verzeichnis wechseln
ParentDirectory[]	nächsthöheres Verzeichnis
HomeDirectory[]	persönliches Grundverzeichnis

Tabelle 1-98: Verzeichnisse

Ausdruck	Bedeutung
FileNames[]	Liste aller Dateinamen im aktuellen Verzeichnis
FileNames["*form*"]	Liste aller Dateinamen, die auf ein Muster passen (auch eine Liste von Mustern ist möglich)
FileNames[*forms*, {"*dir$_1$*", "*dir$_2$*", ...}]	Liste der Dateinamen in vorgegebenen Verzeichnissen
FileNames[*forms*, *dirs*, *n*]	Unterverzeichnisse bis zur Ebene *n* werden mitgenommen

Tabelle 1-99: Dateien suchen

Ausdruck	Bedeutung
CopyFile["*file$_1$*", "*file$_2$*"]	Datei *file$_1$* auf Datei *file$_2$* kopieren
RenameFile["*file$_1$*", "*file$_2$*"]	Datei *file$_1$* auf den Namen *file$_2$* umbenennen
DeleteFile["*file*"]	Datei löschen
FileByteCount["*file*"]	Anzahl Byte, die eine Datei belegt
FileDate["*file*"]	Modifikationsdatum
SetFileDate["*file*"]	Modifikationsdatum auf aktuelles Datum setzen
FileType["*file*"]	Typ einer Datei

Tabelle 1-100: Dateien verändern

Ausdruck	Bedeutung
`CreateDirectory["`*name*`"]`	Verzeichnis anlegen
`DeleteDirectory["`*name*`"]`	(leeres) Verzeichnis löschen
`DeleteDirectory["`*name*`",` `    DeleteContents -> True]`	Verzeichnis mit seinem Inhalt löschen
`RenameDirectory["`*name*$_1$`",  "`*name*$_2$`"]`	Verzeichnis umbenennen
`CopyDirectory["`*name*$_1$`", "`*name*$_2$`"]`	Verzeichnis kopieren

Tabelle 1-101: Verzeichnisse verändern

■ 1.8.10 Konfiguration

Mathematica läßt sich in flexibler Weise den persönlichen Bedürfnissen anpassen. Entweder ergänzt man dazu die Datei `init.m` mit Definitionen und Befehlen, oder man konstruiert eine konfigurierte (binäre) Programmdatei. (Letzteres ist allerdings nicht auf allen Rechner-Plattformen möglich.)

☐ Initialisierungsdatei

Beim Aufstarten von *Mathematica* wird automatisch die Datei `init.m` abgearbeitet. Sie dient der Konfiguration des Programms.

Auf UNIX-Systemen ist es sogar möglich, mehrere verschiedene `init.m`-Dateien zu benutzen. Zuerst wird nämlich im aktuellen Verzeichnis nach `init.m` gesucht. Durch Wahl des Verzeichnisses, in dem man *Mathematica* startet, kann also die verwendete Datei kontrolliert werden.

Je nach Computersystem beinhaltet `init.m` schon einige Zeilen, welche die Graphik initialisieren. Durch Anfügen von eigenen Befehlen schafft man sich eine von der Normalkonfiguration abweichende Umgebung.

Eine mögliche Veränderung ist das Laden von Paketen oder besser die Deklarierung von zu Paketen gehörigen Symbolen (mit **DeclarePackage**, siehe Abschnitt 2.5.2).

Falls man eigene Pakete entwickelt hat und diese nicht in einem Verzeichnis auf dem normalen Suchpfad von *Mathematica* unterbringen möchte, so ergänzt man in `init.m` diesen Suchpfad durch Befehle wie

```
$Path = Join[$Path, {"Internal:Files:MyPackages"}];
```

(Macintosh) oder

```
$Path = Join[$Path, {"~/mma/my-packages"}];
```

(UNIX).

Wir können das Verhalten von jeder *Mathematica*-Funktion verändern; die Techniken dazu besprechen wir im zweiten Teil des Buches. Falls eine derartige Änderung immer aktiv sein soll, so speichern wir sie in `init.m` ab.

Logarithmen von Produkten werden z.B. nicht automatisch in Summen von Logarithmen umgerechnet:

```
In[1]:=    Log[a b]
Out[1]=    Log[a b]
```

Vielleicht zieht man vor, dies zu tun. Die folgenden Befehle führen eine entsprechende Definition für die Logarithmusfunktion ein (vergleiche mit dem Unterabschnitt "Veränderung von eingebauten Funktionen", Seite 243):

```
In[2]:=    Unprotect[Log]; Log[x_ y_] := Log[x] + Log[y]; Protect[Log];

In[3]:=    Log[a b]
Out[3]=    Log[a] + Log[b]
```

Falls dies immer automatisch gemacht werden soll, ergänzen wir `init.m` durch die Zeile:

```
Unprotect[Log]; Log[x_ y_] := Log[x] + Log[y]; Protect[Log];
```

Selbstverständlich ist bei derartigen Änderungen größte Vorsicht (und Zurückhaltung) am Platz, da damit leicht unerwartete Nebeneffekte eingeführt werden können.

☐ Speicherung des momentanen Programmzustandes

Der Dump-Befehl speichert auf UNIX-Systemen das ganze *Mathematica*-Programm in seinem aktuellen Zustand (binär) ab. So kann z.B. *Mathematica* mit zugeladenen Paketen gesichert und später wieder geladen oder eine lange Sitzung fortgesetzt werden.

Die Verwendung von Dump könnte z.B. so aussehen:

```
Dump["myMath", $Line=0; <<init.m]
```

Damit wird beim Aufstarten die Zeilennummer auf null gesetzt und die `init.m`-Datei abgearbeitet.

Man muß sich vor Augen halten, daß eine solche Datei `myMath` mehrere Megabyte groß sein wird. Falls nur Daten abgespeichert werden sollen, so verwendet man besser den **Save**-Befehl (vergleiche mit Abschnitt 1.5.2).

☐ Zusammenfassung

Dateiname	Bedeutung
`init.m`	konfigurierbare Startdatei

Tabelle 1-102: Konfigurationsdatei

Variable	Bedeutung
`$Path`	Suchpfad für Dateien

Tabelle 1-103: Globale Variable für den Suchpfad

Ausdruck	Bedeutung
Dump[*"filename"*]	Bild des aktuellen Zustandes von *Mathematica* auf eine Datei namens *filename* schreiben
Dump[*"filename"*, *init*]	Bild des aktuellen Zustandes von *Mathematica* auf eine Datei schreiben; beim Start wird zuerst *init* abgearbeitet

Tabelle 1-104: Konfiguration der *Mathematica*-Programmdatei

■ 1.8.11 Ressourcen

Vor allem bei großen Rechnungen (vergleiche auch mit Kapitel 3.4) ist die Kontrolle über den Zeit- und Speicheraufwand nützlich.

☐ Zeit-Ressourcen

Große Rechnungen können mit `TimeConstrained` nach einer gewissen Rechenzeit abgebrochen werden. Die ersten zwei Argumente sind der zu berechnende Ausdruck und die maximale Rechenzeit in Sekunden. Mit einem fakultativen dritten Argument kann im Falle eines Abbruchs ein spezielles Resultat zurückgegeben werden.

Als Beispiel faktorisieren wir Zufallszahlen und brechen die Rechnung nach einer Sekunde mit dem Resultat `"difficult"` ab.

```
In[1]:=   Table[
            n = Random[Integer, {10^19, 10^20}];
            TimeConstrained[{n, FactorInteger[n]},
              1, {n, "difficult"}],
            {5}] // TableForm
Out[1]//TableForm=
                                17               1
                                97               1
                               751               1
          68715968526019109249     55487745489151 1

          91281468778187987115     difficult

          67515135358940050112     difficult
```

```
                                  2                4
                                  3                1
                                  5                1
                                 19                1
                               5503                1
          98104369747237164240   3909525017743     1

                                  7                2
                               2129                1
                            5650573                1
         41548492700809072573     70484081         1
```

Verschiedene Funktionen (siehe Tabelle 1-105) helfen bei der Ermittlung und Umrechnung von Zeiten sowie des Datums.

☐ Speicher-Ressourcen

Mathematica ist speicherhungrig. Auf Computern mit genügend Arbeitsspeicher (über 8 Megabyte) fällt dies für die meisten Rechnungen nicht sehr ins Gewicht. Auf kleineren Maschinen muß man sich mit virtuellem Speicher behelfen. Sobald das System aber auf die Festplatte zugreift, wachsen natürlich die Wartezeiten erheblich.

Bei gewissen Betriebssystemen kann der dem Programm zugeordnete Speicherplatz eingestellt werden. Auf dem Macintosh wählen wir dazu die *Mathematica*-Programm-Datei aus und holen die Information dazu (**Get Info**). Im unteren Teil des erscheinenden Fensters befindet sich ein veränderliches Feld für die Speicherzuordnung. Bei "normalen" Rechnungen ist ein Wert von 5000-6000 (Kilobyte) vernünftig.

In Notebook-Schnittstellen wird die Speicherbelegung am unteren Rand des Fensters durch einen schwarzen Balken angezeigt. Sobald er das Feld auszufüllen beginnt, wird es kritisch. Dann ist es am besten, die Arbeit zu sichern und mit einer neuen Sitzung (eventuell mit größerer Speicherzuordnung) zu beginnen – sonst riskiert man einen "Absturz".

Die Funktionen `MemoryInUse` und `MaxMemoryUsed` (vergleiche mit Tabelle 1-106) geben uns Informationen über den vom *Mathematica*-Kern belegten Speicher. Mit `ByteCount` sehen wir, wieviel Byte von einem einzelnen Ausdruck belegt sind.

```
In[2]:=  Table[ByteCount[(a+b)^i], {i, 10}]
Out[2]=  {28, 76, 76, 76, 76, 76, 76, 76, 76, 76}
```

Dies ist natürlich abhängig von der Darstellung des Ausdrucks:

```
In[3]:=  Table[ByteCount[Expand[(a+b)^i]], {i, 10}]
Out[3]=  {28, 180, 332, 484, 636, 788, 940, 1092, 1244, 1396}
```

Wir können die Rechnungen bei Bedarf bezüglich des verwendeten Speichers begrenzen. Die zugehörige Funktion `MemoryConstrained` ist völlig analog zu `TimeConstrained`.

```
In[4]:=  Table[MemoryConstrained[Expand[(a+b)^i], 1000,
            "too large"], {i, 10}]
```

$$Out[4]= \{a + b, \; a^2 + 2\,a\,b + b^2, \; a^3 + 3\,a^2\,b + 3\,a\,b^2 + b^3,$$
$$a^4 + 4\,a^3\,b + 6\,a^2\,b^2 + 4\,a\,b^3 + b^4,$$
$$a^5 + 5\,a^4\,b + 10\,a^3\,b^2 + 10\,a^2\,b^3 + 5\,a\,b^4 + b^5,$$
$$a^6 + 6\,a^5\,b + 15\,a^4\,b^2 + 20\,a^3\,b^3 + 15\,a^2\,b^4 + 6\,a\,b^5 +$$
$$b^6, \; a^7 + 7\,a^6\,b + 21\,a^5\,b^2 + 35\,a^4\,b^3 + 35\,a^3\,b^4 +$$
$$21\,a^2\,b^5 + 7\,a\,b^6 + b^7,$$
$$a^8 + 8\,a^7\,b + 28\,a^6\,b^2 + 56\,a^5\,b^3 + 70\,a^4\,b^4 +$$
$$56\,a^3\,b^5 + 28\,a^2\,b^6 + 8\,a\,b^7 + b^8, \; \text{too large},$$
$$\text{too large}\}$$

Ab Version 2.1 erlaubt die Funktion `Share` eine wesentliche Komprimierung des Speicherplatzes. Mit ihr werden von verschiedenen Ausdrücken angesprochene Unterausdrücke gemeinsam benutzt und nur einmal gespeichert.

☐ Zusammenfassung

Ausdruck	Bedeutung
`Date[]`	Datum und Zeit
`AbsoluteTime[]`	Anzahl Sekunden seit dem 1.1.1990 (absolute Zeit)
`SessionTime[]`	Anzahl Sekunden seit dem Beginn der Sitzung
`TimeUsed[]`	Anzahl Sekunden Prozessorzeit
`Pause[`*n*`]`	Pause von *n* Sekunden
`FromDate[`*date*`]`	Datum in absolute Zeit verwandeln
`ToDate[`*time*`]`	absolute Zeit in Datum verwandeln
`Timing[`*expr*`]`	Prozessorzeit zur Berechnung und Resultat von *expr*
`TimeConstrained[`*expr, t*`]`	Berechnung von *expr* mit Zeitbeschränkung; eventueller Abbruch nach *t* Sekunden
`TimeConstrained[`*expr, t, failexpr*`]`	Berechnung von *expr* mit Zeitbeschränkung; eventueller Abbruch nach *t* Sekunden mit dem Resultat *failexpr*

Tabelle 1-105: Zeitverwaltung

Ausdruck	Bedeutung
`MemoryInUse[ ]`	Anzahl der momentan belegten Speicher-Byte
`MaxMemoryUsed[ ]`	maximale Anzahl Speicher-Byte, die in der Sitzung belegt wurden
`ByteCount[`*expr*`]`	maximale Anzahl Speicher-Byte, die durch *expr* belegt werden
`LeafCount[`*expr*`]`	Anzahl Enden in der Baumdarstellung des Ausdrucks *expr*
`Share[`*expr*`]`	speichert gemeinsame Unterausdrücke von *expr* nur einmal
`Share[ ]`	speichert gemeinsame Unterausdrücke im ganzen Speicher optimal
`MemoryConstrained[`*expr,* *b*`]`	Berechnung mit Speicherbeschränkung; Abbruch, falls mehr als *b* zusätzliche Speicher-Byte benötigt werden
`MemoryConstrained[`*expr,* *b, failexpr*`]`	Berechnung mit Speicherbeschränkung; Abbruch mit dem Resultat *failexpr*, falls mehr als *b* zusätzliche Speicher-Byte benötigt werden

Tabelle 1-106: Speicherverwaltung

2. Teil

Struktur

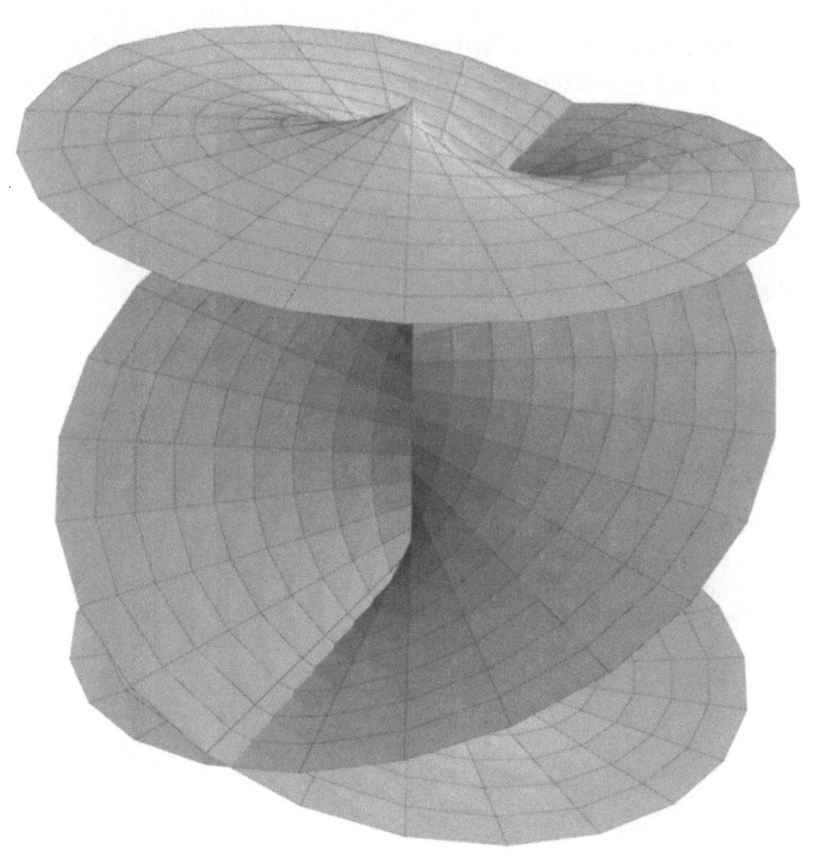

Wir haben bisher eine große Zahl mehr oder weniger direkter Anwendungen von *Mathematica* kennengelernt. Dabei sind wir rezeptartig vorgegangen, ohne uns um die Einzel- und Feinheiten der Eingabesyntax und der Auswertung zu kümmern. Nun ist es höchste Zeit, unser Verständnis zu vertiefen.

In diesem Teil lernen wir, wie man kompliziertere Funktionen definiert, eingebaute Funktionen erweitert oder abändert und Programme schreibt. Gleichzeitig wird uns klar werden, weshalb *Mathematica* manchmal nicht das tut, was man – ohne Überlegung – erwartet.

Jede *Mathematica*-Eingabe ist ein *Ausdruck*, der sich verändern läßt (Kapitel 2.1). Um mathematische Sachverhalte in flexibler und einfacher Weise zu formulieren, muß man *Muster* erkennen können. Sie sind das Thema von Kapitel 2.2. In Kapitel 2.3 studieren wir, wie man *Transformationsregeln* und *Definitionen* aufstellt, die auf gewisse Muster ansprechen. Der genaue Ablauf bei der *Auswertung* von Ausdrücken beschäftigt uns in Kapitel 2.4. Dabei lernen wir schon verschiedene Techniken der Programmierung kennen (die im dritten Teil des Buches noch vertieft werden). Ein Programm sollte *modular* aufgebaut sein. Die Hilfsmittel dazu werden in Kapitel 2.5 besprochen. Um den Benutzer (die Benutzerin) des so entstandenen Programms über Teilresultate, Fehler oder den Programmzustand zu informieren, muß man auch mit *Text* umgehen können (Kapitel 2.6).

☐ Zum Titelbild

Die sich selbst durchdringende Spirale erhalten wir mit:

```
In[1]:=   ParametricPlot3D[
             {
               r Cos[3u],
               r Sin[3u],
               Sin[u]
             },
             {u, 0, 2Pi}, {r, 0, 1},
             PlotPoints -> {70, 10},
             Boxed -> False,
             Axes -> False]
```

■ 2.1 Ausdrücke

Mathematica-Eingaben haben eine verblüffend einfache Grundstruktur. Alles, was man eintippt, ist nämlich ein *Ausdruck* (englisch: *expression*). Die Arbeit von *Mathematica* besteht darin, diesen gemäß allen anwendbaren Transformationsregeln (mit -> und :>) und Definitionen (mit = und :=) umzuformen, bis sich nichts mehr ändert.

■ 2.1.1 Struktur von Ausdrücken

Jeder Ausdruck hat einen *Kopf* (englisch: *head*) und einen – oder mehrere – in eckige Klammern gefaßte, mit Kommas abgetrennte "Parameter", die ihrerseits wieder Ausdrücke sein können. Der Prototyp eines Ausdrucks ist f[x, y]. In ihm ist f der Kopf.

Mit der Funktion FullForm läßt sich jeder Ausdruck in seiner Standardschreibweise darstellen. Für f[x, y] erhält man damit nichts Neues.

```
In[1]:=   f[x, y] // FullForm
Out[1]//FullForm=
        f[x, y]
```

Das nächste Beispiel ist hingegen schon interessanter.

```
In[2]:=   x + x^2 - Sin[z] == a // FullForm
Out[2]//FullForm=
        Equal[Plus[x, Power[x, 2], Times[-1, Sin[z]]], a]
```

Auf der ersten Stufe stehen der Kopf Equal und zwei zugehörige Parameter, wovon der erste wieder zusammengesetzt (mit Kopf Plus) und der zweite das Symbol a ist. Der erste Parameter ist wieder ein vollständiger Ausdruck und läßt sich seinerseits auseinandernehmen usw.

TreeForm stellt den Ausdruck baumartig dar.

```
In[3]:=   x + x^2 - Sin[z] == a // TreeForm
Out[3]//TreeForm=
        Equal[|                                    , a]
              Plus[x, |           , |              ]
                      Power[x, 2]  Times[-1, |     ]
                                             Sin[z]
```

Die Köpfe und die "Parameter" können, je nach Ausdruck, verschiedene Bedeutungen haben (deshalb ist das Wort "Parameter" in Anführungszeichen gesetzt). Die Tabelle 2-1 zeigt einige Möglichkeiten.

Kopf	"Parameter"	Beispiele
Funktion	Argumente, Parameter	`f[x]`, `Sin[x]` `BesselJ[1, 1.5]`
Befehl	Argumente, Parameter	`Expand[(a+b)^100]` `Short[%, 3]`
Operator	Operanden	`Plus[x, y]` bzw. `x + y` `Set[x, a]` bzw. `x = a`
Kopf	Elemente	`List[a, b, c]` bzw. `{a, b, c}`
Objekt-Typ	Inhalte	`Hue[h, s, b]`

Tabelle 2-1: Verschiedene Bedeutungen der Teile von Ausdrücken

Trotz dieser verschiedenen Bedeutungen ist die dahinterliegende Syntax von *Mathematica* identisch.

Die Funktion `Head` liefert den Kopf eines Ausdrucks.

```
In[4]:=   x^2 + x - Sin[z] == a // Head
Out[4]=   Equal
```

Mit ihrer Hilfe sehen wir, daß sogar Zahlen (verborgene) Köpfe haben.

```
In[5]:=   Head /@ {1, 1+I, 1.1}
Out[5]=   {Integer, Complex, Real}
```

Zur Repetition haben wir hier die Funktion `Head` mit `Map` auf die Liste abgebildet und so elementweise die Köpfe berechnet (siehe Abschnitt 1.6.2).

☐ Zusammenfassung

Ausdruck	Bedeutung
`FullForm[`*expr*`]`	(volle) Standard-Darstellung von *expr*
`TreeForm[`*expr*`]`	Darstellung eines Ausdrucks als Baum
`Head[`*expr*`]`	Kopf eines Ausdrucks

Tabelle 2-2: Darstellung und Teile von Ausdrücken

□ Übungen

1. Was ist der Kopf eines Symbols?

2. Analysiere die Struktur des folgenden Ausdrucks:

```
x''[t] + a x'[t] + x[t] == 0
```

■ 2.1.2 Arbeit mit Teilen von Ausdrücken

Aus Abschnitt 1.6.3 kennen wir viele Listen-Operationen. Viele von ihnen können auch auf Ausdrücke angewendet werden.

```
In[1]:=   expr = 1 + x + x^2 - Sin[z] == a;

In[2]:=   Part[expr, 1]

Out[2]=   1 + x + x^2 - Sin[z]

In[3]:=   Append[expr, 0]

Out[3]=   1 + x + x^2 - Sin[z] == a == 0
```

`Position` erlaubt das Auffinden der Stellung von Teilausdrücken.

```
In[4]:=   Position[expr, x]
Out[4]=   {{1, 2}, {1, 3, 1}}
```

Dabei wird der Ausdruck gemäß seiner Baumstruktur als verschachtelte Liste aufgefaßt.

```
In[5]:=   TreeForm[expr]
Out[5]//TreeForm=
          Equal[|                                    , a]
                Plus[1, x, |          , |                    ]
                          Power[x, 2]  Times[-1, |       ]
                                                 Sin[z]
```

Man kann die Suche auf bestimmte *Ebenen* dieses Baumes beschränken. Das Schema zur Bezeichnung von Ebenen ist für alle Funktionen, die solche Ebenen verwenden, gleich: Eine Zahl n bedeutet alle Ebenen von 1 bis n, $\{n\}$ die Ebene n allein, $\{n_1, n_2\}$ die Ebenen n_1 bis n_2 und `Infinity` alle Ebenen.

```
In[6]:=   Position[expr, x, {3}]
Out[6]=   {{1, 3, 1}}
```

Mit der Funktion `MapAt` können wir z.B. eine Funktion an dieser Stelle anwenden (vergleiche mit Abschnitt 1.6.2):

```
In[7]:=   MapAt[Cos, expr, {1, 3, 1}]
Out[7]=   1 + x + Cos[x]² – Sin[z] == a
```

☐ Zusammenfassung

Ausdruck	Bedeutung
Depth[*expr*]	Tiefe eines Ausdrucks
Level[*expr*, *levelspec*]	Teilausdruck auf bestimmten Ebenen; siehe Tabelle 2-4 für die Möglichkeiten zur Angabe von Ebenen (*levelspec*)
Position[*expr*, *pattern*]	Stellungen, an denen das Muster *pattern* vorkommt
Position[*expr*, *pattern*, *levelspec*]	Stellungen auf der Ebene (den Ebenen) *levelspec*, an denen das Muster *pattern* vorkommt
MapAt[*f*, *expr*, *n*]	wendet *f* auf das Element an der Stelle *n* an (*n* kann auch eine Liste sein, um eine verschachtelte Stellung festzulegen)

Tabelle 2-3: Struktur von Ausdrücken

Bezeichnung	Bedeutung
n	Ebenen 1 bis *n*
{*n*}	nur die Ebene *n*
{n_1, n_2}	Ebenen n_1 bis n_2
Infinity	alle Ebenen

Tabelle 2-4: Bezeichnung von Ebenen (*"levelspec"*)

☐ Übung

1. Ersetze auf zwei Arten im Ausdruck

       f[1 + Sin[x^2]]

   die Funktion `Sin` durch `Cos`!

◼ 2.2 Muster

Zum bequemen Umgang mit mathematischen Objekten muß man neben einzelnen Größen auch ganze Klassen von Ausdrücken ansprechen können. Dazu dienen in *Mathematica* die *Muster* (englisch: *pattern*).

◼ 2.2.1 Einfache Muster und ihre Verwendung

Das *Grundelement* eines Musters ist der (unterstrichene) Leerschlag _ (englisch: *blank*). Er steht für "irgendetwas". Das Irgendetwas kann (muß aber nicht) mit einem Namen versehen sein. So bezeichnet x_ ein Irgendetwas, dem man den Namen x gibt.

Transformationsregeln der Form *lhs* –> *rhs* oder *lhs* :> *rhs* (siehe Abschnitt 2.3.1) und Definitionen der Form *lhs* = *rhs* oder *lhs* := *rhs* werden auf ihrer linken Seite als Muster aufgefaßt.

☐ Muster in Transformationsregeln

Im folgenden Ausdruck können wir z.B. z durch a ersetzen:

```
In[1]:=   expr = 1 + y^2 + y^3 + z^2 + y^2 Sin[z];

In[2]:=   expr /. z -> a

Out[2]=   1 + a^2 + y^2 + y^3 + y^2 Sin[a]
```

Vielleicht möchten wir in allen Quadraten die Basis durch a austauschen. Dazu stellen wir eine Regel für das Muster "irgendetwas im Quadrat" auf, wobei es nicht einmal nötig ist, das Irgendetwas zu benennen.

```
In[3]:=   expr /. _^2 -> a^2

Out[3]=   1 + 2 a^2 + y^3 + a^2 Sin[z]
```

Falls alle Potenzen durch die entsprechenden Potenzen von a ersetzt werden sollen, benutzen wir das folgende Muster:

```
_^n_
```

Dabei muß die Potenz benannt werden, da sie auf der rechten Seite der Regel vorkommt.

In[4]:=   **expr /. _^n_ -> a^n**

Out[4]= $1 + 2 \, a^2 + a^3 + a^2 \, \mathrm{Sin}[z]$

Es kann z.B. auch ein Muster mit einer Summe gebildet werden.

In[5]:=   **expr /. y^n_ + y^m_ -> f[n, m]**

Out[5]= $1 + z^2 + f[3, 2] + y^2 \, \mathrm{Sin}[z]$

□ Muster in Funktionsdefinitionen

Eine *Funktion* der Form

>   **f[x_] := ...**

ist in unserer neuen Terminologie eine Definition, die auf das Muster f[*anything*]
ansprechen soll. Das Irgendetwas *anything* ist dabei mit dem Namen x versehen, der
auf der rechten Seite der Definition verwendet wird.

In[6]:=   **f[x_] := x^2**

In[7]:=   **f[a]**

Out[7]= a^2

Sogar in einer Definition der Form

>   **g[x] := ...**

oder

>   **g[x] = ...**

ist g[x] ein Muster, allerdings als sehr einschränkendes: Es enthält keine Freiheiten
und spricht nur gerade auf g[x] an.

In[8]:=   **g[x] := x^2**

In[9]:=   **g[a]**

Out[9]=   **g[a]**

In[10]:=   **g[x]**

Out[10]= x^2

Ein weiteres Beispiel für ein Muster ist eine Funktion, die nur für zwei gleiche
Argumente ausgewertet werden soll. Dazu versehen wir das Irgendetwas zweimal mit
demselben Namen.

```
In[11]:=  h[x_, x_] := k[x]

In[12]:=  h[1, 2]
Out[12]=  h[1, 2]

In[13]:=  h[a, a]
Out[13]=  k[a]
```

□ Auffinden von Mustern

Verschiedene Funktionen finden vorgegebene Muster in Ausdrücken. Eine davon, `Position`, haben wir in Abschnitt 2.1.2 schon kennengelernt.

```
In[14]:=  Position[expr, _^2]
Out[14]=  {{2}, {4}, {5, 1}}
```

Die Funktion `Count` zählt die Anzahl Vorkommnisse eines Musters in einer *Liste*.

```
In[15]:=  Count[{a, b^2, c^3, 1}, _^_]
Out[15]=  2
```

Hat man einen *beliebigen Ausdruck*, so muß explizit die gewünschte *Suchebene* (vergleiche mit Tabelle 2-4, auf Seite 216) bezeichnet werden, sonst wird nur auf der ersten Stufe gesucht.

```
In[16]:=  Count[expr, _^2]
Out[16]=  2

In[17]:=  Count[expr, _^2, Infinity]
Out[17]=  3
```

Analog zu `Count` funktioniert `Cases`. Hier werden diejenigen Teilausdrücke aufgelistet, welche unter ein Muster fallen.

```
In[18]:=  Cases[{a, b^2, c^3, 1}, _^_]
Out[18]=  {b^2, c^3}

In[19]:=  Cases[expr, _^2, Infinity]
Out[19]=  {y^2, z^2, y^2}
```

Dabei besteht die Möglichkeit, durch eine Regel die auf ein Muster passenden Unterausdrücke zu ersetzen.

```
In[20]:=   Cases[expr, _^n_ -> n, Infinity]
Out[20]=   {2, 3, 2, 2}
```

DeleteCases wirft Teile, die zu einem Muster gehören, weg. Auch hier ist die Syntax analog, d.h.: falls die Ebene nicht bezeichnet ist, so wird nur die erste abgesucht (wie bei einer Liste).

```
In[21]:=   DeleteCases[expr, _^_]

Out[21]=   1 + y^2 Sin[z]

In[22]:=   DeleteCases[expr, _^_, Infinity]
Out[22]=   1 + Sin[z]
```

Vielleicht sollen in einer Liste Teile ausgewählt werden, die sich weniger gut mit Mustern charakterisieren lassen. Dann benützt man mit Vorteil die Funktion **Select**. Sie spricht nur auf Listen an und bildet eine Liste derjenigen Elemente, die einen Test erfüllen (d.h.: für eine Testfunktion **True** liefern). Die Testfunktion kann eingebaut sein (z.B. **NumberQ**) oder selbst konstruiert (z.B. die reine Funktion #<3&, für einen Test, ob der Ausdruck kleiner als 3 ist).

```
In[23]:=   Select[{1, 2.1, x, 4.1, 1, 2, a}, NumberQ]
Out[23]=   {1, 2.1, 4.1, 1, 2}

In[24]:=   Select[{1, 2.1, x, 4.1, 1, 2, a}, #<3&]
Out[24]=   {1, 2.1, 1, 2}
```

☐ Zusammenfassung

Muster	Bedeutung
_	irgendetwas
x_	irgendetwas, das mit x benannt wird
x	nur gerade das Symbol x

Tabelle 2-5: Einfache Muster

Ausdruck	Bedeutung
Count[*list*, *pattern*]	Anzahl Elemente einer Liste, die auf ein Muster passen
Count[*expr*, *pattern*, *levelspec*]	Anzahl Elemente auf einer Ebene (oder mehreren, siehe Tabelle 2-4), die auf ein Muster passen

Tabelle 2-6: Muster in Listen und Ausdrücken

Ausdruck	Bedeutung
`Cases[`*list, pattern*`]`	Elemente einer Liste, die auf ein Muster passen
`Cases[`*list, lhs -> rhs*`]`	auf diejenigen Elemente, welche unter das Muster *lhs* fallen, wird die Regel *lhs -> rhs* angewendet
`Cases[`*expr, pattern, levelspec*`]`	Elemente auf der gewünschten Ebene eines Ausdrucks, die auf ein Muster passen
`Position[`*expr, pattern*`]`	Stellungen, an denen das Muster *pattern* vorkommt
`Position[`*expr, pattern, levelspec*`]`	Stellungen auf der Ebene (den Ebenen) *levelspec* (siehe Tabelle 2-4), an denen das Muster *pattern* vorkommt
`Select[`*list, crit*`]`	Elemente, für welche die Funktion *crit* den Wert `True` liefert
`Select[`*list, crit, n*`]`	die ersten *n* Elemente, für welche die Funktion *crit* den Wert `True` liefert

Tabelle 2-6: Muster in Listen und Ausdrücken

☐ Übungen

1. Multipliziere $(a + b + c)^{10}$ aus!

   Wirf im entstandenen Ausdruck alle Summanden, die a und irgendeine Potenz von b enthalten (außer b selbst), heraus!

   Finde nun alle Summanden, die b^5 enthalten!

2. Erstelle eine Tabelle von 1000 ganzen Zufallszahlen zwischen 1 und 10000! Konstruiere die Liste der darin vorkommenden Primzahlen!

■ 2.2.2 Einschränkung von Mustern

Oft, vor allem bei Funktionsdefinitionen, möchte man dafür sorgen, daß ein Muster nur unter gewissen *Bedingungen* anspricht. Ein Beispiel dafür haben wir in Abschnitt 1.6.3 kennengelernt. Dort mußte die Definition der Kreuzproduktes durch eine Bedingung der Form *rule /; condition* auf Vektoren der Länge drei beschränkt werden.

```
In[1]:=    cross[u_, v_] :=
            RotateLeft[u RotateLeft[v] - RotateLeft[u] v] /;
             VectorQ[u] && VectorQ[v] &&
             Length[u] == 3 && Length[v] == 3
```

☞ Beachte, daß diese Art der Beschränkung nur bei verzögerten Definitionen mit `:=` (und verzögerten Regeln mit `:>`, siehe Abschnitt 2.3.1) einen Sinn macht, da bei `=` (und `->`) die rechte Seite sofort ausgewertet wird.

Man kann mit /; einzelne Teile eines Musters einschränken.

```
In[2]:=   t1[a_ /; a > 2, b_ /; b > 3] := c

In[3]:=   t1[1, 9]
Out[3]=   t1[1, 9]

In[4]:=   t1[3, 9]
Out[4]=   c
```

Hier ist wahrscheinlich die äquivalente Form

```
In[5]:=   t2[a_, b_] := c /; a > 2 && b > 3
```

lesbarer. Würde die Bedingung aber eine Verknüpfung von **a** und **b** beinhalten, so ginge nur noch die zweite Form.

Eine nächste Art der Einschränkung ist die Angabe des gewünschten Kopfes (**Integer**, **Real**, **Complex**, **Symbol**, **List** etc.). Man schreibt ihn nach dem Leerschlag (z.B.: **x_Integer**).

Die folgende Funktion spricht nur für Listen an und wählt die Elemente größer als eins aus:

```
In[6]:=   selectGreaterOne[v_List] := Select[v, #>1&]

In[7]:=   selectGreaterOne[a + 2]
Out[7]=   selectGreaterOne[2 + a]

In[8]:=   selectGreaterOne[{1, 2, a, 3}]
Out[8]=   {2, 3}
```

Als dritte Möglichkeit können Testfunktionen auf die Kandidaten für ein Muster angewendet werden. Die Syntax dazu ist:

> *pattern* ? *test*

Ein solches Muster spricht nur auf Ausdrücke an, für welche die Funktion *test* den Wert **True** liefert.

Die Funktion *test* kann zwar nicht auf benannte Teile von Mustern zugreifen (wie bei /;), manchmal liefert diese Konstruktion aber klarere Definitionen.

Für den Test kommen eingebaute oder selbstdefinierte Funktionen in Frage.

```
In[9]:=   div2[n_?EvenQ] := n/2
```

```
In[10]:=  div2[3]
Out[10]=  div2[3]

In[11]:=  div2[4]
Out[11]=  2

In[12]:=  fac[n_?(# > 0 && IntegerQ[#]&)] := n!

In[13]:=  fac[-1]
Out[13]=  fac[-1]

In[14]:=  fac[10]
Out[14]=  3628800

In[15]:=  multAdd[{x_List, y_List} ? MatrixQ] := {x . y, x + y}

In[16]:=  multAdd[{{1, 2}, {3, 4, 5}}]
Out[16]=  multAdd[{{1, 2}, {3, 4, 5}}]

In[17]:=  multAdd[{{1, 2}, {3, 4}}]
Out[17]=  {11, {4, 6}}
```

Mathematica verfügt über einen ganzen Satz von Funktionen, die sich speziell gut für Tests eignen. Ihr Name endet immer mit einem Q (für *Question*).

```
In[18]:=  ?*Q

          AtomQ                LowerCaseQ         PolynomialQ
          DigitQ               MachineNumberQ     PrimeQ
          EllipticNomeQ        MatchLocalNameQ    SameQ
          EvenQ                MatchQ             StringMatchQ
          FreeQ                MatrixQ            StringQ
          HypergeometricPFQ    MemberQ            SyntaxQ
          IntegerQ             NameQ              TrueQ
          LegendreQ            NumberQ            UnsameQ
          LetterQ              OddQ               UpperCaseQ
          LinkConnectedQ       OptionQ            ValueQ
          LinkReadyQ           OrderedQ           VectorQ
          ListQ                PartitionsQ
```

Sie haben die gemeinsame Eigenschaft, daß sie als Resultat immer `True` oder `False` liefern – im Gegensatz z.B. zu `Positive`.

```
In[19]:=  NumberQ[a]
Out[19]=  False

In[20]:=  Positive /@ {-1, a, 1}
Out[20]=  {False, Positive[a], True}
```

Soll ein Test `False` ergeben, falls er mit den vorhandenen Informationen nicht entschieden werden kann, so benutzt man am besten `TrueQ`.

```
In[21]:=  TrueQ[Positive[#]]& /@ {-1, a, 1}
Out[21]=  {False, False, True}
```

Für Gleichheit und Ungleichheit existieren die Funktionen `SameQ[`x`, `y`]` bzw. `UnsameQ[`x`, `y`]`. Sie sind äquivalent zu `TrueQ[`x` == `y`]` bzw. `TrueQ[`x` != `y`]` und werden abgekürzt als x `===` y bzw. x `=!=` y.

```
In[22]:=  a == 1
Out[22]=  a == 1

In[23]:=  a === 1
Out[23]=  False
```

☐ Zusammenfassung

Ausdruck	Bedeutung
pattern `/;` *condition*	Muster, das nur anspricht, falls die Bedingung *condition* erfüllt ist
rule `/;` *condition*	(verzögerte) Regel, die nur anspricht, falls *condition* erfüllt ist

Tabelle 2-7: Muster und Regeln mit Bedingungen

Muster	Bedeutung
x`_head`	Muster für einen Ausdruck mit Kopf *head*
x`_Integer`	Muster für eine ganze Zahl
x`_Real`	Muster für eine reelle Zahl
x`_Complex`	Muster für eine komplexe Zahl
x`_Rational`	Muster für eine gebrochene Zahl

Tabelle 2-8: Muster für spezielle Köpfe

Ausdruck	Bedeutung
`SameQ[`x`, `y`]` x `===` y	`True`, falls x und y identisch sind, sonst `False`
`UnsameQ[`x`, `y`]` x `=!=` y	`True`, falls x und y nicht identisch sind, sonst `False`

Tabelle 2-9: Testfunktionen mit Resultat `True` oder `False`

Ausdruck	Bedeutung
`NumberQ[`*expr*`]`	True, falls *expr* eine Zahl ist, sonst False
`IntegerQ[`*expr*`]`	True, falls *expr* eine ganze Zahl ist, sonst False
`EvenQ[`*expr*`]`	True, falls *expr* eine gerade Zahl ist, sonst False
`OddQ[`*expr*`]`	True, falls *expr* eine ungerade Zahl ist, sonst False
`PrimeQ[`*expr*`]`	True, falls *expr* eine Primzahl ist, sonst False
`VectorQ[`*expr*`]`	True, falls *expr* ein Vektor ist, sonst False
`VectorQ[`*expr*`, `*test*`]`	True, falls *expr* ein Vektor ist und *test* auf seinen Elementen den Wert True liefert, sonst False
`MatrixQ[`*expr*`]`	True, falls *expr* eine Matrix ist, sonst False
`MatrixQ[`*expr*`, `*test*`]`	True, falls *expr* eine Matrix ist und *test* auf ihren Elementen den Wert True liefert, sonst False
`PolynomialQ[`*expr*`, {`x_1`, `x_2`, ...}]`	True, falls *expr* ein Polynom in x_1, x_2 ist, sonst False
`OrderedQ[{`x_1`, `x_2`, ...}]`	True, falls x_1, x_2, ... geordnet sind, sonst False
`MemberQ[`*list*`, `*pat*`]`	True, falls das Muster *pat* auf ein Element von *list* anspricht, sonst False
`MemberQ[`*expr*`, `*pat*`, `*levelspec*`]`	testet nur die Ebene(n) *levelspec* (siehe Tabelle 2-4)
`FreeQ[`*expr*`, `*pat*`]`	True, falls das Muster *pat* auf keinen Teil von *expr* anspricht, sonst False
`FreeQ[`*expr*`, `*patt*`, `*levelspec*`]`	testet nur die Ebene(n) *levelspec* (siehe Tabelle 2-4)
`MatchQ[`*expr*`, `*pat*`]`	True, falls das Muster *pat* auf *expr* anspricht, sonst False
`ValueQ[`*expr*`]`	True, falls für *expr* ein Wert definiert ist, sonst False
`AtomQ[`*expr*`]`	True, falls *expr* keine Unterausdrücke besitzt, sonst False

Tabelle 2-9: Testfunktionen mit Resultat True oder False

Ausdruck	Bedeutung
`Positive[`*x*`]`	True, falls *x* eine positive Zahl ist
`Negative[`*x*`]`	True, falls *x* eine negative Zahl ist
`NonNegative[`*x*`]`	True, falls *x* eine nichtnegative Zahl ist

Tabelle 2-10: Testfunktionen, die nicht immer ausgewertet werden

☐ Übungen

1. Schreibe die Funktion `cross` (für das Kreuzprodukt, siehe *In[1]:=*) so um, daß die Argumente auf der *linken* Seite der Funktionsdefinition getestet werden. Gibt es andere Möglichkeiten?

2. Definiere auf verschiedene Arten eine Funktion, die genau dann `True` ergibt, wenn eine Liste von drei reellen Zahlen eingesetzt wird, deren Quadratsumme kleiner als eins ist!

3. Berechne `MemberQ[{x, x^n}, n]` und erkläre das Resultat! Vergleiche mit `FreeQ`!

■ 2.2.3 Komplizierte Muster

Mustererkennung ist ein Haupthilfsmittel für die mathematische Programmierung. Deshalb gibt es viele Möglichkeiten, auch *kompliziertere Muster* in einfacher Weise zusammenzustellen. Sie sind das Thema dieses Abschnitts.

☐ Benennung von Teilen von Mustern

In der Form

    x :pattern

können Ausdrücke, die auf ein Muster passen, mit einem Namen versehen werden.

```
In[1]:=   {a, b, Sin[a], Sin[b]} /. x:Sin[_] -> p[x^2]
Out[1]=   {a, b, p[Sin[a]^2], p[Sin[b]^2]}
```

Falls zwei Teile eines Musters denselben Namen erhalten, so müssen die Teile identisch sein. Damit lassen sich auf elegante Art Beschränkungen vornehmen.

```
In[2]:=   {f[h[1], h[2]], f[h[1], h[1]]} /. f[x:h[_], x_] -> x
Out[2]=   {f[h[1], h[2]], h[1]}
```

☐ Komplexe und gebrochene Zahlen

Komplexe und gebrochene Zahlen haben ein spezielles Format.

```
In[3]:=   FullForm[1 - I]
Out[3]//FullForm=
          Complex[1, -1]

In[4]:=   FullForm[2/3]
Out[4]//FullForm=
          Rational[2, 3]
```

Deshalb identifiziert man den Real- und Imaginärteil mit `Complex[`a`_, `b`_]`.

```
In[5]:=   1 - I /. Complex[a_, b_] -> {a, b}
Out[5]=   {1, -1}
```

In analoger Weise dient `Rational[`a`_, `b`_]` dazu, den Zähler und den Nenner einer gebrochenen Zahl herauszuziehen.

```
In[6]:=   2/3 /. Rational[a_, b_] -> {a, b}
Out[6]=   {2, 3}
```

☐ Alternativen

Mit der ("Oder"-) Verknüpfung | lassen sich Muster verbinden und z.B. alternative Schreibweisen erfassen.

```
In[7]:=   x + x^2 + x^3 + y /. x | x^_ -> c
Out[7]=   3 c + y
```

Diese Möglichkeit können wir in einer Definition der folgenden Art benutzen:

```
In[8]:=   d[a x_ | a + x_] := da

In[9]:=   {d[a b], d[a + b], d[a]}
Out[9]=   {da, da, d[a]}
```

Auf a selbst spricht weder das eine noch das andere Muster an. Im nächsten Unterabschnitt lernen wir, wie dieser Fall dazugenommen werden kann, ohne daß eine weitere Alternative definiert werden muß.

☐ Fakultative Argumente, Vorgabewerte

Mathematica identifiziert Muster nach ihrer Struktur als Ausdruck und nicht nach ihrem mathematischen Inhalt. In vielen mathematischen Regeln treten aber Spezialfälle auf, die zu unterschiedlichen Mustern führen.

Betrachten wir z.B.:

```
In[10]:=  add[x_, y_] := x + y
```

Diese Funktion soll auch für ein einzelnes Argument ausgewertet werden. Was geschieht aber bei unserer Definition?

```
In[11]:=  add[a]
Out[11]=  add[a]
```

In solchen Fällen benutzen wir *fakultative Argumente* mit *Vorgabewerten*. Dazu setzen wir nach dem Muster einen Doppelpunkt und den Vorgabewert.

```
In[12]:=  add[x_, y_:0] := x + y

In[13]:=  add[a]
Out[13]=  a
```

Für Summen, Produkte und Potenzen sind schon die Vorgabewerte 0, 1 und 1 eingebaut. Sie werden durch einen Punkt nach dem Leerschlag aktiviert. Im nächsten Beispiel wird ein eventuell fehlender Summand durch 0 ersetzt:

```
In[14]:=  s[x_. + y_] := mySum[x, y]

In[15]:=  s[a + b]
Out[15]=  mySum[a, b]

In[16]:=  s[a]
Out[16]=  mySum[0, a]
```

Damit können wir z.B. die Koeffizienten einer linearen Funktion identifizieren.

```
In[17]:=  lin[a_. x_ + b_., x_] := {a, b}

In[18]:=  lin[x + 1, x]
Out[18]=  {1, 1}
```

Hier wurde für a der Vorgabewert 1 eingesetzt. Im nächsten Aufruf erscheint für b der Wert 0:

```
In[19]:=  lin[x, x]
Out[19]=  {1, 0}
```

□ Variable Anzahl Argumente, Funktionen mit fakultativen Argumenten

Wir können eine unbestimmte Zahl von Argumenten in ein Muster zusammenfassen.
Für *eines oder mehrere* schreiben wir *zwei* unterstrichene Leerschläge: __ oder, mit
einem Namen *x* versehen: *x*__.

```
In[20]:=  makeList[x__] := {x}

In[21]:=  makeList[a, b, c]
Out[21]=  {a, b, c}
```

Null oder mehr Argumente werden zugelassen, wenn wir *drei* unterstrichene Leerschläge verwenden: ___ bzw. *x*___.

Viele eingebaute Funktionen, z.B. alle Graphikfunktionen, erlauben die Angabe einer variablen
Anzahl von Optionen. Diese (null oder mehr) fakultativen Argumente müssen am Schluß der Para-
meterliste vorgesehen sein, damit keine Mehrdeutigkeiten entstehen.

Man übergibt die Optionen in der Form *option -> value*. Die Vorgabewerte (z.B. für die Optionen einer Funktion *f*) ordnen wir, gemäß einer Konvention in *Mathematica*, der Funktion
Options[*f*] zu.

```
In[22]:=  Options[fWithOpts] = {opt1 -> def1, opt2 -> def2}
Out[22]=  {opt1 -> def1, opt2 -> def2}
```

Nun können wir durch

$$name \ /. \ \{opts\} \ /. \ \text{Options}[f]$$

die eventuell veränderten Optionen ablesen (die Regeln werden von links nach rechts eingesetzt).

```
In[23]:=  opt1 /. Options[fWithOpts]
Out[23]=  def1

In[24]:=  opt1 /. opt1 -> 3 /. Options[fWithOpts]
Out[24]=  3
```

Dies erlaubt uns, mit der folgenden Definition das erste Argument und die aktuellen Werte der
Optionen aufliten:

```
In[25]:=  fWithOpts[x_, opts___] :=
             {x, opt1, opt2} /. {opts} /. Options[fWithOpts]

In[26]:=  fWithOpts[a]
Out[26]=  {a, def1, def2}

In[27]:=  fWithOpts[a, opt2 -> q]
Out[27]=  {a, def1, q}
```

☐ Wiederholte Muster

Muster oder Ausdrücke dürfen sich auch wiederholen. Dazu verwendet man zwei Punkte `..` (ein- oder mehrmalige Wiederholung) oder drei Punkte `...` (null oder mehrmalige Wiederholung). Auf diese Art lassen sich Muster mit gleichen, wiederholten Teilen einfach erfassen.

Sie stehen im Gegensatz zu Mustern der Form $x\_\_$, wo beliebige Sequenzen von Ausdrücken zulässig sind.

Die folgende Funktion `j` erzeugt eine Liste der Argumente, falls alle das Muster `h[_]` erfüllen:

```
In[28]:=  j[x:h[_]..] := {x}

In[29]:=  j[h[1], h[2], h[5]]
Out[29]=  {h[1], h[2], h[5]}

In[30]:=  j[h[1], h]
Out[30]=  j[h[1], h]
```

In Wiederholungen können wir auch Alternativen verwenden.

```
In[31]:=  Cases[{f[a], f[a, b, a], f[a, b, c]}, f[(a | b)..]]
Out[31]=  {f[a], f[a, b, a]}
```

☐ Zusammenfassung

Ausdruck	Bedeutung
`Complex[`$x\_$`, `$y\_$`]`	eine komplexe Zahl $x + iy$
`Rational[`$x\_$`, `$y\_$`]`	eine gebrochene Zahl x/y

Tabelle 2-11: Spezielle Formate

Muster	Bedeutung
$x\_$	Muster mit Namen x
x_head	Muster für einen Ausdruck mit Kopf *head*
$x\!:\!pattern$	Ausdruck mit Namen x, der auf das Muster *pattern* paßt
$patt_1 \mid patt_2 \mid \dots$	Muster mit Alternativen, "oder"-Verknüpfung
$x\_\!:\!v$	Ausdruck, der im Fall seines Fehlens durch v ersetzt wird
$x\_h\!:\!v$	Ausdruck mit Kopf h, der im Fall seines Fehlens durch v ersetzt wird

Tabelle 2-12: Übersicht über Muster

Muster	Bedeutung
$x\_.$	Ausdruck, der im Fall seines Fehlens durch einen eingebauten Vorgabewert ersetzt wird
$x\_ + y\_.$	der Vorgabewert für y ist 0
$x\_\ y\_.$	der Vorgabewert für y ist 1
$x\_^{\wedge}y\_.$	der Vorgabewert für y ist 1
$\_\_$ (zwei Striche)	Folge von einem oder mehreren Argumenten
$x\_\_$ (zwei Striche)	mit x benannte Folge von einem oder mehreren Argumenten
$x\_\_h$ (zwei Striche)	mit x benannte Folge von einem oder mehreren Argumenten mit Kopf h
$\_\_\_$ (drei Striche)	Folge von keinem oder beliebig vielen Argumenten
$x\_\_\_$ (drei Striche)	mit x benannte Folge von keinem oder beliebig vielen Argumenten
$x\_\_\_h$ (drei Striche)	mit x benannte Folge von keinem oder beliebig vielen Argumenten mit Kopf h
$expr..$	ein- oder mehrmalige Wiederholung eines Ausdrucks oder Musters
$expr...$	null- oder mehrmalige Wiederholung eines Ausdrucks oder Musters

Tabelle 2-12: Übersicht über Muster

☐ Übungen

1. Schreibe die Funktion

   ```
   d[a x_ | a + x_] := da
   ```

   so, daß sie auch für den Wert a selbst ausgewertet wird!

2. Definiere für jedes der folgenden Muster eine Funktion, die nur darauf anspricht und als Resultat den Eingabewert liefert:

   - irgendwelche Zahlen,

   - reelle Zahlen,

   - Listen,

   - Vektoren (ohne Unterlisten),

   - aus Zahlen bestehende Vektoren,

   - eine Liste von Listen.

3. Definiere eine Funktion, welche die Koeffizienten von quadratischen Ausdrücken (in einer gegebenen Variablen) als Liste zurückgibt! Vergleiche mit der eingebauten Funktion `CoefficientList`!

■ 2.2.4 Beispiel: Integrator

Formelsammlungen (z.B.: Integrationstabellen) enthalten viele Regeln, die für gewisse Typen von mathematischen Ausdrücken anwendbar sind. Mit Hilfe von Mustern können solche Regeln direkt in *Mathematica* programmiert werden; es müssen nur die Definitionen für die entsprechenden Muster zusammengestellt werden. Man kann dabei ohne weiteres für eine Funktion verschiedene Regeln aufstellen. *Mathematica* wählt bei der Auswertung diejenige aus, deren Muster paßt (Genaueres dazu in Abschnitt 2.3.2).

Wir stellen hier mit wenigen Definitionen einen kleinen Integrator `myIntegrate` zusammen (vergleiche mit [Wol91], Abschnitt 2.3.13).

Zuerst schreiben wir zwei Regeln für die Linearität.

```
In[1]:=   myIntegrate[y_ + z_, x_] :=
             myIntegrate[y, x] + myIntegrate[z, x]

In[2]:=   myIntegrate[c_ y_, x_] := c myIntegrate[y, x] /; FreeQ[c, x]
```

Nun definieren wir das Integral für eine Konstante und eine Potenz.

```
In[3]:=   myIntegrate[c_, x] := c x /; FreeQ[c, x]

In[4]:=   myIntegrate[x_^n_., x_] := x^(n+1)/(n+1) /;
             FreeQ[n, x] && n != -1
```

Damit können wir schon ein Polynom integrieren!

```
In[5]:=   myIntegrate[a x^2 + b x + c + 1/x, x]
```

$$Out[5]= \quad c\,x + \frac{b\,x^2}{2} + \frac{a\,x^3}{3} + myIntegrate[\tfrac{1}{x}, x]$$

Die Funktion `1/x` war durch unsere bisherigen Regeln nicht abgedeckt. Das stört nicht groß, denn der entsprechende Summand wird einfach unausgewertet zurückgegeben.

Wir erweitern die Regeln noch um eine.

```
In[6]:=   myIntegrate[1/(a_. x_ + b_.), x_] :=
             Log[a x + b]/a /; FreeQ[{a, b}, x]
```

Damit erhalten wir schon:

```
In[7]:=   myIntegrate[a x^2 + b x + c + 1/x, x]
```

$$Out[7]= \quad c\,x + \frac{b\,x^2}{2} + \frac{a\,x^3}{3} + Log[x]$$

☐ Übung

1. Erweitere den obigen Integrator!

■ 2.3 Transformationsregeln, Definitionen

Mit den im letzten Kapitel besprochenen Mustern stellen wir nun *Transformationsregeln* und *Definitionen* auf. Diese wenden wir auf Ausdrücke an, um deren *Umformung* zu erreichen.

■ 2.3.1 Transformationsregeln

□ Einfache Anwendung

Wir haben schon mehrfach gesehen, daß in einem Ausdruck der Form

$$expr \ /. \ lhs \ -> \ rhs$$

oder

$$expr \ /. \ \{lhs_1 \ -> \ rhs_1, \ lhs_2 \ -> \ rhs_2, \ ...\}$$

Transformationsregeln auf Ausdrücke angewendet werden (siehe z.B. Abschnitt 1.4.1).

```
In[1]:=   expr = x^2 + y^2

Out[1]=   x^2 + y^2

In[2]:=   rule1 = {x -> 1, y -> 2}
Out[2]=   {x -> 1, y -> 2}

In[3]:=   expr /. rule1
Out[3]=   5
```

Auch *verschachtelte* Listen von Transformationsregeln sind möglich. Dann ist das Resultat eine Liste, die durch Anwendung der verschiedenen Transformationsregeln entsteht.

```
In[4]:=   rule2 = {x -> 2, y -> 2}
Out[4]=   {x -> 2, y -> 2}

In[5]:=   expr /. {rule1, rule2}
Out[5]=   {5, 8}
```

□ Mehrfache Anwendung

Bei der Auswertung eines Ausdrucks der Form

$$expr \ /. \ \{lhs_1 \ -> \ rhs_1, \ lhs_2 \ -> \ rhs_2, \ ...\}$$

versucht *Mathematica*, (von links nach rechts) jede der Regeln lhs_i -> rhs_i auf alle Teile von *expr* anzuwenden. Spricht eine an, so wird die Transformation durchgeführt und zum nächsten Teil von *expr* weitergegangen. Dabei wird der Ausdruck nur *einmal* durchkämmt.

```
In[6]:=   expr /. {x -> (y + a), y -> b}
```
$$Out[6]= \ b^2 + (a + y)^2$$

Vielleicht soll auch in `(a + y)^2` die Regel für `y` eingesetzt werden. Dazu schreiben wir z.B. die Regeln hintereinander.

```
In[7]:=   expr /. x -> (y + a) /. y -> b
```
$$Out[7]= \ b^2 + (a + b)^2$$

Dies ist umständlich. Wir können deshalb mit dem Operator `//.` verlangen, daß eine Transformationsregel automatisch so oft angewendet wird, bis sich nichts mehr ändert.

```
In[8]:=   expr //. {x -> (y + a), y -> b}
```
$$Out[8]= \ b^2 + (a + b)^2$$

Damit lassen sich z.B. Fakultäten berechnen:

```
In[9]:=   fac[5] //. {fac[0] -> 1, fac[n_] -> n fac[n-1]}
Out[9]=   120
```

Die umgekehrte Reihenfolge für die Regeln geht natürlich nicht.

```
In[10]:=  fac[5] //. {fac[n_] -> n fac[n-1], fac[0] -> 1}
Out[10]=  0
```

Für den Wert 0 sprechen beide Muster an; das erste wird gewählt.

□ Optimierung

Große Listen von Transformationsregeln der Form *lhs* -> *rhs* lassen sich mit der Funktion `Dispatch` in einer speziell effizienten Form abspeichern.

```
In[11]:=   rules = Table[s[i] -> Sin[i], {i, 10000}];

In[12]:=   dispRules = Dispatch[rules];

In[13]:=   s[6000] /. rules // Timing
Out[13]=   {1.05 Second, Sin[6000]}

In[14]:=   s[6000] /. dispRules // Timing
Out[14]=   {0.4 Second, Sin[6000]}
```

□ Verzögerte Transformationsregeln

Bei Transformationsregeln mit -> wird die rechte Seite beim *Einlesen* der Regel ausgewertet.

```
In[15]:=   immRule = x_ -> Expand[x]
Out[15]=   x_ -> x
```

Falls wir die Regel auf ein faktorisiertes Polynom anwenden, so wird es nicht ausmultipliziert, da dies ja schon in *Out[15]=* geschehen ist (mit Resultat **x**).

```
In[16]:=   (a + b)^2 /. immRule
```

$$Out[16]=\ (a + b)^2$$

Damit ausmultipliziert wird, darf die rechte Seite der Regel erst mit der *Anwendung* ausgewertet werden. Dies erreichen wir mit einer *verzögerten Transformationsregel* der Form *lhs* :> *rhs*.

```
In[17]:=   delRule = x_ :> Expand[x]
Out[17]=   x_ :> Expand[x]

In[18]:=   (a + b)^2 /. delRule
```

$$Out[18]=\ a^2 + 2\ a\ b + b^2$$

□ Zusammenfassung

Ausdruck	Kurzschreibweise	Bedeutung
Rule[*lhs, rhs*]	*lhs* -> *rhs*	(sofortige) Transformationsregel, die *lhs* in *rhs* transformiert
RuleDelayed[*lhs, rhs*]	*lhs* :> *rhs*	(verzögerte) Transformationsregel, die *lhs* in *rhs* transformiert, wobei *rhs* erst bei der Anwendung der Regel ausgewertet wird
ReplaceAll[*expr, rule*]	*expr* /. *rule*	(einfache) Anwendung einer Transformationsregel auf *expr*
ReplaceAll[*expr,* {*rule*$_1$, *rule*$_2$, ...}]	*expr* /. {*rule*$_1$, *rule*$_2$, ...}	Anwendung mehrerer Transformationsregeln
ReplaceAll[*expr,* {*rules*$_1$, *rules*$_2$, ...}]	*expr* /. {*rules*$_1$, *rules*$_2$, ...}	Liste der Resultate nach Anwendung der (Listen von) Transformationsregeln *rules*$_1$, *rules*$_2$, ...
ReplaceRepeated[*expr, rule*]	*expr* //. *rule*	mehrfache Anwendung einer Transformationsregel, bis sich nichts mehr ändert
Replace[*expr, rule*]		Anwendung einer Regel auf den *ganzen* Ausdruck *expr*

Tabelle 2-13: Regeln und ihre Anwendung

Ausdruck	Bedeutung
Dispatch[{*lhs*$_1$ -> *rhs*$_1$, *lhs*$_2$ -> *rhs*$_2$, ...}]	erzeugt eine optimierte Form einer Tabelle von Regeln

Tabelle 2-14: Optimierung von Regeln

□ Übungen

1. Berechne mit einer direkt angewendeten Transformationsregel die zehnte Fibonacci-Zahl!

   Die zugehörige Rekursion ist:

$$\text{fib}(0) = \text{fib}(1) = 1, \ \text{fib}(n) = \text{fib}(n\text{-}1) + \text{fib}(n\text{-}2).$$

2. Mache Dir den Unterschied zwischen /. und Replace klar (vergleiche mit Tabelle 2-13)!

■ 2.3.2 Definitionen

Unter *Definitionen* verstehen wir Regeln, die nicht nur in einem Ausdruck gelten, sondern für den ganzen weiteren Verlauf einer Sitzung. Sie werden angewendet, wann immer das Muster (auf der linken Seite der Definition) auf einen Ausdruck anspricht. Auch hier kann die rechte Seite sofort oder verzögert ausgewertet werden.

☐ Sofortige und verzögerte Definitionen

Der Zusammenhang zwischen Transformationsregeln -> oder :> einerseits und Definitionen mit = oder := andererseits kann kurz ausgedrückt werden:

- *lhs = rhs* bedeutet:
  Die Regel *lhs -> rhs* wird angewendet, wann immer das Muster *lhs* anspricht.

- *lhs := rhs* bedeutet:
  Die Regel *lhs :> rhs* wird angewendet, wann immer das Muster *lhs* anspricht.

Mit = und := werden also eine Art permanente Transformationsregeln für gewisse Muster definiert. Sie bleiben bis zum Ende der *Mathematica*-Sitzung oder bis zu ihrer Entfernung mit `Clear` bestehen.

☞ Manchmal vergißt man im Laufe einer langen Sitzung, daß für ein Symbol schon eine Definition gesetzt wurde. Dies kann zu irritierenden Resultaten führen. Deshalb sollten Definitionen erst dann festgelegt werden, wenn sie wirklich endgültig gemeint sind. Vorher ist es empfehlenswert, mit Transformationsregeln (-> und :>) zu arbeiten. Eine zweite Sicherheitsmaßnahme gegen solche Fehler ist die Wahl von eindeutigen (und selbsterklärenden) Namen für alle verwendeten Größen.

Beim Einlesen einer sofortigen Definition der Form *lhs = rhs* wertet *Mathematica rhs* aus. Dieses Resultat wird anschließend überall dort eingesetzt, wo *lhs* auftritt. Die linke Seite kann ein spezifischer Ausdruck sein (z.B. in x = *value* oder f[x] = *value*) oder ein allgemeineres Muster (z.B. in f[x_] = *value*). Im ersten Fall spricht nur gerade das Symbol x bzw. der Ausdruck f[x] an, während im zweiten jeder Ausdruck der Form f[_] transformiert wird.

```
In[1]:=    demo1[x] = x
Out[1]=    x

In[2]:=    {demo1[x], demo1[y]}
Out[2]=    {x, demo1[y]}

In[3]:=    demo2[x_] = x
Out[3]=    x
```

```
In[4]:=    {demo2[x], demo2[y]}
Out[4]=    {x, y}
```

Sobald auf der rechten Seite noch Berechnungen gemacht werden sollen, ergeben sich Probleme.

```
In[5]:=    demo3[x_] = Expand[x]
Out[5]=    x

In[6]:=    demo3[(a+b)^2]
```

$$Out[6]=\quad (a + b)^2$$

Hier muß die verzögerte Zuweisung *lhs* **:=** *rhs* benutzt werden. Dann wird die rechte Seite erst bei der *Anwendung* der Definition ausgewertet.

```
In[7]:=    demo4[x_] := Expand[x]

In[8]:=    demo4[(a+b)^2]
```

$$Out[8]=\quad a^2 + 2\ a\ b + b^2$$

Wir können auch "einfache Zuweisungen" mit verzögerten Definitionen vornehmen. Das folgende Beispiel dazu sollte abschließend den Unterschied zwischen = und := klarmachen:

```
In[9]:=    b = 1
Out[9]=    1
```

(b hat den Wert 1)

```
In[10]:=    a := b
```

(a hat noch keinen Wert)

```
In[11]:=    b = 2
Out[11]=    2
```

(b hat den Wert 2)

```
In[12]:=    a
Out[12]=    2
```

(a wird auf Grund des jetzigen Wertes von b berechnet)

Dies steht im Gegensatz zu:

```
In[13]:=   b = 1
Out[13]= 1
```

(b hat den Wert 1)

```
In[14]:=   a = b
Out[14]= 1
```

(a wird auf Grund des jetzigen Wertes von b, also 1, berechnet)

```
In[15]:=   b = 2
Out[15]= 2
```

(b hat den Wert 2)

```
In[16]:=   a
Out[16]= 1
```

(a hat immer noch denselben Wert)

Bei mehrfachen Auswertungen kann sich der Unterschied zwischen sofortigen und verzögerten Definitionen dramatisch im Rechenaufwand niederschlagen (siehe Übungsaufgabe 2).

☐ Reihenfolge von Definitionen

Die folgenden zwei Zeilen definieren eine Fakultätsfunktion namens `fac`:

```
In[17]:=   fac[n_] := n fac[n-1]

In[18]:=   fac[0] = 1
Out[18]= 1
```

Die zweite Regel wurde mit einem = geschrieben, da für `fac[0]` der *Wert* 1 eingesetzt werden soll. In der ersten hingegen braucht es ein `:=`, denn hier soll die rechte Seite für den beim Aufruf aktuellen Wert von n berechnet werden.

```
In[19]:=   fac[100]
Out[19]= 93326215443944152681699238856266700490715968264381621 4685\
         92963895217599993229915608941463976156518286253697920 82\
         722375825118521091686400000000000000000000000000
```

Bei der Auswertung des Resultates geschieht folgendes: *Mathematica* schaut zuerst, welche Regeln auf den Ausdruck `fac[100]` anwendbar sind. Die zweite ist es nicht, wohl aber die erste. Also wird 100 in das Muster n_ eingefüllt und mit diesem n die rechte Seite berechnet. Es ergibt sich 100 `fac[99]`. Wieder werden alle Regeln auf ihre Anwendbarkeit für `fac[99]` kontrolliert – und wieder spricht die erste an. Dies wiederholt sich, bis am Schluß die zweite Regel zur Anwendung kommt und die Rekursion beendet.

Dabei ist entscheidend, daß spezifische Regeln (in unserem Fall die zweite) vor allgemeineren Regeln (hier die erste) benutzt werden. Dadurch bricht die Rekursionen automatisch richtig ab.

Mit ??*f* können wir die Liste der für *f* definierten Regeln, zusammen mit ihrer Reihenfolge abrufen.

```
In[20]:=  ??fac
          Global`fac
          fac[0] = 1
          fac[n_] := n*fac[n - 1]
```

☞ *Mathematica* versucht, spezifische Regeln vor allgemeinen anzuwenden.

Gleich spezifische Regeln werden in der Reihenfolge ihrer Definition abgearbeitet. Sie können bei Bedarf mit `DownValues` "von Hand" beeinflußt werden (siehe Tabelle 2-17).

□ Definitionen mit Gedächtnis

Mit einer Definition der Form

$$f[x\_] \ := \ f[x] \ = \ rhs$$

speichern wir alle berechneten Werte von *f* ab. Bei ihrem nächsten Aufruf stehen sie sofort zur Verfügung.

Für die Fakultätsfunktion sieht dies folgendermaßen aus:

```
In[21]:=  facFast[n_] := facFast[n] = n facFast[n-1]

In[22]:=  facFast[0] = 1
Out[22]=  1
```

Beim ersten Aufruf hat man in diesem Fall noch keinen Nutzen:

```
In[23]:=  facFast[10] // Timing
Out[23]=  {0.266667 Second, 3628800}
```

Nun sind aber alle Fakultäten bis 10 registriert:

```
In[24]:=  ??facFast
          Global`facFast
          facFast[0] = 1
          facFast[1] = 1
          facFast[2] = 2
          facFast[3] = 6
          facFast[4] = 24
          facFast[5] = 120
          facFast[6] = 720
          facFast[7] = 5040
          facFast[8] = 40320
          facFast[9] = 362880
          facFast[10] = 3628800
          facFast[n_] := facFast[n] = n*facFast[n - 1]
```

Dadurch geht es beim nächsten Mal viel schneller.

```
In[25]:=  facFast[10] // Timing
Out[25]=  {0.05 Second, 3628800}
```

Diese Eigenschaft kann auch schon im Laufe des ersten Aufrufs nützlich sein. Löse dazu die Übungsaufgabe 1!

Natürlich zahlt man für den Zeitgewinn mit einer größeren Speicherbelastung.

☐ Mit Symbolen assoziierte Definitionen

Definition der Form

```
        f[g[x_]] := ...
```

oder

```
        f[g[x_]] = ...
```

werden dem Symbol f zugeordnet (*"downvalue"* von f). Vielleicht möchte man sie aber zum Symbol g assoziieren (*"upvalue"* von g).

Wir kennen die zugehörige Syntax aus Abschnitt 1.8.2. Dort haben wir z.B. das Symbol r durch

```
In[26]:=  r /: Im[r] = 0
Out[26]=  0
```

als reell deklariert.

Dazu gibt es eine Kurzschreibweise:

```
In[27]:=  Im[r] ^= 0
Out[27]= 0
```

Bei ihr wird die Definition automatisch zum Funktionsargument (oder dessen Kopf) assoziiert:

```
In[28]:=  ?r
          Global`r
          Im[r] ^= 0
```

Die analogen Schreibweisen existieren auch für verzögerte Definitionen.

```
In[29]:=  Integrate[g[x_], x_] ^:= gint[x, x]

In[30]:=  Integrate[g[t], t]
Out[30]= gint[t, t]
```

In Abschnitt 3.1.6 sehen wir, wie man damit "objektorientiert" programmieren kann.

☐ Veränderung von eingebauten Funktionen

Manchmal ist es nötig, *eingebaute Funktionen* zu *verändern*. Dies empfiehlt sich erst nach genauer Überlegung und wenn keine anderen Möglichkeiten, wie z.B. die Assoziation der Definition zu einem anderen Symbol, bestehen.

Wir versuchen, die folgende Definition einzuführen:

```
In[31]:=  Re[x_] := x /; Im[x] == 0
          SetDelayed::write: Tag Re in Re[x_] is Protected.
Out[31]= $Failed
```

Mathematica erlaubt uns nicht, seine Funktion Re zu verändern. Wir sind aber am längeren Hebelarm, wenn wir mit Unprotect den Schutz aufheben.

```
In[32]:=  Unprotect[Re]
Out[32]= {Re}

In[33]:=  Re[x_] := x /; Im[x] == 0
```

Natürlich sollten wir die Funktion jetzt wieder schützen:

```
In[34]:=  Protect[Re]
Out[34]= {Re}
```

Für unser, im letzten Abschnitt als reell definiertes Symbol r kann jetzt der Realteil berechnet werden.

```
In[35]:=  Re[r]

Out[35]=  r

In[36]:=  ??Re
          Re[z] gives the real part of the complex number z.
          Attributes[Re] = {Listable, Protected}
          Re[x_] := x /; Im[x] == 0
```

☐ Zusammenfassung

• Spezielle Regeln werden vor allgemeinen Regeln benutzt.

Ausdruck	Kurzschreibweise	Bedeutung
Set[*lhs*, *rhs*]	*lhs* = *rhs*	berechnet *rhs* und ersetzt von da an *lhs* immer durch diesen Wert
SetDelayed[*lhs*, *rhs*]	*lhs* := *rhs*	ersetzt *lhs* durch den immer wieder neu berechneten Wert von *rhs*
	$f[x\_]$:= $f[x]$ = *rhs*	schon berechnete Werte werden gespeichert
Clear[*x*, *y*, ...]	*x* = .; *y* = .; ...	Definitionen löschen
g /: $f[g[args]]$ = *rhs*	$f[g[args]]$ ^= *rhs*	zu *g* assoziierte Definition
g /: $f[g[args]]$:= *rhs*	$f[g[args]]$ ^:= *rhs*	zu *g* assoziierte, verzögerte Definition
	$g[arg_1, arg_2, ...]$ ^= *rhs*	zu den Köpfen aller arg_1, arg_2, ... assoziierte Definition

Tabelle 2-15: Definitionen

Ausdruck	Bedeutung
Unprotect[s_1, s_2, ...]	Schutz (Attribut Protected) der Symbole s_1, s_2, ... aufheben
Protect[s_1, s_2, ...]	Symbole s_1, s_2, ... schützen (Attribut Protected setzen)

Tabelle 2-16: Schutz von Symbolen

Ausdruck	Bedeutung
`DownValues[`*f*`]`	Liste der "downvalues" von *f* (Regeln für Ausdrücke, in denen *f* als Kopf erscheint)
`UpValues[`*f*`]`	Liste der "upvalues" von *f* (zu *f* assoziierte Regeln, in denen *f* nicht als äußerer Kopf steht)
`DownValues[`*f*`]` `=` *rules*	direkte Definition der "downvalues" von *f*
`UpValues[`*f*`]` `=` *rules*	direkte Definition der "upvalues" von *f*

Tabelle 2-17: Kontrolle über Definitionen

□ Übungen

1. Definiere zwei Funktionen, welche die Fibonacci-Zahlen rekursiv berechnen (siehe Übungsaufgabe 1 in Abschnitt 2.3.1). Die eine soll die berechneten Werte abspeichern, die andere nicht. Vergleiche die Rechenzeiten!

2. Erkläre:

```
In[1]:=   y = D[Sin[1/x]^2, {x, 10}];

In[2]:=   z := D[Sin[1/x]^2, {x, 10}];

In[3]:=   Timing[Table[y /. x -> i, {i, 10}];]
Out[3]=   {3.11667 Second, Null}

In[4]:=   Timing[Table[z /. x -> i, {i, 10}];]
Out[4]=   {20.9333 Second, Null}
```

3. Definiere (ohne `Unprotect`) eine Funktion `fp` mit der Eigenschaft, daß

   ```
   fp[x_] + fp[y_]
   ```

   zu

   ```
   fp[x + y]
   ```

   auswertet! Was passiert mit einer mehrfachen Summe?

4. Stelle Definitionen für eine Funktion `nonNegativeQ` zusammen, welche für möglichst viele Ausdrücke, die positiv oder null sein müssen (z.B. eine positive Zahl oder ein Ausdruck x^2 mit reellem x), den Wert `True` und sonst den Wert `False` ergibt.

■ 2.3.3 Attribute

Bisher haben wir Funktionen durch Definitionen gewisse Werte zugeordnet. Daneben kann jedes Symbol auch mit allgemeineren Eigenschaften, sogenannten *Attributen*, versehen werden.

`Attributes` zeigt uns die Attribute eines Objekts.

```
In[1]:=    Attributes[Sin]
Out[1]=    {Listable, Protected}
```

Die Funktion `Sin` ist vor Veränderungen ihrer Definitionen geschützt (`Protected`) und wird automatisch über Listen gezogen (`Listable`, siehe auch Abschnitt 1.6.1).

Genauer gesprochen bedeutet letzteres, daß automatisch ein `Thread` (siehe Abschnitt 1.6.4) ausgeführt wird.

Mit der Funktion `SetAttributes` setzen wir ein Attribut.

```
In[2]:=    SetAttributes[lf, Listable]

In[3]:=    Attributes[lf]
Out[3]=    {Listable}
```

Nun wird `lf` automatisch über Listen gezogen.

```
In[4]:=    lf[{a, b, c}, d, {e, f, g}]
Out[4]=    {lf[a, d, e], lf[b, d, f], lf[c, d, g]}
```

☞ Die Attribute müssen vor den Definitionen einer Funktion festgelegt werden!

Der Befehl `ClearAttributes` (oder `Attributes[f] = {}`) löscht die Attribute wieder.

```
In[5]:=    ClearAttributes[lf, Listable]

In[6]:=    Attributes[lf]
Out[6]=    {}
```

Eine vollständige Beschreibung aller möglichen Attribute findet sich in der Zusammenfassung dieses Abschnitts. Wir betrachten einige der wichtigsten an Beispielen:

• `Orderless` setzt die Argumente automatisch in Standardordnung. Dies entspricht einer *kommutativen* Funktion.

```
In[7]:=   SetAttributes[ol, Orderless]

In[8]:=   ol[q, a, 5, 3]
Out[8]=   ol[3, 5, a, q]
```

- Eine Funktion mit dem Attribut `Flat` ist *assoziativ*.

```
In[9]:=   SetAttributes[fl, Flat]

In[10]:=  fl[fl[a, b], c]
Out[10]=  fl[a, b, c]

In[11]:=  fl[a, b, b] /. fl[x_, x_] -> fl2[x]
Out[11]=  fl[a, fl2[fl[b]]]
```

- In *Out[11]=* hat *Mathematica* den Ausdruck dank dem Attribut `Flat` so umschreiben können, daß die Regel anwendbar wurde. Es fragt sich hier, ob das Muster für `fl[b, b]` oder schon für die beiden b selbst ansprechen solle. Falls man das Attribut `OneIdentity` setzt, wird die zweite Möglichkeit gewählt.

```
In[12]:=  SetAttributes[fl, OneIdentity]

In[13]:=  fl[a, b, b] /. fl[x_, x_] -> fl2[x]
Out[13]=  fl[a, fl2[b]]
```

Die Funktion `Plus` ist ein Beispiel mit diesem Attribut:

```
In[14]:=  Attributes[Plus]
Out[14]=  {Flat, Listable, OneIdentity, Orderless, Protected}

In[15]:=  a + b + b /. x_ + x_ -> two[x]
Out[15]=  a + two[b]
```

Grundsätzlich werden Attribute Symbolen zugeordnet. Es besteht aber auch die Möglichkeit, *reine Funktionen mit Attributen* zu definieren. Dazu setzt man die gewünschten Attribute (als Liste) nach den Funktionskörper. Hier muß die Schreibweise mit `Function` gewählt werden.

```
In[16]:=  Function[x, x > 2][{a, 2, 3}]
Out[16]=  {a, 2, 3} > 2

In[17]:=  Function[x, x > 2, {Listable}][{a, 2, 3}]
Out[17]=  {a > 2, False, True}
```

☐ Zusammenfassung

* Die Attribute müssen vor der Definition einer Funktion festgelegt sein.

Ausdruck	Bedeutung
`Attributes[`f`]`	Attribute von f
`Attributes[`f`] = {`$attr_1$`, `$attr_2$`, ...}`	Attribute von f setzen
`SetAttributes[`f`, `$attr$`]`	$attr$ zu den Attributen von f aufnehmen
`ClearAttributes[`f`, `$attr$`]`	das Attribut $attr$ löschen
`Clear[`f`]`	*Definitionen* von f löschen
`ClearAll[`f`]`	Definitionen und *Attribute* von f löschen

Tabelle 2-18: Veränderung von Attributen

Ausdruck	Bedeutung
`Function[`$vars$`, `$body$`, {`$attr_1$`, ...}`	reine Funktion mit Attributen $attr_1$, ...

Tabelle 2-19: Reine Funktionen mit Attributen

Attribut	Beschreibung
`Orderless`	kommutative, von der Anordnung der Argumente unabhängige Funktion; die Argumente werden in Standardordnung gesetzt
`Flat`	assoziative Funktion
`Listable`	f wird automatisch (wie bei `Thread`) über Listen gezogen
`OneIdentity`	$f[f[a]]$ etc. wird bei der Mustererkennung wie a behandelt
`Constant`	alle Ableitungen von f sind null
`Protected`	die Definitionen von f können nicht verändert werden
`Locked`	die Attribute von f können nicht verändert werden
`ReadProtected`	die Definitionen von f können nicht gelesen werden
`HoldFirst`	das erste Argument von f wird nicht ausgewertet
`HoldRest`	alle Argumente von f, außer dem ersten, werden nicht ausgewertet
`HoldAll`	alle Argumente von f werden nicht ausgewertet
`Temporary`	f ist eine lokale Variable, die nach Gebrauch gelöscht wird
`Stub`	die Funktion `Needs` wird aktiviert, falls f als explizite Eingabe erscheint

Tabelle 2-20: Mögliche Attribute einer Funktion f

□　Übungen

1. Definiere auf möglichst einfache Weise eine Funktion `pair` von beliebig vielen
    Argumenten, die als Resultat ein eventuell in den Argumenten vorhandenes Paar
    liefert (sonst `None`):

    In[2]:=　　**`pair[p, a, p]`**

    Out[2]=　　p

    In[3]:=　　**`pair[a, b, c]`**

    Out[3]=　　None

2. Erweitere die obige Funktion `pair` zu einer Funktion `pairs`, die eine Liste aller
    Paare liefert:

    In[5]:=　　**`pairs[p1, a, p2, p2, b, p1]`**

    Out[5]=　　{p1, p2}

■ 2.4 Auswertung

Damit wir Definitionen und Transformationsregeln gezielt einsetzen können, müssen wir Klarheit über den Ablauf der *Auswertung* von Ausdrücken haben. Das Grundprinzip davon ist leicht durchschaubar und wird von den meisten Funktionen verwendet.

Einige Funktionen werden aber speziell ausgewertet. Dazu gehören z.B. die *Schlaufen* und *Verzweigungen*. Sie sind nötig, damit die Übersetzung von herkömmlichen prozeduralen Programmen (z.B. aus Fortran, Pascal oder C) in die Sprache *Mathematica* auf natürliche Art möglich ist.

■ 2.4.1 Standardauswertung

Das *Grundprinzip der Auswertung* in *Mathematica* ist, daß alle Definitionen benutzt werden, bis keine mehr auf das Resultat anwendbar ist. Im Detail läuft dies nach folgendem Standardschema ab:

1. Auswertung des Kopfes,

2. Auswertung jedes Elements, der Reihe nach,

3. Umordnung, Anwendung auf Listen etc. (Attribute `Orderless`, `Listable`, `Flat`),

4. Anwendung von Definitionen des Benutzers,

5. Anwendung von eingebauten Definitionen,

6. Auswertung des Resultats.

Mit Hilfe der Funktion `Trace` können wir die bei der Auswertung erzeugten Ausdrücke verfolgen (siehe auch Abschnitt 3.2.1).

```
In[1]:=    a = 3;

In[2]:=    Trace[a^2 + a + 1]

Out[2]=    {{{a, 3}, 3^2, 9}, {a, 3}, 9 + 3 + 1, 1 + 3 + 9, 13}
```

☞ Beachte, daß nach Punkt 2 des (rekursiven) Schemas die Baumstruktur eines Ausdrucks *von unten nach oben* ausgewertet wird. Bei verschachtelten Funktionsaufrufen wird also von innen nach außen gerechnet und dadurch die *funktionale Programmierung* ermöglicht.

Der *Kopf* kommt auf alle Fälle zuerst an die Reihe.

```
In[3]:=    s = Sin;

In[4]:=    Trace[s[{0, a}]]

Out[4]=    {{s, Sin}, {{a, 3}, {0, 3}}, Sin[{0, 3}], {Sin[0], Sin[3]},
              {Sin[0], 0}, {0, Sin[3]}}
```

Definitionen, die zu *inneren Symbolen assoziiert* sind (unter den Punkten 4 und 5), gelangen vor den Definitionen für die äußeren Symbole zur Anwendung (*"upvalues"* vor *"downvalues"*).

```
In[5]:=    f[g[x_]] ^:= fg

In[6]:=    f[x_] := ff

In[7]:=    f[g[1]]
Out[7]=    fg
```

Genauer genommen gilt für einen Ausdruck der Form f[g[x]] die folgende Reihenfolge:

1. vom Benutzer eingeführte Definitionen für g,

2. eingebaute Definitionen für g,

3. vom Benutzer eingeführte Definitionen für f,

4. eingebaute Definitionen für f.

Im Bestreben, ein Muster in einem Ausdruck zu finden, testet *Mathematica* oft sehr viele Anordnungen. Mit dem folgenden Trick läßt sich dies veranschaulichen: Die Funktion Print (siehe auch Abschnitt 2.6.1) druckt Ausdrücke auf dem Bildschirm aus. Sie liefert kein Resultat (Null), also sicher nie True. Bei einer Funktion mit Attribut Orderless wird aber mit allen möglichen Anordnungen versucht, ein True zu erzeugen:

```
In[8]:=    SetAttributes[pr, Orderless]

In[9]:=    pr[x___] := 1 /; Print[x]

In[10]:=   pr[1, 2, 3]
           123
           132
           213
           231
           312
           321
Out[10]=   pr[1, 2, 3]
```

So wird *Mathematica* zu Sisyphus!

☐ Zusammenfassung

Ausdruck	Bedeutung
Trace[*expr*]	Liste aller bei der Auswertung von *expr* erzeugten Ausdrücke
Trace[*expr*, *pat*]	Liste aller bei der Auswertung von *expr* erzeugten Ausdrücke, die auf das Muster *pat* passen
Trace[*expr*, *s*]	Liste aller bei der Auswertung von *expr* erzeugten Ausdrücke, die zu Regeln von *s* gehören
Print[*expr*$_1$, *expr*$_2$, ...]	schreibt die Ausdrücke auf den Bildschirm, schließt mit einem Zeilenvorschub ab

Tabelle 2-21: Fehlersuche

☐ Übungen

1. Definiere

In[1]:=   `pl = Plus; b = 1;`

und analysiere die Auswertung von:

In[2]:=   `pl[Sin[pl[1 - b]], 5]`

2. Sorge (ohne `Unprotect`) dafür, daß *Mathematica* bei der Integration der Funktion f als Resultat `fIntegral` liefert:

In[5]:=   `Integrate[f[x], x]`
Out[5]=   `fIntegral[x]`

3. Drucke alle Permutationen von `(q, s, f, q, w, s)` aus, bei denen am Anfang ein Paar steht (vergleiche auch mit Übungsaufgabe 1 in Abschnitt 2.3.3)!

■ 2.4.2 Spezielle Auswertung

☐ Gründe

Die in Abschnitt 2.4.1 vorgestellte Standardauswertung kann nicht für alle Ausdrücke gut gehen: Bei einer Zuweisung wie a = 7 darf die linke Seite nicht ausgewertet werden. Ansonsten würde, falls a von weiter oben schon einen Wert hat (z.B. 3), ein unsinniger Ausdruck entstehen: 3 = 7. Aus diesem Grund wird die Zuweisung (Set) speziell behandelt. Sie hat das Attribut HoldFirst.

```
In[1]:=   Attributes[Set]
Out[1]=   {HoldFirst, Protected}
```

HoldFirst sorgt dafür, daß das erste Argument (in Operatorschreibweise also die linke Seite) nicht ausgewertet wird.

Analog dazu kann mit den Attributen HoldAll oder HoldRest (siehe Abschnitt 2.3.3) die Auswertung aller Argumente oder aller außer dem ersten verhindert werden.

Verschiedene andere Ausdrücke werden entweder mit Hilfe dieser Attribute oder durch ihre eigene Kontrolle auf eine spezielle Art ausgewertet. Dazu gehören die Graphik-Funktionen, Schlaufen, Verzweigungen und die reinen Funktionen.

☐ Verhinderung und Erzwingung der Auswertung

Die Funktion Hold ist sozusagen die Inkarnation des Attributes HoldAll.

```
In[2]:=   Attributes[Hold]
Out[2]=   {HoldAll}
```

Sie macht nichts, verhindert aber die Auswertung ihrer Argumente.

Eine Zuweisung kann man sich nicht in ihrer vollständigen Form ansehen, da sie sofort ausgeführt wird.

```
In[3]:=   FullForm[a = 1]
Out[3]//FullForm=
          1
```

Hold erlaubt uns nun das Studium aller Ausdrücke in unausgewerteter Form.

```
In[4]:=   FullForm[Hold[a = 1]]
Out[4]//FullForm=
        Hold[Set[a, 1]]
```

Ein anderes Beispiel ist der Ausdruck:

```
In[5]:=   Hold[1 + 1]
Out[5]=   Hold[1 + 1]
```

Falls man das Hold nicht sehen und den Ausdruck nicht auswerten will, so benutzt man statt dessen HoldForm.

```
In[6]:=   HoldForm[1 + 1]
Out[6]=   1 + 1
```

Vielleicht soll die Auswertung schlußendlich doch noch durchgeführt werden. Dies erreichen wir mit ReleaseHold.

```
In[7]:=   ReleaseHold[%]
Out[7]=   2
```

Wir haben schon in Abschnitt 1.5.2 gesehen, daß die Graphik-Funktionen ihre Argumente nicht auswerten.

```
In[8]:=   Attributes[Plot]
Out[8]=   {HoldAll, Protected}
```

Dadurch läuft der folgende Befehl nicht so ab, wie man vielleicht erwarten könnte:

```
In[9]:=   Plot[Table[x^(1/n), {n, 10}], {x, 0, 2}]
```

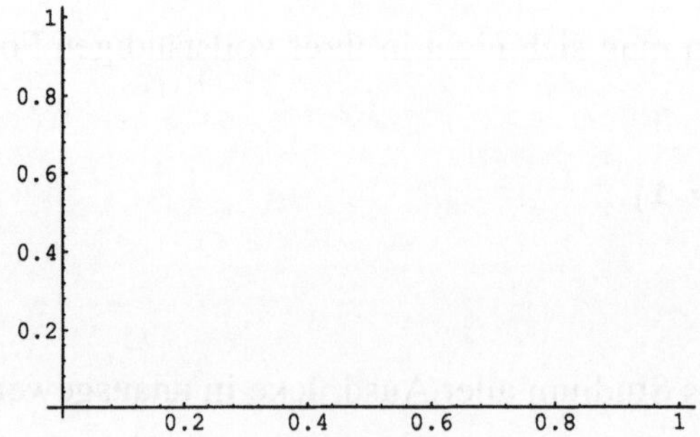

```
Plot::plnr:
   CompiledFunction[{x}, <<1>>, -CompiledCode-][<<1>>]
      is not a machine-size real number at x = 0..
Plot::plnr:
   CompiledFunction[{x}, <<1>>, -CompiledCode-][<<1>>]
      is not a machine-size real number at x = 0.0833333.
Plot::plnr:
   CompiledFunction[{x}, <<1>>, -CompiledCode-][<<1>>]
      is not a machine-size real number at x = 0.166667.
General::stop:
   Further output of Plot::plnr
      will be suppressed during this calculation.
```

Out[9]=   -Graphics-

Argumente von Funktionen, die wegen eines Attributs (`HoldAll`, `HoldFirst`, `HoldRest`) unausgewertet bleiben, können durch den Befehl `Evaluate` zur Auswertung gezwungen werden.

In[10]:=   **Plot[Evaluate[Table[x^(1/n), {n, 10}]], {x, 0, 2}]**

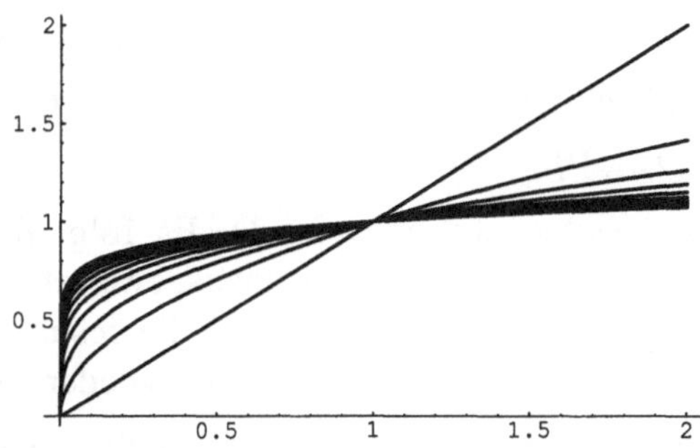

Out[10]=   -Graphics-

□   **Muster, Transformationsregeln und Definitionen**

Die *linke Seite von Transformationsregeln* wird normalerweise ausgewertet. Deshalb verändert sich der folgende Ausdruck nicht (`D[x, y]` ergibt 0):

In[11]:=   **Hold[D[x, y]] /. D[x, y] -> dxy**
Out[11]=   Hold[D[x, y]]

Mit Hilfe von `Literal` können wir die linke Seite der Regel unausgewertet belassen.

In[12]:=   **Hold[D[x, y]] /. Literal[D[x, y]] -> dxy**
Out[12]=   Hold[dxy]

Auf der *rechten Seite einer Transformationsregel* kommt es darauf an, ob sie mit
`->` oder mit `:>` geschrieben ist. Im ersten Fall wird die rechte Seite ausgewertet, im
zweiten nicht.

Bei *Definitionen* mit = und := wird die *linke Seite* nur teilweise ausgewertet: mit
Symbolen geschieht nichts, bei Funktionen werden die *Argumente* ausgewertet, nicht
aber die Funktion selbst. Im folgenden Beispiel wird deshalb die mittlere Zuweisung
für `f[2]` (und nicht für `f2` oder sogar für `f[1+1]`) vorgenommen.

```
In[13]:=   f[2] = f2; f[1+1] = f11; f[2]
Out[13]=   f11
```

Die *rechte Seite von Definitionen* wird, wie wir schon wissen, bei = ausgewertet,
bei := nicht.

☐ Weitere Funktionen mit spezieller Auswertung

Verschiedene Funktionen benötigen spezielle Auswertungsschemata, um sich "natürlich" zu verhalten:

* Die Auswertung von *Iterationsfunktionen* wie `Table` und `Sum` (aber auch `Plot`,
  `Plot3D` etc.) gehorcht speziellen Regeln: In einem Ausdruck wie

  $$\texttt{Table}[f, \{i, i_{max}\}]$$

  wird vorerst i lokalisiert (siehe Abschnitt 2.5.1). Es folgt die Auswertung der
  Grenze i_{max}. Der Ausdruck f bleibt als ganzes unausgewertet. Es werden aber die
  verschiedenen Werte des Iterators i eingesetzt und die resultierenden Ausdrücke
  ausgewertet. Schlußendlich wird der globale Wert für i wiederhergestellt.

* Die `Do`-*Schlaufe* (Abschnitt 2.4.3) wird ebenfalls nach diesem Schema bearbeitet.

* Bei allen *Bedingungen* (`If`, `Which`, `Switch`, siehe Abschnitt 2.4.3) wird nur dasjenige Argument ausgewertet, welches der ersten erfüllten Bedingung entspricht.

* *Kontrollstrukturen* (z.B. Schlaufen, siehe Abschnitt 2.4.3) werden gemäß ihrer
  internen Programmierung so ausgewertet, daß der gewünschte Programmfluß entsteht.

* Zusammengesetzte *logische Ausdrücke* (z.B.: e_1 && e_2 && e_3) werden nur soweit
  nötig ausgewertet, und zwar von links nach rechts. (Im Beispiel bedeutet dies, daß
  die Auswertung abgebrochen wird, sobald sich ein Resultat `False` ergibt.)

* Bei *reinen Funktionen* wird der Funktionskörper nicht ausgewertet; die Variablen
  sind automatisch lokalisiert (siehe Kapitel 2.5).

* Die Funktion `Trace` erlaubt das Verfolgen von bestimmten Transformationsregeln
  (siehe Abschnitt 3.2.1). Diese werden dabei nicht ausgewertet.

* *Variablendeklarationen* in Lokalisierungsfunktionen (`Module`, `Block`, siehe Abschnitt 2.5.1) werden nicht ausgewertet.

☐ Zusammenfassung

Ausdruck	Bedeutung
`Hold[`*expr*`]`	die Auswertung von *expr* wird verhindert
`HoldForm[`*expr*`]`	*expr* wird nicht ausgewertet, `HoldForm` aber nicht angezeigt
`ReleaseHold[`*expr*`]`	`Hold` und `HoldForm` werden aus *expr* entfernt
`HeldPart[`*expr, index*`]`	ein Teil von *expr* wird herausgezogen und mit `Hold` umgeben
`ReplaceHeldPart[`*expr, value, index*`]`	ein Teil von *expr* wird ersetzt, ohne ihn auszuwerten
`Literal[`*pat*`]`	äquivalent zu *pat* für Mustererkennung, wobei *pat* unausgewertet bleibt

Tabelle 2-22: Kontrolle über die Auswertung

Ausdruck	Bedeutung
f`[Evaluate[`*expr*`]]`	*expr* wird ausgewertet, auch wenn die Attribute von *f* sagen, daß nicht ausgewertet werden solle
f`[..., Unevaluated[`*expr*`], ...]`	unausgewertete Form von *expr* als Argument von *f*
lhs `:=` *rhs* `/;` *test*	die Definition wird nur ausgewertet, falls *test* den Wert `True` liefert

Tabelle 2-23: Kontrolle über die Auswertung von Regeln

☐ Übungen

1. Erkläre:

```
In[1]:=   Table[NumberQ[i], {i, 3}]
Out[1]=   {True, True, True}

In[2]:=   Table[Evaluate[NumberQ[i]], {i, 3}]
Out[2]=   {False, False, False}
```

2. Studiere die folgende Definition in ihrer Standard-Schreibweise:

In[3]:=   `f[{x:{_, _}..}]  := Transpose[{x}]`

Wann wird die Funktion ausgewertet; was macht sie?

■ 2.4.3 Bedingungen, Iterationen, Kontrollstrukturen

Für die Programmierung sind *Bedingungen*, *Iterationen* und *Schlaufen* zentrale und notwendige Hilfsmittel. Weil die meisten von ihnen in spezieller Weise ausgewertet werden, widmen wir ihnen hier einen Abschnitt. Wir werden dabei lernen, daß es sich lohnt, die in *Mathematica* zur Verfügung stehenden Möglichkeiten der *funktionalen Programmierung* einzusetzen. Solche Programme können erheblich eleganter und effizienter sein als die ebenfalls mögliche, direkte Übersetzung von prozeduralen Algorithmen.

☐ Bedingungen, Verzweigungen

Wir haben in Abschnitt 2.2.2 gesehen, daß mit Definitionen der Form

> *lhs := rhs /; test*

Bedingungen formuliert werden können. Typischerweise stehen dabei in verschiedenen Zeilen Definitionen, die unter gewissen Umständen zur Anwendung kommen.

In[1]:=   `f1[x_] := 0 /; x < 0`

In[2]:=   `f1[x_] := Exp[-x] /; x >= 0`

In[3]:=   `Table[f1[i], {i, -1, 1}]`

Out[3]=   {0, 1, $\frac{1}{E}$}

Alternativ dazu können Bedingungen in einen einzigen Ausdruck gepackt werden, und zwar mit den Funktionen `If`, `Which` und `Switch`.

Die Funktion `If` erlaubt drei oder vier Argumente. Drei Argumente haben die Form:

> `If[`*test, then, else*`]`

Falls die Testfunktion *test* den Wert `True` liefert, so wird *then* ausgewertet, falls *test* den Wert `False` ergibt, so *else*.

In[4]:=   `f2[x_] := If[x<0, 0, Exp[-x]]`

```
In[5]:=   Table[f2[i], {i, -1, 1}]
```
$$Out[5]= \ \{0, \ 1, \ \tfrac{1}{E}\}$$

Nun kann es vorkommen, daß die Testfunktion unausgewertet bleibt.

```
In[6]:=   g1[x_] := If[Positive[x], "pos", "neg"]
In[7]:=   g1 /@ {1, -1, q}
Out[7]=   {pos, neg, If[Positive[q], pos, neg]}
```

Diese Fälle lassen sich mit einem vierten Argument abfangen.

```
In[8]:=   g2[x_] := If[Positive[x], "pos", "neg", "NaN"]
In[9]:=   g2 /@ {1, -1, q}
Out[9]=   {pos, neg, NaN}
```

Für kompliziertere Unterscheidungen ist die Funktion Which einfacher als If. Ihre Argumente sind jeweils Paare von Tests und zugehörigen Resultaten. Die Auswertung wird von links nach rechts vorgenommen. Sobald ein Test True ergibt, wird das zugehörige Resultat zurückgegeben.

```
In[10]:=  h1[x_] := Which[x<0, 0, x<1, 1, x<2, 2]
In[11]:=  h1 /@ {-1, 0, 1, 2}
Out[11]=  {0, 1, 2, Null}
```

Für den Wert 2 ergeben alle Tests False. Das Resultat ist deshalb Null. Durch Einsetzen eines letzten Tests True (er ist also immer True) können wir alle *Ausnahmefälle* abfangen.

```
In[12]:=  h2[x_] := Which[x<0, 0, x<1, 1, x<2, 2, True, outside]
In[13]:=  h2 /@ {-1, 0, 1, 2}
Out[13]=  {0, 1, 2, outside}
```

Manchmal ist die Funktion Switch praktischer. Sie hat die Form:

$$\text{Switch}[expr, \ pat_1, \ value_1, \ pat_2, \ value_2, \ \dots]$$

Der Ausdruck *expr* wird von links nach rechts mit den Mustern pat_i verglichen, und das Resultat ist der zum ersten passenden Muster gehörende Wert. Hier fangen wir die auf kein Muster passenden Ausdrücke mit einem freien Muster _ ab.

```
In[14]:=  k1[f_, x_] := Switch[Integrate[f, x],
          _. x^_, "polyType",
          _. Sin[_] | _. Cos[_], "trigType",
          _. Exp[_], "expType",
          _. Log[_], "logType",
          _, "elseType"]

In[15]:=  k1[#, x]& /@ {x, Sin[x], Tan[x], 1/x, Exp[x^2]}

Out[15]=  {polyType, trigType, logType, logType, elseType}
```

Bei all diesen Funktionen kann jedes Argument auch eine Folge von durch Strichpunkte getrennten Ausdrücken sein.

```
In[16]:=  k2[f_, x_] := Switch[Integrate[f, x],
          _. x^_, Print["polyType"]; pt[f],
          _. Sin[_] | _. Cos[_], Print["trigType"]; tt[f],
          _. Exp[_], Print["expType"]; et[f],
          _. Log[_], Print["logType"]; lt[f],
          _, Print["elseType"]; Fail]

In[17]:=  k2[1/x, x]

          logType

Out[17]=  lt[1/x]
```

☐ Prozedurale Kontrollstrukturen

Prozedurale Kontrollstrukturen kommen in eleganten *Mathematica*-Programmen selten vor. Sie sind vor allem Krücken zur direkten Übersetzung von prozeduralen Programmen (aus Fortran, Pascal, Modula-2, C etc.) in *Mathematica*.

Die gängigste Schlaufenfunktion ist Do. Sie entspricht der FOR-Struktur in Pascal oder Modula-2. Mit einem Iterator wird dabei ein Ausdruck mehrfach ausgewertet. Die Syntax und die Art der Auswertung ist völlig analog zu Table oder Sum (siehe Abschnitt 2.4.2). Mit Return[*expr*] kann die Schlaufe verlassen und ein Resultat ausgegeben werden. Ansonsten ist das Resultat Null.

```
In[18]:=  Do[Print[n], {n, 2}]

          1
          2

In[19]:=  FullForm[%]
Out[19]//FullForm=
          Null
```

Dank der speziellen Auswertung wird das von prozeduralen Sprachen gewohnte Verhalten simuliert (vergleiche mit dem Unterabschnitt "Ungewollte unendliche Rekursionen" auf Seite 49).

```
In[20]:=  n = 1; Do[Print[N[n]]; n = (1 + 1/n), {5}]; n
          1.
          2.
          1.5
          1.66667
          1.6
```

$$Out[20]= \frac{13}{8}$$

☞ Beachte die Finessen der Syntax! Die zwei Argumente von `Do` sind durch Kommas getrennt. Das erste kann sich aus mehreren, durch Strichpunkte getrennten Ausdrücken zusammensetzen. Die Gewichtung von Komma und Strichpunkt widerspricht hier also der Intuition!

Die `While`-Schlaufe ist ebenfalls Pascal und Modula-2 nachempfunden. Ihr erstes Argument ist ein Test und das zweite ein Ausdruck (oder mehrere, durch Strichpunkte getrennte Ausdrücke).

```
In[21]:=  n = 17; While[(n = Floor[n/2]) != 0, Print[n]]
          8
          4
          2
          1
```

Zur direkten Veränderung von *Iterationsvariablen* (und auch Listen) gibt es verschiedene spezielle Formen (siehe Tabelle 2-27, Seite 269).

```
In[22]:=  n = 1; t = x; While[n <= 4, t = x+1/t; n++]; t
```

$$Out[22]= x + \cfrac{1}{x + \cfrac{1}{x + \cfrac{1}{\frac{1}{x} + x}}}$$

Die `For`-Schlaufe stammt aus der Programmiersprache C. Da sie zu unübersichtlichen Bildungen einlädt, wird von ihrem Gebrauch abgeraten. Ihre vier Argumente, z.B. in

```
For[start, test, incr, body]
```

stellen eine Initialisierung *start*, einen Test *test*, einen Inkrementierungsteil *incr* und den Funktionskörper *body* dar. Jeder Teil kann wieder mehrere Ausdrücke umfassen. Zuerst wird *start* ausgeführt,
danach gemeinsam *body* und *incr* – und zwar so lange, bis *test* nicht mehr `True` ergibt.

```
In[23]:=  For[m=1; s=x, m <= 3, m++, s = (s+x+m)^2; Print[s]]
                 2
          (1 + 2 x)
                             2 2
          (2 + x + (1 + 2 x) )
                                     2 2 2
          (3 + x + (2 + x + (1 + 2 x) ) )
```

`While`- und `For`-Schlaufen widersprechen dem normalen Auswertungsschema.
Sie besitzen deshalb das Attribut `HoldAll`:

```
In[24]:=  Attributes[While]
Out[24]=  {HoldAll, Protected}
```

Die Argumente werden also nicht ausgewertet, und das eigene Auswertungsschema
sorgt dafür, daß die Schlaufe wiederholt durchlaufen wird.

Die verschiedenen Möglichkeiten zum Abbruch von Schlaufen sind in Tabelle 2-28 aufgelistet.
Gut geschriebene Programme brauchen sie kaum!

☐ Funktionale Strukturen

Elegante *Mathematica*-Programme beinhalten Regeln oder verschachtelte Funktions-
aufrufe. Damit lassen sich viele Algorithmen ohne umständliche Verwaltung von
Hilfsgrößen, gemäß ihrem mathematischen Inhalt programmieren (siehe auch
Abschnitt 3.1.3).

Die Werkzeuge für *verschachtelte Funktionsaufrufe* heißen `Nest`, `NestList`,
`Fold`, `FoldList`, `ComposeList` und `FixedPoint`. Eine vertiefte Auseinander-
setzung mit ihnen lohnt sich – auch wenn sie einem eingefleischten prozeduralen Programmierer zuerst fremd erscheinen mögen. Mit ihrer Hilfe geschriebene *Mathematica*-Programme sind elegant und effizient.

Die Funktion `Nest` wendet eine Funktion mehrfach auf einen Startwert an.

```
In[25]:=  Nest[f, x, 5]
Out[25]=  f[f[f[f[f[x]]]]]
```

Der Kettenbruch (aus *Out[22]=*) kann durch Anwendung der reinen Funktion

```
Function[t, x+1/t]
```

oder

```
x+1/#&
```

erzeugt werden:

```
In[26]:=  Nest[x+1/#&, x, 4]
```

$$Out[26]= \; x + \cfrac{1}{x + \cfrac{1}{x + \cfrac{1}{\cfrac{1}{x} + x}}}$$

`NestList` liefert uns eine Liste der Teilresultate, wobei das erste Element die "nullmalige" Anwendung, also der Startwert ist.

```
In[27]:=  NestList[x+1/#&, x, 4]
```

$$Out[27]= \; \left\{ x,\; \frac{1}{x} + x,\; x + \cfrac{1}{\cfrac{1}{x} + x},\; x + \cfrac{1}{x + \cfrac{1}{\cfrac{1}{x} + x}},\; x + \cfrac{1}{x + \cfrac{1}{x + \cfrac{1}{\cfrac{1}{x} + x}}} \right\}$$

Natürlich wendet der prozedurale Programmierer ein, daß dies gegenüber einer Realisierung mit einer Do-Schlaufe keine große Vereinfachung bringe. Vielleicht ist das folgende Beispiel überzeugender: Wir betrachten den *Newton-Algorithmus* zur Bestimmung von Nullstellen einer Funktion $f(x)$. Dabei geht man von einem Startwert x_0 aus und berechnet die Folge

$$x_{i+1} = x_i - \frac{f(x_i)}{f'(x_i)}. \tag{2.1}$$

Bei "gutmütigen" Funktionen konvergiert sie gegen eine Nullstelle (sofern man nicht in einem Punkt mit horizontaler Tangente landet).

Nehmen wir z.B. die Funktion $\sin(x^2) + \sin^2 x$, mit dem Startwert 2! Zuerst definieren wir sie und erzeugen ein Bild.

```
In[28]:=  f[x_] = Sin[x^2] - Sin[x]^2;
```

```
In[29]:=  funcPlot = Plot[f[x], {x, 1, 2.1}]
```

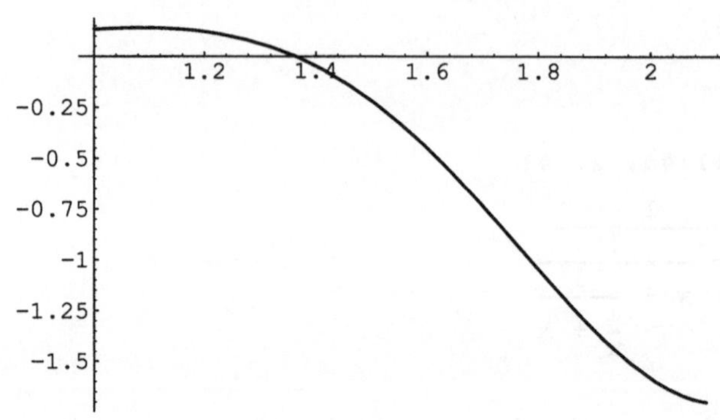

```
Out[29]=  -Graphics-
```

Ihre Ableitung soll ein für alle mal berechnet werden. Deshalb legen wir sie mit einer sofortigen Definition fest.

```
In[30]:=  fp[x_] = D[f[x], x];
```

Nun starten wir beim Wert 2 und ermitteln mit Formel (2.1) einige weitere Punkte.

```
In[31]:=  newtonList = NestList[#-f[#]/fp[#]&, 2., 5]
Out[31]=  {2., 1.14757, 1.93969, 1.35502, 1.36464, 1.36441}
```

Wir können den Algorithmus (2.1) veranschaulichen. Dazu zeichnen wir eine Linie vom Startpunkt zum entsprechenden Funktionswert und dort die Tangente an die Kurve. Der Schnittpunkt der Tangente mit der Abszisse ist die nächste Approximation der Nullstelle und so fort. Die Linien erzeugen wir mit der folgenden Liste newtonLines (in Übungsaufgabe 4 wird eine Erklärung verlangt).

```
In[32]:=  newtonLines =
            { AbsoluteThickness[0.01],
              Line[Flatten[Drop[Transpose[
                { Transpose[{newtonList,
                    Table[0, {Length[newtonList]}]}],
                  Transpose[{newtonList, f /@ newtonList}]
                }], -1], 1]] }
Out[32]=  {AbsoluteThickness[0.01],
            Line[{{2., 0}, {2., -1.58362}, {1.14757, 0},
              {1.14757, 0.136624}, {1.93969, 0},
              {1.93969, -1.45166}, {1.35502, 0},
              {1.35502, 0.0108579}, {1.36464, 0},
              {1.36464, -0.000269377}}]]}
```

```
In[33]:=  Show[funcPlot, Graphics[newtonLines]]
```

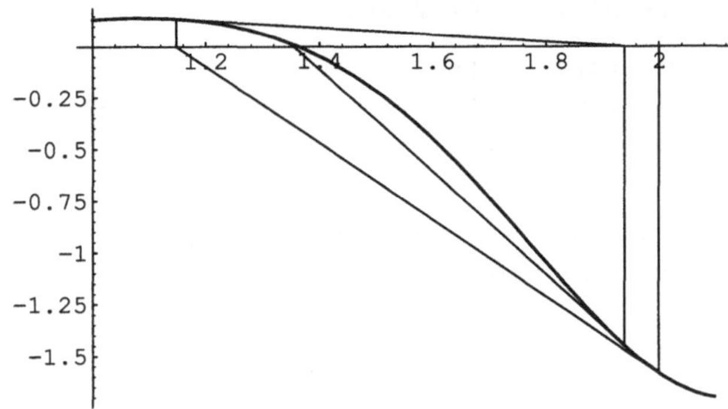

```
Out[33]=  -Graphics-
```

Hier stellt sich natürlich die Frage, wie oft verschachtelt werden muß, um zum Fixpunkt zu gelangen. Dazu gibt es die Funktionen `FixedPoint` und `Fixed-PointList`. Sie sind analog zu `Nest` und `NestList` aufgebaut und führen die Iteration aus, bis sich nichts mehr ändert.

```
In[34]:=  FixedPointList[#-f[#]/fp[#]&, 2.]
Out[34]=  {2., 1.14757, 1.93969, 1.35502, 1.36464, 1.36441,
            1.36441, 1.36441, 1.36441}
```

Der prozedurale Programmierer möge nun dieses Programm mit seinem vergleichen!

Falls gewünscht, so kann mit der Option `SameTest` eine eigene Vergleichsfunktion eingegeben werden. Dann wird die Iteration abgebrochen, sobald diese Funktion für zwei aufeinanderfolgende Elemente `True` liefert. Wir können die Abweichung z.B. auf 0.001 beschränken. Damit endet die Iteration früher.

```
In[35]:=  FixedPointList[#-f[#]/fp[#]&, 2.,
            SameTest -> (Abs[#1-#2]<.001&)]
Out[35]=  {2., 1.14757, 1.93969, 1.35502, 1.36464, 1.36441}
```

Die eingebaute Vergleichsfunktion `Equal` betrachtet reelle Zahlen als gleich, falls sie sich höchstens in den letzten beiden Kommastellen unterscheiden.

Nun vergleichen wir (für ein anderes Beispiel) die Resultate und die Rechenzeit mit der eingebauten Funktion `FindRoot`:

```
In[36]:=  Clear[f, fp]
```

```
In[37]:=  f[x_] = Cos[x^2] - Cos[x]^2;
```

```
In[38]:=  FindRoot[f[x], {x, 2}] // Timing
Out[38]=  {1.53333 Second, {x -> 2.26612}}

In[39]:=  ( fp[x_] = D[f[x], x];
            FixedPoint[#-f[#]/fp[#]&, 2.] ) // Timing
Out[39]=  {1.26667 Second, 2.26612}
```

Natürlich leistet `FindRoot` wesentlich mehr als unser kleines Programm (Steuerung der Genauigkeit etc.); wir können trotzdem stolz sein.

Eine Bemerkung für alle, die sich von reinen Funktionen erschrecken lassen: Es geht auch ohne.

```
In[40]:=  Clear[f, fp]

In[41]:=  f[x_] = Sin[x^2] - Cos[x]^2;

In[42]:=  fp[x_] = D[f[x], x];

In[43]:=  newton[x_] := x - f[x]/fp[x]

In[44]:=  FixedPoint[newton, 2.]
Out[44]=  1.76221
```

Mit derartigen Funktionsaufrufen läßt sich nicht alles elegant programmieren. Das im letzten Unterabschnitt gezeigte Beispiel für die `For`-Schlaufe (*In[23]:=*, Seite 262) benötigt einen Iterationsparameter. Ohne in der iterierten Funktion eine globale Größe zu verändern (dies wäre unelegant), kommen wir hier mit `Nest` nicht weiter.

Deshalb gibt es die Funktionen `Fold` und `FoldList`. Der Aufruf

$$\texttt{FoldList}[f,\ x,\ \{a,\ b,\ ...\}]$$

bildet die Liste:

$$\{x,\ f[x,\ a],\ f[f[x,\ a],\ b],\ ...\}$$

Ein Aufruf von `Fold`, mit denselben Parametern, liefert das letzte Element der Liste. Bis auf das erste Element, das bei `FoldList` dazugeliefert wird, können wir die Resultate der obigen `For`-Schlaufe folgendermaßen erzeugen:

```
In[45]:=  FoldList[(#1 + x + #2)^2&, x, Range[3]]
```
$$Out[45]=\ \{x,\ (1 + 2\ x)^2,\ (2 + x + (1 + 2\ x)^2)^2,$$
$$(3 + x + (2 + x + (1 + 2\ x)^2)^2)^2\}$$

Die Funktion

$$(\#1 + x + \#2)^2\&$$

verwendet als zweites Argument der Reihe nach die Elemente von `Range[3]` und macht damit genau das Gewünschte. Alternativ könnten wir sie auch als

```
Function[{u, v}, (u + x + v)^2]
```

oder mit der Hilfsfunktion

```
funct[u_, v_] := (u + x + v)^2
```

schreiben.

Will man *verschiedene Funktionen anwenden* (statt verschiedene Argumente einsetzen), so erreicht man dies mit `ComposeList`.

```
In[46]:= ComposeList[{func1, func2, func3}, x]
Out[46]= {x, func1[x], func2[func1[x]], func3[func2[func1[x]]]}
```

Daraus ergibt sich eine weitere Lösung für das obige Beispiel.

```
In[47]:= ComposeList[Table[(# + x + i)^2&, {i, 3}], x]
```
$$Out[47]= \{x, (i + 2\ x)^2, (i + x + (i + 2\ x)^2)^2,$$
$$(i + x + (i + x + (i + 2\ x)^2)^2)^2\}$$

Das wollten wir nicht! Reine Funktionen haben aber das Attribut `HoldAll` (vergleiche mit dem Unterabschnitt "Weitere Funktionen mit spezieller Auswertung" auf Seite 256). Dadurch lassen sie sich mit dem Iterator nicht verändern. Dies ist analog zu einem Ausdruck der Form:

```
In[48]:= Table[Hold[i], {i, 3}]
Out[48]= {Hold[i], Hold[i], Hold[i]}
```

Der folgende Trick hilft uns hier aus der Klemme: Transformationsregeln sprechen auch auf Ausdrücke an, die nicht ausgewertet werden sollen.

```
In[49]:= Hold[i] /. i -> k
Out[49]= Hold[k]
```

Damit können wir die Tabelle der reinen Funktionen erstellen.

```
In[50]:= Table[(# + x + k)^2& /. k -> i, {i, 3}]
```
$$Out[50]= \{(\#1 + x + 1)^2\ \&\ ,\ (\#1 + x + 2)^2\ \&\ ,\ (\#1 + x + 3)^2\ \&\ \}$$

Diese wenden wir der Reihe nach auf das Argument x an.

In[51]:= `ComposeList[%, x]`

Out[51]= $\{x, (1 + 2x)^2, (2 + x + (1 + 2x)^2)^2,$
$(3 + x + (2 + x + (1 + 2x)^2)^2)^2\}$

☐ Zusammenfassung

Ausdruck	Bedeutung
lhs `:=` *rhs* `/;` *test*	die Definition wird nur ausgewertet, falls *test* den Wert `True` liefert
`If[`*test*`,` *then*`,` *else*`]`	wertet *then* aus, falls *test* den Wert `True` ergibt und *else*, falls *test* den Wert `False` liefert
`If[`*test*`,` *then*`,` *else*`,` *undef*`]`	wertet *then* aus, falls *test* den Wert `True` ergibt, *else*, falls *test* den Wert `False` liefert und sonst *undef*
`Which[`$test_1$`,` $value_1$`,` $test_2$`,` $value_2$`,` `...]`	wertet die $test_i$ von links nach rechts aus und liefert denjenigen Wert, welcher zum ersten Test gehört, der `True` ergibt
`Switch[`*expr*`,` pat_1`,` $value_1$`,` pat_2`,` $value_2$`,` `...]`	vergleicht *expr* von links nach rechts mit den Mustern pat_i und liefert denjenigen Wert, der zum ersten passenden Muster gehört

Tabelle 2-24: Bedingungen, Verzweigungen

Ausdruck	Bedeutung
`Nest[`*f*`,` *x*`,` *n*`]`	*n*-fache Anwendung von *f* auf *x*, also $f[f[...f[x]...]]$
`NestList[`*f*`,` *x*`,` *n*`]`	Liste der Resultate der 0- bis *n*-fachen Anwendung von *f* auf *expr*, also $\{x, f[x], f[f[x]], ...\}$
`FixedPoint[`*f*`,` *x*`]`	mehrfache Anwendung von *f*, bis sich nichts mehr ändert
`FixedPoint[`*f*`,` *x*`,` `SameTest -> `*comp*`]`	mehrfache Anwendung von *f*, bis die Vergleichsfunktion *comp* auf zwei aufeinanderfolgenden Teilresultaten den Wert `True` ergibt
`FixedPointList[`*f*`,` *x*`]`	Liste der Zwischenresultate von `FixedPoint`, also $\{x, f[x], f[f[x]], ...\}$
`ComposeList[{`f_1`,` f_2`,` `...},` *x*`]`	Liste der Form $\{x, f_1[x], f_2[f_1[x]], ...\}$
`FoldList[`*f*`,` *x*`,` `{`*a*`,` *b*`,` `...}]`	Liste der Form $\{x, f[x, a], f[f[x, a], b], ...\}$
`Fold[`*f*`,` *x*`,` `{`*a*`,` *b*`,` `...}]`	letztes Element von `FoldList[`*f*`,` *x*`,` `{`*a*`,` *b*`,` `...}]`

Tabelle 2-25: Verschachtelung von Funktionen

Ausdruck	Bedeutung
`Do[`*expr, range*`]`	wertet *expr* mehrfach aus; mögliche Indexbereiche gemäß Tabelle 1-58, Seite 131
`While[`*test, body*`]`	wertet *body* aus, solange *test* den Wert `True` ergibt
`For[`*start, test, incr, body*`]`	wertet *start* aus und anschließend, solange *test* den Wert `True` ergibt, *body* und *incr*

Tabelle 2-26: Schlaufen, Kontrollstrukturen

Ausdruck	Bedeutung
i++	*i* um eins vergrößern
i--	*i* um eins verkleinern
++*i*	*i* um eins vergrößern, der aktuelle Wert ist schon vergrößert
--*i*	*i* um eins verkleinern, der aktuelle Wert ist schon verkleinert
i += *di*	*i* um *di* vergrößern
i -= *di*	*i* um *di* verkleinern
i *= *c*	*i* mit *c* multiplizieren
i /= *di*	*i* durch *di* dividieren
`PrependTo[`*v, element*`]`	*element* der Liste *v* vorne anfügen
`AppendTo[`*v, element*`]`	*element* der Liste *v* hinten anfügen

Tabelle 2-27: Veränderung von Kontrollvariablen

Ausdruck	Bedeutung
`Break[ ]`	verläßt die innerste Schlaufe
`Continue[ ]`	fährt mit dem nächsten Schritt der aktuellen Schlaufe fort
`Return[`*expr*`]`	liefert *expr* als Resultat und verläßt alle Prozeduren und Schlaufen der prozeduralen Funktion
`GoTo[`*name*`]`	Sprung zu `Label[`*name*`]`
`Throw[`*expr*`]`	liefert *expr* als Wert der nächsten umschließenden `Catch`-Funktion

Tabelle 2-28: Kontrollfunktionen in Schlaufen

□ **Übungen**

1. Was ergibt die obige Funktion h1 (aus *In[10]:=*, Seite 259), falls sie auf ein Symbol angewendet wird?

2. Studiere mit `Print`-Befehlen den Unterschied zwischen `++i` und `i++`!

3. Schreibe verschiedene prozedurale und funktionale Varianten für Newtons Approximation von $\sqrt{3}$:

$$x_0 = 1, \ x_{i+1} = \frac{1}{2}\left(x_i + \frac{3}{x_i}\right)!$$

4. Erkläre die Konstruktion von `newtonLines` (*In[32]:=*, Seite 264)!

■ 2.5 Lokalisierung und Modularisierung

Wenn ein Name eingetippt wird, so hat dieser (normalerweise) eine *globale* Bedeutung: Überall, wo er vorkommt, ist das gleiche Objekt angesprochen.

In einer kurzen *Mathematica*-Sitzung muß dies nicht zu Problemen führen. Bei längerer Arbeit kommt es aber gerne vor, daß man versehentlich einen schon belegten Namen nochmals braucht. Das kann leicht sehr verwirrende Resultate zur Folge haben. Viele rauchende Köpfe haben darin ihren Ursprung.

Noch schwieriger ist die Situation für den Entwickler (die Entwicklerin) von Paketen, die später anderen Leuten zur Verfügung gestellt werden sollen. Er (sie) wird sicher in den Definitionen irgendwelche neuen Namen verwenden. Diese können aber mit den vom Endbenutzer gewählten in Konflikt kommen. Um dies zu verhindern, gibt es zwei Möglichkeiten:

- Man übergibt dem Endbenutzer eine (eventuell lange) Liste von Namen, die er keinesfalls verwenden soll.

- Man benutzt die Modularisierungs-Möglichkeiten von *Mathematica*.

Offensichtlich ist die zweite Lösung attraktiver.

Wir werden zuerst die Methoden zur Lokalisierung von Variablen innerhalb von Funktionen besprechen. Danach folgt ein Abschnitt über die Modularisierung von ganzen Paketen.

■ 2.5.1 Lokale Variablen und Konstanten

Jede vernünftige Programmiersprache erlaubt, innerhalb von Funktionen lokale Variablen zu definieren, die von globalen Größen mit demselben Namen unterschieden werden.

☐ Lokale Variablen, Module

Die *Lokalisierung von Variablen* mit der Funktion `Module` haben wir in Abschnitt 1.7.2 schon kurz kennengelernt. `Module` erwartet im ersten Argument eine Liste von lokalen Variablen, eventuell mit ihren Anfangswerten. Im zweiten Argument steht ein Ausdruck oder eine ganze Folge von durch Strichpunkte getrennten Ausdrücken. Als Resultat wird das Ergebnis des letzten Ausdrucks zurückgegeben.

Auf diese Weise können wir z.B. eine Funktion definieren, welche die Rotation eines zweidimensionalen Vektors um einen gegebenen Winkel berechnet, ohne daß dabei Winkelfunktionen mehrfach ermittelt werden müssen.

```
In[1]:=  rot2D[x_?VectorQ /; Length[x] == 2, phi_] :=
           Module[
             {sinPhi = Sin[phi], cosPhi = Cos[phi]},
             {{cosPhi, -sinPhi}, {sinPhi, cosPhi}} . x
           ]

In[2]:=  rot2D[{a, b}, 1]
Out[2]=  {a Cos[1] - b Sin[1], b Cos[1] + a Sin[1]}
```

In einem solchen Modul lassen sich ohne weiteres auch *lokale Funktionen* definieren. Wir tun dies am Beispiel des Newton-Verfahrens zur Nullstellensuche (vergleiche mit der entsprechenden Funktion in Abschnitt 2.4.3).

```
In[3]:=  myRoot[f_, {x_, x0_}] :=
           Module[{fPrimeLoc = D[f, x]},
             FixedPoint[#-f/fPrimeLoc/.x->#&, N[x0]]
           ]

In[4]:=  myRoot[BesselJ[1,x] + 1/BesselK[3,x] - 2, {x, 10}]
Out[4]=  1.95615
```

Interessant ist ein Vergleich der Rechenzeiten mit den folgenden, leicht anders programmierten, Varianten und der Funktion FindRoot:

```
In[5]:=  myRoot1[f_, {x_, x0_}] :=
           Module[{fLoc, fPrimeLoc},
             fLoc = Function[{x}, f];
             fPrimeLoc = fLoc';
             FixedPoint[#-fLoc[#]/fPrimeLoc[#]&, N[x0]]
           ]

In[6]:=  myRoot2[f_, {x_, x0_}] :=
           Module[{fLoc, fPrimeLoc},
             fLoc[xLoc_] = f /. x -> xLoc;
             fPrimeLoc[xLoc_] = D[f, x] /. x -> xLoc;
             FixedPoint[#-fLoc[#]/fPrimeLoc[#]&, N[x0]]
           ]

In[7]:=  myRoot[Hypergeometric1F1[7,1,x]/10^4 + BesselJ[1,x] - .6,
           {x, 5}] // Timing
Out[7]=  {7.05 Second, 1.64169}
```

```
In[8]:=   myRoot1[Hypergeometric1F1[7,1,x]/10^4 + BesselJ[1,x] - .6,
          {x, 5}] // Timing

Out[8]=   {7.73333 Second, 1.64169}

In[9]:=   myRoot2[Hypergeometric1F1[7,1,x]/10^4 + BesselJ[1,x] - .6,
          {x, 5}] // Timing

Out[9]=   {7.06667 Second, 1.64169}

In[10]:=  FindRoot[Hypergeometric1F1[7,1,x]/10^4 + BesselJ[1,x] - .6,
          {x, 5}] // Timing

Out[10]=  {7.08333 Second, {x -> 1.64169}}
```

Die "Rangfolge" ist von der Computer-Architektur abhängig. Konsistent ist aber der letzte Platz von `myRoot1`.

Die *Initialisierungen* der lokalen Variablen werden als ganze ausgewertet. Falls auf den rechten Seiten von Initialisierungen globale Größen vorkommen, so kommen diese zur Anwendung, wie in:

```
In[11]:=  t = a; Module[{t = 1, y = t}, y]
Out[11]=  a
```

Falls dies unerwünscht ist, schreiben wir:

```
In[12]:=  t = a; Module[{t = 1, y}, y = t]
Out[12]=  1
```

Manchmal möchte man *Bedingungen* mit der rechten Seite einer Definition verknüpfen. In der folgenden Art ist es möglich, lokale Variablen in den beiden Teilen gemeinsam zu benutzen:

```
In[13]:=  k[x_] := Module[{n}, Log[n] /; (n = x - 1) > 0]

In[14]:=  Table[k[i], {i, 3}]
Out[14]=  {k[1], 0, Log[2]}
```

☐ Lokale Konstanten

Vielleicht sollen in Teilen von Programmen gewisse Symbole durch *konstante Werte* ersetzt werden. Dies erreichen wir mit der Funktion `With`.

```
In[15]:=  With[{s = x}, s = q]; {x, s}
Out[15]=  {q, s}
```

`With` ist damit eine Art Verallgemeinerung des `/.`-Operators, die auch auf mehrere Ausdrücke zusammen angewendet werden kann. `With` und `Module` lassen sich beliebig verschachteln. Das innerste Modul wird zuerst ausgewertet.

```
In[16]:=  With[{s = a}, Module[{s = b, u = c},
            With[{s = d}, (s + u)^2]]]

Out[16]=  (c + d)^2
```

Wieso braucht es überhaupt eine Funktion `With`, kann man denselben Effekt nicht auch durch `Module` erreichen? Der Grund liegt in der *Lesbarkeit* der Programme. In einem Modul können Variablen verändert werden, in einer Funktion mit `With` nicht. Deshalb wird für den Benutzer (die Benutzerin) sofort klar, daß in der Version mit `With` nur *Werte* eingesetzt werden. Er (sie) muß sich nicht damit abmühen, die eventuellen Veränderungen der Variablen zu verfolgen.

☐ Funktionsweise

Die `Module`-Funktion erzeugt für jede lokale Variable x einen eindeutigen Namen der Form $x\$nnn$. Dazu verwendet sie die Funktion `Unique`.

```
In[17]:=  Unique[v]
Out[17]=  v$17

In[18]:=  Module[{t}, Print[t]]
          t$18
```

☞ Um Kollisionen mit solchen lokalen Variablen zu vermeiden, sollte man *keine Namen der Form $x\$nnn$* verwenden. Es ist auch nicht empfehlenswert, direkt auf diese Symbole zuzugreifen, obwohl dies möglich ist.

```
In[19]:=  z = Module[{t}, t]
Out[19]=  t$19
```

Falls trotzdem solche Größen z.B. auf Dateien abgespeichert werden müssen, so besteht später die Gefahr von Namenskollisionen. Die Zahlen nach dem $-Zeichen werden nämlich aus der globalen Variable `$ModuleNumber` abgelesen, die mit jedem (impliziten oder expliziten) Aufruf von `Unique` um eins erhöht wird. In einer nächsten Sitzung beginnt `$ModuleNumber` wieder bei eins. Dies kann vermieden werden, indem `$ModuleNumber` z.B. mit

```
$ModuleNumber = 10^10 $SessionID
```

initialisiert wird. Die globale Variable `$SessionID` ist in jeder Sitzung und auf jedem Computer anders.

```
In[20]:=  $SessionID
Out[20]=  19117627913103961492
```

□ Stumme Variablen

In vielen mathematischen Ausdrücken benutzt man *stumme Variablen*, wie z.B.:

```
In[21]:=  int1[n_] := Integrate[Exp[n y], {y, 0, 1}]

In[22]:=  int1[a]
```

$$Out[22]=\ -\left(\frac{1}{a}\right)\ +\ \frac{E^a}{a}$$

Die stumme Variable y ist für die Integration lokal. Sie kann aber beim Funktionsaufruf mit anderen Symbolen kollidieren.

```
In[23]:=  int1[y]
```

$$Out[23]=\ \frac{Sqrt[Pi]\ Erfi[1]}{2}$$

Es wurde dabei

$$\int_0^1 e^{yy}\,dy\ =\ \int_0^1 e^{y^2}\,dy$$

ausgewertet (siehe unten).

Um dies zu vermeiden, lokalisieren wir die stumme Variable in einem Modul.

```
In[24]:=  int2[n_] := Module[{y}, Integrate[Exp[n y], {y, 0, 1}]]

In[25]:=  int2[y]
```

$$Out[25]=\ -\left(\frac{1}{y}\right)\ +\ \frac{E^y}{y}$$

Auch im folgenden Beispiel tritt eine Namenskollision auf, die durch Lokalisierung vermieden werden kann:

```
In[26]:=  s[n_] := Sum[i^n, {i, 3}]

In[27]:=  {s[a], s[i]}

Out[27]=  {1 + 2^a + 3^a, 32}

In[28]:=  s1[n_] := Module[{i}, Sum[i^n, {i, 3}]]
```

```
In[29]:=  {s1[a], s1[i]}
```

$$Out[29]= \{1 + 2^a + 3^a, \ 1 + 2^i + 3^i\}$$

Wo liegt der Grund für die Kollision? Dazu müssen wir verstehen, wie *Mathematica* eine Definition

$$f[\text{x\_}] \ := \ rhs$$

verarbeitet, wenn ein Wert eingesetzt wird: Dies geschieht durch Anwendung eines /. Operators, der alle Vorkommnisse des Musters x_ im unausgewerteten Ausdruck *rhs* durch den aktuellen Wert ersetzt. In *Out[27]=* wird also auf der rechten Seite der Definition von s[n_] zuerst n durch i ersetzt und dann die Summe ausgewertet. Dies können wir mit Trace verfolgen.

```
In[30]:=  Trace[s[i]]
```

$$Out[30]= \{s[i], \ \text{Sum}[i^i, \{i, 3\}], \{i = 1, 1\},$$
$$\{\{i, 1\}, \{i, 1\}, 1^1, 1\}, \{i = 2, 2\},$$
$$\{\{i, 2\}, \{i, 2\}, 2^2, 4\}, \{i = 3, 3\},$$
$$\{\{i, 3\}, \{i, 3\}, 3^3, 27\}, \{1 + 4 + 27, 32\}, 32\}$$

☐ Lokale Werte

Mit der Funktion Module werden Variablen-*Namen* lokalisiert. Unter gewissen Umständen kann es wünschbar sein, die Namen global zu halten, aber die *Werte* zu lokalisieren. Dazu verwendet man die Block-Funktion. Sie hat genau dieselbe Struktur wie Module.

```
In[31]:=  t = 10;

In[32]:=  f[x_?NumberQ] := Block[{t}, t = N[Sin[x]]; {t, t^2}]

In[33]:=  f[1]
Out[33]= {0.841471, 0.708073}

In[34]:=  t
Out[34]= 10
```

Der Wert einer globalen Variablen verändert sich nicht, falls derselbe Name in einem Block lokalisiert verwendet wird. Trotzdem spricht der Block – im Gegensatz zum Modul – denselben Namen an:

```
In[35]:=  {Block[{t}, Print[t]]; Module[{t}, Print[t]]};
          t
          t$29
```

Dadurch können in Blöcken temporäre Werte für außerhalb des Blocks definierte Größen eingesetzt werden.

```
In[36]:=  u := s^2 + 1

In[37]:=  Block[{s = 1}, u]
Out[37]= 2
```

Dies steht im Gegensatz zu:

```
In[38]:=  Module[{s = 1}, u]
```
$$Out[38]= 1 + s^2$$

Solche Effekte sind oft unübersichtlich. Deshalb ist es *nicht empfehlenswert*, die Blockstruktur einzusetzen – außer, man weiß sehr genau, was man will (siehe Abschnitt 3.4.2 für ein Beispiel).

☐ Zusammenfassung

Ausdruck	Bedeutung
`Module[{`*x*`, `*y*`, ...}, `*expr*`]`	Modul mit lokalen Variablen $x, y, \ldots$
`Module[{`*x*`=`*x*$_0$`, `*y*`=`*y*$_0$`, ...}, `*expr*`]`	Modul mit initialisierten lokalen Variablen $x, y, \ldots$
`With[{`*x*`=`*x*$_0$`, `*y*`=`*y*$_0$`, ...}, `*expr*`]`	in *expr* werden alle Vorkommnisse von $x, y, \ldots$ durch die Werte $x_0, y_0, \ldots$ ersetzt

Tabelle 2-29: Lokalisierung von Variablen

Ausdruck	Bedeutung
`Unique[`*x*`]`	Symbol mit eindeutigem Namen der Form $x\$nnn$

Tabelle 2-30: Eindeutige Namen

Ausdruck	Bedeutung
lhs `:= Module[`*vars*`, `*rhs*` /; `*cond*`]`	Definition mit einer Bedingung *cond*, welche mit *rhs* die lokalen Variablen *vars* teilt

Tabelle 2-31: Lokale Variablen in Bedingungen

Ausdruck	Bedeutung
`Block[{`*x*`, `*y*`, ...}, `*expr*`]`	Funktion mit Variablen $x, y, \ldots$, deren Werte lokal behandelt werden
`Block[{`*x*`=`*x*$_0$`, `*y*`=`*y*$_0$`, ...}, `*expr*`]`	Funktion mit Variablen $x, y, \ldots$, deren Werte lokal behandelt und initialisiert werden

Tabelle 2-32: Lokale Werte

☐ Übungen

1. Schreibe ein prozedurales Programm zur Bestimmung von Nullstellen mit dem Newton-Verfahren. Vergleiche dessen Effizienz und Eleganz mit der funktionalen Version `myRoot` (aus *In[3]:=*, Seite 272)!

2. Schreibe ein iteratives Programm zur Berechnung der Fibonacci-Zahlen (vergleiche mit Übungsaufgabe 1 in Abschnitt 2.3.2)!

3. Lokalisiere die Funktion `s[n_]` (aus *In[26]:=*, Seite 275) mit einem `Block`. Werte sie für `i` aus und erkläre!

■ 2.5.2 Kontexte und Pakete

Der Entwickler (die Entwicklerin) eines *Paketes* möchte, daß die dort vorkommenden Namen nicht mit den globalen oder solchen aus anderen Paketen in Konflikt geraten können. Vielleicht sollen zudem Funktionen und Variablen innerhalb der Definitionen des Paketes benutzt, aber nicht auf die globale Ebene exportiert werden. Solche Probleme werden in *Mathematica* durch den *Kontext*-Mechanismus gelöst.

☐ Kontexte

Wir haben, ohne genauere Erläuterung, schon verschiedentlich mit *Kontexten* gearbeitet (z.B., um die durch ein Paket zugeladenen neuen Definitionen zu ermitteln, vergleiche mit Abschnitt 1.3.2).

Die Namen von *Mathematica*-Symbolen können in einer kurzen oder in einer langen Schreibweise dargestellt werden. Normalerweise verwendet man einfachheitshalber die kurze Schreibweise. Genau genommen existiert aber jeder Symbolname in einem bestimmten Kontext. Der Name des *aktuellen Kontextes* wird von der globalen Variablen `$Context` verwaltet.

```
In[1]:=    $Context

Out[1]=    Global`
```

Wie wir sehen, ist normalerweise der Kontext `Global` aktiv. Dies bedeutet, daß alle neuen Namen in diesem Kontext eingeführt werden.

Den expliziten Kontext eines Symbols rufen wir mit der Funktion `Context` ab.

```
In[2]:=    x; Context[x]

Out[2]=    Global`
```

Das Symbol **x** läßt sich sowohl mit seinem vollen Namen `Global`x` als auch mit seinem Kurznamen **x** ansprechen.

```
In[3]:=  Global`x - x
Out[3]=  0
```

Dieses **x** unterscheidet sich von einem **x**, das explizit in einen anderen Kontext gesetzt wird.

```
In[4]:=  MyContext`x - x
Out[4]=  -x + MyContext`x
```

Kontexte lassen sich beliebig *verschachteln*. Der Accent grave ` steht zwischen dem Kontextnamen und dem Kurznamen des Symbols sowie eventuell zwischen den Namen von Unterkontexten.

```
In[5]:=  Context[MyContext`Subcontext`x]
Out[5]=  MyContext`Subcontext`
```

Kontextnamen können entweder *absolut* oder *relativ* angegeben werden. Letztere beginnen mit dem Akzent. Sie werden bezüglich des aktuellen Kontextes ausgewertet.

```
In[6]:=  $Context = "MyContext`"
Out[6]=  MyContext`

In[7]:=  Context[`Subcontext`y]
Out[7]=  MyContext`Subcontext`

In[8]:=  $Context = "Global`"
Out[8]=  Global`
```

□ Suche in Kontexten

Alle *momentan eröffneten Kontexte* erhält man durch den Befehl:

```
In[9]:=  Contexts[]
Out[9]=  {DSolve`, EditPrivate`, Elliptic`Private`, FE`, Format`,
          Fourier`Private`, Global`, Graphics`Animation`,
          Graphics`Private`, HypergeometricPFQ`Private`,
          Integrate`, InverseSeries`Private`, Limit`, MyContext`,
          MyContext`Subcontext`, NullSpace`, Obsolete`, Series`,
```

```
Solve`, SpecialFunctions`Series`Private`, System`,
System`ComplexExpand`, System`ComplexExpand`Private`,
System`Private`}
```

Wenn ein Name eingetippt wird, so sucht *Mathematica* nicht in all diesen Kontexten, sondern zuerst im aktuellen

In[10]:= **\$Context**

Out[10]= Global`

und anschließend der Reihe nach bei den in der Liste \$ContextPath aufgeführten:

In[11]:= **\$ContextPath**

Out[11]= {Graphics`Animation`, Global`, System`}

Eine spezielle Bedeutung haben die Kontexte Global` und System`. Im ersten werden alle vom Benutzer mit Kurznamen bezeichneten Symbole eingeführt. Er ist normalerweise der aktuelle Kontext. Im zweiten stehen die eingebauten *Mathematica*-Funktionen.

In[12]:= **Context[Integrate]**

Out[12]= System`

☐ Überschattung von Namen

Beim Einlesen eröffnet jedes Paket einen oder mehrere neue Kontexte. Diese werden der globalen Variablen \$ContextPath vorne angefügt.

In[13]:= **<<Algebra`Trigonometry`**

In[14]:= **\$ContextPath**

Out[14]= {Algebra`Trigonometry`, Graphics`Animation`, Global`,
    System`}

Dieser Mechanismus kann zu Problemen führen: Vielleicht benutzt man versehentlich den Namen einer Funktion aus einem noch nicht eingelesenen Paket.

In[15]:= **Cross[{1, 2, 3}, {1, 2, 4}]**

Out[15]= Cross[{1, 2, 3}, {1, 2, 4}]

Nun bemerkt man, daß die Funktion aus dem Paket LinearAlgebra`CrossProduct` zugeladen werden muß und tut dies.

```
In[16]:=  <<LinearAlgebra`CrossProduct`

Cross::shdw:
    Warning: Symbol Cross appears in multiple contexts
    {LinearAlgebra`CrossProduct`, Global`}
    ; definitions in context LinearAlgebra`CrossProduct`
    may shadow or be shadowed by other definitions.
```

Mathematica informiert darüber, daß der Name `Cross` in zwei verschiedenen Kontexten vorkommt. Zuerst wird aber der aktuelle Kontext `Global`` benutzt.

```
In[17]:=  Context[Cross]
Out[17]=  Global`
```

Dadurch ist das Symbol `Cross` aus dem Kontext `LinearAlgebra`CrossProduct`` *überschattet.*

```
In[18]:=  Cross[{1, 2, 3}, {1, 2, 4}]
Out[18]=  Cross[{1, 2, 3}, {1, 2, 4}]
```

Man kann es durch explizite Angabe seines Kontextes aktivieren.

```
In[19]:=  LinearAlgebra`CrossProduct`Cross[{1, 2, 3}, {1, 2, 4}]
Out[19]=  {2, -1, 0}
```

Es besteht aber auch die Möglichkeit, mit der Funktion `Remove` den *Namen* `Cross` aus dem Kontext `Global`` wieder zu löschen (`Clear` löscht nur den *Wert!*).

```
In[20]:=  Remove[Global`Cross]
```

Nun verwendet *Mathematica* die aus dem Paket zugeladene Funktion.

```
In[21]:=  Cross[{1, 2, 3}, {1, 2, 4}]
Out[21]=  {2, -1, 0}
```

Das Problem der Überschattung von Namen führt gerne zu Verwirrungen. Deshalb besteht die Möglichkeit, *Mathematica* zum vornherein mitzuteilen, daß mit einem gewissen Namen die entsprechende Funktion aus einem bestimmten Paket gemeint ist und dieses Paket automatisch eingelesen werden soll. Dazu dient `Declare-Package`. Der erste Parameter ist eine Buchstabenfolge, die einen Kontext bezeichnet, der zweite eine Listen von Namen (als Buchstabenfolgen), die in diesen Kontext gehören.

```
In[22]:=  DeclarePackage["Miscellaneous`Units`",
              {"SI", "Convert", "ConvertTemperature"}]

Out[22]= Miscellaneous`Units`
```

Nun wird beim Aufruf einer der drei genannten Funktionen automatisch das zugehörige Paket eingelesen.

```
In[23]:=  SI[Inch]
Out[23]= 0.0254 Meter
```

So können alle oft verwendeten Funktionen aus Paketen deklariert werden. Wenn man die entsprechenden `DeclarePackage`-Befehle in einer Datei notiert und diese beim Aufstarten auswerten läßt (mit `init.m`, vergleiche mit Abschnitt 1.8.10), spart man sich den Ärger mit überschatteten Namen.

Die in den Verzeichnissen mit den Standard-Paketen untergebrachten Dateien `Master.m` enthalten solche `DeclarePackage`-Befehle für die Funktionen der entsprechenden Pakete.

Technisch gesprochen, werden bei einem Aufruf von `DeclarePackage` die entsprechenden Symbole mit einem Attribut `Stub` versehen (vergleiche mit Abschnitt 2.3.3). Dieses sorgt dafür, daß ein `Needs` aufgerufen und das Paket eingelesen wird – falls dies nicht schon früher geschehen ist.

```
In[24]:=  DeclarePackage["Calculus`FourierTransform`",
              {"FourierTransform"}]
Out[24]= Calculus`FourierTransform`

In[25]:=  Attributes["FourierTransform"]
Out[25]= {Stub}
```

☐ Schablone für Pakete

Innerhalb von Paketen wird in einer subtilen Art dafür gesorgt, daß die Kontexte der Symbole richtig gesetzt sind. Wir geben dem eiligen Leser zuerst eine Schablone für Pakete. Wenn er seine Pakete nach diesem Muster verfaßt, so läuft automatisch alles richtig. Anschließend wollen wir aber auch verstehen, weshalb dies so ist.

Die Schablone sieht im einfachsten Fall folgendermaßen aus:

```
BeginPackage["Package`"]
```

f`::usage = "`*text*`"`

```
...

Begin["`Private`"]
```

f`[`*args*`] := `*value*

```
...

End[]

EndPackage[]
```

In der Zeile mit `BeginPackage` gibt man dem Paket einen Kontextnamen *Package`*. Konventionshalber muß man das Paket in einer Datei mit dem Namen *Package*`.m` abspeichern. Falls *Package`* einen Unterkontext umfaßt (z.B. `Algebra`Trigonometry``), so muß sich die Datei (`Trigonometry.m`) im entsprechenden Verzeichnis (`Algebra`) befinden.

Nach dem `BeginPackage` folgen Ausdrücke der Form:

f`::usage = "`*text*`"`

Sie können als *Exportliste* des Paketes verstanden werden. Hier werden alle Objekte, die später dem Benutzer des Paketes zur Verfügung stehen sollen, mit ihrer Dokumentation versehen. Diese Dokumentation steht in der Buchstabenfolge `"`*text*`"`. Sie erscheint beim Befehl `?`*f*.

Damit die Hilfen der Notebook-Schnittstellen richtig funktionieren, muß am Anfang ein Beispiel für den Aufruf der Funktion stehen. Eine Funktion zur Berechnung des Kreuzproduktes könnte z.B. folgendermaßen dokumentiert sein:

```
MyCross::usage = "MyCross[v1, v2] calculates the cross
    product of two vectors v1 and v2."
```

Nach diesen Dokumentationszeilen wird ein privater Unterkontext (meist `` `Private` ``) eröffnet. Er beinhaltet die Definitionen der exportierten Funktionen und eventuell lokale Größen, die dem Benutzer nicht zur Verfügung stehen sollen.

Zum Schluß werden die Kontexte mit `End[]` und `EndPackage[]` wieder geschlossen.

☐ **Kontextmechanismus in Paketen**

Beim Einlesen eines solchen Paketes werden die Kontexte in der folgenden Art behandelt:

Betrachten wir zuerst das *innere* `Begin`-`End`-Paar, es ist einfacher. Hier wird nach `Begin[]` der Wert von `$Context` gespeichert und `$Context` auf `"`` `Private` ``"` gesetzt. Neue Namen (also die Namen von "versteckten" Größen) werden damit in diesem Kontext eingeführt (und nicht in `"Global`"`). Das `End` stellt am Schluß den alten Kontext wieder her.

Die *äußere* BeginPackage-EndPackage-Klammer ist etwas komplizierter. Mit Begin-Package werden $Context und $ContextPath gespeichert. Anschließend wird $Context auf "*Package*`" und $ContextPath auf {"*Package*`", "System`"} gesetzt. Neue Namen werden also in "*Package*`" (und nicht in "Global`") definiert, und zudem werden Namen als neu betrachtet, auch wenn sie schon in "Global`" existieren. Alle Funktionsnamen, die nun in den f::usage-Zeilen erscheinen, werden damit in den Kontext *Package*` gesetzt. EndPackage stellt am Schluß $Context und $ContextPath wieder her und ergänzt $ContextPath vorne durch den Kontext "*Package*`". Von jetzt an werden neue Symbole wieder im ursprünglichen Kontext (wahrscheinlich "Global`") eingeführt.

Die aus dem Paket exportierten Funktionen stehen dem Benutzer zur Verfügung, da ihr Kontext in der List $ContextPath steht. Dagegen können Namen, die in der inneren Begin-End-Klammer vorkommen, höchstens noch durch explizite Referenz auf ihren Kontext angesprochen werden.

☐ Pakete, die andere Pakete benutzen

Oft kommt es vor, daß ein Paket auf den Funktionen eines anderen Pakets beruht, das man automatisch einlesen möchte. Dazu ergänzen wir die Zeile BeginPackage durch eine Liste der einzulesenden Pakete:

$$\text{BeginPackage[\texttt{"}\textit{context}\texttt{`"}, \{\texttt{"}\textit{need}_1\texttt{`"}, \texttt{"}\textit{need}_2\texttt{`"}, \ldots\}]}$$

Dadurch wird für alle Kontexte *need*$_i$ ein Needs aufgerufen und so (eventuell) das entsprechende Paket eingelesen.

Needs hat gegenüber Get (oder <<) den Vorteil, daß das Paket nur dann eingelesen wird, wenn dies nicht schon früher geschehen ist (d.h., falls der Kontext nicht schon in der globalen Variablen $Packages steht). So werden Probleme mit Paketen vermieden, die sich nicht zweimal einlesen lassen.

Auf diese Weise stehen schlußendlich die (exportierten) Funktionen der Pakete *need*$_i$ dem Benutzer auch explizit zur Verfügung. Falls dies unerwünscht ist, so können die Pakete statt im Befehl BeginPackage anschließend an ihn, mit einem Needs, eingelesen werden. Auf diese Weise stehen die Funktionen im Kontext des sie einlesenden Pakets ("verdeckter Import").

☐ Schützen von Funktionen, Änderung von geschützten Funktionen

Falls man die Funktionen eines Paketes *schützen* will, so muß der entsprechende Befehl zwischen End und EndPackage gesetzt werden:

```
BeginPackage["Package`"]
```
f::usage = "*text*"

...

```
Begin["`Private`"]
```
$f[args]$:= *value*

...

```
End[ ]
```

```
Protect[f]
```

```
EndPackage[ ]
```

Ein solches Paket läßt sich aber *nicht mehrfach einlesen*, da die Funktion nach dem ersten Mal geschützt ist.

Vielleicht soll umgekehrt eine geschützte Funktion (typischerweise eine eingebaute) in einem Paket verändert werden. In diesem Fall empfiehlt sich das folgende Vorgehen:

Zu Beginn des privaten Kontextes werden die gewünschten Funktionen f_i mit einem Befehl

```
protected = Unprotect[fi]
```

von ihrem Schutz befreit. Anschließend folgen die neuen Definitionen für diese Funktionen. Vor dem Ende des privaten Kontextes werden sie dann mit

```
Protect[Evaluate[protected]]
```

wieder geschützt. Bei diesem Vorgehen wird ein Seiteneffekt von Unprotect benutzt: Die Funktion liefert nämlich als Resultat die Liste derjenigen Symbole, auf die sie wirklich angesprochen hat. (Einige der f_i könnten ja schon vom Benutzer (der Benutzerin) explizit von ihrem Schutz befreit worden sein.) Am Schluß werden nur die Funktionen geschützt, welche zu Beginn geschützt waren. (Der Name protected kann natürlich durch irgendeinen anderen ersetzt werden.)

Wieso ist das Evaluate nötig?

```
In[26]:=  protected = Unprotect[Sin]

          General::spell1:
              Possible spelling error: new symbol name "protected"
                 is similar to existing symbol "Protected".

Out[26]= {Sin}

In[27]:=  Protect[protected]

Out[27]= {protected}
```

So wurde das Symbol protected geschützt. Protect operiert natürlich auf Symbolen und nicht auf deren Werten. Also muß man

```
In[28]:=  Protect[Evaluate[protected]]

Out[28]= {Sin}
```

schreiben.

Nun befreien wir `protected` wieder von seinem versehentlich erzeugten Schutz!

```
In[29]:=  Unprotect[protected]
Out[29]= {protected}
```

☐ Formatierung von Paketen

Damit Pakete in Form von *Notebooks* richtig eingelesen werden, müssen alle zum Paket gehörenden Eingabezeilen als *Initialisierungszellen* formatiert sein. Dazu wählt man den Befehl **Initialization Cell** aus dem **Attributes**-Menü unter **Style** aus. Nur solche Zellen werden beim Einlesen tatsächlich ausgewertet.

Neben diesen eigentlichen Definitionen können (und sollen) auch noch weitere Informationen über das Paket zugefügt werden – nur so ist es ein richtiges Notebook. Alle diese Zusätze werden als Titel, Text, Graphik oder *Mathematica*-Eingabe dargestellt, aber nicht als Initialisierungszellen ausgezeichnet. Üblicherweise teilt man solche Pakete in Notebook-Form (nach dem Titel und Informationen über Inhalt, Autor etc.) in zwei Teile. Man beginnt mit einer ausführlichen *Diskussion*, wo Hintergrundinformationen und Beispiele mit ausführbaren *Mathematica*-Eingaben stehen. Der zweite Teil ist dann die eigentliche *Implementierung* der neu definierten Funktionen.

Notebooks können ohne weiteres auf allen Rechnern eingelesen werden. Ein Blick auf ihr normales Textformat zeigt hingegen, daß sie in dieser Form verwirrend aussehen. Ihre Stil-Informationen sind zwar auskommentiert (siehe Abschnitt 2.6.2) und haben deshalb keine Wirkung, stören aber die Lesbarkeit.

Bevor man ein auf einer Notebook-Schnittstelle entwickeltes Paket an Benutzer oder Benutzerinnen ohne eine solche Schnittstelle weitergibt, lohnt sich die Investition von Umformatierarbeit. Dazu wird das Notebook zuerst mit dem Befehl **Save As Other...** als reiner Text, ohne Stilinformationen, abgespeichert (am besten mit einer Leerzeile zwischen den Zellen). Dann formatiert man es in einem normalen Text-Editor (oder auch in *Mathematica*). Kommentare können in (* *comment* *) Klammern gesetzt werden (siehe Abschnitt 2.6.2). Am besten nimmt man eines der mit *Mathematica* gelieferten Standard-Pakete als Vorbild.

☐ Wahl von Namen in Paketen

Es ist eine Konvention, daß aus Paketen exportierte Funktionen mit einem *Großbuchstaben* beginnen; Pakete sind ja Erweiterungen von *Mathematica*. Die Namen sollten mit großer Sorgfalt gewählt werden, damit sie sich nahtlos an die eingebauten Symbole angliedern.

Auch bei der *Organisation der Übergabeparameter* sollte man sich an den *Mathematica*-Funktionen orientieren. Mit höchster Wahrscheinlichkeit existiert schon eine verwandte, eingebaute Funktion. Der Benutzer (die Benutzerin) kennt diese und wird diejenige aus dem Paket schneller verstehen, wenn sie ähnlich aufgebaut ist und sich ähnlich verhält!

□ Zusammenfassung

Ausdruck	Bedeutung
`Context[`*name*`]`	Kontext eines Symbols
`Contexts[]`	Liste aller Kontexte
`Remove[`*symbol*$_1$`, ...]`	Symbole vollständig löschen (Namen aus Kontext entfernen)
`Remove["`*pat*$_1$`", ...]`	Namen, welche auf die Muster *pat*$_i$ passen, entfernen

Tabelle 2-33: Kontexte

Ausdruck	Bedeutung
`Needs["`*context*`\`"]`	liest das zum Kontext gehörende Paket ein, falls dies nicht schon vorher geschehen ist
`Get[`*name*`]` `<<`*name*	liest eine Datei *name* ein oder, falls ein Kontextname eingesetzt ist, die zum Kontextnamen gehörende Datei
`DeclarePackage["`*context*`\`",` `{"`*name*$_1$`", "`*name*$_2$`", ...}]`	beim Aufruf eines Namens aus der Liste wird automatisch ein `Needs["`*context*`\`"]` ausgeführt

Tabelle 2-34: Pakte

Ausdruck	Bedeutung
`BeginPackage["`*context*`\`"]`	setzt `$ContextPath` auf `{"`*context*`\`", "System\`"}` und `$Context` auf `"`*context*`\`"`
`BeginPackage["`*context*`\`",` `{"`*need*$_1$`", "`*need*$_2$`", ...}]`	setzt `$ContextPath` auf `{"`*context*`\`", "System\`"}`, `$Context` auf `"`*context*`\`"` und ruft `Needs` für alle Kontexte *need*$_i$ auf
`EndPackage[]`	setzt die Werte von `$Context` und `$ContextPath` auf diejenigen vor dem letzten `BeginPackage` und ergänzt `$ContextPath` vorne durch den aktuellen Kontext
`Begin["`*context*`\`"]`	setzt `$Context` auf `"`*context*`\`"`
`End[]`	aktiviert den vor dem letzten `Begin` aktiven Kontext und liefert den aktuellen Kontext als Resultat

Tabelle 2-35: Aufbau von Paketen

Variable	Bedeutung
f::usage = "*text*"	Dokumentationstext für eine exportierte Funktion
(* *comment* *)	Kommentar

Tabelle 2-36: Dokumentation

Variable	Bedeutung
\$Context	aktueller Kontext
\$ContextPath	Liste der (nach \$Context) abzusuchenden Kontexte
\$Packages	Liste der zu allen eingelesenen Paketen gehörenden Kontexte

Tabelle 2-37: Globale Variablen für Kontexte und Pakete

☐ Übungen

1. Schreibe ein Paket mit einer Funktion zur Berechnung der Fibonacci-Zahlen (vergleiche mit Übungsaufgabe 1 in Abschnitt 2.3.2)!

2. Erstelle ein Paket mit einer Funktion NonNegativeQ (siehe Übungsaufgabe 4 in Abschnitt 2.3.2). Sie soll in möglichst vielen Fällen, bei denen von einem Symbol entschieden werden kann, daß es nicht negativ ist, den Wert True und sonst False ergeben.

■ 2.6 Text, Formate, Meldungen

Zum Abschluß dieses Teils lernen wir, mit Text und Fehlermeldungen umzugehen. Dies bringt verschiedene Vorteile: Wir können

- Zahlen und Formeln geeignet darstellen,

- dem Benutzer (der Benutzerin) eines Programms Informationen liefern,

- Fehlermeldungen ausnützen.

■ 2.6.1 Textausgabe

Die Funktion `Print` (vergleiche mit Abschnitt 2.4.1) druckt einen oder mehrere Ausdrücke auf dem Bildschirm aus, am Schluß ergänzt durch einen Zeilenvorschub.

```
In[1]:=    Print[a, "    ", b]; Print[c];
           a    b
           c
```

Mit Hilfe der in den folgenden Abschnitten beschriebenen Formate läßt sich die Darstellung flexibel der mathematischen Schreibweise anpassen.

□ Zusammenfassung

Ausdruck	Bedeutung
`Print[`*expr*$_1$`, `*expr*$_2$`, ...]`	schreibt die Ausdrücke auf den Bildschirm

Tabelle 2-38: Textausgabe

□ Übung

1. Drucke in einer übersichtlichen Form die ganzen Zahlen i von 1 bis 20 und daneben die Zahlenwerte von e^i aus!

■ 2.6.2 Zusammenstellung von Text

Eine *Buchstabenfolge* (englisch: *string*) wird, wie wir schon mehrfach gesehen haben, in "Gänsefüßchen" gesetzt.

```
In[1]:=    myText = "Dies ist Text"
Out[1]=    Dies ist Text
```

In Abschnitt 2.6.7 lernen wir, mit Buchstabenfolgen ähnlich wie mit Listen umzugehen. Aber auch ohne diese Kenntnisse können wir schon einiges erreichen.

Für *Meldungen* innerhalb von Programmen (z.B. Fehlermeldungen) möchte man oft gewisse Textteile durch variable Werte ersetzen. Die Funktion StringForm tut dies. Sie ersetzt in der Buchstabenfolge vorhandene `` ` ` `` durch Werte.

```
In[2]:=    StringForm["aaa``ccc``eee ``", "b", "d", N[Pi]]
Out[2]=    aaabcccdeee 3.14159
```

Man kann die Lücken auch mit Nummern versehen. Dann wird die Ersetzung durch die (von links nach rechts numerierten) entsprechenden variablen Werte vorgenommen.

```
In[3]:=    StringForm["aaa`1`ccc`2`eee`1`ccc", "b", "d"]
Out[3]=    aaabcccdeeebccc
```

Die Funktion SequenceForm verbindet Teile von Ausdrücken in der Ausgabe. Sie beeinflußt nur die Anzeige und bewirkt *keine Auswertung* von eventuell erzeugten Ausdrücken.

```
In[4]:=    SequenceForm["a[", i, "]"] /. {i -> 5, a -> 1}
Out[4]=    a[5]

In[5]:=    FullForm[%]
Out[5]//FullForm=
           SequenceForm["a[", 5, "]"]
```

Eine spezielle Art von Text sind in Programme eingefügte Kommentare. Sie müssen in (* comment *) Klammern gesetzt werden.

```
In[6]:=    Sin[N[10^100, 105]] (* try this on a calculator! *)
Out[6]=    -0.3724
```

☐ Zusammenfassung

Ausdruck	Bedeutung
StringForm["ccc``ccc", x_1, ...]	Buchstabenfolge, in der aufeinanderfolgende `` durch aufeinanderfolgende x_i ersetzt sind
StringForm["ccc`i`ccc", x_1, ...]	Buchstabenfolge, in der die `i` (i eine natürliche Zahl) durch die entsprechenden x_i ersetzt sind
SequenceForm[$expr_1$, $expr_2$, ...]	Verbindung von Teilen von Ausdrücken in der Ausgabe
(* *comment* *)	Kommentar

Tabelle 2-39: Text

☐ Übungen

1. Erstelle für *i* von 1 bis 20 eine Tabelle mit Einträgen der Form

   ```
   i = ..., e^i = ...,
   ```

   wobei die Punkte durch die aktuellen Werte von *i* und e^i gefüllt werden sollen.

2. Finde eine alternative Lösung für Aufgabe 1!

■ 2.6.3 Eingebaute Formate

Neben dem normalen Ausgabeformat (OutputForm) können Resultate in verschiedenen anderen Darstellungen ausgegeben oder angezeigt werden.

Vielleicht soll die Ausgabe einer vorangehenden Zeile von Hand verändert werden. Dazu lassen wir uns mit InputForm diese Zeile in ihrem Eingabeformat nochmals aufschreiben. In dieser Form können wir sie mit einem Editor verändern und anschließend wieder einlesen.

```
In[1]:=   expr = Expand[(a+b)^2]

Out[1]=   a^2 + 2 a b + b^2

In[2]:=   InputForm[expr]

Out[2]//InputForm=
          a^2 + 2*a*b + b^2
```

Für den *Export* von *Mathematica*-Ausdrücken in andere Programme verwendet man die Darstellungen in CForm, FortranForm oder TeXForm.

```
In[3]:=   CForm[expr]
```
Out[3]//CForm=
```
      Power(a,2) + 2*a*b + Power(b,2)
```

```
In[4]:=   FortranForm[expr]
```
Out[4]//FortranForm=
```
      a**2 + 2*a*b + b**2
```

```
In[5]:=   TeXForm[expr]
```
Out[5]//TeXForm=
```
      {a^2} + 2\,a\,b + {b^2}
```

All diese Darstellungsweisen wirken sich nur auf die Form der Anzeige aus, nicht aber auf das eigentliche Resultat. Mit ihm kann weitergearbeitet werden.

```
In[6]:=   %^2
```

$$Out[6]=\quad (a^2 + 2\ a\ b + b^2)^2$$

Die Darstellungen mit `FullForm` und `TreeForm` haben wir schon in Abschnitt 2.1.1 kennengelernt. Auch die Darstellungsmöglichkeiten für Tabellen und Matrizen sind uns schon begegnet, und zwar in Abschnitt 1.6.1.

☐ Zusammenfassung

Ausdruck	Bedeutung
OutputForm[*expr*]	Ausgabeformat
InputForm[*expr*]	Eingabeformat
CForm[*expr*]	Ausgabeformat für C-Programme
FortranForm[*expr*]	Ausgabeformat für Fortran-Programme
TeXForm[*expr*]	Ausgabeformat für TeX
FullForm[*expr*]	vollständiges internes Format
TreeForm[*expr*]	internes Format in Baumdarstellung
TableForm[*list*]	stellt eine Liste in Form einer Tabelle dar
MatrixForm[*list*]	stellt eine Liste als Matrix aus gleich großen Zellen dar
PrintForm[*expr*]	internes Druckformat

Tabelle 2-40: Ausgabeformate

☐ Übung

1. Studiere an einem Beispiel das interne Druckformat!

■ 2.6.4 Zahlenformate

Zahlen können mit NumberForm, ScientificForm, EngineeringForm, AccountingForm, PaddedForm, ColumnForm und BaseForm flexibel in verschiedenen Formaten dargestellt werden. Jede Funktion erlaubt mittels Parametern und Optionen eine differenzierte Kontrolle über die Ausgabe. Vergleiche dazu die Tabellen 2-41 und 2-42!

```
In[1]:=    ScientificForm[E^10.]
Out[1]//ScientificForm=
           2.20265 10^4

In[2]:=    EngineeringForm[%]
Out[2]//EngineeringForm=
           22.0265 10^3

In[3]:=    NumberForm[%, {15, 10}]
Out[3]//NumberForm=
           22026.4657948067

In[4]:=    PaddedForm[%, {15, 10},
               NumberPoint -> ",",
               DigitBlock -> 3,
               NumberSeparator -> {"'", "¨"}]
Out[4]//PaddedForm=
           22'026,465¨794¨806¨7

In[5]:=    BaseForm[%, 2]
Out[5]//BaseForm=
           1.01011_2 2^14
```

□ Zusammenfassung

Ausdruck	Bedeutung
NumberForm[*expr*, *tot*]	höchstens *tot* Ziffern der reellen Zahlen in *expr*
NumberForm[*expr*, {*tot*, *frac*}]	höchstens *tot* Ziffern der reellen Zahlen in *expr*, rechts des Kommas stehen *frac* Stellen
ScientificForm[*expr*]	wissenschaftliche Darstellung
ScientificForm[*expr*, *tot*]	wissenschaftliche Darstellung mit höchstens *tot* Ziffern
EngineeringForm[*expr*]	Ingenieur-Darstellung (Potenzen durch 3 teilbar)

Tabelle 2-41: Zahlenformate

Ausdruck	Bedeutung
`EngineeringForm[`*expr*`, `*tot*`]`	Ingenieur-Darstellung mit *tot* Ziffern
`AccountingForm[`*expr*`]`	Buchhaltungsformat
`PaddedForm[`*expr*`, `*tot*`]`	fehlende Stellen werden (falls nötig) bis zur Anzahl *tot* durch Leerzeichen aufgefüllt
`PaddedForm[`*expr*`, `{*tot*`, `*frac*`}]`	fehlende Stellen werden (falls nötig) bis zur Anzahl *tot* durch Leerzeichen aufgefüllt; rechts des Kommas stehen *frac* Stellen
`BaseForm[`*expr*`, `*b*`]`	Darstellung in der Basis *b*
`MantissaExponent[`*x*`]`	Liste mit der Mantisse und dem Exponenten der Darstellung einer numerischen Zahl
`MantissaExponent[`*x*`, `*b*`]`	Mantisse und Exponent in der Basis *b*

Tabelle 2-41: Zahlenformate

Option	Vorgabewert	Bedeutung
`DigitBlock`	`Infinity`	maximale Länge der Blöcke
`NumberSeparator`	`{",", " "}`	Zeichen zur Unterteilung der Blöcke
`NumberPoint`	`"."`	Zeichen für den Dezimalpunkt
`NumberSigns`	`{"-", ""}`	negative und positive Vorzeichen
`NumberPadding`	`{"", ""}` `{" ", "0"}`	zum Auffüllen benutzte Zeichen; • in `NumberForm` • in `PaddedForm`
`SignPadding`	`False`	das Auffüllen nach dem Vorzeichen ein- und ausschalten
`NumberFormat`	`Automatic`	Funktion zur Erzeugung des Ausgabeformats
`ExponentFunction`	`Automatic`	Funktion zur Wahl des Exponenten

Tabelle 2-42: Optionen für die Darstellung von Zahlen

☐ Übung

1. Experimentiere mit den verschiedenen Zahlenformaten!

■ 2.6.5 Indizes und Exponenten

In vielen mathematischen Formeln kommen *Indizes* und *Exponenten* vor, deren natürliche Schreibweise man imitieren möchte.

Dazu verwenden wir die Funktionen `Subscripted`, `Subscript` und `Superscript`. Die erste stellt die Argumente von Funktionen als Indizes dar.

In[1]:=   `Subscripted[x[a, b, c]]`

Out[1]= $x_{a,b,c}$

Falls z.B. nur die ersten zwei Parameter als Indizes gesetzt werden sollen, so schreiben wir:

In[2]:=   `Subscripted[x[a, b, c], 2]`

Out[2]= $x_{a,b}[c]$

Obere und *untere Indizes* lassen sich erzeugen, indem zuerst eine Liste mit dem Start- und Endwert für obere und dann eine mit dem Start- und Endwert für untere Indizes eingesetzt wird.

In[3]:=   `Subscripted[x[a, b, c], {1, 1}, {2, 3}]`

Out[3]= $x_{a}^{b,c}$

Einzelne Indizes oder *Exponenten* werden mit `Subscript` oder `Superscript` erzeugt. Sie lassen sich auch mit `SequenceForm` und `ColumnForm` verbinden.

In[4]:=
```
SequenceForm[
   "<<< f[a", Subscript[s], " x, b",
   Superscript[e], "] >>>"]
```

Out[4]= $<<< \ f[a_{s} \ x, \ b^{e}] \ >>>$

Damit können wir eine Funktion zur kompakten Darstellung von Formeln mit *partiellen Ableitungen* zusammenstellen. Betrachten wir z.B. den folgenden Ausdruck:

In[5]:=   `expr = D[s[x, y, z], {x, 2}] + D[s[x, y, z], y]`

Out[5]= $s^{(0,1,0)}[x, \ y, \ z] + s^{(2,0,0)}[x, \ y, \ z]$

In dieser Form ist er nicht sehr gut lesbar. Deshalb definieren wir mit der Funktion pdeForm eine lesbarere und kompaktere Notation

```
In[6]:=   pdeForm[e_] := e /.
            Derivative[n__][f_][x__] :>
              SequenceForm[f, Subscript[","], Subscript @@
                Flatten[Table[#[[1]], {#[[2]]}]& /@
                  Transpose[{{x}, {n}}]]]]
```

und erhalten:

```
In[7]:=   pdeForm[expr]
```

$$Out[7]= \quad s_{,y} + s_{,xx}$$

Bei *partiellen Differentialgleichungen* hat man oft zusätzlich noch indizierte Größen für die Komponenten, wie z.B. in:

```
In[8]:=   equOfCont =
            Plus @@ (D[t[x, #][x, y, z], #]& /@ {x, y, z}) +
              f[x] == 0
```

$$Out[8]= \quad f[x] + (t[x, z])^{(0,0,1)}[x, y, z] +$$
$$(t[x, y])^{(0,1,0)}[x, y, z] + (t[x, x])^{(1,0,0)}[x, y, z] \ $$
$$== 0$$

Um zwischen den Variablen und den Indizes unterscheiden zu können, müssen wir verlangen, daß der Benutzer die Indizes als Liste angibt. Wie definieren:

```
In[9]:=   pdeForm[e_, indexed_List] := e /.
            {Derivative[n__][f_?(MemberQ[indexed, #]&)[i__]][x__] :>
              SequenceForm[f, Subscript[i], Subscript[","],
                Subscript @@ Flatten[Table[#[[1]], {#[[2]]}]& /@
                  Transpose[{{x}, {n}}]]],
            Derivative[n__][f_][x__] :>
              SequenceForm[f, Subscript[","], Subscript @@
                Flatten[Table[#[[1]], {#[[2]]}]& /@
                  Transpose[{{x}, {n}}]]],
            f_?(MemberQ[indexed, #]&)[i__] ->
              SequenceForm[f, Subscript[i]],
            f_?(MemberQ[indexed, #]&)[i__][___] ->
              SequenceForm[f, Subscript[i]]}
```

Es ergibt sich die Darstellung:

```
In[10]:=  pdeForm[equOfCont, {t, f}]
```

$$Out[10]= \quad f_x + t_{xx,x} + t_{xy,y} + t_{xz,z} \; == \; 0$$

Dieses Resultat hat den Nachteil, daß es nicht mehr in seiner normalen Darstellung weiterverarbeitet werden kann.

```
In[11]:=  FullForm[%]
```

```
Out[11]//FullForm=
        Equal[Plus[SequenceForm[f, Subscript[x]],
           SequenceForm[t, Subscript[x, x], Subscript[","],
             Subscript[x]], SequenceForm[t, Subscript[x, y],
             Subscript[","], Subscript[y]],
           SequenceForm[t, Subscript[x, z], Subscript[","],
             Subscript[z]]], 0]
```

Im nächsten Abschnitt definieren wir deshalb eine analoge Funktion, welche nur die *Darstellung* der Ausgabe beeinflußt.

Für Operatoren in *Prä-*, *Post-* oder *Infix-Notation* verwendet man die Funktionen `Prefix`, `Postfix` und `Infix`.

```
In[12]:=  Prefix[myOperator[x], "!!="]
```

```
Out[12]=  !!=x
```

☐ Zusammenfassung

Ausdruck	Bedeutung
`Subscripted[`$f[x_1,\ x_2,\ ...]$`]`	Funktion, bei der die Argumente als Indizes geschrieben werden
`Subscripted[`$f[x_1,\ x_2,\ ...]$`,` n`]`	Funktion mit den ersten n Argumenten als Indizes
`Subscripted[`$f[x_1,\ x_2,\ ...]$`,` $\{d_0,\ d_1\},\ \{n_0,\ n_1\}$`]`	Funktion mit den Argumenten d_0 bis d_1 als untere Indizes und n_0 bis n_1 als obere Indizes
`Subscript[`x`]`	Index x
`Superscript[`x`]`	Exponent x
`Prefix[`$f[x]$`,` h`]`	Präfix-Form: $h\,x$
`Postfix[`$f[x]$`,` h`]`	Postfix-Form: $x\,h$
`Infix[`$f[x,\ y,\ ...]$`,` h`]`	Infix-Form: $x\,h\,y\,...$

Tabelle 2-43: Spezielle Ausgabeformate

☐ **Übungen**

1. Stelle eine 3×3-Matrix mit allgemeinen, indizierten Elementen in ihrer natürlichen Schreibweise dar!

2. Was geschieht, wenn bei `Infix` eine Funktion mit mehr als zwei Argumenten eingesetzt wird?

■ 2.6.6 Eigene Formate

Neben den fest eingebauten Formaten können (für eigene Funktionen) auch maßgeschneiderte erzeugt werden. Dazu verwendet man die Funktion `Format`.

Vielleicht möchten wir eine eigene Integrationsfunktion aufbauen (vergleiche mit Abschnitt 2.2.4), deren unausgewertete Integrale in ihrer natürlichen Schreibweise dargestellt werden. Dazu schreiben wir:

```
In[1]:=   Format[myIntegrate[x_, t_]] :=
            SequenceForm["∫ ", x, " d", t]

In[2]:=   myIntegrate[x^2, x]
```

$$Out[2]=\quad \int x^{\,2}\, dx$$

Eine derartige Definition bezieht sich auf das *Ausgabeformat* (`OutputForm`) einer Funktion. Es lassen sich aber auch andere Format-Typen verändern, indem der Typ als zweites Argument übergeben wird. Damit können wir z.B. eine `TeXForm` für die Funktion `myIntegrate` erstellen.

```
In[3]:=   Format[myIntegrate[x_, t_], TeXForm] :=
            SequenceForm["\int d", t, "\,", x]

In[4]:=   TeXForm[myIntegrate[f[t^2], t]]
Out[4]//TeXForm=
          \int dt\,f({t^2})
```

Sie deckt sich für das Beispiel mit der von *Mathematica* für die normale Integrationsfunktion erzeugten.

```
In[5]:=   TeXForm[Integrate[f[t^2], t]]
Out[5]//TeXForm=
          \int dt\,f({t^2})
```

In Analogie zur Funktion `pdeForm` aus dem letzten Abschnitt wollen wir ein eigenes Format definieren, das sich (wie `TeXForm` etc.) nur auf die *Anzeige* der Ausgabe auswirkt, nicht aber auf die interne Darstellung.

Dazu definieren wir zuerst die eigene Formatfunktion `PDEForm`, die bei Objekten mit Kopf `PDEForm` den Kopf entfernt.

```
In[6]:=   Format[PDEForm[e_, ___], PDEForm] := e
```

Jetzt können wir, analog zum letzten Abschnitt, Ausgabeformate für derartige Objekte festlegen.

```
In[7]:=   Format[PDEForm[e_], OutputForm] := e /.
            Derivative[n__][f_][x__] :>
              SequenceForm[f, Subscript[","], Subscript @@
                Flatten[Table[#[[1]], {#[[2]]}]& /@
                  Transpose[{{x}, {n}}]]]

In[8]:=   Format[PDEForm[e_, indexed_List], OutputForm] := e /.
            {Derivative[n__][f_?(MemberQ[indexed, #]&)][i__]][x__] :>
              SequenceForm[f, Subscript[i], Subscript[","],
                Subscript @@ Flatten[Table[#[[1]], {#[[2]]}]& /@
                  Transpose[{{x}, {n}}]]],
            Derivative[n__][f_][x__] :>
              SequenceForm[f, Subscript[","], Subscript @@
                Flatten[Table[#[[1]], {#[[2]]}]& /@
                  Transpose[{{x}, {n}}]]],
            f_?(MemberQ[indexed, #]&)[i__] ->
              SequenceForm[f, Subscript[i]],
            f_?(MemberQ[indexed, #]&)[i__][___] ->
              SequenceForm[f, Subscript[i]]}
```

Für einen Differentialausdruck wie

```
In[9]:=   expr = D[s[x, y, z], {x, 2}] + D[s[x, y, z], y]
```

$$Out[9]= \ s^{(0,1,0)}[x, y, z] + s^{(2,0,0)}[x, y, z]$$

ergibt sich mit `PDEForm` die Anzeige:

```
In[10]:=  PDEForm[expr]
```

$$Out[10]//PDEForm= \ s_{,y} + s_{,xx}$$

Die interne Darstellung des Resultats ist dadurch nicht mehr betroffen.

```
In[11]:=  FullForm[%]

Out[11]//FullForm=
        Plus[Derivative[0, 1, 0][s][x, y, z],
           Derivative[2, 0, 0][s][x, y, z]]
```

☐ Zusammenfassung

Ausdruck	Bedeutung
`Format[`*expr*`] :=` *form*	eigenes (Standard-) Ausgabeformat für *expr*
`Format[`*expr*`,` *type*`] :=` *form*	eigenes Format vom Typ *type* für *expr*

Tabelle 2-44: Eigene Ausgabeformate

☐ Übungen

1. Eine Funktion `pair[a, b]` habe zwei Argumente. Sie soll auf dem Bildschirm in der Form von Paaren `{a, b}` dargestellt werden.

2. Schreibe ein Paket, welches die obige Funktion `PDEForm` definiert und exportiert!

■ 2.6.7 Buchstabenfolgen, Strings

Mit den Funktionen `ToCharacterCode` und `FromCharacterCode` lassen sich *Buchstabenfolgen* (englisch: *strings*) in ihre dezimalen ASCII-Nummern umrechnen und umgekehrt.

```
In[1]:=  ToCharacterCode["text"]
Out[1]=  {116, 101, 120, 116}

In[2]:=  FromCharacterCode[%]
Out[2]=  text
```

Um Buchstabenfolgen in ihre einzelnen Buchstaben zu zerlegen, verwendet man `Characters`.

```
In[3]:=  Characters["text"]
Out[3]=  {t, e, x, t}
```

Auch *Spezialzeichen* können in Buchstabenfolgen eingebaut werden (siehe Tabelle 2-45).

```
In[4]:=   Print["text\nmore text on a new line"]

          text
          more text on a new line
```

Zur *Manipulation von Buchstabenfolgen* steht eine ganze Reihe von Funktionen zur Verfügung (siehe Tabelle 2-48). Sie alle operieren und heißen analog zu ihren Entsprechungen bei den Listen-Manipulationen (siehe Tabelle 1-67, Seite 144*f*).

```
In[5]:=   StringInsert["abde", "c", 3]
Out[5]=   abcde
```

Mit den Funktionen `ToString` und `ToExpression` können wir Ausdrücke in Buchstabenfolgen verwandeln und umgekehrt.

```
In[6]:=   ToString[Sin[x]]
Out[6]=   Sin[x]

In[7]:=   Head[%]
Out[7]=   String

In[8]:=   ToExpression["Expand[(a + b)^2]"]
```
$$Out[8]= \quad a^2 + 2\ a\ b + b^2$$

Die *Metazeichen (Platzhalter)* * und @ erlauben Definitionen von *Mustern in Buchstabenfolgen.*

```
In[9]:=   StringMatchQ["aabcc", "a*c"]
Out[9]=   True
```

☐ Zusammenfassung

Zeichen	Bedeutung
\"	das Zeichen " in einer Buchstabenfolge
\\	das Zeichen \ in einer Buchstabenfolge
*	das Zeichen *
\@	das Zeichen @
\n	Zeilenvorschub
\r	Zeilenschalttaste (`<return>`)
\t	Tabulator

Tabelle 2-45: Spezialzeichen in Buchstabenfolgen

Zeichen	Bedeutung
nnn	8-Bit Zeichen (oktal)
\\.*nn*	8-Bit Zeichen (hexadezimal)
\\:*nnnn*	16-Bit Zeichen (hexadezimal)

Tabelle 2-45: Spezialzeichen in Buchstabenfolgen

Zeichen	Bedeutung
*	null oder mehr Buchstaben
@	null oder mehr Buchstaben ohne Großbuchstaben

Tabelle 2-46: Metazeichen, Platzhalter

Ausdruck	Bedeutung
`Characters["`*string*`"]`	Liste der Buchstaben
`ToCharacterCode["`*string*`"]`	Liste der ASCII-Werte der Buchstaben
`FromCharacterCode[`*n*`]`	zum ASCII-Wert *n* gehörender Buchstabe
`FromCharacterCode[{`n_1`, `n_2`, ...}]`	zu den ASCII-Werten gehörende Buchstabenfolge
`ToString[`*expr*`]`	Ausdruck in Buchstabenfolge verwandeln
`ToExpression["`*string*`"]`	Buchstabenfolge in Ausdruck verwandeln

Tabelle 2-47: Textumwandlung

Ausdruck	Bedeutung
`StringLength[`*s*`]`	Länge
`StringJoin[`s_1`, `s_2`, ...]`	Verbindung
`StringReverse[`*s*`]`	Umkehrung
`StringTake[`*s*`, `*n*`]` etc.	die ersten *n* Buchstaben (Varianten analog zu **Take**, siehe Tabelle 1-67 auf Seite 144)
`StringDrop[`*s*`, `*n*`]` etc.	die ersten *n* Buchstaben weglassen
`StringInsert[`*s*`, `s_{new}`, `*n*`]`	Einfügung
`StringPosition[`*s*`, `*sub*`]` etc.	Positionen der Unterfolge *sub*
`StringReplace[`*s*`, {`s_1` -> `sp_1`, ...}]`	Ersetzungen
`StringMatchQ["`*string*`", "`*pattern*`"]`	Vergleich mit Mustern von Buchstabenfolgen

Tabelle 2-48: Operationen mit Buchstabenfolgen

☐ **Übung**

1. Schreibe eine Funktion mit der gleichen Funktionalität wie `StringTake`, ohne aber `StringTake` selbst zu verwenden!

■ 2.6.8 Meldungen

Wie wir mehrfach gesehen haben, erzeugt *Mathematica* Fehlermeldungen und Warnungen.

```
In[1]:=   1/0

                                         1
          Power::infy: Infinite expression - encountered.
                                         0
Out[1]=   ComplexInfinity
```

Diese Meldungen lassen sich mit `Off` unterdrücken.

```
In[2]:=   Off[Power::infy]

In[3]:=   1/0
Out[3]=   ComplexInfinity
```

On schaltet die Anzeige wieder ein.

```
In[4]:=   On[Power::infy]
```

   Wir können Meldungen auch in eigenen Funktionen erzeugen. Zuerst definieren wir sie in der Form:

```
In[5]:=   ndiv::infy = "Infinite expression encountered.";
```

Dann sorgen wir mit dem `Message`-Befehl dafür, daß sie im richtigen Moment ausgelöst werden.

```
In[6]:=   ndiv[a_, b_] :=
            If[b == 0,
              Message[ndiv::infy]; Infinity,
              N[a/b]
            ]
```

```
In[7]:=   ndiv[1, 0]

          ndiv::infy: Infinite expression encountered.
Out[7]=   Infinity
```

Vielleicht soll die Meldung durch eine genauere Beschreibung des Problems ergänzt werden. Die Funktion `Message` erlaubt dazu das Einfügen von numerierten Platzhaltern (`` `1` `` etc.) in den Text. Diese Platzhalter werden, analog zu `String-Form`, beim Aufruf der Meldung durch die weiteren Parameter ersetzt.

```
In[8]:=   ndiv::infy =
          "Infinite expression ndiv[`1`, `2`] encountered.";

In[9]:=   ndiv[a_, b_] :=
            If[b == 0,
              Message[ndiv::infy, a, b]; Infinity,
              N[a/b]
            ]

In[10]:=  ndiv[1, 0]

          ndiv::infy: Infinite expression ndiv[1, 0] encountered.

Out[10]=  Infinity
```

Durch Fehlermeldungen läßt sich sogar der *Programmablauf steuern*: Die Funktion `Check` kann verschiedene Resultate erzeugen, je nachdem, ob in der Berechnung des ersten Arguments eine Meldung erscheint oder nicht.

```
In[11]:=  checkForError[a_, b_] := Check[ndiv[a, b], err]

In[12]:=  checkForError[1, 0]

          ndiv::infy: Infinite expression ndiv[1, 0] encountered.
Out[12]=  err
```

Hier ist es wichtig zu beachten, daß die Funktion `Check` nur auf die bei der Auswertung *ihres ersten Arguments* erzeugten Fehlermeldungen achtet. Fehler, die bei der Auswertung der Argumente der `Check` aufrufenden Funktion (hier: `checkForError`) auftreten, bleiben deshalb unberücksichtigt.

```
In[13]:=  checkForError[1, 0^0]

                                           0
          Power::indet: Indeterminate expression 0  encountered.

Out[13]=  If[Indeterminate == 0, Message[ndiv::infy, 1,
                                                  1
              Indeterminate]; Infinity, N[-------------]]
                                           Indeterminate
```

Mit einem `Trace`-Befehl läßt sich dies noch besser veranschaulichen.

```
In[14]:=  checkForError[1, 0^0] // Trace
```

$$Power::indet: \text{Indeterminate expression } 0^0 \text{ encountered.}$$

```
Out[14]= {{0^0, {Message[Power::indet, 0^0], Null}, Indeterminate},
           checkForError[1, Indeterminate],
           Check[ndiv[1, Indeterminate], err],
           {ndiv[1, Indeterminate],
            If[Indeterminate == 0,
              Message[ndiv::infy, 1, Indeterminate]; Infinity,
```
$$N[\frac{1}{\text{Indeterminate}}]]\},$$
```
           If[Indeterminate == 0,
             Message[ndiv::infy, 1, Indeterminate]; Infinity,
```
$$N[\frac{1}{\text{Indeterminate}}]]\}$$

Die Fehlermeldung wurde also nicht innerhalb von `Check` erzeugt!

Wir können `Check` auf spezifische Meldungen beschränken. Dazu fügen wir diese Meldungen als weitere Argumente bei, wie z.B. in:

```
In[15]:=  Check[Sqrt[a, b], err, Sqrt::argx]

          Sqrt::argx:
              Sqrt called with 2 arguments; 1 argument is expected.

Out[15]= err
```

Andere Fehlermeldungen werden nun nicht mehr aufgefangen.

```
In[16]:=  Check[1/0, err, Sqrt::argx]
```

$$Power::infy: \text{Infinite expression } \frac{1}{0} \text{ encountered.}$$

```
Out[16]= ComplexInfinity
```

Neben den Fehlermeldungen gibt es zwei weitere standardisierte Typen von Meldungen, nämlich die Benutzungsanleitungen f: : *usage* und eventuelle Notizen f: : *notes* für eine Funktion f (vergleiche mit Abschnitt 2.5.2).

☐ Zusammenfassung

Ausdruck	Bedeutung
`Off[`s`::`*tag*`]`	Anzeige einer Meldung unterdrücken
`On[`s`::`*tag*`]`	Meldung wieder anzeigen
`Messages[`s`]`	zu s assoziierte Meldungen
`Message[`s`::`*tag*`]`	Meldung anzeigen
`Message[`s`::`*tag*`, ` *expr*$_1$`, ...]`	Meldung anzeigen und (wie bei `StringForm`) die Ausdrücke *expr*$_i$ für `` `i` `` einsetzen.
`Check[`*expr*`, ` *failexpr*`]`	Resultat von *expr*, falls bei der Auswertung keine Meldung erzeugt wurde, sonst *failexpr*
`Check[`*expr*`, ` *failexpr*`,` s_1`::`t_1`, ` s_2`::`t_2`, ...]`	nur die gewünschten Meldungen werden beachtet

Tabelle 2-49: Meldungen

Ausdruck	Bedeutung
s`::`*tag* `= "`*string*`"`	Meldung definieren
f`::usage = "`*string*`"`	Dokumentation einer Funktion
f`::notes = "`*string*`"`	Notizen zu einer Funktion

Tabelle 2-50: Typen von Meldungen

☐ Übung

1. Verwende die Funktion `Check`, um den Nullstellensucher `myRoot` aus Abschnitt 2.5.1 so zu ergänzen, daß im Fall von Fehlermeldungen als Resultat `err` erscheint!

3. Teil

Programmierung

Wir haben in den vorangehenden Kapiteln die wichtigsten Elemente der *Programmiersprache Mathematica* kennengelernt. Es geht nun darum, deren Anwendung zu optimieren.

In Anlehnung an [Wol88] wollen wir zuerst eine Übersicht über die in *Mathematica* möglichen Programmierstile gewinnen (Kapitel 3.1). Anschließend studieren wir die Techniken der Programm-Entwicklung (Kapitel 3.2) und erstellen einige Muster-Pakete. Der Teil wird abgeschlossen mit Bemerkungen zu numerischen Rechnungen (Kapitel 3.3) und zu den Möglichkeiten für große Rechnungen im Hintergrund (Kapitel 3.4).

☐ Zum Titelbild

Die folgenden Eingaben liefern den gefederten Knoten:

```
In[1]:=    <<LinearAlgebra`CrossProduct`

In[2]:=    absV[v_?VectorQ] := Sqrt[Plus @@ (v^2)] /; Length[v] == 3

In[3]:=    surfacePoint[curve_, t_, angle_, scale_] :=
               Module[{tang = D[curve, t], perp1, perp2},
                   perp1 = {tang[[2]], -tang[[1]], 0};
                   perp2 = Cross[tang, perp1];
                   scale (perp1/absV[perp1] Cos[angle] +
                       perp2/absV[perp2] Sin[angle])
               ]

In[4]:=    curve = {(1 + .4 Cos[3/2 t]) Cos[t],
                    (1 + .4 Cos[3/2 t]) Sin[t], Sin[3/2 t]};

In[5]:=    p1 = ParametricPlot3D[Evaluate[
               curve + surfacePoint[curve, t, angle, .3]],
               {t, -Pi, 2Pi}, {angle, 0, 2Pi},
               PlotPoints -> {150, 15}, DisplayFunction -> Identity];

In[6]:=    p2 = ParametricPlot3D[Evaluate[
               curve + surfacePoint[curve, t, 80t, .3]], {t, 2Pi, 3Pi},
               PlotPoints -> 3000, DisplayFunction -> Identity];

In[7]:=    Show[p1, p2, Axes -> False, Boxed -> False,
               DisplayFunction -> $DisplayFunction,
               ViewPoint -> {1.3, 1.5, 4.5}]
```

■ 3.1 Programmierstile

Das Interessante an der *Programmiersprache Mathematica* ist die Vielfalt der möglichen Programmierstile. Ein Programmierer ·(eine Programmiererin), der (die) von einer Sprache wie Pascal, Modula-2, Fortran oder C herkommt wird zuerst einmal seine (ihre) Algorithmen direkt in *Mathematica* übersetzen. Dies ist durchaus möglich, meist aber nicht der eleganteste Weg. Mit Hilfe von *funktionalen* oder *regelbasierten* Programmen lassen sich die mathematischen Algorithmen oft kompakter und effizienter schreiben.

Die Erläuterungen sind sehr knapp gehalten und an einfachen Beispielen illustriert. Das Buch von Roman Mäder [Mae91] gibt eine tiefere und ausführlichere Darstellung, als wir dies hier tun wollen und können.

■ 3.1.1 Prozedurale Programmierung

Dieser Programmierstil ist altbekannt. Als Hauptwerkzeuge werden die Kontrollstrukturen `Do`, `While` und `For` sowie die Bedingungen `If`, `Which` und `Switch` (vergleiche mit Abschnitt 2.4.3) eingesetzt. Um in Funktionen oder Prozeduren lokale Variablen zu definieren, benutzt man `Module` (vergleiche mit Abschnitt 2.5.1).

Als Illustration zur Umständlichkeit dieses Stils stellen wir uns die Aufgabe, Zahlen in der Basis 256 darzustellen.

Eine solche Funktion werden wir in Abschnitt 3.2.3 brauchen. Für die Verschlüsselung von Buchstabenfolgen mit RSA (siehe Abschnitt 1.3.3) benutzen wir dort die ASCII-Nummern der einzelnen Buchstaben und fassen das Resultat als Zahl im 256er-System auf. Die dazu inverse Transformation führt genau auf die obige Fragestellung.

Ein Lösung im prozeduralen Programmierstil könnte folgendermaßen aussehen:

```
In[1]:=   makeList1[num_Integer] :=
            Module[{res = {}, rem = num},
              While[rem != 0, PrependTo[res, Mod[rem, 256]];
                rem = Quotient[rem, 256]];
              res
            ]

In[2]:=   makeList1[111111111111]
Out[2]=   {25, 222, 189, 1, 199}
```

Dieses Programm ist unbefriedigend, da zwei lokale Variablen vorkommen und der Programm-Fluß durch eine `While`-Schlaufe gesteuert wird. Mit einer rekursiven

Konstruktion werden wir im nächsten Abschnitt eine wesentliche Verbesserung erreichen.

■ 3.1.2 Rekursive Programmierung

Alle modernen, prozeduralen Sprachen ermöglichen *rekursive Funktionsaufrufe*. Mit ihrer Hilfe können diejenigen Probleme kompakt gelöst werden, deren mathematischer Inhalt sich rekursiv beschreiben läßt. Die explizite Kontrolle des Programmflusses wird so vermieden.

In *Mathematica* ist die Formulierung von *Anfangsbedingungen* sehr einfach. Man definiert sie für ein spezielles Muster, welches ja vor dem allgemeineren der Rekursion ausgewertet wird (vergleiche mit den Abschnitten 2.3.2 und 2.4.1).

Auch die Restriktion der zulässigen Argumente kann als Abbruchkriterium dienen.

Die Aufgabe aus dem letzten Abschnitt wird rekursiv durch zwei Definitionen gelöst.

```
In[3]:=   makeList2[0] = {};

In[4]:=   makeList2[num_Integer] :=
             Append[makeList2[Quotient[num, 256]], Mod[num, 256]]

In[5]:=   makeList2[111111111111]
Out[5]=   {25, 222, 189, 1, 199}
```

Beachte, daß wir hier ausnahmsweise keine neue Sitzung begonnen haben, weil wir mit `make-List1` aus dem letzten Abschnitt vergleichen wollen.

Wie steht es mit der Effizienz der beiden Programme?

```
In[6]:=   makeList1[10^100] // Timing
Out[6]=   {0.15 Second, {18, 73, 173, 37, 148, 195, 124, 235, 11,
             39, 132, 196, 206, 11, 243, 138, 206, 64, 142, 33, 26,
             124, 170, 178, 67, 8, 168, 46, 143, 16, 0, 0, 0, 0, 0,
             0, 0, 0, 0, 0, 0, 0}}

In[7]:=   makeList2[10^100] // Timing
Out[7]=   {0.1 Second, {18, 73, 173, 37, 148, 195, 124, 235, 11,
             39, 132, 196, 206, 11, 243, 138, 206, 64, 142, 33, 26,
             124, 170, 178, 67, 8, 168, 46, 143, 16, 0, 0, 0, 0, 0,
             0, 0, 0, 0, 0, 0, 0}}
```

Das rekursive Programm ist deutlich schneller, obwohl die Verwaltung der Rekursionen auch einen Rechenaufwand mit sich bringt. Das entscheidende Argument für die zweite Programmversion ist seine Übersichtlichkeit und leichte Lesbarkeit.

Für einfache, rekursiv lösbare Problemstellungen existieren oft schnelle, iterative Algorithmen. Bei komplizierten Aufgaben ist es hingegen fast immer besser, ein kurzes, rekursives statt eines langen, iterativen Programms zu verwenden.

In Algorithmen, deren Rekursionsaufrufe mehrfach durchlaufen werden, können wir durch Speicherung der Zwischenresultate mehrfache Berechnungen vermeiden (vergleiche mit dem Unterabschnitt "Definitionen mit Gedächtnis", Seite 241).

Das Paradebeispiel dazu sind die Fibonacci-Zahlen (siehe Übungsaufgabe 1 in Abschnitt 2.3.2). Eine Version ohne Zwischenspeicherung ist sehr rechenaufwendig.

```
In[8]:=   fib1[0] = 1; fib1[1] = 1;

In[9]:=   fib1[n_] := fib1[n-1] + fib1[n-2]

In[10]:=  Timing[fib1[16]]
Out[10]=  {4.65 Second, 1597}
```

Durch Abspeicherung gewinnen wir wesentlich an Effizienz.

```
In[11]:=  fib2[0] = 1; fib2[1] = 1;

In[12]:=  fib2[n_] := fib2[n] = fib2[n-1] + fib2[n-2]

In[13]:=  Timing[fib2[16]]
Out[13]=  {0.116667 Second, 1597}
```

Bei größeren Berechnungen ergeben sich aber Schwierigkeiten:

```
In[14]:=  Timing[fib2[200]]
          $RecursionLimit::reclim: Recursion depth of 256 exceeded.

          $RecursionLimit::reclim: Recursion depth of 256 exceeded.

          $RecursionLimit::reclim: Recursion depth of 256 exceeded.

          General::stop:
              Further output of $RecursionLimit::reclim
                 will be suppressed during this calculation.
Out[14]=  {2.55 Second, 9615185546301842246877456
             Hold[fib2[73 - 2]] +
             1555769702205310656816 49693 Hold[fib2[74 - 2]] +
             9615185546301842246877456 8 Hold[fib2[73 - 1]] +
             1555769702205310656816 49693 Hold[fib2[74 - 1]]]}
```

Mathematica weigert sich, diese Aufgabe zu lösen. Weil man bei der Entwicklung rekursiver Programme gelegentlich aus Versehen unendliche Rekursionen erzeugt, ist ein Sicherheitsmechanismus eingebaut: Nach einer gewissen Rekursionstiefe bricht die Rechnung ab. Dies wird durch die globale Variable `$RecursionLimit` gesteuert. Sie läßt sich verändern (ganz Mutige können sie sogar auf `Infinity` setzen).

Weil wir sicher sind, daß unser Programm terminiert, erhöhen wir `$RecursionLimit`.

Damit der Zeitvergleich mit weiteren Varianten nicht durch die schon berechneten Werte verfälscht wird, definieren wir zudem `fib2` nochmals neu.

```
In[15]:=  $RecursionLimit = 1000
Out[15]=  1000

In[16]:=  Clear[fib2]; fib2[0] = 1; fib2[1] = 1;

In[17]:=  fib2[n_] := fib2[n] = fib2[n-1] + fib2[n-2]

In[18]:=  Timing[fib2[200]]
Out[18]=  {1.6 Second, 453973694165307953197296969697410619233826}
```

Bei dieser Aufgabe ist allerdings ein iterativer Algorithmus wesentlich schneller. Er beginnt die Berechnung sozusagen am anderen Ende, nämlich beim Wert für zwei, und berechnet aus jeweils zwei vorhergehenden Fibonacci-Zahlen die nächst größere.

```
In[19]:=  fib3[0] = 1; fib3[1] = 1;

In[20]:=  fib3[n_] :=
            Module[{i, fn = 1, fn1 = 1, fn2},
               Do[fn2 = fn1; fn1 = fn; fn = fn1 + fn2, {i, 2, n}];
               fn
            ]

In[21]:=  Timing[fib3[200]]
Out[21]=  {0.483333 Second, 45397369416530795319729696969741061923\
            3826}
```

Noch schneller ist das folgende Programm (vergleiche mit [Mae91]). Es reduziert den Aufwand an lokalen Variablen auf zwei, indem die in einem Schritt benötigten Größen als Liste verarbeitet werden.

```
In[22]:=  fib4[0] = 1; fib4[1] = 1;

In[23]:=  fib4[n_] :=
            Module[{fn1 = 1, fn2 = 1},
               Do[{fn1, fn2} = {fn1 + fn2, fn1}, {n - 1}];
               fn1
            ]
```

```
In[24]:=  Timing[fib4[200]]
Out[24]=  {0.316667 Second, 45397369416530795319729696969697410619233\
             826}
```

☐ **Zusammenfassung**

Variable	Bedeutung
`$RecursionLimit`	maximale Rekursionstiefe

Tabelle 3-1: Globale Variable für die maximale Rekursionstiefe

■ 3.1.3 Funktionale Programmierung

In einer interaktiven Umgebung wie *Mathematica* möchte man die Resultate schrittweise entwickeln. Dazu ist der prozedurale Programmierstil ungeeignet, da dort meist lokale Variablen und Kontrollstrukturen vorkommen, die das Einschieben von Programmstücken erschweren.

Die Bausteine eines *funktionalen Programms* sind – wie der Name schon sagt – Funktionen, deren Resultate anderen Funktionen als Argumente oder Parameter übergeben werden können. Das ganze Programm setzt sich dann aus verschachtelten Funktionsaufrufen zusammen.

Kontrollstrukturen können in *Mathematica* oft durch Iterationsfunktionen wie Sum ersetzt werden. Eine wichtige Rolle spielen auch die *reinen Funktionen*, welche mit Map, Apply etc. auf Listen angewendet werden (vergleiche mit Abschnitt 1.6.2).

Ein funktionales Programm approximiert z.B. die Eulersche Zahl *e* durch:

```
In[1]:=  N[Sum[1/i!, {i, 0, 10}]]
Out[1]=  2.71828
```

Es braucht den Vergleich mit der Konstruktion eines C-Programmierers nicht zu scheuen:

```
In[2]:=  r = 1;

In[3]:=  For[i = 1, i <= 10, i++,
            For[j = 1; s = 1, j <= i, j++, s *= j]; r += 1/s];

In[4]:=  N[r]
Out[4]=  2.71828
```

Auch die Newtonsche Approximation von $\sqrt{3}$ (vergleiche mit Übungsaufgabe 3 in Abschnitt 2.4.3) ist als Fixpunkt einer reinen Funktion leichter faßbar als mit einer Pascal-ähnlichen Schlaufe.

```
In[5]:=    FixedPoint[1/2(# + 3/#)&, 1.]
Out[5]=    1.73205

In[6]:=    x = 1.; xx = 2.;

In[7]:=    While[!Equal[x, xx], xx = x; x = 1/2(x + 3/x)]; x
Out[7]=    1.73205
```

■ 3.1.4 Regelbasierte Programmierung

Die Programmierung durch Auflisten von Definitionen oder Transformationsregeln (wie im Beispiel des Integrators von Abschnitt 2.2.4) ist eine große Stärke von *Mathematica*. Damit kann mathematisches Wissen aus Formelsammlungen direkt übernommen werden.

Diese Art der *regelbasierten Programmierung* ist immer dann vorteilhaft, wenn für jede Berechnung nur wenige der aufgestellten Regeln zur Anwendung kommen. Falls alle Regeln immer ansprechen, so ist ein funktionales oder eventuell auch ein prozedurales Programm einfacher und effizienter.

Die wesentlichen Eigenschaften von *Laplace-Transformationen* lassen sich z.B. in wenigen Regeln festhalten.

```
In[1]:=    laplace[c_, t_, s_] := c/s /; FreeQ[c, t]

In[2]:=    laplace[a_ + b_, t_, s_] :=
              laplace[a, t, s] + laplace[b, t, s]

In[3]:=    laplace[c_ a_, t_, s_] := c laplace[a, t, s] /;
              FreeQ[c, t]

In[4]:=    laplace[t_^n_., t_, s_] := n!/s^(n+1) /;
              FreeQ[n, t] && n > 0

In[5]:=    laplace[a_ t_^n_., t_, s_] :=
              (-1)^n D[laplace[a, t, s], {s, n}] /;
              FreeQ[n, t] && n > 0

In[6]:=    laplace[a_/t_, t_, s_] :=
              Module[{tt},
                 Integrate[laplace[a, t, tt], {tt, s, Infinity}]
              ]

In[7]:=    laplace[a_. Exp[b_. + c_. t_], t_, s_] :=
              laplace[a Exp[b], t, s - c] /; FreeQ[{b, c}, t]
```

Damit erhalten wir für die folgende Transformation (in sehr kurzer Zeit) ein Resultat:

```
In[8]:=   laplace[t^3 Exp[-3t], t, s]

               6
Out[8]=   --------
                   4
          (3 + s)
```

Das Paket `Calculus`LaplaceTransform`` enthält eine viel umfassendere Liste von Definitionen für Laplace-Transformationen. Entsprechend brauchen die Berechnungen viel länger (siehe Übungsaufgabe 1).

```
In[9]:=   <<Calculus`LaplaceTransform`

In[10]:=  LaplaceTransform[t^3 Exp[-3t], t, s]

                6
Out[10]=  --------
                   4
          (3 + s)
```

☐ Übung

1. Vergleiche für einige einfache Laplace-Transformationen die Rechenzeiten der obigen Funktion `laplace` mit denjenigen von `LaplaceTransform` aus `Calculus`LaplaceTransform`` !

■ 3.1.5 Programmierung mit Bindungs-Fortpflanzung

Transformationsregeln sind immer gerichtet: Regeln werden angewendet, falls sie unter ein bestimmtes Muster fallen. Manchmal ist es günstiger, mit Bindungen zu arbeiten, die man als Gleichungen formuliert und dann mit `Solve` löst. Damit ist keine spezielle Richtung ausgezeichnet; die Gleichungen lassen sich beliebig nach den gewünschten Variablen oder Parametern auflösen.

Betrachten wir die Lösung eines schiefen Wurfs, die wir als Gleichungssystem formulieren:

```
In[1]:=   eqns =
          { x == x0 + v0 Cos[a] t,
            y == y0 + v0 Sin[a] t - g t^2/2,
            z == z0 };
```

Daraus können wir z.B. die Zeit eliminieren und die Wurfparabel ermitteln.

```
In[2]:=   Solve[eqns, y, t]
```

$$Out[2]= \left\{\left\{y \to \left(2\,y0 - \frac{g\,x^2\,\mathrm{Sec}[a]^2}{v0^2} + \frac{2\,g\,x\,x0\,\mathrm{Sec}[a]^2}{v0^2} - \frac{g\,x0^2\,\mathrm{Sec}[a]^2}{v0^2} + 2\,x\,\mathrm{Tan}[a] - 2\,x0\,\mathrm{Tan}[a]\right)/2\right\}\right\}$$

Vielleicht stellt sich die Frage nach den zu wählenden Anfangsbedingungen, damit die Masse nach einer Sekunde je einen Meter in der x- und y-Richtung geflogen ist.

```
In[3]:=   Solve[eqns /. {x -> 1, y -> 1, z -> 0, t -> 1},
          {x0, y0, z0}]
```

$$Out[3]= \left\{\left\{x0 \to 1 - v0\,\mathrm{Cos}[a],\ y0 \to \frac{2 + g - 2\,v0\,\mathrm{Sin}[a]}{2},\right.\right.$$
$$\left.\left. z0 \to 0\right\}\right\}$$

Oder es soll bei einer vorgegebenen Anfangslage (z.B.: $x_0 = z_0 = 0$, $y_0 = 1$) und Anfangsgeschwindigkeit ($v_0 = 1$) der zur maximalen Wurfweite gehörende Abschußwinkel bestimmt werden. Dazu eliminieren wir die Zeit und betrachten die Wurfparabel.

```
In[4]:=   Solve[eqns /. {x0 -> 0, y0 -> 1, z0 -> 0, v0 -> 1}, y, t]
```

$$Out[4]= \left\{\left\{y \to \frac{2 - g\,x^2\,\mathrm{Sec}[a]^2 + 2\,x\,\mathrm{Tan}[a]}{2}\right\}\right\}$$

Nun bestimmen wir die x-Werte, bei denen der Flug endet, d.h. $y = 0$ wird.

```
In[5]:=   Solve[y == 0 /. %[[1]], x]
```

$$Out[5]= \left\{\left\{x \to \frac{\dfrac{2\,\mathrm{Cos}[a]\,\mathrm{Sin}[a]}{g} + \dfrac{2\,\mathrm{Cos}[a]\,\mathrm{Sqrt}[2\,g + \mathrm{Sin}[a]^2]}{g}}{2}\right\},\right.$$
$$\left.\left\{x \to \frac{\dfrac{2\,\mathrm{Cos}[a]\,\mathrm{Sin}[a]}{g} - \dfrac{2\,\mathrm{Cos}[a]\,\mathrm{Sqrt}[2\,g + \mathrm{Sin}[a]^2]}{g}}{2}\right\}\right\}$$

Diese Lösung (relevant ist die erste) soll nun mit dem Winkel a maximiert werden. Weil die Rechnung auf transzendente Gleichungen führt, lösen wir sie numerisch.

```
In[6]:=   FindMinimum[-x /. %[[1]] /. g -> 9.81, {a, 1}]
Out[6]=   {-0.462887, {a -> 0.21676}}
```

Beachte, daß der Winkel nicht 45° beträgt, da die Anfangslage nicht auf gleicher Höhe wie die Endlage ist. Er ist von der Abschußgeschwindigkeit abhängig.

■ 3.1.6 Datentypen, objektorientierte Programmierung

Mathematica setzt *keine Datentypen* voraus. Trotzdem können die Argumente von Funktionen auf bestimmte "Typen" beschränkt werden (durch Muster der Form *x_head*, *x_?test* oder Bedingungen der Form *expr* / ; *condition*). Mit entsprechenden Köpfen (siehe das Beispiel unten) läßt sich ein Datentyp simulieren.

Objektorientiertes Programmieren ist eine alternative Methode zum modularen Programmieren: Man nimmt nicht Funktionen zusammen, die ähnliche Dinge tun, sondern Funktionen, die auf ähnlichen Objekten operieren. Es werden also zuerst *Objekte* definiert und dann *Methoden* (englisch: *methods*) zur Manipulation der Objekte.

Um den Unterschied klarzumachen, kann man z.B. eine Druck-Funktion betrachten. In einem modularen Programm enthält sie Instruktionen, um alle möglichen Objekte zu drucken. Beim objektorientierten Stil wird statt dessen für jedes Objekt eine Druck-Methode definiert.

In *Mathematica* lassen sich Definitionen zu bestimmten Objekten assoziieren (siehe Unterabschnitt "Mit Symbolen assoziierte Definitionen" auf Seite 242). Damit können Operatoren *überladen* werden (englisch: *operator overloading*). Der Operator (im untenstehenden Beispiel `Equal`) hat, je nach Objekt, auf dem er operiert, eine unterschiedliche Bedeutung. (In Programmiersprachen wie Pascal oder Modula-2 ist so etwas nicht möglich.)

Betrachten wir zur Illustration ein Beispiel, das gar nichts mit Mechanik zu tun hat. Es zeigt nebenbei, in welch eleganter Art *Mathematica* auch Programmier-Aufgaben löst, für die es vorerst nicht gemacht scheint. Wir wollen Namenslisten vergleichen und sortieren.

Dazu führen wir einen "Datentyp" `name` ein, in dessen zwei Argumenten zuerst der Vorname und dann der Nachname stehen soll. Für diesen Typ definieren wir ein Ausgabeformat.

```
In[1]:=  name /: Format[name[f_String, l_String]] :=
            SequenceForm[f, " ", l]

In[2]:=  name["Fritz", "Meier"]

Out[2]=  Fritz Meier
```

Nun stellen wir eine Vergleichsfunktion zusammen. Sie testet, ob der Vor- und der Nachname zweier Personen gleich sind. Indem wir die Definition zum "Typ" `name` assoziieren, können wir die bestehende Funktion `Equal` "überladen".

```
In[3]:=  Equal[name[f1_String, l1_String],
           name[f2_String, l2_String]] ^:= f1 == f2 && l1 == l2

In[4]:=  Equal[name["Fritz", "Meier"], name["Fritz", "Meier"]]
Out[4]=  True

In[5]:=  Equal[name["Fritz", "Huber"], name["Fritz", "Meier"]]
Out[5]=  False
```

Leider ist die Assoziation nur für Symbole auf der höchsten Ebene der Argument-
liste möglich. Falls wir eine Sortierfunktion einführen möchten, die eine *Liste* von
Namen übernimmt, so müssen wir die Funktion neu benennen. Für ihre Definition
benutzen wir das eingebaute Sort, dem wir als zweiten Parameter eine eigene Vergleichsfunktion übergeben, damit zuerst nach den Nachnamen sortiert wird.

```
In[6]:=  nameSort[x:{name[_String, _String]..}] :=
           Sort[x, OrderedQ[
               { StringJoin[#1[[2]], #1[[1]]],
                 StringJoin[#2[[2]], #2[[1]]] }]&]

In[7]:=  list =
           { name["Hans", "Meier"],
             name["Hans", "Huber"],
             name["Fritz", "Meier"],
             name["Fritz", "Huber"] };

In[8]:=  nameSort[list]
Out[8]=  {Fritz Huber, Hans Huber, Fritz Meier, Hans Meier}
```

■ 3.2 Entwicklung von Programmen

Bei jedem komplizierteren Programm schleichen sich *Fehler* ein. Deshalb müssen wir uns zuerst mit der Suche nach ihnen beschäftigen. Anschließend stellen wir vier Pakete zusammen, die als Ausgangspunkte für die Programmierarbeit des Lesers dienen können.

■ 3.2.1 Fehlersuche

Zum Finden von Programmierfehlern stehen in *Mathematica* zwei Hauptwerkzeuge zur Verfügung: `Trace` und `Dialog`.

□ Verfolgung der Auswertung

Die Funktion `Trace` haben wir in Abschnitt 2.4.1 kurz kennengelernt. Sie listet alle bei der Auswertung erzeugten Unterausdrücke auf.

Betrachten wir z.B die folgende Berechnung:

```
In[1]:=  For[i = 1; j = 1; p = 5, p < 1000, i++,
         p = Prime[j + i]; j = Floor[Sqrt[(p+1)^2]]]
```

Mit `Trace` sehen wir die Details der Auswertung.

```
In[2]:=  Trace[For[i = 1; j = 1; p = 5, p < 1000, i++,
         p = Prime[j + i]; j = Floor[Sqrt[(p+1)^2]]]]

Out[2]=  {For[i = 1; j = 1; p = 5, p < 1000, i++,
         p = Prime[j + i]; j = Floor[Sqrt[(p + 1)^2]]],
         {i = 1; j = 1; p = 5, {i = 1, 1}, {j = 1, 1},
         {p = 5, 5}, 5}, {{p, 5}, 5 < 1000, True},
         {p = Prime[j + i]; j = Floor[Sqrt[(p + 1)^2]],
         {{{{j, 1}, {i, 1}, 1 + 1, 2}, Prime[2], 3}, p = 3, 3},
         {{{{{{p, 3}, 3 + 1, 1 + 3, 4}, 4^2, 16}, Sqrt[16],
         Sqrt[16], 4}, Floor[4], 4}, j = 4, 4}, 4},
         {i++, {i, 1}, {i = 2, 2}, 1}, {{p, 3}, 3 < 1000, True},
         {p = Prime[j + i]; j = Floor[Sqrt[(p + 1)^2]],
         {{{{j, 4}, {i, 2}, 4 + 2, 2 + 4, 6}, Prime[6], 13},
         p = 13, 13}, {{{{{{p, 13}, 13 + 1, 1 + 13, 14}, 14^2,
         196}, Sqrt[196], Sqrt[196], 14}, Floor[14], 14},
         j = 14, 14}, 14}, {i++, {i, 2}, {i = 3, 3}, 2},
```

```
        {{p, 13}, 13 < 1000, True},

        {p = Prime[j + i]; j = Floor[Sqrt[(p + 1)^2]],
         {{{{j, 14}, {i, 3}, 14 + 3, 3 + 14, 17}, Prime[17],
            59}, p = 59, 59}, {{{{{{p, 59}, 59 + 1, 1 + 59, 60},
              60^2, 3600}, Sqrt[3600], Sqrt[3600], 60},
            Floor[60], 60}, j = 60, 60}, 60},
        {i++, {i, 3}, {i = 4, 4}, 3},
        {{p, 59}, 59 < 1000, True},

        {p = Prime[j + i]; j = Floor[Sqrt[(p + 1)^2]],
         {{{{j, 60}, {i, 4}, 60 + 4, 4 + 60, 64}, Prime[64],
            311}, p = 311, 311},

        {{{{{{p, 311}, 311 + 1, 1 + 311, 312}, 312^2, 97344},
            Sqrt[97344], Sqrt[97344], 312}, Floor[312], 312},
           j = 312, 312}, 312}, {i++, {i, 4}, {i = 5, 5}, 4},
        {{p, 311}, 311 < 1000, True},

        {p = Prime[j + i]; j = Floor[Sqrt[(p + 1)^2]],
         {{{{j, 312}, {i, 5}, 312 + 5, 5 + 312, 317},
            Prime[317], 2099}, p = 2099, 2099},

        {{{{{{p, 2099}, 2099 + 1, 1 + 2099, 2100}, 2100^2,
            4410000}, Sqrt[4410000], Sqrt[4410000], 2100},
           Floor[2100], 2100}, j = 2100, 2100}, 2100},
        {i++, {i, 5}, {i = 6, 6}, 5},
        {{p, 2099}, 2099 < 1000, False}, Null}
```

Dies ist recht unübersichtlich. Vielleicht sollen nur die Werte von j verfolgt werden:

```
In[3]:=  Trace[For[i = 1; j = 1; p = 5, p < 1000, i++,
           p = Prime[j + i]; j = Floor[Sqrt[(p+1)^2]]],
         j]

Out[3]=  {{{{{{j, 1}}}}}, {{{{{j, 4}}}}}, {{{{{j, 14}}}}},
         {{{{{j, 60}}}}}, {{{{{j, 312}}}}}}
```

Die Anzeige läßt sich auch auf geeignete Muster beschränken. Man übergibt sie Trace als zweiten Parameter. (In der obigen Rechnung war j das Muster.)

```
In[4]:=  Trace[For[i = 1; j = 1; p = 5, p < 1000, i++,
           p = Prime[j + i]; j = Floor[Sqrt[(p+1)^2]]],
         p = _]

Out[4]=  {{{p = 5}}, {{p = 3}}, {{p = 13}}, {{p = 59}},
         {{p = 311}}, {{p = 2099}}}
```

Alle Definitionen erhalten wir durch:

```
In[5]:=   Trace[For[i = 1; j = 1; p = 5, p < 1000, i++,
              p = Prime[j + i]; j = Floor[Sqrt[(p+1)^2]]],
           _ = _]
Out[5]=   {{{i = 1}, {j = 1}, {p = 5}}, {{p = 3}, {j = 4}},
           {{i = 2}}, {{p = 13}, {j = 14}}, {{i = 3}},
           {{p = 59}, {j = 60}}, {{i = 4}},
           {{p = 311}, {j = 312}}, {{i = 5}},
           {{p = 2099}, {j = 2100}}, {{i = 6}}}
```

Mit den in Tabelle 3-3 angegebenen Optionen können wir die Ausgabe noch genauer steuern.

```
In[6]:=   Trace[For[i = 1; j = 1; p = 5, p < 1000, i++,
              p = Prime[j + i]; j = Floor[Sqrt[(p+1)^2]]],
           TraceOn -> Floor]
Out[6]=   {{{{Floor[4], 4}}}, {{{Floor[14], 14}}},
           {{{Floor[60], 60}}}, {{{Floor[312], 312}}},
           {{{Floor[2100], 2100}}}}
```

Hier wurde jeder Aufruf von `Floor` weiterverfolgt.

□ Dialoge

Mathematica erlaubt bei der Fehlersuche den direkten Eingriff in laufende Programme (*"debugging"*). Auf diese Weise lassen sich aktuelle Werte inspizieren und sogar verändern. Wir können auf verschiedene Arten einen solchen "Dialog" starten:

- durch die Auswahl des entsprechenden Menüs (`inspect`, **Enter Inspector Dialog** o.ä.) nach einem Programmunterbruch mit `<control>` und `c` oder **Interrupt Calculation...**,

- mit `TraceDialog`,

- durch einen `Dialog`-Befehl im Programm.

Zur Illustration beginnen wir eine längere Rechnung, die wir nach einigen Sekunden unterbrechen (je nach Schnittstelle mit `<control>` und `c`, **Interrupt Calculation...** o.ä.).

```
In[7]:=   Do[n = N[Sqrt[i]], {i, 100000000}]
```

Mit dem Menü `inspect` bzw. **Enter Dialog** starten wir nun eine *Mathematica*-Untersitzung. Damit bleibt die Rechnung für den Moment unterbrochen. Mit normalen Befehlen können wir uns z.B. die aktuellen Werte von `i` und `n` ansehen.

```
(Dialog) In[8]:=
        i
(Dialog) Out[8]=
        4271

(Dialog) In[9]:=
        n
(Dialog) Out[9]=
        65.3452
```

Um den Dialog wieder zu verlassen, tippen wir

```
     Return[ ]
```

ein oder wählen den entsprechenden Befehl der Notebook-Schnittstelle (**Exit Dialog**). Anschließend sollte die sehr langwierige Rechnung wohl abgebrochen werden. Dabei verändert sich *In[7]:=* zu:

```
In[10]:=  Do[n = N[Sqrt[i]], {i, 100000000}]
Out[7]=   $Aborted
```

`TraceDialog` startet für jeden berechneten Unterausdruck automatisch einen Dialog. Dies ist meist zuviel des Guten. Im folgenden Beispiel beschränken wir uns deshalb auf Zuweisungen der Form $y = a\_. + \_\^4$.

```
In[8]:=   y = t; TraceDialog[Do[y = Expand[(y + i)^2], {i, 5}],
          y = a_. + _^4]
          TraceDialog::dgbgn:
              Entering Dialog; use Return[ ] to exit.
Out[9]=   y = 9 + 12 t + 10 t  + 4 t  + t
```

$$Out[9]=\quad y = 9 + 12\,t + 10\,t^2 + 4\,t^3 + t^4$$

Im Dialog sehen wir uns den Wert von i an:

```
(Dialog) In[10]:=
        i
(Dialog) Out[10]=
        2
```

Wir können in der laufenden Rechnung Variablen verändern und z.B. t zu eins setzen.

```
(Dialog) In[11]:=
        t = 1
(Dialog) Out[11]=
        1
```

Jetzt verlassen wir den Dialog wieder.

```
Return[]
```

So erhalten wir statt eines Polynoms für y einen numerischen Wert.

```
In[9]:=    y
Out[9]=    5408554896900
```

Zum Schluß starten wir mit dem Befehl `Dialog` einen Dialog.

```
In[10]:=   f[0] = 1;

In[11]:=   f[n_] := (If[n==3, Dialog[]]; n f[n-1])

In[12]:=   f[5]
Out[12]=   120
```

Die Funktion `Stack` liefert uns im Dialog eine Liste der *Köpfe* aller momentan in Auswertung begriffenen Ausdrücke.

```
(Dialog) In[13]:=
        Stack[]
(Dialog) Out[13]=
        {CompoundExpression, Times, CompoundExpression, Times,
          CompoundExpression, Dialog}
```

Mit `Stack[`*pattern*`]` erhalten wir die Liste der unter das Muster *pattern* fallenden Ausdrücke. Alles momentan in Auswertung Begriffene ergibt sich mit:

```
(Dialog) In[14]:=
        Stack[_]
(Dialog) Out[14]=
        {If[5 == 3, Dialog[]]; 5 f[5 - 1], 5 f[5 - 1],
          If[4 == 3, Dialog[]]; 4 f[4 - 1], 4 f[4 - 1],
          If[3 == 3, Dialog[]]; 3 f[3 - 1], Dialog[]}
```

oder alle Produkte aus:

```
(Dialog) In[15]:=
        Stack[Times[_]]
(Dialog) Out[15]=
        {5 f[5 - 1], 4 f[4 - 1]}
```

Nun schließen wir den Dialog mit dem Befehl

```
        Return[]
```

wieder ab.

☐ **Zusammenfassung**

Ausdruck	Bedeutung
Dialog[]	Start eines Dialogs
Dialog[*expr*]	Start eines Dialogs mit *expr* als Wert für %
TraceDialog[*expr*]	startet einen Dialog für jeden Ausdruck, der bei der Berechnung von *expr* benutzt wird
TraceDialog[*expr*, *form*]	startet einen Dialog für jeden Ausdruck, der dem Muster *form* genügt und bei der Berechnung von *expr* benutzt wird
Stack[]	aktueller Auswertungsstapel
Stack[*pattern*]	Liste der momentan in Auswertung begriffenen Ausdrücke, die auf das Muster *pattern* passen
Return[]	Ausgang aus einem Dialog mit dem Wert von % als Übergabewert
Return[*expr*]	Ausgang aus einem Dialog mit *expr* als Übergabewert
Trace[*expr*]	Liste aller bei der Auswertung von *expr* erzeugten Ausdrücke
Trace[*expr*, *pattern*]	Liste aller bei der Auswertung von *expr* erzeugten Ausdrücke, die auf das Muster *pattern* passen
Trace[*expr*, *s*]	Liste aller bei der Auswertung von *expr* erzeugten Ausdrücke, die zu Regeln von *s* gehören

Tabelle 3-2: Fehlersuche

Option	Vorgabewert	Beschreibung
MatchLocalNames	True	*x* kann für *x*$*nnn* stehen
TraceAbove	False	Anzeige von Berechnungsketten, welche die Kette mit dem Muster *pattern* enthalten

Tabelle 3-3: Optionen von Trace (mit Muster *pattern*)

Option	Vorgabewert	Beschreibung
`TraceBackward`	`False`	Anzeige von Ausdrücken, die in der Berechnungskette vor dem Muster *pattern* stehen
`TraceDepth`	`Infinity`	Tiefe der Anzeige
`TraceForward`	`False`	Anzeige von Ausdrücken, die in der Berechnungskette nach dem Muster *pattern* stehen
`TraceOff`	`None`	Muster, bei denen die Verfolgung ausgeschaltet wird
`TraceOn`	–	Muster, bei denen die Verfolgung eingeschaltet wird
`TraceOriginal`	`False`	Ausdrücke werden auch angezeigt, bevor ihr Kopf und ihre Argumente berechnet werden

Tabelle 3-3: Optionen von `Trace` (mit Muster *pattern*)

☐ Übung

1. Experimentiere mit den verschiedenen Möglichkeiten, Dialoge zu starten!

■ 3.2.2 Programmbeispiel: NonNegativeQ

Wir stellen uns jetzt zur Aufgabe, in Ergänzung zum Standardpaket `Algebra``ReIm` auch noch die Funktionen `Abs` und `Arg` auf Symbole zu erweitern (vergleiche mit Abschnitt 1.8.2). Dazu ist es nützlich, Informationen über die Positivität (oder Nicht-Negativität) von Symbolen zu haben. Sobald man z.B. weiß, daß eine Größe a reell und nicht negativ ist, so gilt $|a| = a$.

Deshalb erstellen wir in diesem Abschnitt vorerst eine Hilfsfunktion `NonNegativeQ`. Sie soll bei möglichst vielen Symbolen, die nicht negativ sein können (z.B.: a^2 für ein reelles a), den Wert `True` und in allen anderen Fällen den Wert `False` ergeben.

Der Leser (die Leserin) möge seine (ihre) Lösung von Übungsaufgabe 2 auf Seite 288 damit vergleichen.

Mathematica kennt die Funktionen `Positive`, `Negative` und `NonNegative`. Sie liefern Aussagen für *Zahlen*. Wir wollen sie hier benutzen, um auch Eigenschaften von Symbolen zu definieren, wie z.B.:

```
In[1]:=   x /: Positive[x] = True;
```

So ergibt sich eine erste Definition für unsere Funktion `NonNegativeQ`:

```
In[2]:=   NonNegativeQ[x_] :=
            TrueQ[Positive[x] || NonNegative[x] || !Negative[x]]

          General::spell1:
             Possible spelling error: new symbol name "NonNegativeQ"
                is similar to existing symbol "NonNegative".

In[3]:=   NonNegativeQ[x]

Out[3]=   True
```

Von dieser Definition ausgehend, stellen wir nun ein Paket zusammen. Wir benennen seinen Kontext mit `SKPackages`NonNegativeQ``. Also muß die Datei `NonNegativeQ.m` heißen und im Verzeichnis `SKPackages` untergebracht sein. Gemäß der Schablone für Pakete (vergleiche mit Abschnitt 2.5.2) speichern wir zuerst einmal die folgenden Zeilen in der Datei ab:

```
BeginPackage["SKPackages`NonNegativeQ`"];

NonNegativeQ::usage =
"NonNegativeQ[expr] returns True if expr is obviously not
negative and else False. Properties of symbols can be
defined with the functions Positive, NonNegative and
Negative (e.g.: x /: Positive[x] = True). Real symbols can
be declared by definitions like a /: Im[a] = 0";

Begin["`Private`"];

NonNegativeQ[x_] :=
   TrueQ[Positive[x] || NonNegative[x] || !Negative[x]]

End[];

EndPackage[];
```

Das Verzeichnis `SKPackages` muß auf dem Suchpfad von *Mathematica* sein. Dieser Pfad ist konfigurierbar (siehe Abschnitt 1.8.9) und vom System abhängig. Auf UNIX-Systemen kann z.B. das persönliche Grundverzeichnis (~) gewählt werden, auf dem Macintosh das Verzeichnis, in dem sich das *Mathematica*-Programm befindet. Bei Notebook-Schnittstellen muß darauf geachtet werden, daß jeder Befehl in eine eigene *Initialisierungszelle* gesetzt wird (siehe Unterabschnitt "Formatierung von Paketen" auf Seite 286).

Nun löschen wir das im globalen Kontext definierte Symbol `NonNegativeQ` und lesen das Rumpf-Paket ein.

```
In[4]:=   Remove[NonNegativeQ]

In[5]:=   <<SKPackages`NonNegativeQ`
```

```
In[6]:=    NonNegativeQ[x]

Out[6]=    True
```

Damit bei der Erweiterung des Paketes alte Definitionen nicht mit den neu zugefügten in Konflikt geraten, ist es sinnvoll, während der Entwicklungsphase eine Zeile mit `Clear` einzufügen, die alle Definitionen löscht.

Als nächsten Schritt fügen wir eine Regel für Produkte und eine rudimentäre Regel für Summen bei. Damit die Produktregel richtig funktionieren kann, brauchen wir lokal im Paket eine komplementäre Funktion `NonPositiveQ`. Beachte, daß sie nicht gleich `!NonNegativeQ` ist, weil ja unentscheidbare Ausdrücke bei `NonNegativeQ` ein `False` liefern.

```
BeginPackage["SKPackages`NonNegativeQ`"];

Clear[NonNegativeQ, NonPositiveQ];

NonNegativeQ::usage =
"NonNegativeQ[expr] returns True if expr is obviously not
negative and else False. Properties of symbols can be
defined with the functions Positive, NonNegative and
Negative (e.g.: x /: Positive[x] = True). Real symbols can
be declared by definitions like a /: Im[a] = 0";

Begin["`Private`"];

NonNegativeQ[x_ y_ z_.] := NonNegativeQ[z] /;
   (NonNegativeQ[x] && NonNegativeQ[y]) ||
   (NonPositiveQ[x] && NonPositiveQ[y])

NonPositiveQ[x_ y_ z_.] := NonPositiveQ[z] /;
   (NonNegativeQ[x] && NonNegativeQ[y]) ||
   (NonPositiveQ[x] && NonPositiveQ[y])

NonNegativeQ[x_ y_ z_.] := NonPositiveQ[z] /;
   (NonNegativeQ[x] && NonPositiveQ[y]) ||
   (NonPositiveQ[x] && NonNegativeQ[y])

NonPositiveQ[x_ y_ z_.] := NonNegativeQ[z] /;
   (NonNegativeQ[x] && NonPositiveQ[y]) ||
   (NonPositiveQ[x] && NonNegativeQ[y])

NonNegativeQ[x_ + y_] :=
   NonNegativeQ[x] && NonNegativeQ[y]

NonPositiveQ[x_ + y_] := NonPositiveQ[x] && NonPositiveQ[y]

NonNegativeQ[x_] :=
   TrueQ[Positive[x] || NonNegative[x] || !Negative[x]]

NonPositiveQ[x_] :=
   TrueQ[!Positive[x] || !NonNegative[x] || Negative[x]]
```

```
End[ ];

EndPackage[ ];
```

Ein Test ergibt:

```
In[7]:=   <<SKPackages`NonNegativeQ`

In[8]:=   Negative[y] ^= True;

In[9]:=   NonNegative[z] ^= True;

In[10]:=  NonNegativeQ /@ {x, y, z, x z, -x y z, x y z, a x}
Out[10]=  {True, False, True, True, True, False, False}
```

Über Ausdrücke wie

```
In[11]:=  NonNegativeQ[y^2]
Out[11]=  False
```

können wir noch mehr aussagen.

Dazu stellen wir eine Regel für Potenzen auf. Hier möchten wir auch Ausdrücke erfassen, von denen man dank einer Definition der Form `Im[r] ^= 0` weiß, daß sie reell sind. Dies erfassen wir mit der Hilfsfunktion **RealTest**. Sie wird **True**, falls der Imaginärteil null gesetzt oder mit **Positive**, **Negative** oder **NonNegative** eine Eigenschaft des Arguments definiert wurde. Auch Summen, Produkte und ganzzahlige Potenzen von solchen Ausdrücken sind dann reell (mit Funktionen werden die Aussagen komplizierter).

Ausmultiplizierte Polynome lassen sich besser in ihrer faktorisierten Form untersuchen. Dies erreichen wir mit der Regel

```
NonNegativeQ[x_] :=
  Module[{t = Factor[x]}, NonNegativeQ[t] /; t =!= x] /;
    PolynomialQ[x]
```

und ihrer Entsprechung für **NonPositiveQ**.

Auch für Exponentialfunktionen von reellen Argumenten und für die **Abs**-Funktion lassen sich Aussagen machen.

All dies stellen wir wieder im Paket zusammen. Dabei muß auf die Reihenfolge der Regeln geachtet werden!

```
BeginPackage["SKPackages`NonNegativeQ`"];
```

```
Clear[NonNegativeQ, NonPositiveQ];

NonNegativeQ::usage =
"NonNegativeQ[expr] returns True if expr is obviously not
negative and else False. Properties of symbols can be
defined with the functions Positive, NonNegative and
Negative (e.g.: x /: Positive[x] = True). Real symbols can
be declared by definitions like a /: Im[a] = 0";

Begin["`Private`"];

RealTest[x_] :=
  ValueQ[{Im[x] == 0, Positive[x],
    NonNegative[x], Negative[x]}]

RealTest[x_ + y_] :=
  RealTest[x] && RealTest[y]

RealTest[x_ y_] := RealTest[x] && RealTest[y]

RealTest[x_^_Integer] := RealTest[x]

NonNegativeQ[x_ y_ z_.] := NonNegativeQ[z] /;
  (NonNegativeQ[x] && NonNegativeQ[y]) ||
  (NonPositiveQ[x] && NonPositiveQ[y])

NonPositiveQ[x_ y_ z_.] := NonPositiveQ[z] /;
  (NonNegativeQ[x] && NonNegativeQ[y]) ||
  (NonPositiveQ[x] && NonPositiveQ[y])

NonNegativeQ[x_ y_ z_.] := NonPositiveQ[z] /;
  (NonNegativeQ[x] && NonPositiveQ[y]) ||
  (NonPositiveQ[x] && NonNegativeQ[y])

NonPositiveQ[x_ y_ z_.] := NonNegativeQ[z] /;
  (NonNegativeQ[x] && NonPositiveQ[y]) ||
  (NonPositiveQ[x] && NonNegativeQ[y])

NonNegativeQ[x_] :=
  Module[{t = Factor[x]}, NonNegativeQ[t] /; t =!= x] /;
    PolynomialQ[x]

NonPositiveQ[x_] :=
  Module[{t = Factor[x]}, NonPositiveQ[t] /; t =!= x] /;
    PolynomialQ[x]

NonNegativeQ[x_ + y_] :=
  NonNegativeQ[x] && NonNegativeQ[y]

NonPositiveQ[x_ + y_] := NonPositiveQ[x] && NonPositiveQ[y]

NonNegativeQ[x_^_?OddQ] := NonNegativeQ[x] /;
  RealTest[x]

NonPositiveQ[x_^_?OddQ] := NonPositiveQ[x] /;
  RealTest[x]
```

```
NonNegativeQ[x_^_?EvenQ] := True /; RealTest[x]

NonNegativeQ[Abs[x_]] := True

NonNegativeQ[Sqrt[x_]] := True /; RealTest[x]

NonNegativeQ[Exp[x_]] := True /; RealTest[x]

NonNegativeQ[x_] :=
  TrueQ[Positive[x] || NonNegative[x] || !Negative[x]]

NonPositiveQ[x_] :=
  TrueQ[!Positive[x] || !NonNegative[x] || Negative[x]]

End[];

EndPackage[];
```

Jetzt kommen wir schon recht weit.

In[12]:=   **<<SKPackages`NonNegativeQ`**

In[13]:=   **NonNegativeQ /@ {y^2, x^2 + 2 x y + y^2, (-x)^3 (-z)}**
Out[13]= {True, True, True}

Der folgende Ausdruck ist sicher nicht negativ:

In[14]:=   **NonNegativeQ[2 x^2 + 2 x y + y^2]**
Out[14]= False

Er läßt sich aber mit unseren Methoden nur schwer erfassen. Wir wollen uns deshalb zufriedengeben und festhalten, daß nicht alle Ausdrücke analysiert werden können und bei unentscheidbaren Fällen das Resultat **False** wird.

Zum Abschluß streichen wir die Linie mit **Clear** und ergänzen im Kopf des Pakets Kommentarzeilen mit allgemeinen Informationen (Titel, Zweck, Autor, Version etc.).

■ 3.2.3 Programmbeispiel: AbsArg

Das Standardpaket **Algebra`ReIm`** erlaubt uns wohl, die Real- und Imaginärteile sowie die Konjugation von als reell deklarierten Symbolen zu berechnen, nicht aber deren *Absolutwert* und *Argument* (vergleiche mit Abschnitt 1.8.2).

In[1]:=   **<<Algebra`ReIm`**

In[2]:=   **Im[a] ^= 0; Im[b] ^= 0;**

In[3]:=   **Re[a + I b]**
Out[3]= a

```
In[4]:=   Abs[a + I b]
Out[4]=   Abs[a + I b]
```

Dank unserer Vorarbeit im letzten Abschnitt können wir nun mit wenig Aufwand ein Paket erstellen, das die Funktionen **Abs** und **Arg** weitgehend auswertet.

Die beiden eingebauten Funktionen müssen von ihrem Schutz befreit und wieder geschützt werden. Die Technik dazu haben wir im Unterabschnitt "Schützen von Funktionen, Änderung von geschützten Funktionen" auf Seite 284 besprochen.

Wir speichern also die folgenden Definitionen in der Datei AbsArg.m im Verzeichnis SKPackages ab:

```
BeginPackage["SKPackages`AbsArg`",
  "Algebra`ReIm`", "SKPackages`NonNegativeQ`"]

AbsArg::usage =
"The package AbsArg extends the definitions of Abs and Arg
to symbols. Properties of symbols should be given in the
form: Re[z] ^= z; Im[z] ^= 0; Positive[z] ^= True,
Negative[x] ^= True etc."

Begin["`Private`"]

protected = Unprotect[Abs, Arg]

Abs[z_] := Re[z] /; Im[z] == 0 && NonNegativeQ[Re[z]]

Abs[z_] := -Re[z] /; Im[z] == 0 && NonNegativeQ[-Re[z]]

Abs[z_] := Im[z] /; Re[z] == 0 && NonNegativeQ[Im[z]]

Abs[z_] := -Im[z] /; Re[z] == 0 && NonNegativeQ[-Im[z]]

Abs[z_] := Sqrt[Re[z]^2 + Im[z]^2]

Arg[z_] := 0 /; NonNegativeQ[z]

Arg[z_] := Pi /; NonNegativeQ[-z]

Arg[z_] := Pi/2 /; Re[z] == 0 && NonNegativeQ[Im[z]]

Arg[z_] := -Pi/2 /; Re[z] == 0 && NonNegativeQ[-Im[z]]

Arg[z_] := ArcTan[Im[z]/Re[z]] /; Re[z] =!= 0 && Im[z] =!= 0

Protect[Release[protected]];

End[]

EndPackage[]
```

Nun lesen wir das Paket ein und testen einige Fälle.

```
In[5]:=   <<SKPackages`AbsArg`
```

In[6]:=   **Abs[a + I b]**

Out[6]= $\mathtt{Sqrt[a^2 + b^2]}$

In[7]:=   **Arg[a + I b]**

Out[7]= $\mathtt{ArcTan[\frac{b}{a}]}$

Die Regeln sind derart geschrieben, daß dieser generische Fall gewählt wird, auch wenn unbekannt ist, ob vielleicht der Real- oder Imaginärteil verschwindet.

In[8]:=   **Abs[a^2]**

Out[8]= $\mathtt{a^2}$

Vom Symbol a selbst weiß man nicht, ob es positiv oder negativ ist. Deshalb erhalten wir:

In[9]:=   **{Abs[a], Arg[a], Arg[I a]}**

Out[9]= $\mathtt{\{Sqrt[a^2], Arg[a], Arg[I\ a]\}}$

Falls wir es als positiv deklarieren, so wird weiter vereinfacht.

In[10]:=   **Positive[a] ^= True;**

In[11]:=   **{Abs[a], Arg[a], Arg[I a]}**

Out[11]= $\mathtt{\{a,\ 0,\ \frac{Pi}{2}\}}$

☐ Übung

1. Entwickle ein Paket mit Funktionen, welche Abbildungen von $\mathbf{R}^n$ in $\mathbf{R}^m$ und Differentialgleichungen linearisieren (siehe Übungsaufgabe 2 in Abschnitt 1.6.4).

    Vergleiche Dein Paket mit `SKPackages`Linearization`!`

■ 3.2.4 Programmbeispiel: RSA

Nun wollen wir die in Abschnitt 1.3.3 schon benutzten Hilfsfunktionen für das RSA-Verschlüsselungssystem programmieren.

Statt die Funktionen direkt in ein Paket zu schreiben, entwickeln wir sie hier in einer *Mathematica*-Sitzung und fassen sie erst hinterher als Paket zusammen. Während der Programmierung benennen wir die neuen Größen mit kleinen Anfangsbuchstaben. Ganz am Schluß wechseln wir auf Großbuchstaben und ergänzen die Dokumentationen und Kontext-Befehle.

Wir beginnen damit, zwei Primzahlen und ihr Produkt zu berechnen.

```
In[1]:=   p = Prime[1000000]
Out[1]=   15485863

In[2]:=   q = Prime[1100000]
Out[2]=   17144489

In[3]:=   n = p q
Out[3]=   265497207859007
```

Als nächstes müssen wir einen Exponenten e für die "Entschlüsselung" wählen. Er sollte nicht zu klein und relativ prim zu $\varphi(n) = (p-1)(q-1)$ sein. Wir benutzen z.B. den Zufallsgenerator und lassen nur Zahlen zwischen p und n zu.

```
In[4]:=   generateE[p_Integer, q_Integer] :=
            Module[{res, n = p q, phi = (p-1)(q-1)},
              res = Random[Integer, {p, n}];
              While[GCD[res, phi] != 1,
                res = Random[Integer, {p, n}]];
              res
            ]

In[5]:=   generateE[p, q]
Out[5]=   240270397516123
```

Der Vollständigkeit halber schreiben wir auch eine analoge Funktion zur Bestimmung des Exponenten d.

```
In[6]:=   generateD[e_Integer, p_Integer, q_Integer] :=
            PowerMod[e, -1, (p-1)(q-1)]

          General::spell1:
              Possible spelling error: new symbol name "generateD"
                is similar to existing symbol "generateE".

In[7]:=   d = generateD[e, p, q]
Out[7]=   86201570893603
```

Für die Ver- und Entschlüsselung von Zahlen sollen zwei Funktionen zur Verfügung stehen.

```
In[8]:=   rSAEncodeNumber[num_Integer, e_Integer, n_Integer] :=
            PowerMod[num, e, n] /; num < n
```

Damit die Verschlüsselung mit `rSAEncodeNumber` eindeutig ist, muß die "Meldung" num kleiner als n sein.

```
In[9]:=   rSAEncodeNumber[3011954, e, n]

Out[9]=   178955465300501

In[10]:=  rSADecodeNumber[num_Integer, d_Integer, n_Integer] :=
            PowerMod[num, d, n]

In[11]:=  rSADecodeNumber[%%, d, n]

Out[11]=  3011954
```

Nun möchten wir nicht nur Zahlen, sondern auch Buchstabenfolgen verschlüsseln. Dazu müssen diese in Zahlen verwandelt werden. Hier bietet sich an, jedem Buchstaben (und Kontrollzeichen) seinen ASCII-Code zuzuordnen. Dieser läuft von 0 bis 255. Die für eine Buchstabenfolge entstehende Zahl im 256er-System rechnen wir ins Dezimalsystem um. Dies läßt sich in eleganter Weise mit der Funktion `Fold` (vergleiche mit Abschnitt 2.4.3) erreichen.

```
In[12]:=  convertString[str_String] :=
            Fold[Plus[256 #1, #2]&, 0, ToCharacterCode[str]]

In[13]:=  convertString["Eine Meldung"]

Out[13]=  2148192421449424100962896 6503
```

Meldungen, die größer als $n = pq$ sind, müssen in kleinere Blöcke zerlegt werden. Diese Blöcke stellen wir als Liste zusammen.

```
In[14]:=  stringToList[text_String, n_Integer] :=
            Module[
              {
                blockLength = Floor[N[Log[256, n]]],
                strLength = StringLength[text]
              },
              convertString /@ Table[StringTake[text,
                  {i, Min[strLength, i + blockLength - 1]}],
                {i, 1, strLength, blockLength}]
            ] /; n > 256

In[15]:=  stringToList["Eine Meldung", n]

Out[15]=  {298121585952, 332414084213, 28263}
```

Wir brauchen auch eine Umkehrfunktion, die aus Zahlen und Listen von Zahlen wieder die ursprüngliche Buchstabenfolge erzeugt. Diese Aufgabe haben wir in Abschnitt 3.1.2 weitgehend gelöst.

```
In[16]:=  makeList[0] = {};

In[17]:=  makeList[num_Integer] :=
             Append[makeList[Quotient[num, 256]], Mod[num, 256]]

In[18]:=  convertNumber[num_Integer] :=
             FromCharacterCode /@ makeList[num]

In[19]:=  listToString[l_List] :=
             StringJoin[convertNumber /@ l]

In[20]:=  listToString[%%%%%]

Out[20]=  Eine Meldung
```

Diese Funktionen setzen wir mit denjenigen für die Ver- und Entschlüsselung zusammen.

```
In[21]:=  rSAEncode[text_String, e_Integer, n_Integer] :=
             rSAEncodeNumber[#, e, n]& /@
                stringToList[text, n] /; n > 256

In[22]:=  rSADecode[l_List, d_Integer, n_Integer] :=
             listToString[rSADecodeNumber[#, d, n]& /@ l]
```

Damit ist die Arbeit des Absenders und des Empfängers vereinfacht.

```
In[23]:=  rSAEncode["Eine Meldung", e, n]
Out[23]=  {94673848088949, 197783440856680, 140200008519724}

In[24]:=  rSADecode[%, d, n]
Out[24]=  Eine Meldung
```

Aus den obigen Definitionen stellen wir nun das Paket SKPackages`RSA` zusammen. Dazu ersetzen wir alle Anfangsbuchstaben der Funktionsnamen durch Großbuchstaben und ergänzen die Funktionsdefinitionen mit ihren Dokumentationen und der Kontextverwaltung. So entsteht (bis auf zwei Funktionen zur Erzeugung von großen Primzahlen, die wir in Abschnitt 3.4.1 besprechen) das endgültige Paket, welches vom Autor bezogen werden kann (siehe Unterabschnitt "Disketten", Seite 5).

```
In[25]:=  <<SKPackages`RSA`

In[26]:=  RSAEncode["Noch eine Meldung", e, n]
Out[26]=  {211194107015556, 189630618081859, 197783440856680,
             140200008519724}

In[27]:=  RSADecode[%, d, n]
Out[27]=  Noch eine Meldung
```

■ 3.2.5 Programmbeispiel: Reihenentwicklungen

Bei der Modellierung physikalischer Systeme entstehen typischerweise Differentialgleichungen, welche nicht symbolisch durch elementare Funktionen gelöst werden können. Dabei hilft das stärkste Computerprogramm nicht weiter. Man muß sich mit numerischen Lösungen oder mit Näherungsmethoden zufriedengeben. Bei ersteren geht leider das qualitative Verständnis von Parameter-Abhängigkeiten völlig verloren. Man erhält ja nur Datensätze, die sich in höchstens drei Dimensionen einigermaßen veranschaulichen lassen. Näherungslösungen dagegen können die wesentlichen physikalischen Eigenschaften der Lösungen auch formelmäßig wiedergeben.

Wir möchten in diesem Abschnitt (in kompakter Form) eine Näherungsmethode mittels *Reihenansätzen* ansprechen. Daraus stellen wir den Grundstein für ein Paket zusammen, das vom Autor erhältlich ist (siehe Unterabschnitt "Disketten", Seite 5). Die genauere Diskussion solcher Methoden ist Stoff für ganze Bücher, zum Beispiel [KS78], [Nay73], [Nay81] oder [RA87].

Nehmen wir an, unsere Differentialgleichung beinhalte einen kleinen Parameter ε! Es könnte sich z.B. um eine Schwingung mit nichtlinearem Federgesetz handeln:

$$\ddot{x} + x + \varepsilon x^3 = 0. \tag{3.1}$$

Diese Gleichung versuchen wir mit einem Reihenansatz der Form

$$x(t, \varepsilon) = x_0(t) + \varepsilon x_1(t) + \varepsilon^2 x_2(t) + \dots \tag{3.2}$$

zu lösen. Durch das Einsetzen der Reihe (3.2) ergibt sich auf der linken Seite von Gleichung (3.1) eine Potenzreihe in ε. Weil sie für jedes (kleine) ε verschwinden soll, muß der Koeffizient jeder Potenz von ε verschwinden. So entsteht eine Folge von gekoppelten Differentialgleichungen. Wenn wir annehmen, daß die erste (für x_0) mit den gegebenen Anfangsbedingungen lösbar ist, so tritt diese Lösung als Inhomogenität der Gleichung für x_1 auf. In dieser Art können wir schrittweise die Gleichungen bis zu einer gewünschten Ordnung lösen und erhalten eine *Approximation* der Lösung von Gleichung (3.1).

Wir beginnen mit den Definitionen der Differentialgleichung und der Anfangsbedingungen, die wir als Liste zusammenfassen.

```
In[1]:=   equations = {x''[t] + x[t] + eps x[t]^3 == 0,
            x[0] == 1, x'[0] == 0}

Out[1]=   {x[t] + eps x[t]^3 + x''[t] == 0, x[0] == 1, x'[0] == 0}
```

Nun müssen wir die Funktion x[t] und ihre Ableitungen durch ein Polynom in ε ersetzen. Dazu beachten wir, daß das Muster für Ableitungen folgendermaßen aussieht:

```
In[2]:=   FullForm[x''[t]]

Out[2]//FullForm=
          Derivative[2][x][t]
```

Also können wir z.B. mit

```
In[3]:=   equations /.
              {
                  x[t_] -> Sum[eps^i x[i][t], {i, 0, 2}],
                  Derivative[n_][x][t_] ->
                      Sum[eps^i Derivative[n][x[i]][t], {i, 0, 2}]
              }
```

$$
Out[3]= \; \{x[0][t] + eps\, x[1][t] + eps^2\, x[2][t] +
$$

$$
eps\, (x[0][t] + eps\, x[1][t] + eps^2\, x[2][t])^3 +
$$

$$
(x[0])''[t] + eps\, (x[1])''[t] + eps^2\, (x[2])''[t] == 0\backslash
$$

$$
, x[0][0] + eps\, x[1][0] + eps^2\, x[2][0] == 1,
$$

$$
(x[0])'[0] + eps\, (x[1])'[0] + eps^2\, (x[2])'[0] == 0\}
$$

ein quadratisches Polynom einsetzen.

(Es wäre möglich, die Funktionen und die Ableitungen durch ein einziges Muster zu erfassen, indem der *Kopf* der Funktion (x) durch eine reine Funktion ersetzt wird. Dieses Vorgehen hätte aber den Nachteil, daß es nur für Funktionen und nicht für die Randbedingungen anspricht.)

Aus den so entstandenen Gleichungen ziehen wir die Liste der Gleichungen zu den verschiedenen Potenzen von ε. Wir nennen die zugehörige Funktion `polyOrderList` (poly deshalb, weil man statt Polynomen auch allgemeinere Funktionen von ε einsetzen könnte). Sie erwartet als Argumente eine Liste von Gleichungen, die gesuchte Funktion, den kleinen Parameter und die maximale Ordnung.

```
In[4]:=   polyOrderList[equations_List, x_,
              eps_, maxOrder_Integer] :=
          Module[{j, h = Head[x], substEqu},
              substEqu = equations /.
                  {
                      h[t_] -> Sum[eps^i h[i][t], {i, 0, maxOrder}],
                      Derivative[n_][h][t_] ->
                          Sum[eps^i Derivative[n][h[i]][t], {i, 0, maxOrder}]
                  } // ExpandAll;
              Table[Map[Coefficient[#, eps, j]&, substEqu, {2}],
                  {j, 0, maxOrder}]
          ]
```

In unserem Beispiel liefert sie bis zur Ordnung 2 die folgenden Gleichungen:

```
In[5]:=   eList = polyOrderList[equations, x[t], eps, 2]
```

$$
Out[5]= \; \{\{x[0][t] + (x[0])''[t] == 0, x[0][0] == 1,
$$

$$
(x[0])'[0] == 0\}, \{x[0][t]^3 + x[1][t] + (x[1])''[t] == 0, x[1][0] == 0, (x[1])'[0] == 0\},
$$

$$
\{3\, x[0][t]^2\, x[1][t] + x[2][t] + (x[2])''[t] == 0, x[2][0] == 0, (x[2])'[0] == 0\}\}
$$

Diese Gleichungen sollen schrittweise gelöst werden. Wir gehen funktional vor und überlegen uns eine Funktion, die aus der Lösung einer gegebenen Ordnung die nächste erzeugt. Die Lösungen verarbeiten wir in der Form von Transformationsregeln mit reinen Funktionen, wie sie von DSolve geliefert werden (vergleiche mit *Out[44]=*, Seite 73).

```
In[6]:=   DSolve[eList[[1]], x[0], t]

Out[6]=   {{x[0] -> (Cos[#1] & )}}
```

Die Lösungen der verschiedenen Ordnungen sollen als Liste zusammengestellt werden. Wir beginnen bei der Ordnung 0.

```
In[7]:=   r = %[[1]]

Out[7]=   {x[0] -> (Cos[#1] & )}
```

Mit der Hilfsfunktion solveOrder wird die Lösung der nächsten Ordnung angefügt.

```
In[8]:=   solveOrder[rule_, equation_] :=
            Append[rule, DSolve[equation /. rule,
              x[Length[rule]], t][[1, 1]]]

In[9]:=   solveOrder[r, eList[[2]]]

Out[9]=   {x[0] -> (Cos[#1] & ), x[1] ->
              -(Sin[#1] (Sin[2 #1] + 6 #1))
            (-------------------------------- & )}
                           16
```

Diese Funktion falten wir mit der Liste der Gleichungen. Der Startwei ist eine leere Resultatliste.

```
In[10]:=  polyOrderSolutionRuleListPure[equations_List, x_, t_, eps_,
            maxOrder_Integer] :=
          Module[{h = Head[x], solveOrder},
            solveOrder[rule_, equation_] :=
              Append[rule, DSolve[equation /. rule,
                h[Length[rule]], t][[1, 1]]];
            Fold[solveOrder, {},
              polyOrderList[equations, x, eps, maxOrder]]
          ]

In[11]:=  polyOrderSolutionRuleListPure[equations, x[t], t, eps, 2]

Out[11]=  {x[0] -> (Cos[#1] & ), x[1] ->
              -(Sin[#1] (Sin[2 #1] + 6 #1))
            (-------------------------------- & ),
                           16
            x[2] -> ((23 Cos[#1] - 24 Cos[3 #1] + Cos[5 #1] +

              96 Sin[#1] #1 - 36 Sin[3 #1] #1 - 72 Cos[#1] #1^2)\
            / 1024 & )}
```

Die Lösung der Differentialgleichungen beansprucht einige Zeit. Damit der Benutzer der Funktion darüber im Bild ist, ob etwas und was momentan berechnet wird, ergänzen wir die Funktion mit `Print`-Befehlen.

Zudem sollen Fälle abgefangen werden, bei denen keine Lösungen der Differentialgleichungen gefunden wurden. Es kann insbesondere vorkommen, daß die Anfangsbedingungen bei der Entwicklung nicht erfüllbar sind (falls der kleine Parameter bei der höchsten Ableitung steht). Dazu definieren wir eine Fehlermeldung:

```
In[12]:=  perturbation::inising =
          "The differential equation of order `1` does not have a
          solution which satisfies the given initial conditions.
          Consider attempting a singular perturbation!";
```

Die ergänzte Funktion kann z.B. folgendermaßen aussehen:

```
In[13]:=  polyOrderSolutionRuleListPure[equations_List, x_,
              t_, eps_, maxOrder_Integer] :=
          Module[{h = Head[x], solveOrder},
            solveOrder[rule_, equation_] :=
              Module[{i, res},
                If[!FreeQ[rule, "error"], Return["error"]];
                i = Length[rule];
                Print["Solving equation of order ", i, " ..."];
                res = DSolve[equation /. rule, h[i], t];
                Which[
                  !FreeQ[res, DSolve],
                    Return["error"],
                  res == {},
                    Message[perturbation::inising, i];
                    Return["error"],
                  True,
                    Append[rule, res[[1, 1]]]
                ]
              ];
            Fold[solveOrder, {},
              polyOrderList[equations, x, eps, maxOrder]]
          ]
```

Für die obige Gleichung erhalten wir jetzt:

```
In[14]:=  polyOrderSolutionRuleListPure[equations, x[t], t, eps, 2]

          Solving equation of order 0 ...
          Solving equation of order 1 ...
          Solving equation of order 2 ...

Out[14]=  {x[0] -> (Cos[#1] & ), x[1] ->
              -(Sin[#1] (Sin[2 #1] + 6 #1))
            (-------------------------------- & ),
                          16
```

```
x[2] -> ((23 Cos[#1] - 24 Cos[3 #1] + Cos[5 #1] +
       96 Sin[#1] #1 - 36 Sin[3 #1] #1 - 72 Cos[#1] #1^2)\
     / 1024 & )}
```

Im nächsten Fall spricht die Fehlermeldung an.

```
In[15]:=  polyOrderSolutionRuleListPure[
            {eps x''[t] + x'[t] + x[t] == 0, x[0] == 1, x'[0] == 0},
            x[t], t, eps, 2]

          Solving equation of order 0 ...

          perturbation::inising:
              The differential equation of order 0
                does not have a solution which satisfies the given
                initial conditions. Consider attempting a singular
                perturbation!

Out[15]=  error
```

Vielleicht interessiert man sich weniger für die Transformationsregeln mit reinen Funktionen als für die effektiven Lösungen in den verschiedenen Ordnungen. Dazu definieren wir:

```
In[16]:=  polyOrderSolutionList[equations_List, x_, t_, eps_,
              maxOrder_Integer] :=
          Module[
            {
              h = Head[x],
              pure = polyOrderSolutionRuleListPure[equations,
                x, t, eps, maxOrder]
            },
            If[!FreeQ[pure, "error"], Return["error"]];
            Drop[FoldList[Plus, 0,
              Table[eps^i h[i][t] /. pure, {i, 0, maxOrder}]], 1]
          ]

In[17]:=  straight = polyOrderSolutionList[equations, x[t], t, eps, 2]

          Solving equation of order 0 ...
          Solving equation of order 1 ...
          Solving equation of order 2 ...
```

$$Out[17]= \{Cos[t], \; Cos[t] - \frac{eps \; Sin[t] \; (6 \; t + Sin[2 \; t])}{16},$$

$$Cos[t] - \frac{eps \; Sin[t] \; (6 \; t + Sin[2 \; t])}{16} +$$

$$(eps^2 \; (23 \; Cos[t] - 72 \; t^2 \; Cos[t] - 24 \; Cos[3 \; t] +$$
$$Cos[5 \; t] + 96 \; t \; Sin[t] - 36 \; t \; Sin[3 \; t])) \; / \; 1024\}$$

```
In[18]:=  Plot[Evaluate[straight /. eps -> .1], {t, 0, 10},
            PlotStyle ->
              {Dashing[{}], Dashing[{.1, .05}], Dashing[{.05, .05}]}]
```

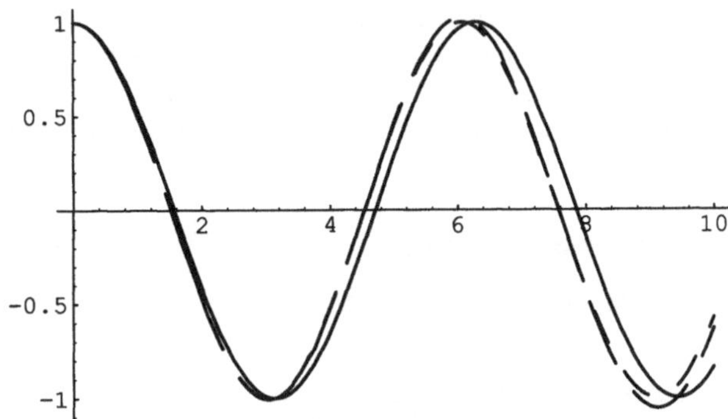

```
Out[18]= -Graphics-
```

Damit haben wir das Grundkapital für ein Paket erarbeitet. Wir können die Funktionen auf große Anfangsbuchstaben umbenennen, durch ihre Dokumentationen und die Kontext-Befehle ergänzen und als Datei abspeichern. Das Paket `SKPackages`Perturbation`` enthält das Resultat, ergänzt durch weitere Techniken:

Bei Reihenansätzen der Form (3.2) ("Geradeaus-Ansatz", englisch: *straight forward expansion*) bereiten die polynomial wachsenden Terme ("*Säkularterme*") Probleme; die Lösungen sind nur für kleine Zeiten (bis etwa $1/\varepsilon$) brauchbar.

Betrachten wir die obige Lösung für $\varepsilon = 0.5$! Es ist instruktiv, sie im Phasenraum der Variablen x und ihrer Ableitung anzusehen.

```
In[19]:=  ParametricPlot[Transpose[
            {straight, D[straight, t]}] /. eps -> .5 // Evaluate,
            {t, 0, 10}, PlotStyle ->
              {Dashing[{}], Dashing[{.1, .05}], Dashing[{.05, .05}]}]
```

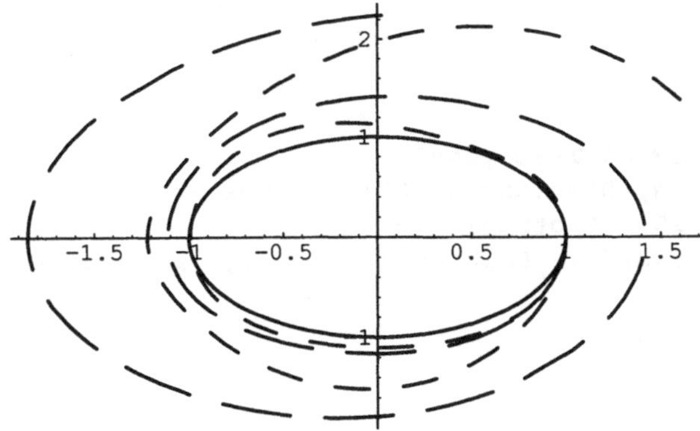

```
Out[19]= -Graphics-
```

Außer der Lösung nullter Ordnung (sie entspricht dem linearen Pendel) divergieren alle Lösungen für große Zeiten t. Dies ist aber physikalisch nicht möglich, da das System konservativ ist und keine Energie aufnimmt.

Um diesen Resonanzeffekt auszuschalten, braucht es verfeinerte Methoden. Eine der einfachsten von ihnen setzt für die Frequenz eine Reihe in ε ein und bestimmt deren Koeffizienten so, daß die Säkularterme verschwinden. Englisch spricht man von der *method of strained coordinates*. Sie ist im Paket SKPackages`Perturbation` durch die Funktion StrainedSolutionList realisiert.

```
In[20]:=   <<SKPackages`Perturbation`

In[21]:=   strained = StrainedSolutionList[
             equations, x[t], t, eps, 2]

         Solving equation of order 0 ...
         Removing secular terms of order 0 ...
         Solving equation of order 1 ...
         Removing secular terms of order 1 ...
         Solving equation of order 2 ...
         Removing secular terms of order 2 ...

Out[21]= {Cos[t], Cos[t] -
```

$$\left\{\mathrm{Cos}[t],\ \mathrm{Cos}[t] - \frac{\mathrm{eps}\ \mathrm{Sin}[(1 + \frac{3\ \mathrm{eps}}{8})\ t]\ \mathrm{Sin}[2\ (1 + \frac{3\ \mathrm{eps}}{8})\ t]}{16},\right.$$

$$\mathrm{Cos}[t] - \frac{\mathrm{eps}\ \mathrm{Sin}[(1 + \frac{3\ \mathrm{eps}}{8})\ t]\ \mathrm{Sin}[2\ (1 + \frac{3\ \mathrm{eps}}{8})\ t]}{16} +$$

$$(\mathrm{eps}^2\ \mathrm{Sin}[(1 + \frac{3\ \mathrm{eps}}{8} - \frac{21\ \mathrm{eps}^2}{256})\ t]$$

$$(23\ \mathrm{Sin}[2\ (1 + \frac{3\ \mathrm{eps}}{8} - \frac{21\ \mathrm{eps}^2}{256})\ t] -$$

$$\left.\mathrm{Sin}[4\ (1 + \frac{3\ \mathrm{eps}}{8} - \frac{21\ \mathrm{eps}^2}{256})\ t])) / 512\right\}$$

Hier verhalten sich die Lösungen auch für größere Zeiten vernünftig und geben ein gutes Bild von der Realität.

```
In[22]:=   ParametricPlot[Transpose[
             {strained, D[strained, t]}] /. eps -> .5 // Evaluate,
             {t, 0, 10}, PlotStyle ->
               {Dashing[{}], Dashing[{.1, .05}], Dashing[{.05, .05}]}]
```

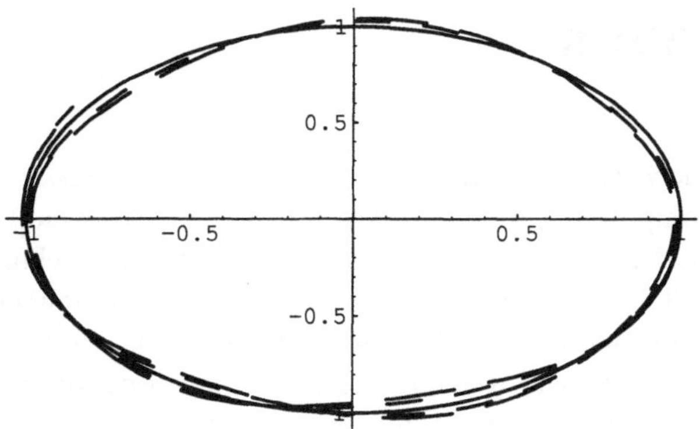

Out[22]= -Graphics-

Das Problem der nicht erfüllbaren Anfangsbedingungen (siehe *Out[15]=*) läßt sich ebenfalls lösen. Dazu muß eine *Grenzschicht* eingeführt werden, innerhalb derer man die Koordinaten mit einer Skalierung (z.B. t/ε) aufbläst. Die Lösungen werden innerhalb und außerhalb der Grenzschicht entwickelt und die Resultate geeignet verbunden. Dies tut die Funktion `MatchedSolutionList`.

```
In[23]:=   MatchedSolutionList[
               {eps x''[t] + x'[t] + x[t] == 0, x[0] == a, x[1] == b},
               tau == t/eps, x[t], t, tau, eps, 1]

           Preparing ...
           Solving outer equation of order 0 ...
           Solving inner equation of order 0 ...
           Matching order 0 ...
           Solving outer equation of order 1 ...
           Solving inner equation of order 1 ...
           Matching order 1 ...
           Calculating composite solution ...
           Setting initials ...
```

$$Out[23]= \left\{ b\,E^{1-t} + \frac{a - b\,E}{E^{t/eps}}, \; b\,E^{1-t} + \frac{a - b\,E}{E^{t/eps}} + b\,E^{1-t}\,eps - \right.$$

$$\left. b\,E^{1-t/eps}\,eps + \frac{(a - b\,E)\,t}{E^{t/eps}} - b\,E^{1-t}\,eps\,t \right\}$$

☐ Zusammenfassung

Ausdruck	Bedeutung
`Derivative[`n_1`, `n_2`, ...][`f`]`	ausführliche Schreibweise für die n_1-fache Ableitung von f nach dem ersten Argument, die n_2-fache nach dem zweiten etc.

Tabelle 3-4: Ausführliche Schreibweise für Ableitungen

■ 3.3 Numerik

Programme für *numerische Berechnungen* werden in *Mathematica* sicher nicht gleich effizient sein wie kompilierte (mit einer Sprache wie C, Fortran etc.). Die Programm-Entwicklung hingegen ist in der interaktiven, interpretierten Umgebung mit den vielen eingebauten Hilfsmitteln viel bequemer und schneller. Deshalb lohnt es sich (auch bei großen, numerischen Programmen), die Entwicklung und das Testen und Vergleichen der Algorithmen (mit "kleinen" Beispielen) in *Mathematica* vorzunehmen und erst dann auf eine kompilierende Sprache zu wechseln, wenn die Rechenzeiten zu groß werden.

In einer speziellen Form lassen sich numerische Rechnungen auch in *Mathematica kompilieren.* Diese Technik, welche die Rechenzeiten gegenüber der reinen Interpretation von Ausdrücken wesentlich verkürzt, besprechen wir in Abschnitt 3.3.1.

Im Gegensatz zu Compilern kann in *Mathematica* mit jeder beliebigen *Genauigkeit* gerechnet werden. Ihre Steuerung lernen wir in Abschnitt 3.3.2 kennen.

Schlußendlich gibt es eine große Zahl von eingebauten, numerischen Funktionen (`NDSolve`, `NIntegrate` etc.). Bei ihnen hat man in flexibler Weise die Kontrolle über die Genauigkeit. Die zugehörigen Optionen sind das Thema von Abschnitt 3.3.3.

■ 3.3.1 Kompilation: Fraktale

Beim Studium der *Kompilation von numerischen Rechnungen* können wir wieder etwas Farbe produzieren. Dazu betrachten wir nochmals den Newton-Algorithmus zur Nullstellensuche (siehe Abschnitt 2.4.3). Nun soll er auf *komplexe* Funktionen angewendet werden.

Nehmen wir als Beispiel das (komplexe) Polynom:

```
In[1]:=   f[z_] := z^5 - 1
```

Es hat fünf Wurzeln in der Gaußschen Ebene.

```
In[2]:=   n = Exponent[f[x], x]
Out[2]=   5
```

Diese liegen auf dem Einheitskreis. Nun gehen wir von einem beliebigen Punkt aus und fragen uns, zu welcher der fünf Nullstellen die Iteration des Newton-Algorithmus (2.1) (siehe Seite 263) führt.

Zuerst müssen wir den Algorithmus für *komplexe Argumente* korrekt schreiben. Wir zerlegen dazu die Funktion in ihren Real- und Imaginärteil.

```
In[3]:=   <<Algebra`ReIm`

In[4]:=   Im[a] ^= 0; Im[b] ^= 0;

In[5]:=   fv = Through[{Re, Im}[Expand[f[a + I b]]]]
```

$$Out[5]= \{-1 + a^5 - 10\ a^3\ b^2 + 5\ a\ b^4,\ 5\ a^4\ b - 10\ a^2\ b^3 + b^5\}$$

Wir haben hier die Funktion Through verwendet (siehe Tabelle 1-63 auf Seite 136). Sie zieht Listen von Funktionen über Argumente.

Nun berechnen wir die Jacobi-Matrix der zugehörigen Vektorfunktion (vergleiche mit Abschnitt 1.6.4).

```
In[6]:=   fp = Outer[D, fv, {a, b}]
```

$$Out[6]= \{\{5\ a^4 - 30\ a^2\ b^2 + 5\ b^4,\ -20\ a^3\ b + 20\ a\ b^3\},$$
$$\{20\ a^3\ b - 20\ a\ b^3,\ 5\ a^4 - 30\ a^2\ b^2 + 5\ b^4\}\}$$

Ein Schritt des (vektoriellen) Newton-Algorithmus besteht aus der Anwendung der (reinen) Funktion:

```
In[7]:=   Function[{a, b}, {a, b} - Inverse[fp] . fv];
```

Natürlich soll die Matrixrechnung nicht bei jedem Schritt ausgeführt werden. Wir tun dies einmal und vereinfachen das Resultat.

```
In[8]:=   {a, b} - Simplify[Inverse[fp] . fv]
```

$$Out[8]= \{a - (-a^4 + a^9 + 6\ a^2\ b^2 + 4\ a^7\ b^2 - b^4 + 6\ a^5\ b^4 +$$
$$4^3a\ ^6b\ + a^8b\ )\ /\ (5\ (a^2\ +\ b^4)\ ),$$
$$b - (b\ (4\ a^3 + a^8 - 4\ a\ b^2 + 4\ a^6\ b^2 + 6\ a^4\ b^4 +$$
$$4\ a^2\ b^6 + b^8))\ /\ (5\ (a^2 + b^2)^4)\}$$

Die Auswertung dieser Funktion ist recht aufwendig. Wir wollen sie deshalb mit dem Befehl Compile *kompilieren*. Wie bei reinen Funktionen (siehe Abschnitt 1.6.2) in der Form

```
Function[{x, y, ...}, expr]
```

übergibt man zuerst die Variablen und dann den (in diesen Variablen geschriebenen)
zu kompilierenden Ausdruck. Dadurch erhalten wir ein Objekt vom "Typ" `CompiledFunction`, das sich analog zu reinen Funktionen verhält.

Die kompilierten Rechnungen werden ziemlich direkt dem Prozessor oder Koprozessor übergeben. Allerdings läßt sich die Genauigkeit der Numerik nicht mehr steuern; es wird nur mit Maschinengenauigkeit gerechnet (vergleiche mit Abschnitt 3.3.2).

Mathematica kompiliert keine Vektorfunktionen. Wir müssen es für jede Komponente separat tun.

```
In[9]:=   {Compile[{a, b}, Evaluate[%[[1]]]],
           Compile[{a, b}, Evaluate[%[[2]]]]};
```

Dies läßt sich eleganter schreiben als:

```
In[10]:=  comp = Compile[{a, b}, #]& /@ Evaluate[%%]
```
$$Out[10]= \{CompiledFunction[\{a, b\},$$
$$a - (-a^4 + a^9 + 6\,a^2\,b^2 + 4\,a^7\,b^2 - b^4 + 6\,a^5\,b^4 +$$
$$4\,a^3\,b^6 + a\,b^8) / (5\,(a^2 + b^2)^4), -CompiledCode-],$$
$$CompiledFunction[\{a, b\},$$
$$b - (b\,(4\,a^3 + a^8 - 4\,a\,b^2 + 4\,a^6\,b^2 + 6\,a^4\,b^4 +$$
$$4\,a^2\,b^6 + b^8)) / (5\,(a^2 + b^2)^4), -CompiledCode-]\}$$

Die resultierende Funktion kann folgendermaßen auf zwei Argumente angewendet werden und liefert den nächsten Punkt der Iteration als Vektor:

```
In[11]:=  Through[comp[1, 1]]
Out[11]=  {0.75, 0.8}
```

Um den Effekt der Kompilation zu demonstrieren, vergleichen wir die hundertmalige Anwendung der kompilierten Funktion mit dem unkompilierten Äquivalent.

```
In[12]:=  notComp = Function[{a, b},
            Evaluate[Simplify[{a, b} - Inverse[fp] . fv]]];

In[13]:=  Do[Through[comp[1.9, 1.4]], {100}] // Timing
Out[13]=  {0.116667 Second, Null}

In[14]:=  Do[notComp[1.9, , 1.4], {100}] // Timing
Out[14]=  {1.56667 Second, Null}
```

Wir fassen die bisherige Arbeit in einer Funktion zusammen:

```
In[15]:=  generateCompiledFct[f_] :=
            Module[{a, b, fv, fpi},
              Needs["Algebra`ReIm`"];
              Im[a] ^= 0; Im[b] ^= 0;
              fv = Through[{Re, Im}[Expand[f[a + I b]]]];
              fpi = Inverse[Outer[D, fv, {a, b}]];
              Compile[{x, y}, #]& /@
                Evaluate[N[{a, b} - Simplify[fpi . fv] /.
                  {a -> x, b -> y}]]
            ]
```

Dabei mußte etwas Vorsicht angewandt werden: Wenn wir die kompilierte Funktion auch in den Variablen a und b geschrieben hätten, so würden diese nicht mit den lokalen Größen a und b identifiziert. *Mathematica* versucht, den scheinbaren Namenskonflikt zu verhindern und lokalisiert automatisch die Variablen von reinen Funktionen (vergleiche mit Unterabschnitt "Weitere Funktionen mit spezieller Auswertung" auf Seite 256).

Zudem wurde der Körper der kompilierten Funktion ausgewertet, damit diese aufwendige Rechnung nicht in jedem Schritt anfällt.

Wir berechnen mit der neuen Funktion das Resultat von *Out[10]=* nochmals:

```
In[16]:=  comp = generateCompiledFct[f]
```
$$Out[16]= \{CompiledFunction[\{x, y\},$$
$$x - (0.2\ (-1.\ x^4 + x^9 + 6.\ x^2\ y^2 + 4.\ x^7\ y^2 - 1.\ y^4 + 6.\ x^5\ y^4 + 4.\ x^3\ y^6 + x\ y^8))\ /\ (x^2 + y^2)^4,$$
$$-CompiledCode-],\ CompiledFunction[\{x, y\},$$
$$y - (0.2\ y\ (4.\ x^3 + x^8 - 4.\ x\ y^2 + 4.\ x^6\ y^2 + 6.\ x^4\ y^4 + 4.\ x^2\ y^6 + y^8))\ /\ (x^2 + y^2)^4,$$
$$-CompiledCode-]\}$$

Um später mit `FixedPoint` die Fixpunkte der Iteration zu erhalten, müssen wir daraus eine Funktion machen, die direkt auf Vektoren angewendet werden kann. Wir nennen sie `step`. Sie soll sich auch vernünftig verhalten, wenn ein Punkt ins Unendliche abgebildet wird oder sehr nahe beim Ursprung liegt. Deshalb definieren wir sie folgendermaßen:

```
In[17]:=  step[{Infinity, Infinity}] = {Infinity, Infinity};

In[18]:=  step[{x_, y_}] := {Infinity, Infinity} /;
            Abs[x] + Abs[y] < 10^-5;

In[19]:=  step[{x_, y_}] := Through[comp[x, y]]
```

Als nächstes ordnen wir jedem Endpunkt der Iteration eine Farbe zu. Dazu legen wir den Farbkreis in die komplexe Ebene und lesen die Farbe beim Argument der komplexen Zahl ab. In der zugehörigen Funktion `findColorOfPoint` verlangen wir ein zweites Argument mit der maximalen Anzahl Farben. So können wir den Farbkreis in die nötige Zahl von Sektoren zerlegen.

```
In[20]:=  findColorOfPoint[{Infinity, Infinity}, _] =
            Hue[1, 0, 0];

In[21]:=  findColorOfPoint[e_, max_] :=
            Hue[Round[N[Arg[e[[1]]]+I e[[2]]] max/(2 Pi)]]/N[max]]
```

Schlußendlich betrachten wir in der komplexen Ebene ein Gitter von Anfangspunkten und verfolgen für jeden von ihnen die Iteration. Entsprechend der Farbe des zugehörigen Fixpunktes färben wir den Anfangspunkt ein.

```
In[22]:=  generateTable[step_,
            {left_, right_, horStep_},
            {bottom_, top_, vertStep_},
            max_] :=
          Table[
            findColorOfPoint[FixedPoint[step, {x, y}], max],
            {y, bottom, top, vertStep},
            {x, left, right, horStep}
          ]
```

Dabei haben wir bewußt die Reihenfolge der Iteration umgekehrt. Wir möchten nämlich aus der entstehenden Tabelle mit `RasterArray` direkt ein Bild erzeugen. `RasterArray` füllt zeilenweise von unten nach oben; die Zeilen entsprechen unserer x-Koordinate (Realteil).

☿   Wir berechnen z.B. die folgende Tabelle:

```
In[23]:=  points = generateTable[step,
            {-1., 1., .05}, {-1., 1., .05}, n];
```

Sie enthält Hue-Werte für die Farben. `RasterArray` erzeugt daraus ein Bild.

```
In[24]:=  Show[Graphics[RasterArray[points]],
            AspectRatio -> Automatic]
```

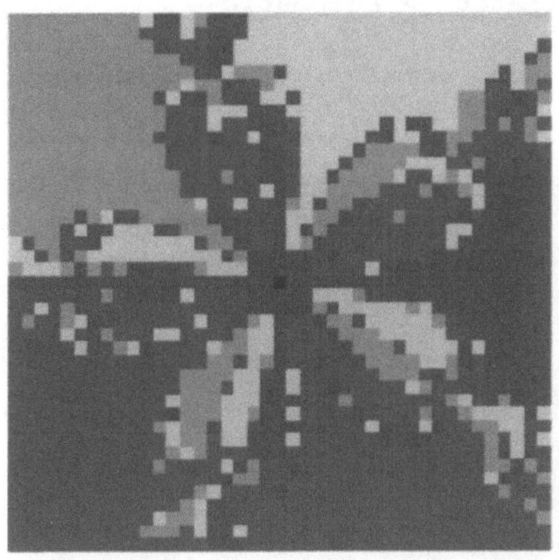

```
Out[24]= -Graphics-
```

Die ganze Rechnung läßt sich in eine einzige Funktion zusammenpacken.

```
In[25]:=  showFractal[f_,
            {left_, right_, horStep_},
            {bottom_, top_, vertStep_}] :=
          Module[
            {a, b, n, fv, fpi, comp, step, color},
            Needs["Algebra`ReIm`"];
            n = N[Exponent[f[x], x]];
            Im[a] ^= 0; Im[b] ^= 0;
            fv = Through[{Re, Im}[Expand[f[a + I b]]]];
            fpi = Inverse[Outer[D, fv, {a, b}]];
            comp = Compile[{x, y}, #]& /@
              Evaluate[N[{a, b} - Simplify[fpi . fv] /.
                {a -> x, b -> y}]];
            step[{Infinity, Infinity}] = {Infinity, Infinity};
            step[{x_, y_}] := {Infinity, Infinity} /;
              Abs[x] + Abs[y] < 10^-5;
            step[{x_, y_}] := Through[comp[x, y]];
            color[{Infinity, Infinity}] = Hue[1, 0, 0];
            color[e_] :=
              Hue[Round[N[Arg[e[[1]]+I e[[2]]] n/(2 Pi)]]/n];
            Show[
              Graphics[RasterArray[
                Table[
                  color[FixedPoint[step, {x, y}]],
                  {y, bottom, top, vertStep},
                  {x, left, right, horStep}]
              ]],
```

```
        AspectRatio -> Automatic
    ]
  ]
```

In[26]:= `showFractal[#^6 - 1&, {-.2, .2, .01}, {.7, .9, .005}]`

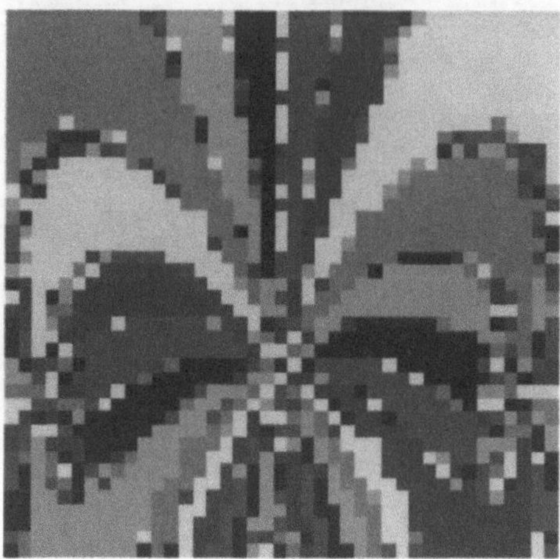

Out[26]= `-Graphics-`

Mit einem feineren Raster (und längeren Rechenzeiten) erhalten wir detailliertere Abbildungen, z.B. für $n = 7$ das Farbbild 5 auf Seite IV.

Bei negativen Exponenten muß man die Funktion leicht überarbeiten (siehe Übung 3). Für $z^{-7}-1$ ergibt sich das Farbbild 6 auf Seite IV.

Natürlich treiben wir hier Raubbau mit dem Speicherplatz: Für jeden Punkt wird ein Hue-Objekt mit Farbspezifikationen abgespeichert. Um große Fraktale in eine Datei zu schreiben, empfiehlt es sich deshalb, nur eine Zahl für den Farbwert jedes Punktes in die Tabelle zu setzen (vergleiche mit Übungsaufgabe 4).

Die Iteration des Newton-Verfahrens führt, von einem Punkt des betrachteten Gitters ausgehend, über andere Punkte der Ebene zum Fixpunkt. Man kann versuchen, bei jedem Schritt den am nächsten liegenden Gitterpunkt einzufärben und später nicht nochmals zu berechnen. Je nach Feinheit des Gitters kann so die Rechenzeit leicht verringert werden – allerdings nicht immer. Die mit einem solchen Algorithmus berechneten Punkte liegen aber im allgemeinen nicht genau auf dem Gitter, wo wir mit unserem Programm starten. Dadurch ergeben sich an den fraktalen Grenzen der eingefärbten Gebiete störende Ungenauigkeiten.

Stefan Messmer hat für den Macintosh ein Pascal-Programm geschrieben (vergleiche mit [Pöp91]), das solche Fraktale punktweise auf dem Bildschirm erzeugt (auch mit nicht ganzzahligen Exponenten). Seine Arbeit hat dieses Kapitel befruchtet. Auf den Disketten im Macintosh-Format (siehe "Disketten", Seite 5) liegt das Programm bei.

☐ Ein mögliches Problem

☎ Ich versuche eine Vektorfunktion zu kompilieren:

```
In[1]:=  c = Compile[{x, y}, {x^2 + y^2, ArcTan[y/x]}]
         Compile::cph:
                          2   2           y
             Expression {x  + y , ArcTan[-]} with head List
                                         x
             cannot be compiled.
```

$$Out[1]= \text{CompiledFunction}[\{x, y\}, \{x^2 + y^2, \text{ArcTan}[\tfrac{y}{x}]\},$$

```
         -CompiledCode-]
```

Wieso geht dies nicht?

✍ Listen können (im Moment) nicht kompiliert werden. Man muß komponentenweise vorgehen:

```
In[2]:=  c = Compile[{x, y}, #]& /@ {x^2 + y^2, ArcTan[y/x]}
```

$$Out[2]= \{\text{CompiledFunction}[\{x, y\}, x^2 + y^2, -\text{CompiledCode-}],$$
$$\quad \text{CompiledFunction}[\{x, y\}, \text{ArcTan}[\tfrac{y}{x}], -\text{CompiledCode-}]\}$$

```
In[3]:=  Through[c[1, 1]]
Out[3]=  {2., 0.785398}
```

☐ Zusammenfassung

Ausdruck	Bedeutung
`Compile[{`x_1`, `x_2`, ...}, `*expr*`]`	kompilierte Funktion (vom Typ `CompiledFunction`), bei der die x_i numerische Werte annehmen müssen
`Compile[{{`x_1`, `t_1`}, {`x_2`, `t_2`}, ...}, `*expr*`]`	kompilierte Funktion, bei der die x_i vom Typ t_i sind; mögliche Typen: `_Integer, _Real, _Complex, True | False`
`Compile[`*vars*`, `*expr*`, {{`p_1`, `pt_1`}, ...}]`	kompilierte Funktion, bei der die Unterausdrücke von *expr*, welche zum Muster p_i gehören, vom Typ pt_i sind

Tabelle 3-5: Kompilation

☐ Übungen

1. Schätze den Speicheraufwand für ein Fraktal von Bildschirmgröße (z.B. 1000×1000 Punkte) ab!

2. Erzeuge Fraktale für andere Funktionen der Form $z^n - 1$!

3. Was muß man ändern, um *negative Exponenten* behandeln zu können? Erzeuge so einige Fraktale!

4. Schreibe ein Programm, das Fraktale in einem kompakten Format auf Dateien speichern kann. Wie erzeugt man daraus wieder ein Bild?

5. Schreibe ein Programm, das auch nicht ganzzahlige Exponenten zuläßt!

■ 3.3.2 Genauigkeit von Rechnungen

Mathematica unterscheidet bei numerischen Rechnungen zwei Typen von Zahlen, nämlich solche mit *Maschinengenauigkeit* und solche mit *beliebiger Genauigkeit*. Falls explizit nichts gesagt ist, so werden Zahlen mit Maschinengenauigkeit verarbeitet. Die Funktion `Precision` zeigt die Anzahl Stellen der Genauigkeit einer Zahl.

```
In[1]:=    {Precision[3.], Precision[N[Pi]]}
Out[1]=    {16, 16}
```

Maschinengenauigkeit bedeutet, je nach Computer, typischerweise 16-19 Stellen.

Falls wir explizit mehr Stellen eingeben oder verlangen, so wird auf variable Genauigkeit umgeschaltet.

```
In[2]:=    {Precision[3.000000000000000000000000000000],
            Precision[N[Pi, 25]]}
Out[2]=    {30, 25}
```

Innerhalb jeder Rechnung führt *Mathematica* über die Genauigkeit Buch. Deshalb kann man nicht von einer Zahl mit Maschinengenauigkeit ausgehen und später eine höhere Genauigkeit verlangen.

```
In[3]:=    N[Sqrt[3.0], 30]
Out[3]=    1.73205080756877
```

In[4]:=   **Precision[%]**

Out[4]=   16

Mit dem Befehl `SetPrecision` legen wir die Genauigkeit von Zahlen fest. Falls nicht genügend Stellen vorgegeben sind, so wird mit *binären* Nullen aufgefüllt.

In[5]:=   **r = 3.2;**

In[6]:=   **r = SetPrecision[r, 30];**

In[7]:=   **Precision[r]**

Out[7]=   30

Die binären Nullen sind im allgemeinen dezimal nicht null!

In[8]:=   **N[r, 30]**

Out[8]=   3.20000000000000017763568394003

Nun subtrahieren wir von r eine Zahl, die sich nur leicht unterscheidet:

In[9]:=   **r - 3.20000000000000000000000001**

Out[9]= $1.77635683 \ 10^{-16}$

Durch *Auslöschung* wird die Genauigkeit des Resultats wesentlich vermindert.

In[10]:=   **Precision[%]**

Out[10]=   8

Deshalb läßt sich neben der obigen *relativen Genauigkeit* (englisch: *precision*) auch eine *absolute Genauigkeit* überwachen (englisch: *accuracy*).

In[11]:=   **Accuracy[%%]**

Out[11]=   24

Sie ist definiert als die Anzahl signifikanter Stellen nach dem Komma und kann mit dem Befehl `SetAccuracy` gesteuert werden.

Mit jeder Rechnung verändert sich die Genauigkeit: bei Multiplikationen und Divisionen vor allem die absolute, bei Additionen und Subtraktionen vor allem die relative. *Mathematica* versucht, die Resultate mit den höchstmöglichen Genauigkeiten zu ermitteln.

☐ Zusammenfassung

Ausdruck	Bedeutung
`Precision[x]`	Anzahl signifikanter Stellen von *x* (relative Genauigkeit)
`Accuracy[x]`	Anzahl signifikanter Stellen rechts des Kommas (absolute Genauigkeit)
`SetPrecision[x, n]`	erzeugt eine Zahl *x* mit relativer Genauigkeit *n*, eventuell durch Auffüllen mit *binären* Nullen
`SetAccuracy[x, n]`	erzeugt eine Zahl *x* mit absoluter Genauigkeit *n*, eventuell durch Auffüllen mit *binären* Nullen
`Chop[expr]`	ersetzt alle reellen Zahlen vom Betrag kleiner als 10^{-10} durch 0
`Chop[expr, dx]`	ersetzt alle reellen Zahlen vom Betrag kleiner als *dx* durch 0
`N[expr]`	numerischer Wert von *expr* in Maschinengenauigkeit
`N[expr, n]`	numerischer Wert von *expr* mit Genauigkeit von *n* Stellen

Tabelle 3-6: Steuerung der Genauigkeit

■ 3.3.3 Genauigkeit in numerischen Funktionen

Die Funktionen zur numerischen Berechnung von Gleichungen, Differentialgleichungen, Integralen, Summen, Produkten, Nullstellen und Minima besitzen verschiedene Optionen zur Steuerung ihrer Algorithmen und ihrer Rechengenauigkeit. Sie sind am Ende dieses Abschnitts zusammengefaßt. Ihre Vorgabewerte liefern meist akzeptable Resultate. Bei pathologischen Funktionen können aber Probleme auftauchen. Man erkennt diese meist an einer Abhängigkeit der Resultate von der Wahl der Optionen. Durch Anpassung der Rechengenauigkeit und Vergrößerung der Zahl der Iterationen kann oft auch in solchen Fällen ein brauchbares Resultat erzeugt werden.

☞ Falls man die Genauigkeit der internen Rechnungen (Option `WorkingPrecision`) über die Maschinengenauigkeit hinaus erhöht, so müssen natürlich alle numerischen Größen mit einer entsprechenden Genauigkeit definiert sein.

Als Beispiel versuchen wir, das folgende Integral zu berechnen:

```
In[1]:=   i1 = NIntegrate[Sin[1/x], {x, .004, 1}]

          NIntegrate::slwcon:
             Numerical integration converging too slowly; suspect
                one of the following: singularity, oscillatory
                integrand, or insufficient WorkingPrecision.
```

```
NIntegrate::ncvb:
    NIntegrate failed to converge to prescribed accuracy
      after 7 recursive bisections in x near x = 0.00604903
    .
```

Out[1]=   0.50448

Wir erhalten eine Meldung über numerische Probleme in der Rechnung. Weil die Funktion stark oszilliert, müssen wir vor allem die Anzahl der rekursiven Unterteilungen vergrößern.

In[2]:=   **i2 = NIntegrate[Sin[1/x], {x, .004, 1},
        MaxRecursion -> 20]**

```
NIntegrate::slwcon:
    Numerical integration converging too slowly; suspect
      one of the following: singularity, oscillatory
      integrand, or insufficient WorkingPrecision.
```

Out[2]=   0.504063

Nach wie vor erscheint die Warnung; das Resultat ist deutlich vom obigen verschieden. Durch Anpassung der Rechengenauigkeit verschwinden die Meldungen vollständig.

In[3]:=   **i3 = NIntegrate[Sin[1/x], {x, .004, 1},
        MaxRecursion -> 20, WorkingPrecision -> 30]**

Out[3]=   0.504063

Wie unterscheiden sich nun diese Resultate?

In[4]:=   **{i1 - i2, i2 - i3}**

Out[4]=   {0.000416557, -2.45576 10^{-11}}

Welches ist die Verarbeitungsgenauigkeit des besten Resultats?

In[5]:=   **Through[{Precision, Accuracy}[i3]]**

Out[5]=   {7, 7}

Bei diesem Integral sind wir in der glücklichen Lage, mit einer sehr guten Approximation des genauen Resultats vergleichen zu können.

In[6]:=   **res = Integrate[Sin[1/x], {x, 4/1000, 1}]**

Out[6]=   -CosIntegral[1] + CosIntegral[250] + Sin[1] - $\dfrac{\text{Sin}[250]}{250}$

In[7]:=   **N[res - i3]**

Out[7]=   -3.44169 10^{-15}

☐ Zusammenfassung

Ausdruck	Bedeutung
FindRoot[*eqn*, {*x*, *x*$_0$}]	sucht eine numerische Lösung der Gleichung *eqn*, indem die Variable *x* beim Startwert *x*$_0$ zu laufen beginnt
FindRoot[*eqn*, {*x*, {*x*$_0$, *x*$_1$}}]	sucht eine numerische Lösung der Gleichung *eqn*, indem die Variable *x* bei den Startwerten *x*$_0$ und *x*$_1$ beginnt (symbolische Ableitungen nicht berechenbar)
FindRoot[*eqn*, {*x*, *x*$_{start}$, *x*$_{min}$, *x*$_{max}$}]	sucht eine numerische Lösung der Gleichung *eqn*, indem die Variable *x* beim Startwert *x*$_{start}$ beginnt; die Suche wird beendet, sobald ein Schritt aus dem Intervall [*x*$_{min}$, *x*$_{max}$] herausführt
FindRoot[{*eqn*$_1$, *eqn*$_2$, ...}, {*x*, *x*$_0$}, {*y*, *y*$_0$}, ...]	sucht eine numerische Lösung des Gleichungssystems {*eqn*$_1$, *eqn*$_2$, ...} mit den gegebenen Variablen und Startwerten
FindMinimum[*f*, {*x*, *x*$_0$}]	sucht ein lokales Minimum von *f*, indem die Variable *x* beim Startwert x$_0$ zu laufen beginnt
NDSolve[*eqn*, *x*, *t*]	löst das aus einer Differentialgleichung und den Anfangsbedingungen bestehende System *eqn* in *x* numerisch, wobei die unabhängige Variable *t* von *t*$_{min}$ bis *t*$_{max}$ läuft
NDSolve[*eqn*, {*x*, *y*, ...}, {*t*, *t*$_{min}$, *t*$_{max}$}]	numerische Lösung eines Differentialgleichungssystems
NIntegrate[*f*, {*x*, *x*$_{min}$, *x*$_{max}$}]	numerische Integration (in den Endpunkten werden Singularitäten erkannt); mehrfache Integrale analog zu Integrate
NIntegrate[*f*, {*x*, *x*$_0$, *x*$_1$, ..., *x*$_k$}]	numerische Integration bei der in den gegebenen Punkten auf Singularitäten geachtet wird; Linienintegral
NSolve[*eqn*, *var*]	liefert alle Lösungen einer polynomialen Gleichung *eqn* in der Variablen *var*
NSolve[*eqn*, *var*, *n*]	liefert alle Lösungen einer polynomialen Gleichung *eqn* in der Variablen *var*; die relative Genauigkeit des Resultats ist *n*
NSum[*f*, {*i*, *i*$_{min}$, *i*$_{max}$}]	numerische Berechnung einer Summe
NSum[*f*, {*i*, *i*$_{min}$, *i*$_{max}$, *di*}]	numerische Berechnung einer Summe mit Schrittweite *di*

Tabelle 3-7: Funktionen für die Numerik

Ausdruck	Bedeutung
NProduct[f, {i, i_{min}, i_{max}}]	numerische Berechnung eines Produkts
NProduct[f, {i, i_{min}, i_{max}, di}]	numerische Berechnung eines Produkts mit Schrittweite *di*

Tabelle 3-7: Funktionen für die Numerik

Option	Vorgabewert	Beschreibung
AccuracyGoal	Automatic	Anzahl signifikanter Stellen nach dem Komma, die im Resultat erreicht werden sollen
Compiled	True	Kompilation der Funktion
DampingFactor	1	Dämpfungsfaktor in der Newton-Methode
Jacobian	Automatic	Jacobi-Matrix des Systems
MaxIterations	15	Maximalzahl der Iterationen
WorkingPrecision	Precision[1.]	relative Genauigkeit in den internen Rechnungen

Tabelle 3-8: Optionen von FindRoot

Option	Vorgabewert	Beschreibung
AccuracyGoal	Automatic	Anzahl signifikanter Stellen nach dem Komma, die im Resultat erreicht werden sollen
Compiled	True	Kompilation der Funktion
Gradient	Automatic	Liste der Gradientenfunktionen {D[f, x], D[f, y], ...}
MaxIterations	30	Maximalzahl der Iterationen
PrecisionGoal	Automatic	gewünschte relative Genauigkeit des Funktionswerts im Minimum
WorkingPrecision	Precision[1.]	relative Genauigkeit in den internen Rechnungen

Tabelle 3-9: Optionen von FindMinimum

Option	Vorgabewert	Beschreibung
AccuracyGoal	Automatic	Anzahl signifikanter Stellen nach dem Komma, die im Resultat erreicht werden sollen
Compiled	True	Kompilation der Funktion
MaxSteps	500	Maximalzahl der Schritte
PrecisionGoal	Automatic	erwünschte relative Genauigkeit des Resultats
StartingStepSize	Automatic	Schrittweite zu Beginn des adaptiven Algorithmus
WorkingPrecision	$MachinePrecision	relative Genauigkeit der internen Rechnungen

Tabelle 3-10: Optionen von NDSolve

Option	Vorgabewert	Beschreibung
AccuracyGoal	Automatic	Anzahl signifikanter Stellen nach dem Komma, die im Resultat erreicht werden sollten
Compiled	True	Kompilation der Funktion
GaussPoints	Automatic	Stützpunkte zu Beginn des adaptiven Algorithmus
MaxRecursion	6	Maximalzahl der rekursiven Unterteilungen des Intervalls
MinRecursion	0	Minimalzahl der rekursiven Unterteilungen des Intervalls
PrecisionGoal	Automatic	erwünschte relative Genauigkeit des Resultats
SingularityDepth	4	Anzahl Unterteilungen vor dem Variablenwechsel
WorkingPrecision	$MachinePrecision	relative Genauigkeit der internen Rechnungen

Tabelle 3-11: Optionen von NIntegrate

Option	Vorgabewert	Beschreibung
`AccuracyGoal`	`Infinity`	Anzahl signifikanter Stellen nach dem Komma, die im Resultat erreicht werden sollten
`Compiled`	`True`	Kompilation der Funktion
`Method`	`Automatic`	mögliche Methoden: `Integrate` oder `Fit`
`NSumExtraTerms`	`12`	Maximalzahl der Terme in der Extrapolation
`NSumTerms`	`15`	Maximalzahl der Terme vor der Extrapolation
`PrecisionGoal`	`Automatic`	gewünschte relative Genauigkeit der Summe
`VerifyConvergence`	`True`	expliziter Test auf Konvergenz
`WorkingPrecision`	`$MachinePrecision`	relative Genauigkeit der internen Rechnungen

Tabelle 3-12: Optionen von `NSum`

Option	Vorgabewert	Beschreibung
`AccuracyGoal`	`Infinity`	Anzahl signifikanter Stellen nach dem Komma, die im Resultat erreicht werden sollten
`Compiled`	`True`	Kompilation der Funktion
`Method`	`Automatic`	mögliche Methoden: `Integrate` oder `Fit`
`NProductExtraTerms`	`12`	Maximalzahl der Terme in der Extrapolation
`NProductTerms`	`15`	Maximalzahl der Terme vor der Extrapolation
`PrecisionGoal`	`Automatic`	gewünschte relative Genauigkeit des Produkts
`VerifyConvergence`	`True`	expliziter Test auf Konvergenz
`WorkingPrecision`	`$MachinePrecision`	relative Genauigkeit der internen Rechnungen

Tabelle 3-13: Optionen von `NProduct`

■ 3.4 Lange Rechnungen: RSA

Manche Rechnungen sind mit einem großen Zeitaufwand verbunden. Als Benutzer(in) möchte man in solchen Fällen nicht in einer interaktiven Sitzung stundenlang auf Resultate warten, sondern die Berechnungen im Hintergrund ablaufen lassen. Diese Techniken besprechen wir am Beispiel der Erzeugung von großen Primzahlen für die Verschlüsselung mit RSA. Dabei lernen wir auch einige (elementare) Verbindungsmöglichkeiten zwischen *Mathematica* und anderen Programmen kennen.

■ 3.4.1 Primzahlen für RSA

Wir kommen auf das in den Abschnitten 1.3.3 und 3.2.4 besprochene RSA-Verschlüsselungssystem zurück. Ausgehend von großen Primzahlen p und q, haben wir dort Meldungen ver- und entschlüsselt. Damit das System (nach den heutigen Erkenntnissen über Faktorisierungsalgorithmen) wirklich sicher ist, müssen zufällige Primzahlen mit hundert oder mehr Stellen gefunden werden. Wie erzeugt man sie?

Die Übungsaufgabe 4 in Abschnitt 1.3.3 zeigt, daß die Funktion `Prime`, welche die n-te Primzahl liefert, dazu viel zu langsam ist (sie muß ja alle Primzahlen kleiner als n kennen).

Es existieren sehr ausgeklügelte Algorithmen zur Erzeugung von geeigneten RSA-Primzahlen (siehe [Mau89]). Mit genügend Geduld geht es aber auch in einer sehr naiven, direkten Weise, im wesentlichen durch zufällige Wahl von Zahlen, bis man eine Primzahl mit den gewünschten Eigenschaften getroffen hat. Der Zeitaufwand zur Erzeugung dieser großen Primzahlen fällt nicht sehr ins Gewicht, da sie über längere Zeitintervalle nicht verändert werden müssen. Man kann sich vorstellen, daß die Verschlüsselungsmaschine, wann immer sie nicht gerade zur Ver- oder Entschlüsselung benutzt wird, zufällige große Primzahlen erzeugt und diese in einer geheimen Liste abspeichert. Sobald man einen neuen Schlüssel braucht, wählt man aus dieser Liste zwei Zahlen aus und entfernt sie aus der Liste.

Damit eine Zahl p für RSA wirklich geeignet ist, muß sie nicht nur groß und prim sein. Man sollte zudem verlangen, daß $p-1$ einen *großen Primfaktor* hat. Dank dieser Bedingung werden auch Attacken, die auf speziellen Faktorisierungsmethoden beruhen, (hoffentlich) keinen Erfolg haben.

Diese Bedingung erfüllen wir folgendermaßen: Natürlich ist $p-1$ für eine Primzahl p gerade. Deshalb betrachten wir $(p-1)/2$. Falls diese Zahl prim ist, so erfüllt sie die Bedingung. Ansonsten teilen wir $(p-1)/2$ durch 2, 3, …, k. Falls eines der Resultate prim ist, so hat $(p-1)/2$ (und damit $p-1$ selbst) einen großen Primfaktor (nämlich das Resultat dieser Division). Falls andererseits die Division bis zu einem vorgegebenen (nicht zu großen) Nenner k keine Primzahl liefert, so verwerfen wir den Kandidaten p.

Für diesen Algorithmus definieren wir die Funktion `GoodRSAPrimeQ` (wir benennen sie mit Großbuchstaben, da sie in dieser Form in das Paket `SKPackages`RSA`` aufgenommen werden soll). Sie testet, ob eine gegebene Zahl n prim ist und, falls ja, ob sie den obigen Anforderungen genügt. Ihr zweiter Parameter ist der Maximalwert k für die Division.

```
In[1]:=  GoodRSAPrimeQ[n_, k_] :=
           PrimeQ[n] &&
           Module[{d = 1, m = (n-1)/2},
             While[d <= k && !PrimeQ[m/d], d++];
             d <= k
           ]
```

Diesen Test benutzen wir, um eine Zufallszahl der gewünschten Länge auszuwählen, eventuell um eins zu vergrößern und anschließend so lange um zwei zu vergrößern, bis sie den Anforderungen genügt. Als Maximalwert für die Division wählen wir z.B. eine Zahl, die etwa einen Dreißigstel der Anzahl Stellen der Primzahl hat. Die Zahl $p{-}1$ hat damit einen Faktor, der um etwa drei Prozent weniger Stellen als p selbst besitzt. Diese Bedingung ergibt bei hundertstelligen Zahlen einen Faktor mit etwa 97 Stellen.

```
In[2]:=  RSAPrime[digits_Integer] :=
           Module[{k, cand},
             cand = Random[Integer, {10^(digits-1), 10^digits-1}];
             k = 10^Floor[Log[10., cand]/30];
             If[EvenQ[cand], cand++];
             While[!GoodRSAPrimeQ[cand, k], cand += 2];
             cand
           ]
```

Nun erzeugen wir damit eine "RSA-Primzahl" mit sechs Stellen.

```
In[3]:=  smallPrime = RSAPrime[6]
Out[3]=  412019
```

Sie ist natürlich prim.

```
In[4]:=  PrimeQ[smallPrime]
Out[4]=  True
```

Für derart kleine Zahlen ist die Grenze für die Division sehr restriktiv.

```
In[5]:=    10^Floor[Log[10., smallPrime]/30]
Out[5]=    1
```

Deshalb ist $(p-1)/2$ ebenfalls prim.

```
In[6]:=    FactorInteger[(smallPrime-1)/2]
Out[6]=    {{206009, 1}}
```

Dies muß uns überhaupt nicht stören. Erst für realistisch große Zahlen p wird die Bedingung an die Primzahl etwas gelockert, d.h.: $(p-1)/2$ ist im allgemeinen nicht mehr prim.

Die beiden Funktionen `RSAPrime` und `GoodRSAPrimeQ` addieren wir zum Paket `SKPackages`RSA``, das nun in seiner vollständigen Form vorliegt.

■ 3.4.2 Speicherung in einer Datei

Um mit `RSAPrime` realistische Primzahlen zu erzeugen, müssen wir uns mit großer Geduld wappnen. Deshalb stellen wir ein kleines Programm zusammen, das solche Primzahlen ohne unser Zutun erzeugt und in einer Datei abspeichert.

```
In[1]:=    <<SKPackages`RSA`

In[2]:=    generatePrimes1[digits_, max_] :=
             Block[{p},
               Do[p = RSAPrime[digits];
                 Save[StringJoin["rsa-primes-",
                   ToString[digits], ".m"], p],
                 {i, max}]
             ]
```

Beachte, daß wir hier ausnahmsweise die `Block`-Struktur gewählt haben. So werden die Primzahlen unter dem Namen p und nicht unter ihrem lokalisierten Namen p$*nnn* abgespeichert.

Versuchen wir es mit einem kleinen Beispiel!

```
In[3]:=    generatePrimes1[5, 3]
```

Die Datei `primes-5.m` enthält nun folgende Einträge:

```
In[4]:=    !!rsa-primes-5.m
           p = 25307
           p = 45503
           p = 96059
```

Diese Darstellung ist für späteres Einlesen etwas ungeschickt, da alle Definitionen für das Symbol p festgelegt sind. Leider ist es nicht möglich, sie mit dem **Save**-Befehl als indizierte Folge der Form

```
           p[1] = ...

           p[2] = ...

           etc.
```

abzuspeichern.

Wohl können wir solche Definitionen für das Symbol p erzeugen, sie lassen sich aber nur *gesamthaft* speichern (siehe Übung 1). Falls wir nach jeder ermittelten RSA-Primzahl das Resultat auf die Festplatte schreiben, so kommen alle Einträge (außer dem letzten) mehrfach vor.

```
In[5]:=    generatePrimes2[digits_, max_] :=
             Block[{p},
               Do[p[i] = RSAPrime[digits];
                 Save[StringJoin["rsa-primes-",
                   ToString[digits], ".m"],
                   p],
                 {i, max}]
             ]

In[6]:=    generatePrimes2[6, 3]

In[7]:=    !!rsa-primes-6.m
           p[1] = 976103
           p[1] = 976103

           p[2] = 246683
           p[1] = 976103

           p[2] = 246683

           p[3] = 936647
```

Es wäre keine gute Idee, die Resultate erst am Schluß der Rechnung zu sichern. So riskierten wir, im Falle einer fehlerhaften Rechnung (in *Mathematica* oder in einem anderen Programm) alle wertvollen Resultate zu verlieren. Zudem wollen wir unser Programm im Hintergrund laufen lassen (siehe den nächsten Abschnitt) und trotzdem auf die schon berechneten Zahlen zugreifen können.

Für eine schönere Lösung müssen wir etwas systemnäher programmieren. Wir öffnen mit dem Befehl **OpenAppend** einen Ausgabestrom (in diesem Fall eine

Datei). Ihr Inhalt wird bei OpenAppend nicht gelöscht (im Gegensatz zum sonst analogen OpenWrite, siehe Tabelle 3-14). In die geöffnete Datei schreiben wir mit WriteString den linken Teil der Zuweisung als Buchstabenfolge und mit Write die zugehörige RSA-Primzahl. Schlußendlich wird die Datei mit Close wieder geschlossen.

```
In[8]:=   generatePrimes[digits_, max_] :=
             Module[{t, p},
               Do[
                 p = RSAPrime[digits];
                 t = OpenAppend[StringJoin[
                   "rsa-primes-",ToString[digits],
                   ".m"]];
                 WriteString[t, "p[", ToString[i], "] = "];
                 Write[t, p];
                 Close[t],
                 {i, max}
               ]
             ]

In[9]:=   generatePrimes[7, 3]

In[10]:=  !!rsa-primes-7.m

          p[1] = 6322643
          p[2] = 1265987
          p[3] = 1085159
```

Diese Zahlen können wir mit dem Befehl

```
In[11]:=  <<rsa-primes-7.m;
```

wieder einlesen und für die Verschlüsselung benutzen.

```
In[12]:=  ?p

          Global`p

          p[1] = 6322643

          p[2] = 1265987

          p[3] = 1085159
```

Alternativ dazu wäre es möglich gewesen, mit Put oder PutAppend (vergleiche mit dem nächsten Abschnitt) eine geeignete Buchstabenfolge auf die Datei zu schreiben (siehe Übung 1, Seite 368). Dazu muß zwar die Datei nicht explizit geöffnet und geschlossen werden, dafür ist die Konstruktion der Buchstabenfolge mühsamer.

☐ Zusammenfassung

Ausdruck	Bedeutung
`OpenWrite[ "`*file*`" ]`	Ausgabestrom löschen und zum Beschreiben öffnen
`OpenAppend[ "`*file*`" ]`	Ausgabestrom zum Anfügen öffnen
`Write[`*stream*`, `*expr*$_1$`, `*expr*$_2$`, ...]`	Ausdrücke auf Ausgabestrom schreiben, mit Zeilenvorschub abschließen
`WriteString[`*stream*`, `*expr*$_1$`, `*expr*$_2$`, ...]`	Ausdrücke auf Ausgabestrom schreiben (ohne Zeilenvorschub)
`Display[`*stream*`, `*graphics*`]`	Graphik auf Ausgabestrom schreiben
`Close[`*stream*`]`	Ausgabestrom schließen

Tabelle 3-14: Ausgabe auf einen Ausgabestrom (*stream*)

☐ Übung

1. Versuche, in der Funktion `generatePrimes2` die Definitionen für die einzelnen `p[`*i*`]` laufend in die Datei zu schreiben!

■ 3.4.3 Externe Programme, Hintergrund-Rechnungen

☐ "Batch"-Rechnungen

Um jetzt mit unserem Programm `generatePrimes` hundert- oder mehrstellige RSA-Primzahlen zu erzeugen, braucht es einige Geduld. Auf einem UNIX-System kann man aber die Rechnung völlig im Hintergrund ablaufen lassen. Dazu braucht es eine Datei mit den *Mathematica*-Eingaben. Diese Eingaben werden genau so dargestellt, wie sie eingetippt würden.

Wir erstellen die Datei direkt aus *Mathematica* heraus statt mit einem separaten Editor. Dies ist eine Gelegenheit, weitere Möglichkeiten zum Beschreiben von Dateien kennenzulernen (vergleiche mit Tabelle 3-15).

Mit `Put` oder `>>` wird direkt eine Datei eventuell gelöscht und dann beschrieben. Man braucht sich nicht um das Öffnen und Schließen zu kümmern (wie bei `OpenWrite`, `Close` etc.). Um die Buchstabenfolge `"<<SKPackages`RSA`"` zu schreiben, müssen wir das Ausgabeformat wählen, sonst würde ein Kopf `String` erscheinen.

```
In[13]:=  OutputForm["<<SKPackages`RSA`"] >>
             "rsa-primes-100.control"
```

Wir wollen die Definition von `generatePrimes` nicht verlieren. Deshalb haben wir hier keine neue Sitzung begonnen.

Für bessere Lesbarkeit hängen wir einen Zeilenvorschub an. Dazu schreiben wir mit **PutAppend** (oder >>>) einen leeren Buchstaben auf die Datei.

```
In[14]:=   OutputForm[""] >>> "rsa-primes-100.control"
```

Dann folgt die Definition von `generatePrimes`, die wir mit `Definition` direkt erhalten.

Wir wollen sie nicht mit `Save` abspeichern, da wegen der obigen Berechnung noch Definitionen von p dazukämen: `Save` speichert den Wert von `FullDefinition` (vergleiche mit Tabelle 3-16).

```
In[15]:=   Definition[generatePrimes] >>>
           "rsa-primes-100.control"
```

Schließlich hängen wir einen Zeilenvorschub und den eigentlichen Befehl an.

```
In[16]:=   OutputForm[""] >>> "rsa-primes-100.control"

In[17]:=   OutputForm["generatePrimes[100, 100]"] >>>
           "rsa-primes-100.control"
```

Damit sieht die Datei folgendermaßen aus:

```
In[18]:=   !!rsa-primes-100.control

           <<SKPackages`RSA`

           generatePrimes[digits_, max_] :=
             Module[{t, p}, Do[p = RSAPrime[digits];
                 t = OpenAppend[StringJoin["rsa-primes-",
           ToString[digits], ".m"]];
                 WriteString[t, "p[", ToString[i], "] = "]; Write[t, p];
           Close[t],
               {i, max}]]

           generatePrimes[100, 100]
```

☐ **Externe Programme**

Nun starten wir mit dem UNIX-Befehl

```
math < rsa-primes-100.control > rsa-primes-100.log &
```

oder direkt aus *Mathematica* mit

```
In[19]:=   Run["math < rsa-primes-100.control >
           rsa-primes-100.log &"]
Out[19]=   0
```

oder

```
In[20]:=   !math < rsa-primes-100.control > rsa-primes-100.log1 &
           [1] 5188
```

einen Hintergrundprozeß, der als Eingabe unsere Kontrolldatei `rsa-primes-100.control` verwendet und eine "Log-Datei" `rsa-primes-100.log` mit den Ausgaben erzeugt. Die Resultate werden gemäß `GeneratePrimes` in die Datei `rsa-primes-100` geschrieben.

Nach längerer Rechenzeit (Stunden auf einer SPARCstation 1+) erhalten wir auf diese Weise gute RSA-Primzahlen wie:

```
p[1] = 332715112660848742187755808851902864945816936127916\
       0142523661652581105578513717982486654235124785151
```

☐ Strukturierte Kommunikation mit externen Programmen

Unter Verwendung des *MathLink*-Protokolls läßt sich *Mathematica* durch kompilierte, externe Programme erweitern. Umgekehrt können auch externe Programme *Mathematica* für Berechnungen aufrufen und die Resultate weiterverwenden, so wie es die Notebook-Schnittstellen tun. Dies ist eine interessante Aufgabenstellung für versierte Programmierer(innen). Dokumentationen zu *MathLink* sind direkt bei Wolfram Research erhältlich.

☐ Zusammenfassung

Ausdruck	Kurzform	Bedeutung
`Put[`*expr*`, "`*file*`"]`	*expr* `>>` *"file"*	Ausdruck in eine Datei schreiben, mit Zeilenschaltbefehl abschließen
`PutAppend[`*expr*`, "`*file*`"]`	*expr* `>>>` *"file"*	Ausdruck an eine Datei anfügen, mit Zeilenschaltbefehl abschließen

Tabelle 3-15: Ausgabe in eine Datei (einfache Formen)

Ausdruck	Bedeutung
`Definition[`*expr*`]`	zum Ausdruck *expr* gehörende Definitionen
`FullDefinition[`*expr*`]`	zum Ausdruck gehörende Definitionen mit allen davon abhängigen Definitionen

Tabelle 3-16: Definitionen

Ausdruck	Bedeutung
`Run[`*expr*$_1$`, `*expr*$_2$`, ...]`	Ausdrücke *expr*$_i$ in Druckformat darstellen (durch Leerzeichen getrennt) und als Betriebssystem-Befehl ausführen (nicht auf allen Systemen verfügbar)
`RunThrough[ "`*command*`",` *expr*`]`	Druckform von *expr* dem Befehl *command* als Eingabe übergeben und das Resultat in *Mathematica* übernehmen
`!`*command*	Eingabezeile als Betriebssystem-Befehl ausführen
expr `>>  "!`*command*`"`	der Text von *expr* wird einem externen Programm geschickt
`<<  "!`*command*`"`	die Ausgabe eines externen Programms wird als *Mathematica*-Eingabe gelesen
`Install[ "`*program*`"]`	externes Programm starten, *MathLink*-Kommunikation mit ihm aufstellen, *Mathematica*-Funktionsdefinition installieren
`Uninstall[`*link*`]`	externes Programm beenden, *MathLink*-Kommunikation schließen, *Mathematica*-Funktionsdefinition entfernen

Tabelle 3-17: Externe Programme

☐ Übung

1. Schreibe eine Version von `generatePrimes`, die nur `PutAppend` benötigt!

☐ Schlußbemerkung

Damit haben wir den größten Teil der in *Mathematica* eingebauten Funktionen kennengelernt oder wenigstens angesprochen. Es wird dem Leser (der Leserin) sicher leicht fallen, sich bei Bedarf mit den eher speziellen, hier ausgelassenen Funktionen und Variablen auseinanderzusetzen.

■ Literaturverzeichnis

☐ Literatur zu *Mathematica*

[AB92/1]   Abell, M. and J. Braselton: *Mathematica by Example.* Academic Press, London, 1992.

[AB92/2]   Abell, M. and J. Braselton: *The Mathematica Handbook.* Academic Press, London, 1992.

[Bla91]   Blachman, N.: *Mathematica: A Practical Approach.* Prentice-Hall, Englewood Cliffs, 1991.

[Bla92]   Blachman, N.: *Mathematica Quick Reference, Version 2.* Addison-Wesley, Redwood City, 1992.

[BKM92]   Boyland, P., J. Keiper, E. Martin et al.: Guide to Standard Mathematica Packages. *Mathematica Technical Report*, Wolfram Research, Champaign, 1992.

[BPU91]   Brown, D., H. Porta and J. Uhl: *Calculus and Mathematica.* Addison-Wesley, Redwood City, 1991.

[BD92]   Burbulla, D. C. M. and C. T. J. Dodson: *Self-Tutor for Computer Calculus Using Mathematica.* Prentice-Hall, Englewood Cliffs, 1992.

[Cam90]   Cameron, S.: *The Mathematica Graphics Guidebook.* Addison-Wesley, Redwood City, 1990.

[Cra91]   Crandall, R. E.: *Mathematica for the Sciences.* Addison-Wesley, Redwood City, 1991.

[CR91]   Crooke, P. and J. Ratcliffe: *Guidebook to Calculus with Mathematica.* Wadsworth, London, 1991.

[EL91]   Ellis, W. Jr. and E. Lodi: *A Tutorial Introduction to Mathematica.* Brooks/Cole, Pacific Grove, 1991.

[FL92]   Finch, J. and M. Lehman: *Exploring Calculus with Mathematica.* Addison-Wesley, Redwood City, 1992.

[GG91]   Gray, T. W. and J. Glynn: *Exploring Mathematics with Mathematica.* Addison-Wesley, Redwood City, 1991.

[GG92]   Gray, T. and J. Glynn: *The Beginners Guide to Mathematica 2.* Addison-Wesley, Redwood City, 1992.

[Mae91]   Maeder, R.: *Programming in Mathematica, Second Edition.* Addison-Wesley, Redwood City, 1991.

[Ski90]   Skiena, S.: *Implementing Discrete Mathematics: Combinatorics and Graph Theory with Mathematica*. Addison-Wesley, Redwood City, 1990.

[Var91]   Vardi, I.: *Computational Recreations in Mathematica*. Addison-Wesley, Redwood City, 1991.

[Vve92]   Vvedensky, D.: *Partial Differential Equations with Mathematica*. Addison-Wesley, Redwood City, 1992.

[Wag91]   Wagon, S.: *Mathematica in Action*. Freeman, New York, 1991.

[Wol88]   Wolfram, S.: *Mathematica, A System for Doing Mathematics by Computer*. Addison-Wesley, Redwood City, 1988.

[Wol91]   Wolfram, S.: *Mathematica, A System for Doing Mathematics by Computer, Second Edition*. Addison-Wesley, Redwood City, 1991.

[Wol92]   Wolfram, S.: *Mathematica Reference Guide*. Addison-Wesley, Redwood City, 1992.

☐ Weitere Literatur

[AS65]   Abramowitz, M. and I. A. Stegun: *Handbook of Mathematical Functions*. Dover, New York, 1965.

[Akr89]   Akritas, A. G.: *Elements of Computer Algebra with Applications*. Wiley, New York, 1989.

[BB79]   Blakley, G. R. and I. Borosh: Rivest-Shamir-Adleman public key cryptosystems do not always conceal messages. *Computers and Mathematics with Applications* **5**, 169-178, 1979.

[Bri74]   Brigham, E. O.: *The Fast Fourier Transform*. Prentice-Hall, Englewood Cliffs, 1974.

[DST88]   Davenport, J. H., Y. Siret and E. Tournier: *Computer Algebra, Systems and Algorithms for Algebraic Computation*. Academic Press, London, 1988.

[Flü62]   Flügge, W.: *Handbook of Engineering Mechanics*. McGraw-Hill, New York, 1962.

[Her78]   Herlestam, T.: Critical remarks on some public-key cryptosystems. *BIT* **18**, 493-496, 1978.

[KS78]   Kirchgraber, U. und E. Stiefel: *Methoden der analytischen Störungsrechnung und ihre Anwendungen*. Teubner, Stuttgart, 1978.

[Leh77]   Lehmann, T.: *Elemente der Mechanik III: Kinetik*. Vieweg, Braunschweig, 1977.

[Mau89] Maurer, U.: Fast generation of secure RSA-moduli with almost maximal diversity. *Advances in Cryptology, EUROCRYPT '89*, Springer, 1989, pp. 636-647.

[Nay73] Nayfeh, A.: *Perturbation Methods*. Wiley, New York, 1973.

[Nay81] Nayfeh, A. H.: *Introduction to Perturbation Techniques*. Wiley, New York, 1981.

[Pöp91] Pöppe, Ch.: Mathematische Unterhaltungen: Der Flohmarkt der unbegrenzten Möglichkeiten. *Spektrum der Wissenschaft* **7/91** und **8/91**, 1991.

[RA87] Rand, R. H. and D. Armbruster: *Perturbation Methods, Bifurcation Theory and Computer Algebra*. Springer, New York, 1987.

[Ris68] Risch, R.: On the Integration of Elementary Functions which are built up using Algebraic Operations. *Report SP-2801/002/00*, Sys. Dev. Corp., Santa Monica, 1968.

[RSA78] Rivest, R. L., A. Shamir and L. Adleman: A method for obtaining digital signatures and public key cryptosystems. *Communications of the ACM* **21**, 120-126, 1978.

[WB79] Williams, H. C. and B. Schmid: Some remarks concerning the M.I.T. public-key cryptosystem. *BIT* **19**, 525-538, 1979.

■ Sachverzeichnis

In *Mathematica* eingebaute Objekte sind fett gesetzt (z.B.: **Abs**), aus Paketen zugeladene oder selbst programmierte dünn (z.B.: SI).

Globale Variablen

$Context 278, 288
$ContextPath 280, 288
$DisplayFunction 99
$MachinePrecision 358
$ModuleNumber 274
$Packages 284, 288
$Path 206
$RecursionLimit 312, 313
$SessionID 274

A

Abbildung, lineare, Kern 201
Abfolge
 – der Dimensionen 132
 – von Ausdrücken 170
Ableitung 64, 74
 –, ausführliche Schreibweise 343
 –, mehrmalige 67
 –, partielle 68, 343
  –, Format 295
 –, totale 65, 74
 – verschwindet 248
Abs 23, 182, 197, 331
Absender 32
absolute
 – Genauigkeit 353, 354
 – Liniendicke 165
 – Punktgröße 165
 – Zeit 208
 – Zeit, in Datum verwandeln 208
AbsoluteDashing 165
AbsolutePointSize 165
absoluter Kontextname 279
AbsoluteThickness 165
AbsoluteTime 208
Absolutwert 23, 330
AccountingForm 293, 294
Accuracy 354
AccuracyGoal 357, 358, 359
Achsen
 –, beschriftete 112
 – zeichnen 120
Achsenbeschriftung 80, 84
Addition 16, 23
AiryAi 197
AiryAiPrime 197
AiryBi 197
AiryBiPrime 197

aktueller Kontext 278
Algebra`
 – ReIm` 182, 330
 – SymbolicSum` 184, 186
AlgebraicRules 63
Algebra, lineare 128, 201
Algorithmus
 –, Entschlüsselungs- – 33
 –, Newton- – 263, 344
 –, Verschlüsselungs- – 33
 – von Risch 68
Alternativen in Mustern 227
Analysis 64
Analytic 75
Anfangsbedingung 71, 73
 – einer Rekursion 310
Animation` 109, 170
animationGraphics 175
anonymous ftp 5
Ansatz, Geradeaus- – 341
Anweisung, Graphik- – 161
Anwendung, mehrfache 268
Anzahl Elemente 145
Anzeige
 – einer Graphik 83
 –, Kurz- – 55, 62
 – unterdrücken 62
 –, von Graphiken 99
Apart 51
Append 139, 145
AppendTo 269
Apply 135, 137
Approximation, numerische 17, 23
ArcCos 23, 197
ArcCosh 23, 197
ArcCot 23, 197
ArcCoth 23, 197
ArcCsc 23, 197
ArcCsch 23, 197
ArcSec 23, 197
ArcSech 23, 197
ArcSin 23, 197
ArcSinh 23, 197
ArcTan 23, 197
ArcTanh 23, 197
Arg 182, 197, 331
Argument 330
 –, nicht auswerten 248
Argumente, fakultative 228
ArithmeticGeometricMean 197